Alberto Fré – Chiara Laverone

IMPARA RAPIDAMENTE L'ITALIANO

CORSO PER STRANIERI

De Vecchi

Testi: Alberto Fré

Traduzione e disegni: Chiara Laverone

DVE ITALIA S.p.A.
Via Lario 16 – 20159 Milano
libridve@devecchieditore.it - tel. 02 68 82 181

Prefazione

Viaggiare per l'Europa è diventato molto facile; da quando nell'Unione sono cadute le frontiere la libera circolazione di denaro, merci, persone e idee è una consuetudine. I giovani hanno ormai una discreta conoscenza dell'inglese, che si può ritenere una vera e propria "lingua di scambio". Tuttavia conoscere l'inglese non basta, perché è piacevole e utile andare in un posto e sapere come parlare, capire i titoli dei giornali, dialogare con nuovi amici e amiche nella loro lingua e comprendere realmente la cultura di un paese. Questo vale anche per l'Italia, che in questi ultimi tempi è meta sempre più frequente di immigrati, oltre che di turisti stranieri. In particolare i primi, spinti dalla necessità, imparano subito alcune parole, ma fanno fatica a formulare una frase corretta perché non hanno il tempo di frequentare una scuola. Quando devono chiedere un certificato, quando vogliono ricevere un'informazione o si presentano per un posto di lavoro, la mancata conoscenza delle basi della lingua crea problemi difficili da superare. Per integrarsi e conoscere un paese, infatti, capire e parlare la sua lingua è il primo e più difficile passo.

Questo corso di italiano per stranieri adotta le più recenti indicazioni della didattica; per seguirlo basta conoscere un po' di inglese.
È diviso in tre parti:
- 30 lezioni, con dialoghi, fraseologia, lessico, esercizi e brevi spiegazioni grammaticali;
- un riassunto grammaticale;
- i dizionari italiano-inglese e inglese-italiano dei termini più usati nella lingua di ogni giorno.

La pronuncia delle parole e delle frasi è spiegata con alcuni semplici esercizi nelle prime lezioni e prosegue per tutta la durata del corso semplificando le norme indicate dall'API (Association Phonétique Internationale).
Il corso non ha bisogno di un insegnante, ma può essere svolto da soli con un po' di pazienza e di applicazione; parte da esercizi semplicissimi per giungere alla frase complessa. Gli argomenti grammaticali, scelti in base alla loro effet-

tiva importanza e al loro uso, sono semplificati; le eccezioni vengono ridotte all'indispensabile; alcune regole più complesse sono spiegate nella parte di approfondimento grammaticale. I termini utilizzati in questo libro sono tra i più usati, e coprono circa il 95% della comunicazione di ogni giorno.
L'uso del volume non si esaurisce con la conclusione delle lezioni. Chi ha appreso l'italiano base potrà consultare la parte grammaticale, trovando la risposta a dubbi o il chiarimento di regole più complesse.
A pagina 210, infine, si trovano le soluzioni degli esercizi.

LET'S SPEAK ITALIAN!

Who is this course for?
This course has been specifically written for the emigrants and the tourists who more and more increasingly have chosen Italy as their destination during these last years.

How is the grammar structured?
The Italian course for foreigners is structured in a practical way and it follows the latest indications of the theory of education.

• It is divided in three parts:
– a course with exercises and brief grammatical explanations;
– a complete grammatical summary;
– an Italian/English – English/Italian dictionary which lists the most common words used in every-day conversation.
• It begins with the alphabet and it teaches the pronunciation of the words listed in every lesson; the pronunciation is explained, in the first lessons, through some simple exercises following the simplified guidance suggested by the Association Phonetique Internationale.
• It uses basic English and a lot of drawings as a common language.
• It doesn't require the presence of a teacher but it can be followed on one's own with a little bit of patience and attention.
• It doesn't need audio-visual aids.
• It is gradual.
• It introduces the grammatical subjects in a simplified way.
• It provides different types of exercises with their solutions to correct the mistakes.
• It chooses the most common words used in every-day conversation.
• It shows the grammatical subjects through dialogues which illustrate typical situations and environments; it also provides the most common expressions and requests used in different situations.
• The grammatical subjects are chosen on the basis of their actual importance and use.

These thirty lessons illustrate only the most important grammatical subjects without including the less frequent ones. The subjunctive or tenses as the simple past, the past perfect and future perfect have been disregarded because they are rarely used in the basic conversation. The grammatical summary (which is the second part of this course) also illustrates the subjects that have not been considered in the previous lessons. This book lands itself to a use that doesn't finish with the end of the lessons. Those who have learnt basic Italian will be able to effectively use the grammatical summary which will give an answer to their doubts or which will clarify the most complex rules.
Solutions of exercises are to page 210.

LEZIONI
LESSONS

LEZIONE 1
LESSON 1

FONETICA *fonetic*

ALFABETO = 21 lettere (5 vocali – a, e, i, o, u –, 16 consonanti)
ALPHABET = 21 letters (5 vowels – a, e, i, o, u – 16 consonants)

A	a	*a*	**H**	h	*acca*	**Q**	q	*qu*
B	b	*bi*	**I**	i	*i*	**R**	r	*erre*
C	c	*ci*	**L**	l	*elle*	**S**	s	*esse*
D	d	*di*	**M**	m	*emme*	**T**	t	*ti*
E	e	*e*	**N**	n	*enne*	**U**	u	*u*
F	f	*effe*	**O**	o	*o*	**V**	v	*vu*
G	g	*gi*	**P**	p	*pi*	**Z**	z	*zeta*

5 lettere straniere *5 foreign letters*

J	j	*i lunga*
K	k	*cappa*
W	w	*doppia w*
X	x	*ics*
Y	y	*ipsilon*

pronuncia *pronunciation*

separatore	/	
pausa	//	*pause*
pausa lunga	///	*long pause*
? (domanda)	ɐ	*? (question)*
accento parola	**'a – 'e – 'ɛ – 'o – 'ɔ - 'i – 'u**	***word accent***

vocali *vocals*	**pronuncia** *pronunciation*	**esempi inglesi** *english examples*
a	[a]	fl**a**t, c**a**t
e	[e]	r**ea**dy
	[ɛ]	**e**very
i	[i]	g**i**ft
o	[o]	c**a**ll
	[ɔ]	d**o**s
u	[u]	f**oo**d

consonanti *consonants*	**pronuncia** *pronunciation*	**esempi inglesi** *english examples*
b	[b]	**b**ad
c; ch+e; ch+i	[k]; [ke/kɛ]; [ki]	**c**ar; **ke**tchup; **ki**ck
c+e; c+i	[ʧe/ʧɛ]; [ʧi]	**che**rry, **chi**p; ca**tch**
ci+a; ci+o; ci+u	[ʧa]; [ʧo/ʧɔ]; [ʧu]	**cha**rge; **cho**colate; **chew**ingum
d	[d]	**d**esk
f	[f]	**f**ar
g; gh+e, gh+i	[g]; [ge/gɛ]; [gi]	**g**lad; **ge**taway; **gi**ve
g+e, g+i	[ʤe]; [ʤi]	**ge**sture; **gi**n; bri**dge**
gi+a; gi+o; gi+u	[ʤa]; [ʤo/ʤɔ]; [ʤu]	**ja**r; **Jo**an; **Ju**ly
gli; gli+a; gli+e; gli+o	[λi]; [λe/λɛ]; [λa]; [λo/λɔ]	bi**llio**n
gli	[gli]	**gli**mmer
gn	[ɲ]	me**nu**
h		*not pronounced*
l	[l]	**l**ove
m	[m]	**m**ad
n	[n]	**n**ail
p	[p]	**p**en
qu	[ku]	**qu**ick
r	[r]	**r**ace
s	[s]	**s**ale
	[ṡ]	ri**s**e
sc+e; sc+i	[ʃe/ʃɛ]; [ʃi]	**she**lter; **shi**p
sci+a; sci+o; sci+u	[ʃa]; [ʃo/ʃɔ]; [ʃu]	**shou**t; **sho**ck; **shoo**t
sc+consonante/ *consonant*	[sk]	**sk**y
t	[t]	**t**ea
v	[v]	e**v**en
z	[z]	hi**ts**
	[ż]	**dz**iggetai

consonante doppia (bb, cc, cch, dd, ff, gg, ggh, ll, mm, nn, pp, qq, rr, ss, tt, vv, zz) = suono rafforzato	*double consonant = emphasized sound*
nei gruppi ci, gi, sci + a, o, u la i si legge quando è accentata. nostalgia [nostalʤ'ia] farmacia [farmaʧ'ia] scia [ʃ'ia] la i si legge anche quando la parola deriva da sci = sciare [ʃi'are]	*in* **ci, gi, sci + a, o, u** *you have to read the* **i** *when it is stressed* nostalgia [nostalʤ'ia] *home-sickness* farmacia [farmaʧ'ia] *pharmacy* scia [ʃ'ia] *track* **i** *is pronounced too when the word derives from* **sci** *(ski)* = sciare [ʃi'are] *to ski*

lettere straniere *foreign letters*	**pronuncia** pronunciation	**esempi inglesi** english examples
j	[ʤ]	**g**in
k	[k]	**c**ar
x	[ks]	a**cc**ent
y	[i]	g**i**ft
w	[u]	b**oo**k

IMPARARE E PARLARE
[IMPAR'ARE / E / PARL'ARE]

learning and speaking

uomo [u'ɔmo]
man

sole [s'ole]
sun

mare [m'are]
sea

donna [d'ɔnna]
woman

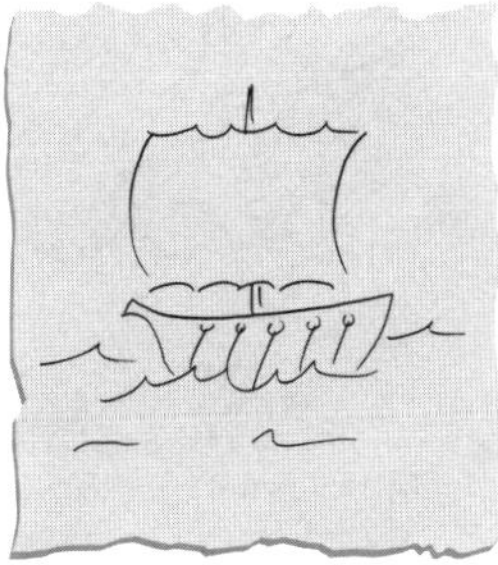

nave [n'ave]
ship

mangiare [mandʒ'are]
to eat

bere [b'ere]
to drink

dormire [dorm'ire]
to sleep

ba**ll**are [ball'are]
to dance

gi**nn**astica
[dʒinn'astika]
gymnastics

ESERCIZIO 1.1 [eṡerʧ'izio] *EXERCISE 1.1*

dormire

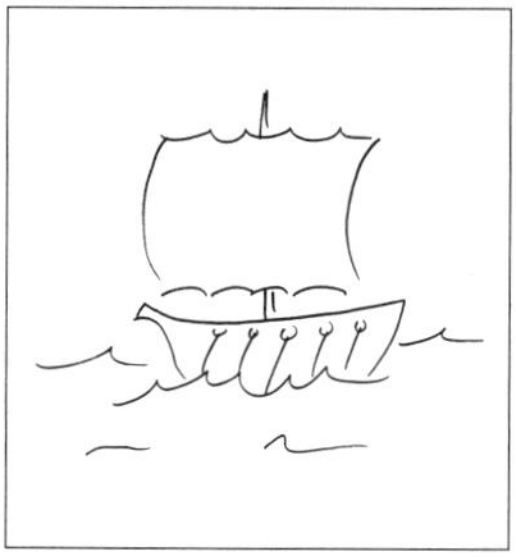

1. ....

2. ....

3. ....

4. ....

5. ....

ESERCIZIO 1.2 [eṡerʧ'izio] *EXERCISE 1.2*

PARLARE [parl'are] *speak*

donna = d'ɔnna

1. mare = ...
2. bere = ...
3. dormire = ...
4. uomo = ...
5. nave = ...
6. sole = ...
7. mangiare = ...

ESERCIZIO 1.3 [eṡerʧ'izio] *EXERCISE 1.3*

PARLARE [parl'are] *speak*
usa / *use* ʧ, ʧi, k

1. cielo ....
2. carta ....
3. farmacia ....
4. chiave ....
5. voce ....

ESERCIZIO 1.4 [eṡerʧ'izio] *EXERCISE 1.4*

PARLARE [parl'are] *speak*
usa suono doppio / *use long sound*

1. anello ....
2. commesso ....
3. grammatica ....
4. penna ....
5. uccello ....

ESERCIZIO 1.5 [EṠERʧ'IZIO] *EXERCISE 1.5*

PARLARE [parl'are] *speak*
usa / *use* s, ṡ

1. sud ....
2. riposo ....
3. succo ....
4. chiuso ....
5. maestro ....

ESERCIZIO 1.6 [eṡerʧ'izio] *EXERCISE 1.6*

PARLARE [parl'are] *speak*
usa / *use* ɲ, g

1. signore ....
2. insegnante ....
3. piegare ....
4. insegnare ....
5. lavagna ....

ESERCIZIO 1.7 [eṡerʧ'izio] *EXERCISE 1.7*

PARLARE [parl'are] *speak*
usa / *use* ʤ, g

1. oggetto ....
2. gonna ....
3. valigia ....
4. gola ....
5. viaggio ....

ESERCIZIO 1.8 [EṠERʧ'IZIO] *EXERCISE 1.8*

PARLARE [parl'are] *speak*
usa / *use* ʎ

1. foglio ....
2. gli ....
3. famiglia ....
4. figlio ....
5. consiglio ....

LEZIONE 2
[lezi'one / d'ue]
LESSON 2

Amico, amica, amici
[am'iko/am'ika/am'itʃi]
Friend, friend, friends

Saluti [sal'uti]	***salutation***
ciao (amichevole) [tʃ'ao // amik'evole]	*hi (friendly)*
salve (amichevole) [s'alve // amik'evole]	*hallo (friendly)*
buongiorno (formale) [buondʒ'orno // form'ale]	*good morning (formal)*
buonasera (formale) [buonas'era // form'ale]	*good evening (formal)*
buonanotte (amichevole) [buonan'ɔtte // amik'evole]	*good night (friendly)*
arrivederci (formale e amichevole) [arrived'ertʃi // form'ale /e / amik'evole]	*bye-bye (friendly), goodbye (formal and friendly)*
addio (formale) [add'io // form'ale]	*farewell (formal)*

IMPARARE E PARLARE *learning and speaking*
[impar’are / e / parl’are]

fiore [fi’ore]
flower

luna [l’una]
moon

cielo [ʧ’ɛlo]
sky

albero [‘albero]
tree

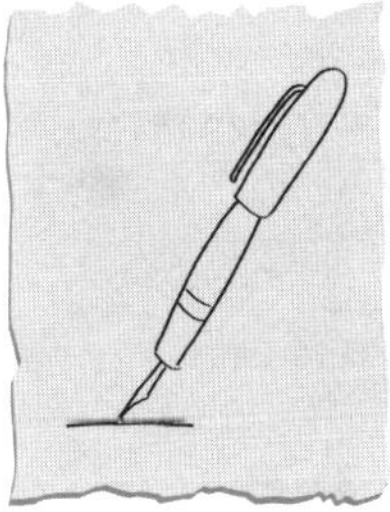

penna [p’enna]
pen

letto [l’ɛtto]
bed

casa [k’aśa]
house

giornale
[ʤorn’ale]
newspaper

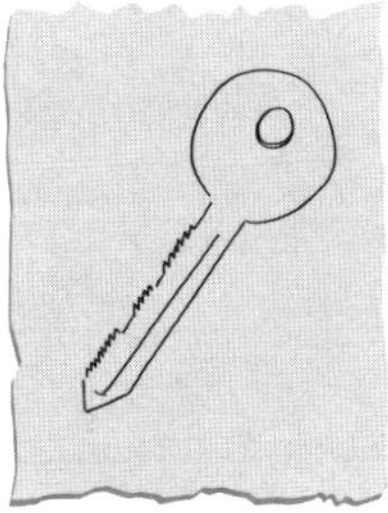

chiave [ki’ave]
key

stella [st’ella]
star

foglia [f’ɔλa]
leaf

quaderno [kuad’ɛrno]
exercise-book

ASSAGGIO GRAMMATICALE [ass'aʤʤo / grammatik'ale] *grammatical snack*

maschile e femminile [mask'ile / e / femmin'ile] *masculine and feminine*

nome maschile [n'ome / mask'ile]	***masculine noun:***
finisce con *o* (ciel**o**) [fin'iʃe / kon / 'ɔ // ʧ'elo]	*nouns ending in* ***o***
finisce con consonante (ba**r**) [fin'iʃe / kon / konson'ante // b'ar]	*nouns ending in* ***consonant***
finisce con *a* (duc**a**) [fin'iʃe / kon / a // d'uka]	*nouns ending in* ***a***
finisce con *e* (attor**e**) fin'iʃe / kon / e // att'ore]	*nouns ending in* ***e***
nome femminile [n'ome femmin'ile]	***feminine noun:***
finisce con *a* (penn**a**) [fin'iʃe / kon / a // p'enna]	*nouns ending in a*
finisce con *e* (attric**e**) [fin'iʃe / kon / e // attr'iʧe]	*nouns ending in e*

IMPARARE E PARLARE [impar'are / e / parl'are] *learning and speaking*

maschile [mask'ile]	
fior**e** [fi'ore]	*flower*
ciel**o** [ʧ'ɛlo]	*sky*
alber**o** ['albero]	*tree*
lett**o** [l'ɛtto]	*bed*
giornal**e** [ʤorn'ale]	*newspaper*
mar**e** [m'are]	*see*
sol**e** [s'ole]	*sun*
poet**a** [po'ɛta]	*poet*
ragazz**o** [rag'azzo]	*boy*
amic**o** [am'iko]	*friend (boy)*
student**e** [stud'ɛnte]	*student (boy)*
profet**a** [prof'ɛta]	*prophet*
attor**e** [att'ore]	*actor*
uom**o** [u'ɔmo]	*man*

femminile [femmin'ile]	
lun**a** [l'una]	*moon*
penn**a** [p'enna]	*pen*
cas**a** [k'aṡa]	*house*
chiav**e** [ki'ave]	*key*
stell**a** [st'ella]	*star*
fogli**a** [f'ɔʎa]	*leaf*
madr**e** [m'adre]	*mother*
nav**e** [n'ave]	*ship*
ragazz**a** [rag'azza]	*girl*
amic**a** [am'ika]	*friend (girl)*
studentess**a** [student'essa]	*student (girl)*
profetess**a** [profet'essa]	*prophetess*
attric**e** [attr'iʧe]	*actress*
donn**a** [d'ɔnna]	*woman*

ASSAGGIO GRAMMATICALE [ass'adʒdʒo / grammatik'ale] *grammatical snack*

Singolare e plurale [singol'are / e / plur'ale] *singular and plural*

maschile [mask'ile] ***masculine***	
singolare [singol'are] ***singular***	**plurale** [plur'ale] ***plural***
fior**e**	fior***i*** [fi'ori]
ciel**o**	ciel***i*** [tʃ'ɛli]
alber**o**	alber***i*** ['alberi]
lett**o**	lett***i*** [l'ɛtti]
giornal**e**	giornal***i*** [dʒorn'ali]
mar**e**	mar***i*** [m'ari]
sol**e**	sol***i*** [s'oli]
bar	*bar*
ragazz***o***	ragazz***i*** [rag'azzi]
amic***o***	amic***i*** [am'itʃi]
quadern***o***	quadern***i*** [kuad'ɛrni]
profet***a***	profeti [prof'ɛti]

nome maschile con -***a***, plurale con -***i*** (poet-***a*** ⇒ poet-***i***, problem-***a*** ⇒ problem-***i***)

nouns ending in -**a** *(masculine) form their plural by dropping the* **a** *and adding* **i** *(poet-***a** *⇒ poet-***i***, problem-***a** *⇒ problem-***i***)*

nome maschile con -***o***, plurale con -***i*** (alber-***o*** ⇒ alber-***i***, lett-***o*** ⇒ lett-***i***)

nouns ending in -**o** *(masculine) form their plural by dropping the* **o** *and adding* **i** *(alber-***o** *⇒ alber-***i***, lett-***o** *⇒ lett-***i***)*

nome maschile o femminile con -***e***, plurale con -***i*** (nav-***e*** (femminile) ⇒ nav-***i***; mar-***e*** (maschile) ⇒ mar-***i***)

nouns ending in -**e** *masculine or feminine) form their plural by dropping the* **e** *and adding* **i** *(nav-***e** *(feminine) ⇒ nav-***i***; mar-***e** *(masculine) ⇒ mar-***i***)*

femminile [femmin'ile] ***feminine***	
singolare [singol'are] ***singular***	**plurale** [plur'ale] ***plural***
lun***a***	lun**e** [l'une]
penn***a***	penn**e** [p'enne]
cas***a***	cas***e*** [k'aṡe]
chiav**e**	chiav***i*** [ki'avi]
stell***a***	stell**e** [st'elle]
fogli***a***	fogli**e** [f'ɔʎe]
nav**e**	nav***i*** [n'avi]
ragazz***a***	ragazz**e** [rag'azze]
donn***a***	donn**e** [d'ɔnne]
amic***a***	amiche [am'ike]

nome femminile con -***a***, plurale con -**e** (lun-***a*** ⇒ lun-**e**, ragazz-***a*** ⇒ ragazz-**e**)

nouns ending in -**a** *(feminine) form their plural by dropping the* **a** *and adding* **e** *(lun-***a** *⇒ lun-***e***, ragazz-***a** *⇒ ragazz-***e***)*

nome femminile con -***ca*** o -***ga***, plurale con -***che*** o -***ghe*** (amic-***a*** ⇒ amic-***he***, streg-***a*** ⇒ streg-***he***)

nouns ending in -**ca** *and* -**ga** ***(feminine)*** *form their plural by dropping the a and adding* -**he** *(amic-***a** *⇒ amic-***he,** *streg-**a*** ⇒ streg-**he***)*

nome maschile con -***ca*** o -***ga***, plurale con -***chi*** o -***ghi*** (monarc-***a*** ⇒ monarc-***hi***, aurig-***a*** ⇒ aurig-***hi***)

nouns ending in -**ca** *and* -**ga** ***(masculine)*** *form their plural by dropping the* ***a*** *and adding* -**hi** (monarc-***a*** ⇒ monarc-***hi***, aurig-***a*** ⇒ aurig-***hi***)

irregolare: uom***o*** ⇒ ***uomini***	*irregular: uomo ⇒ uomini*

IMPARARE E PARLARE [impar'are / e / parl'are] *learning and speaking*

NOMI IRREGOLARI [nomi / irregol'ari] [*nomi / irregolari*]

Dal maschile al femminile [dal / mask'ile / al / femmin'ile] *from masculine to feminine*

maschile	*masculine*	femminile	*feminine*
attore [att'ore]	*actor*	attrice [attr'iʧe]	*actress*
scrittore [skritt'ore]	*writer*	scrittrice [skrittr'iʧe]	*writer*
pittore [pitt'ore]	*painter*	pittrice [pittr'iʧe]	*painter*
imperatore [imperat'ore]	*emperor*	imperatrice [imperatr'iʧe]	*empress*
direttore [dirett'ore]	*manager*	direttrice [direttr'iʧe]	*manageress*
dottore [dott'ore]	*doctor*	dottoressa [dottor'essa]	*doctor*
presidente [presid'ɛnte]	*president*	presidentessa [president'essa]	*president*
poeta [po'ɛta]	*poet*	poetessa [poet'essa]	*poetess*
avvocato [avvok'ato]	*lawyer*	avvocatessa [avvokat'essa]	*lawyer*

Cambio di significato [k'ambio / di / siɲific'ato] *change of meaning*

maschile	*masculine*	femminile	*feminine*
banco [b'anko]	*desk*	banca [b'anka]	*bank*
buco [b'uko]	*hole*	buca [b'uka]	*pit*
masso [m'asso]	*stone*	massa [m'assa]	*mass*
panno [p'anno]	*cloth*	panna [p'anna]	*cream*
pasto [p'asto]	*meal*	pasta [p'asta]	*paste*

Dal singolare al plurale [dal / singol'are / al / plur'ale] *from singular to plural*

Forma unica per singolare e plurale *one form for both singular and plural*	
re [re]	*king*
caffè [kaff'ɛ]	*coffee*
hotel [ot'ɛl]	*hotel*
sport [sp'ɔrt]	*sport*
yogurt [i'ɔgurt]	*yogurt*
città [ʧitt'a]	*city*
università [universit'a]	*university*
solo plurale ***only plural form***	
occhiali [okki'ali]	*glasses*
forbici [f'ɔrbiʧi]	*scissors*

singolare maschile e plurale femminile *singular masculine and plural feminine*		
braccio [br'aʧʧo]	*arm*	braccia
labbro [l'abbro]	*lip*	labbra
dito [d'ito]	*finger*	dita
ginocchio [ʤin'ɔkkio]	*knee*	ginocchia
lenzuolo [lenżu'ɔlo]	*sheet*	lenzuola
uovo [u'ɔvo]	*egg*	uova

ESERCIZIO 2.1 [eṡertʃ'izio] — *EXERCISE 2.1*

COLLEGARE [kolleg'are] *link*

nave **uomo** **dormire** **donna** **ragazza** **mare** **sole** **mangiare** **bere**

ESERCIZIO 2.2 [eṡertʃ'izio] — *EXERCISE 2.2*

COMPLETARE [komplet'are] *complete*

	nome *noun*	**parlare** *speak*	**plurale** *plural*	**parlare** *speak*
	stella	[st'ella]	stelle	[st'elle]

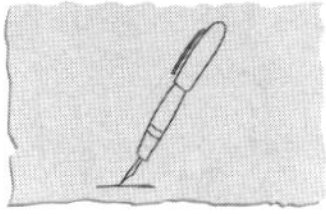				

ESERCIZIO 2.3 [eṡertʃ'izio] — *EXERCISE 2.3*

COLLEGARE [kolleg'are] *link*

quaderni
ragazza
stelle
albero
giornale
giornali
mare
sole
bar
case
chiavi
foglie
letto
forbici
occhiali

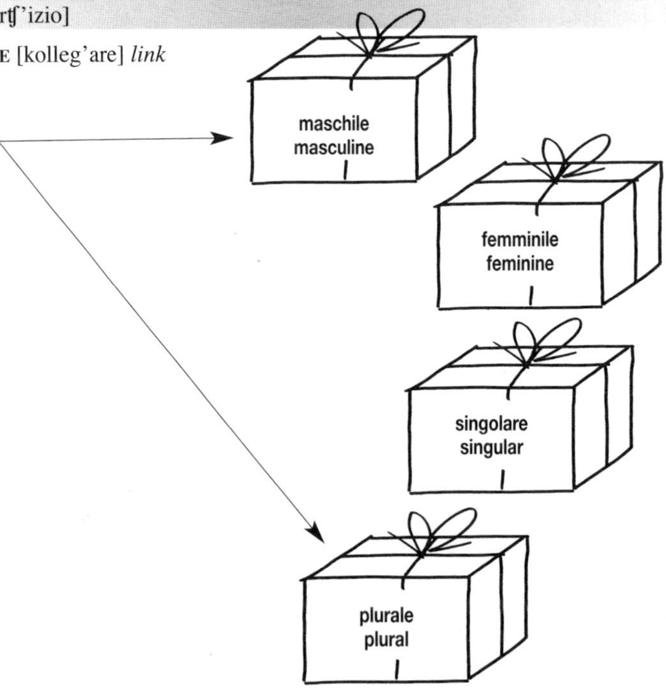

ESERCIZIO 2.4 [eṡertʃ'izio] — *EXERCISE 2.4*

COMPLETARE [komplet'are] *complete*

buongiorno ciao 1. .... 2. ....

ESERCIZIO 2.5 *EXERCISE 2.5*
[eṡertʃ'izio]

COMPLETARE [komplet'are] *complete*
femminile / *feminine*

1. amico ....
2. aperto ....
3. autore ....
4. contadino ....
5. cliente ....

ESERCIZIO 2.6 *EXERCISE 2.6*
[eṡertʃ'izio]

COMPLETARE [komplet'are] *complete*
maschile / *masculine*

1. gatta ....
2. impiegata ....
3. giornalista ....
4. lavoratrice ....
5. donna ....

ESERCIZIO 2.7 *EXERCISE 2.7*
[eṡertʃ'izio]

completare [komplet'are] *complete*
plurale / *plural*

1. abitante ....
2. corto ....
3. crema ....
4. fresca ....
5. paese ....

LEZIONE 3
[lezi'one / tre]
LESSON 3

Io sono, tu sei
['io / s'ono // tu s'ɛi]
I'm, you are

incontro formale [ink'ontro / form'ale]	**a formal meeting**
buongiorno [buonʤ'orno]	good morning
buongiorno, come sta? [buonʤ'orno // k'ome / st'aɐ]	good morning. How are you?
bene, grazie, e lei? [b'ɛne / gr'azie // e / l'ɛiɐ]	fine, thanks. And what about you?
benissimo, grazie [bɛn'issimo // gr'azie]	very well, thank you.

IMPARARE E PARLARE [impar'are / e / parl'are] — *learning and speaking*

come sta? [k'ome /staɐ]	how are you?
bene [b'ɛne]	fine
grazie [gr'azie]	thank you / thanks
benissimo [ben'issimo]	very well
incontro amichevole [ink'ontro / amik'evole]	***A friendly meeting***
ciao [ʧ'ao]	hi!
ciao [ʧ'ao]	hi!
io sono Luca, e tu? ['io / s'ono / l'uka // e / tuɐ]	my name is Luca. What's your name?
io sono Maria, piacere? ['io / s'ono / mar'ia // piaʧ'ere]	I'm Maria. Glad to meet you.
piacere mio [piaʧ'ere / m'io]	my pleasure

IMPARARE E PARLARE [impar'are / e / parl'are] — *learning and speaking*

io ['io]	*I*
sono [s'ono]	*am*
Luca [l'uka]	*Luca*
tu [tu]	*you*
incontro amichevole [ink'ontro / amik'evole]	***a friendly meeting***
salve [s'alve]	*hallo!*
ciao [ʧ'ao]	*hi!*
io sono Andrea, e tu? ['io / s'ono / andr'ɛa // e / t'uɐ]	*I'm Andrea, what's your name?*
io sono Luisa, piacere ['io / s'ono / lu'iṡa // piaʧ'ere]	*I'm Luisa. Glad to meet you*

ASSAGGIO GRAMMATICALE [ass'adʒdʒo / grammatik'ale] — *grammatical snack*

ESSERE [ɛssere] *to be*

presente indicativo [pres'ɛnte / indikat'ivo] *simple present*

io sono ['io / s'ono]	*I am*
tu sei [tu / s'ɛi]	*you are*
(egli/ella) lui/lei è ['eλi / 'ella] [l'ui / l'ɛi / 'ɛ]	*he, she, it is*
noi siamo [n'oi / si'amo]	*we are*
voi siete [v'oi / si'ete]	*you are*
(essi) loro sono ['essi] [l'oro / s'ono]	*they are*

AVERE [av'ere] *to have*

presente indicativo [pres'ente / indikat'ivo] ***simple present***

io ho ['io / ɔ]	*I have*
tu hai [tu / 'ai]	*you have*
(egli/ella) lui/lei ha ['eλi / 'ella] [l'ui / l'ɛi / a]	*he, she, it has*
noi abbiamo [n'oi / abbi'amo]	*we have*
voi avete [v'oi / av'ete]	*you have*
(essi) loro hanno ['essi] [l'oro / 'anno]	*they have*

PRONOMI PERSONALI [pron'omi / person'ali]/ *personal pronouns*

io	*I*	noi	*we*
tu	*you*	voi	*you*
(egli/ella) lui/lei	*he, she, it*	(essi) loro	*they*

IMPARARE E PARLARE [impar'are / e / parl'are] — *learning and speaking*

(domanda amichevole e formale) [dom'anda amik'evole / e / form'ale] **come va?** [k'ome / v'aɛ]	*(friendly and formal question)* *how is it going?*
(domanda amichevole) [dom'anda / amik'evole] **come stai?** [k'ome / st'aiɐ]	*(friendly question)* *how are you?*
(domanda formale) [dom'anda / form'ale] **come sta?** [k'ome / staɐ]	*(formal question)* *how are you?*
risposte [risp'ɔste]	***answers***
bene, grazie [b'ɛne / gr'azie]	*fine, thanks.*
male [m'ale]	*bad*
non molto bene [non / m'olto / b'ɛne]	*not so well*
così così [koś'i / koś'i]	*not so well*
abbastanza bene [abbast'anza / b'ɛne]	*pretty well*
benissimo [bɛn'issimo]	*very well*

ASSAGGIO GRAMMATICALE [ass'adʒdʒo / grammatik'ale] — *grammatical snack*

bene, male, così così, abbastanza, benissimo, sono *avverbi*	[b'ɛne / m'ale / koś'i koś'i / abbast'anza / bɛn'issimo / s'ono / avv'ɛrbi]	*bene, male, così così, abbastanza, benissimo* *are* adverbs.

ESERCIZIO 3.1 [eśertʃ'izio] *EXERCISE 3.1*

COMPLETARE [komplet'are] *complete*

incontro formale
[ink'ontro / form'ale]
a formal meeting

buongiorno
buongiorno
io sono Dante Alighieri, e lei?
io sono Francesco Petrarca, piacere

1. incontro amichevole
[ink'ontro / amik'evole]
a friendly meeting

ciao

....

io .... Andrea, e tu?

io ....

2. incontro amichevole
[ink'ontro / amik'evole]
a friendly meeting

ciao
ciao
noi ....Luca e Andrea, e ....?
noi siamo Maria e Luisa

ESERCIZIO 3.2 [eśertʃ'izio] *EXERCISE 3.2*

COMPLETARE [komplet'are] *complete*

incontro amichevole
buongiorno
buongiorno
come va?
bene, grazie

1. incontro amichevole
ciao
ciao
come va?
...., grazie

2. incontro amichevole
ciao
salve
....?

....

3. incontro formale
buonasera
buonasera
come sta?

....

ESERCIZIO 3.3 [eśertʃ'izio] *EXERCISE 3.3*

COLLEGARE [kolleg'are] *link*

amico
amica
ragazza
uomo
luna
cielo
fiore

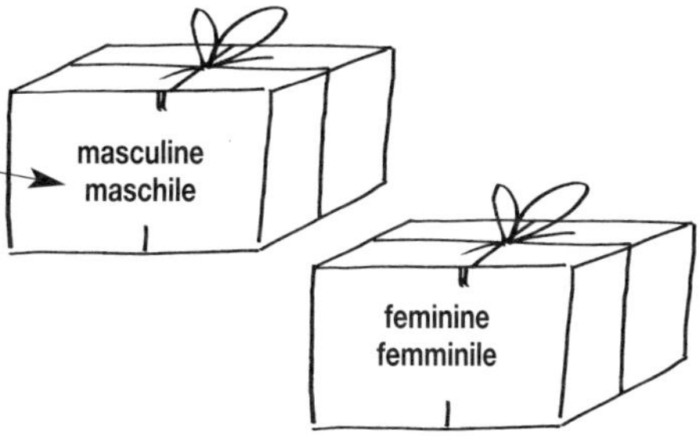

ESERCIZIO 3.4 [eṡertʃ'izio] *EXERCISE 3.4*

ORDINARE [ordin'are] *put in order*

1.	io	è	....	2. io	abbiamo	....
	tu	siamo	....	tu	ho	....
	lui/lei	sono	....	lui/lei	hai	....
	noi	sono	....	noi	hanno	....
	voi	sei	....	voi	ha	....
	loro	siete	....	loro	avete	....

ESERCIZIO 3.5 [eṡertʃ'izio] *EXERCISE 3.5*

COMPLETARE [komplet'are] *complete*

1. incontro amichevole

....

ciao

....?

io .... Andrea, e ....

noi .... Maria e Luisa, piacere

2. incontro amichevole

ciao

ciao

noi .... Maria e Luisa, e ....?

io . ...Marco, piacere

ESERCIZIO 3.6 [eṡertʃ'izio] *EXERCISE 3.6*

COMPLETARE [komplet'are] *complete*

incontro amichevole
come va?
benissimo, grazie

1. incontro formale

come sta?

Bene grazie e ....?

2. incontro amichevole

come stai?

Bene grazie e ....?

LEZIONE 4
[lezi'one / ku'attro]
LESSON 4

Bello, bella, belli, belle; il, la, un, i, le
[b'ɛllo / b'ɛlla / b'ɛlli / b'ɛlle // il / la / un / i / le]
nice; the, a, an

Caro diario, sono alto, magro, bello, biondo,
simpatico, forte e soprattutto... modesto.
ho una bella casa, una macchina rossa e un cane nero.
Caro diario, sì, è vero, sono fortunato.

[k'aro / di'ario // s'ono / 'alto / m'agro / b'ɛllo / bi'ondo /
simp'atiko / f'ɔrte / e // sopratt'utto // mod'ɛsto ///
'ɔ / 'una / b'ɛlla / k'aṡa // 'una / m'akkina / r'ossa / e / un / k'ane / n'ero ///
k'aro / di'ario // s'i // 'ɛ / v'ero // s'ono / fortun'ato]

dear diary, I'm tall, thin, handsome, blonde, pleasant,
strong and most of all... modest.
I have a nice house, a red car and a black dog.
dear diary, yes, it's true: I'm lucky.

IMPARARE E PARLARE [impar'are / e / parl'are] *learning and speaking*

alto ['alto]	*tall*	macchina [makk'ina]	*car*
bello [b'ɛllo]	*handsome, nice, beautiful*	magro [m'agro]	*thin*
biondo [bi'ondo]	*blonde*	modesto [mod'ɛsto]	*modest*
cane [k'ane]	*dog*	nero [n'ero]	*black*
caro [k'aro]	*dear*	rosso [r'osso]	*red*
casa [k'aṡa]	*house/home*	sì [s'i]	*yes*
come [k'ome]	*how*	simpatico [simp'atiko]	*pleasant*
diario [di'ario]	*diary*	soprattutto [sopratt'utto]	*most of all, above all*
forte [f'ɔrte]	*strong*	una ['una]	*a, an*
fortunato [fortun'ato]	*lucky*	vero [v'ero]	*true*
ho = avere [ɔ] [av'ere]	*I have (To have)*		

IMPARARE E PARLARE [impar'are / e / parl'are] *learning and speaking*

allegro [all'egro]	*cheerful*	tranquillo [tranku'illo]	*quiet*
calmo [k'almo]	*calm*	simpatico [simp'atiko]	*nice, pleasant*
nervoso [nerv'oso]	*nervous*	stanco [st'anko]	*tired*
pigro [p'igro]	*lazy*		

ASSAGGIO GRAMMATICALE [ass'adʒdʒo / grammatik'ale] *grammatical snack*

l'articolo [lart'ikolo] *the article*

articolo determinativo [art'icolo determin'ativo] ***definite article***			
singolare	**plurale**	***singular***	***plural***
maschile		***masculine***	
il fiore	*i* fiori	*the* flower	*the* flowers
*l'*albero	*gli* alberi	*the* tree	*the* trees
femminile		***feminine***	
la chiave	*le* chiavi	*the* key	*the* keys
*l'*amica	*le* amiche	*the* girlfriend	*the* girlfriends

singolare: *il, lo, la, l' [il, lo, la, l]*	***singular:* il, lo,la, l'**
plurale: *i, gli, le [i, λi, le]*	***plural:* i, gli, le**
il e *i* + consonante (parola maschile) *il* letto ⇒ *i* **l**etti *il* cielo ⇒ *i* **c**ieli	**il** *and* **i** *are used before masculine nouns beginning with consonant*
l' e *gli* + vocale (parola maschile) *l'*uomo ⇒ *gli* **u**omini *l'*amico ⇒ *gli* **a**mici *l'*albero ⇒ *gli* **a**lberi	**l'** *and* ***gli*** *are used before nouns beginning with vocals*
lo si usa con s+ consonante, gn, z, pn, ps, i+ vocale (parola maschile) *lo* **sc**avo ⇒ *gli* **sc**avi *lo* **gn**occo ⇒ *gli* **gn**occhi *lo* **z**io ⇒ *gli* **z**ii *lo* **pn**eumatico ⇒ *gli* **pn**eumatici	**lo** *is also used before masculine nouns beginning with s+consonant, gn, z, pn, ps, i+vowel*
la e *le* + consonante (parola femminile). *la* **s**tella ⇒ *le* **s**telle *la* **f**oglia ⇒ *le* **f**oglie	**la** *and* **le** *are used before all feminine nouns*
l' + vocale (parola femminile singolare) *l'***a**mica ⇒ *le* **a**miche	**l'** *before nouns (feminine singular) beginning with vowels*

articolo indeterminativo [art'ikolo / indeterminat'ivo] ***indefinite article***			
singolare	***plurale – partitivo***	***singular***	***plural – indefinitive adjectives***
maschile		***masculine***	
un fiore	*dei* fiori	*a* flower	*some* flowers
un albero	*degli* alberi	*a* tree	*some* trees
un ombrello	*degli* ombrelli	*an* umbrella	*some* umbrellas
femminile		***feminine***	
una chiave	*delle* chiavi	*a* key	*some* keys
una mela	*delle* mele	*an* apple	*some* apples
*un'*amica	*delle* amiche	*a* friend	*some* friends

singolare ***un, uno, una, un' [un, 'uno, 'una, un].***	***singular*** ***un, uno, una, un.***
un + parola maschile *un* letto, *un* amico...	un *is used before masculine nouns beginning with vowel or consonant: un* letto, *un* amico
uno + s + consonante, gn, z, pn, ps, i + vocale (parola maschile) *uno* scavo *uno* zio *uno* pneumatico	uno *is used before masculine words beginning with s+consonant, gn, z, pn, ps, i+vowel*
una + consonante, *i* + vocale (parola femminile) *una* penna, *una* foglia	una *is used before feminine nouns beginning with consonant and i+vowel*
un' + vocale (parola femminile) *un'*amica	un' *before feminine words beginning with a vowel*

plurale: *dei, degli, delle*	**dei, degli *and* delle *are plural***
dei + consonante (parola maschile) *dei* letti, *dei* cieli	dei *is used before masculine nouns beginning with a consonant: dei* letti, *dei* cieli
degli + s + consonante, gn, z, pn, ps, i+ vocale (parola maschile)	degli *is used before words beginning with vowel, s+consonante, gn, z, pn, ps, i+vowel*
delle + parola femminile	delle *is used before all the feminine words*
attenzione: *dei, degli e delle* non sono articoli indefiniti plurali, ma preposizioni articolate. Sono usate come articoli "partitivi", come gli aggettivi e i pronomi indefiniti inglesi *some* e *any*.	*pay attention:* **dei**, **degli** *and* **delle** *aren't indefinite plural articles, but contracted prepositions. They are used as the english "indefinite adjectives or pronouns" (= some and any).*

PARLARE [parl'are] ***speaking***

il [il]	*the*	gli [λi]	*the*	un' [un]	*a, an*
lo [lo]	*the*	le [le]	*the*	dei [d'ei]	*some*
la [la]	*the*	un [un]	*a, an*	degli [d'eλi]	*some*
l' [l]	*the*	uno ['uno]	*a, an*	delle [d'elle]	*some*
i [I]	*the*	una ['una]	*a, an*		

Il contrario [il / kontr'ario] *the antonym*

allegro [all'egro]	triste [tr'iste]	*cheerful / sad*
alto ['alto]	basso [b'asso]	*tall / short*
bello [b'ɛllo]	brutto [br'utto]	*nice / ugly*
bianco [bi'anco]	nero [n'ero]	*white / black*
forte [f'ɔrte]	debole [d'ebole]	*strong / weak*
fortunato [fortun'ato]	sfortunato [sfortun'ato]	*lucky / unlucky*
magro [m'agro]	grasso [gr'asso]	*thin / fat*
modesto [mod'ɛsto]	immodesto [immod'ɛsto]	*modest / immodest*
simpatico [simp'atiko]	antipatico [antip'atiko]	*pleasant / unpleasant*

ASSAGGIO GRAMMATICALE [ass'adʒdʒo / grammatik'ale] — *grammatical snack*

allegro, triste, alto, basso... sono **aggettivi** gli aggettivi sono **maschili** o **femminili** il nome maschile ha l'aggettivo maschile, il nome femminile ha l'aggettivo femminile	***allegro, triste, alto, basso*** *...* *are* ***adjectives.*** *The adjectives can be* ***masculine*** *or* ***feminine.*** *A male noun wants a male adjective,* *a feminine noun wants a feminine adjective.*
esempio: io (uomo) sono bello tu (donna) sei alta il cane (maschile) è nero la macchina (femminile) è rossa	***example:*** *io (man) sono bello* *tu (woman) sei alta* *il cane (masculine) è nero* *la macchina (feminine) è rossa*

ESERCIZIO 4.1 [eśertʃ'izio] — *EXERCISE 4.1*

COMPLETARE [komplet'are] *complete*
usa ['uśa] *use*: gli, le, l', il, la, i

le macchine

1. .... cane
2. .... macchina
3. .... uomo
4. .... amici
5. .... donne
6. .... cani
7. .... nave
8. .... navi
9. .... mare
10. .... pneumatici

ESERCIZIO 4.2 [eṡertʃ'izio] *EXERCISE 4.2*

COMPLETARE [komplet'are] *complete*
usa ['uṡa] *use* un, una, un', uno
una macchina

1. .... amico
2. .... amica
3. .... uomo
4. .... donna
5. .... cane
6. .... amore
7. .... pneumatico

ESERCIZIO 4.3 [eṡertʃ'izio] *EXERCISE 4.3*

COMPLETARE [komplet'are] *complete*

1. io ....
2. tu ....
3. lui/lei ....
4. noi abbiamo ....
5. voi ....
6. loro ....

ESERCIZIO 4.4 [eṡertʃ'izio] *EXERCISE 4.4*

COMPLETARE [komplet'are] *complete*

io sono
alto e magro

1. tu sei
....

2. lui è
....

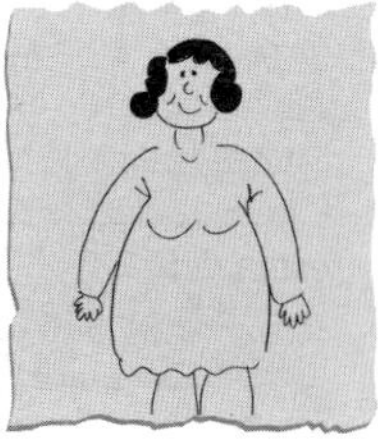

3. lei è
....
e ....

ESERCIZIO 4.5 [eṡertʃ'izio] *EXERCISE 4.5*

COMPLETARE [komplet'are] *complete* **il contrario** / *the antonym*

	simpatico	**antipatico**
1.	fortunato	....
2.	grasso	....
3.	bello	....
4.	modesto	....
5.	nero	....

LEZIONE 5
[lezi'one ʧ'inkue]
LESSON 5

Io dormo, tu dormi...loro dormono
[‘io / d'ɔrmo // tu /d'ɔrmi /// l'oro / d'ɔrmono]
I sleep, you sleep... they sleep

IMPARARE E PARLARE [impar'are / e / parl'are] ***learning and speaking***

1. Luca va a scuola [l'uka / va / a / sku'ɔla]	*Luca goes to school*
2. Andrea nuota [andr'ɛa / nu'ɔta]	*Andrea swims (is swimming)*
3. Aldo corre in moto [‘aldo / k'orre / in / m'ɔto]	*Aldo rides (is reading) a bike*
4. Jessica mangia molto [ʤ'ɛssika / m'anʤa / m'olto]	*Jessica eats very much*
5. Alice legge libri e giornali [al'iʧe / l'ɛʤʤe / l'ibri / e / ʤorn'ali]	*Alice reads (is reading) books and papers*
6. Ronnie dorme sempre [R'ɔnni / d'ɔrme / s'ɛmpre]	*Ronnie always sleeps*
7. Luca, Andrea e Manuel fanno i compiti [l'uka / andr'ea / e / m'anuel / f'anno / i / k'ompiti]	*Luca, Andrea and Manuel do (are doing) their homework*
8. Jessica, Alice e Ronnie sono felici [ʤ'ɛssika / al'iʧe / e / r'ɔnni / s'ono / fel'iʧi]	*Jessica, Alice and Ronnie are happy*

ASSAGGIO GRAMMATICALE [ass'aʤʤo / grammatik'ale] *grammatical snack*

i verbi [i / v'ɛrbi] *the verbs*

va, nuota, corre, mangia, legge, dorme, fanno, sono verbi	***va, nuota, corre, mangia, legge, dorme, fanno*** *are all verbs*
la lingua italiana ha tre coniugazioni 1 - verbi con l'infinito in **–are** 2 - verbi con l'infinito in **–ere** 3 - verbi con l'infinito in **–ire**	*italian has 3 conjugations:* *verbs that have infinitives ending in* ***-are*** *verbs that have infinitives ending in* ***-ere*** *verbs that have infinitives ending in* ***-ire***

Pronomi personali soggetto ***personal pronouns subject***	**infinito in –are** *infinitives ending in* ***–are***	**infinito in –ere** *infinitives ending in* ***–ere***	**infinito in –ire** *infinitives ending in* ***–ire***
io	-o	-o	-o
tu	-i	-i	-i
lui (*masculine* / maschile) lei (femminile / *feminine*)	-a	-e	-e
noi	-iamo	-iamo	-iamo
voi	-ate	-ete	-ite
loro	-ano	-ono	-ono

IMPARARE E PARLARE [impar'are / e / parl'are] *learning and speaking*

mangi-are [manʤ'are] **presente indicativo** [pres'ɛnte / indikat'ivo]	***to eat*** ***simple present***
io mangi-**o** ['io / m'anʤo]	*I eat (I'm eating)*
tu mang-**i** [tu / m'anʤi]	*you eat*
lui/lei mangi-**a** [l'ui / l'ɛi / m'anʤa]	*he, she, it eats*
noi mang-**iamo** [n'oi / manʤ'amo]	*we eat*
voi mangi-**ate** [v'oi / manʤ'ate]	*you eat*
loro mangi-**ano** [l'oro / m'anʤano]	*they eat*
legg-**ere** [l'ɛʤʤere] **presente indicativo** [pres'ɛnte / indikat'ivo]	***to read*** ***simple present***
io legg-**o** ['io / l'ɛggo]	*I read (I'm reading)*
tu legg-**i** [tu / l'ɛʤʤi]	*you read*
lui/lei legg-**e** [l'ui / l'ei / l'ɛʤʤe]	*he, she, it reads*
noi legg-**iamo** [n'oi / leʤʤ'amo]	*we read*
voi legg-**ete** [v'oi / leʤʤ'ete]	*you read*
loro legg-**ono** [l'oro / l'ɛggono]	*they read*

dorm-**ire** [dorm’ire] **presente indicativo** [pres’ɛnte / indikat’ivo]	***to sleep*** ***simple present***
io dorm-**o** [‘io / d’ɔrmo]	*I sleep (I’m sleeping)*
tu dorm-**i** [tu / d’ɔrmi]	*you sleep*
lui/lei dorm-**e** [l’ui / l’ɛi / d’ɔrme]	*he, she, it sleeps*
noi dorm-**iamo** [n’oi / dormi’amo]	*we sleep*
voi dorm-**ite** [v’oi / dorm’ite]	*you sleep*
loro dorm-**ono** [l’oro / d’ɔrmono]	*they sleep*

IMPARARE E PARLARE [impar’are / e / parl’are] *learning and speaking*

verbi [v’ɛrbi] *the verbs*

abitare [abit’are]	*to live (in)*
agitare [adʒit’are]	*to shake*
accendere [atʃtʃ’ɛndere]	*to light, to turn on*
ammettere [amm’ettere]	*to admit*
aprire [apr’ire]	*to open*
avvertire [avvert’ire]	*to warn*
camminare [kammin’are]	*to walk*
cancellare [kantʃell’are]	*to cancel*
chiamare [kiam’are]	*to call*
cominciare [komintʃ’are]	*to begin*
costare [kost’are]	*to cost*
domandare [domand’are]	*to ask*
chiedere [ki’ɛdere]	*to ask*
entrare [entr’are]	*to enter*
firmare [firm’are]	*to sign*
fumare [fum’are]	*to smoke*
guidare [guid’are]	*to drive*
lavorare [lavor’are]	*to work*
prendere [pr’ɛndere]	*to take*
scrivere [skriv’ere]	*to write*
mettere [m’ettere]	*to put*

ASSAGGIO GRAMMATICALE [ass'aʤʤo / grammatik'ale] *grammatical snack*

i verbi irregolari [i / v'ɛrbi irregol'ari] *irregular verbs*

va = andare [va // and'are] *he, she, it goes = to go*
fa = fare [fa // f'are] *he, she, it does = to do*

ANDARE [and'are] ***to go*** **presente indicativo** [preṡ'ɛnte / indikat'ivo] ***simple present***	io vado ['io / v'ado]	*I go*
	tu vai [tu / v'ai]	*you go*
	lui/lei va [l'ui / l'ɛi / va]	*he, she, it goes*
	noi andiamo [n'oi / andi'amo]	*we go*
	voi andate [v'oi / and'ate]	*you go*
	loro vanno [l'oro / v'anno]	*they go*

FARE [f'are] ***to do*** **presente indicativo** [preṡ'ɛnte / indikat'ivo] ***simple present***	io faccio ['io / f'aʧʧo]	*I do*
	tu fai [tu / f'ai]	*you do*
	lui/lei fa [l'ui / l'ɛi / fa]	*he, she, it does*
	noi facciamo [n'oi / faʧʧ'amo]	*we do*
	voi fate [v'oi / f'ate]	*you do*
	loro fanno [l'oro / f'anno]	*they do*

PREFERIRE [prefer'ire] ***to prefer*** **presente indicativo** [preṡ'ɛnte / indikat'ivo] ***simple present***	io preferisco ['io / prefer'isko]	*I prefer*
	tu preferisci [tu / prefer'iʃi]	*you prefer*
	lui/lei preferisce [l'ui / l'ɛi / prefer'iʃe]	*he, she, it prefers*
	noi preferiamo [n'oi / preferi'amo]	*we prefer*
	voi preferite [v'oi / prefer'ite]	*you prefer*
	loro preferiscono [l'oro / prefer'iskono]	*they prefer*

CAPIRE [cap'ire] ***to understand*** **presente indicativo** [preṡ'ɛnte/ indikat'ivo] ***simple present***	io capisco ['io / kap'isko]	*I understand*
	tu capisci [tu / kap 'iʃi]	*you understand*
	lui/lei capisce [l'ui / l'ɛi / kap 'iʃe]	*he, she, it understands*
	noi capiamo [n'oi / kapi'amo]	*we understand*
	voi capite [v'oi / kap'ite]	*you understand*
	loro capiscono [l'oro / kap'iskono]	*they understand*

FINIRE [fin'ire] ***to finish*** **presente indicativo** [pres'ɛnte / indikat'ivo] ***simple present***	io finisco ['io / fin'isko]	*I finish*
	tu finisci [tu / fin'iʃi]	*you finish*
	lui/lei finisce [l'ui / l'ɛi / fin'iʃe]	*he, she, it finishes*
	noi finiamo [n'oi / fini'amo]	*we finish*
	voi finite [v'oi / fin'ite]	*you finish*
	loro finiscono [l'oro / fin'iskono]	*they finish*

USCIRE [uʃ'ire] ***to go out*** **presente indicativo** [pres'ɛnte / indikat'ivo] ***simple present***	io esco ['io / 'ɛsko]	*I go out*
	tu esci [tu / 'ɛʃi]	*you go out*
	lui/lei esce [l'ui / l'ɛi / 'ɛʃe]	*he, she, it goes out*
	noi usciamo [n'oi / uʃ'amo]	*we go out*
	voi uscite [v'oi / uʃ'ite]	*you go out*
	loro escono [l'oro / 'ɛskono]	*they go out*

STARE [sta're] ***to stay*** **presente indicativo** [pres'ɛnte / indikat'ivo] ***simple present***	io sto ['io / stɔ]	*I stay*
	tu stai [tu / st'ai]	*you stay*
	lui/lei sta [l'ui / l'ɛi / sta]	*he, she, it stays*
	noi stiamo [n'oi / sti'amo]	*we stay*
	voi state [v'oi / st'ate]	*you stay*
	loro stanno [l'oro / st'anno]	*they stay*

SAPERE [sap'ere] ***to know*** **presente indicativo** [pres'ɛnte / indikat'ivo] ***simple present***	io so ['io / sɔ]	*I know*
	tu sai [tu / s'ai]	*you know*
	lui/lei sa [l'ui / l'ɛi / sa]	*he, she, it knows*
	noi sappiamo [n'oi / sappi'amo]	*we know*
	voi sapete [v'oi / sap'ete]	*you know*
	loro sanno [l'oro / s'anno]	*they know*

verbi con **-c+are / -g+are** *verbs ending with –c+are / -g+are*

PAGARE [pag'are] ***to pay*** **presente indicativo** [preś'ɛnte / indikat'ivo] ***simple present***	io pago ['io / p'ago]	*I pay*
	tu paghi [tu / p'agi]	*you pay*
	lui/lei paga [l'ui / l'ɛi / p'aga]	*he, she, it pays*
	noi paghiamo [n'oi / pagi'amo]	*we pay*
	voi pagate [v'oi / pag'ate]	*you pay*
	loro pagano [l'oro / p'agano]	*they pay*

DIMENTICARE [dimentik'are] ***to forget*** **presente indicativo** [preś'ɛnte / indikat'ivo] ***simple present***	io dimentico ['io / dim'entiko]	*I forget*
	tu dimentichi [tu / dim'entiki]	*you forget*
	lui/lei dimentica [l'ui / l'ɛi / dim'entika]	*he, she, it forgets*
	noi dimentichiamo [n'oi / dimentiki'amo]	*we forget*
	voi dimenticate [v'oi / dimentik'ate]	*you forget*
	loro dimenticano [l'oro / dim'entikano]	*they forget*

ESERCIZIO 5.1 [eśertʃ'izio] — *EXERCISE 5.1*

COMPLETARE [komplet'are] *complete*

verbo *verb*	**coniugazione** *conjugations*	**verbo** *verb*	**coniugazione** *conjugations*
abitare	1°	costare	....
agitare	....	domandare	....
accendere	....	chiedere	....
ammettere	....	entrare	....
aprire	....	firmare	....
avvertire	....	fumare	....
camminare	....	guidare	....
cancellare	....	lavorare	....
chiamare	....	prendere	....
cominciare	....	mettere	....

ESERCIZIO 5.2 [eˈsertʃ'izio] *EXERCISE 5.2*

completare [komplet'are] *complete*

1. **abitare**
io abit**o**
tu abit**i**
lui/lei ....
noi ....
voi ....
loro ....

2. **aprire**
io apr**o**
tu ....
lui/lei ....
noi ....
voi ....
loro ....

3. **camminare**
io ....
tu ....
lui/lei ....
noi ....
voi ....
loro ....

4. **cancellare**
io ....
tu ....
lui/lei ....
noi ....
voi ....
loro ....

5. **costare**
io ....
tu ....
lui/lei ....
noi ....
voi ....
loro ....

6. **domandare**
io ....
tu ....
lui/lei ....
noi ....
voi ....
loro ....

7. **chiedere**
io ....
tu ....
lui/lei ....
noi ....
voi ....
loro ....

8. **lavorare**
io ....
tu ....
lui/lei ....
noi ....
voi ....
loro ....

9. **prendere**
io ....
tu ....
lui/lei ....
noi ....
voi ....
loro ....

10. **mettere**
io ....
tu ....
lui/lei ....
noi ....
voi ....
loro ....

ESERCIZIO 5.3 [eṡertʃ'izio] *EXERCISE 5.3*

COMPLETARE [komplet'are] *complete*

1. io .... (aspettare) l'autobus
2. voi .... (ascoltare) la lezione
3. lei .... (consigliare) una scarpa
4. loro .... (discutere)
5. tu .... (riempire) il bicchiere
6. noi .... (servire) i clienti
7. loro .... (raggiungere) gli amici

ESERCIZIO 5.4 [eṡertʃ'izio] *EXERCISE 5.4*

COMPLETARE [komplet'are] *complete*

1. noi .... (andare) al mare
2. io .... (preferire) l'acqua
3. voi .... (capire) la lezione
4. noi .... (stare) in montagna
5. tu .... (uscire) dal cinema
6. lui .... (sapere) la lezione

ESERCIZIO 5.5 [eṡertʃ'izio] *EXERCISE 5.5*

CORREGGERE GLI ERRORI [korr'ɛdʒdʒere / λi / err'ori] *correct the mistakes*

1. io paghiamo il caffè
2. noi dimenticamo il compleanno
3. tu preferisci la montagna
4. lei facciamo i compiti
5. loro aspettate l'autobus
6. lui so la lezione

ESERCIZIO 5.6 [eṡertʃ'izio] *EXERCISE 5.6*

CORREGGERE GLI ERRORI [korr'ɛdʒdʒere / λi / err'ori] *correct the mistakes*

1. gli amico
2. degli bar
3. il casa
4. un'amico
5. i navi
6. degli fiori

LEZIONE 6
[lezi'one / s'ɛi]
LESSON 6

Venerdì 10 marzo
[venerd'i / di'ɛʧi / m'arzo]
10th march, friday

contare [kont'are]	***to count***
quanti libri hai? [ku'anti / l'ibri / 'aiɐ]	*how many books do you have?*
sei. E tu? [s'ɛi // e / tuɐ]	*I have six books, and you?*
otto ['ɔtto]	*I have eight books*

IMPARARE E PARLARE [impar'are / e / parl'are] *learning and speaking*

I NUMERI CARDINALI [i / n'umeri / kardin'ali] *the cardinal numbers*

0	zero [z'ɛro]	*zero*
1	uno ['uno]	*one*
2	due [d'ue]	*two*
3	tre [tre]	*three*
4	quattro [ku'attro]	*four*
5	cinque [tʃ'inkue]	*five*
6	sei [s'ɛi]	*six*
7	sette [s'ɛtte]	*seven*
8	otto ['ɔtto]	*eight*
9	nove [n'ɔve]	*nine*
10	dieci [di'ɛtʃi]	*ten*
11	undici ['unditʃi]	*eleven*
12	dodici [d'oditʃi]	*twelve*
13	tredici [tr'editʃi]	*thirteen*
14	quattordici [kuatt'orditʃi]	*fourteen*
15	quindici [ku'inditʃi]	*fifteen*
16	sedici [s'ɛditʃi]	*sixteen*
17	diciassette [ditʃass'ɛtte]	*seventeen*
18	diciotto [ditʃ'ɔtto]	*eighteen*
19	diciannove [ditʃann'ɔve]	*nineteen*
20	venti [v'enti]	*twenty*
21	ventuno [vent'uno]	*twenty-one*
22	ventidue [ventid'ue]	*twenty-two*
23	ventitré [ventitr'e]	*twenty-three*
24	ventiquattro [ventiku'attro]	*twenty-four*
25	venticinque [ventitʃ'inkue]	*twenty-five*
26	ventisei [ventis'ɛi]	*twenty-six*
27	ventisette [ventis'ɛtte]	*twenty-seven*

28	ventotto [vent'ɔtto]	*twenty-eight*
29	ventinove [ventin'ɔve]	*twenty-nine*
30	trenta [tr'enta]	*thirty*
31	trentuno [trent'uno]	*thirty-one*
40	quaranta [kuar'anta]	*forty*
50	cinquanta [tʃinku'anta]	*fifty*
60	sessanta [sess'anta]	*sixty*
70	settanta [sett'anta]	*seventy*
80	ottanta [ott'anta]	*eighty*
90	novanta [nov'anta]	*ninety*
100	cento [tʃ'ɛnto]	*a hundred*
110	centodieci [tʃɛntodi'etʃi]	*a hundred ten*
200	duecento [duetʃ'ɛnto]	*two hundred*
300	trecento [tretʃ'ɛnto]	*three hundred*
400	quattrocento [kuattrotʃ'ɛnto]	*four hundred*
500	cinquecento [tʃinkutʃ'ɛnto]	*five hundred*
600	seicento [seitʃ'ɛnto]	*six hundred*
700	settecento [settetʃ'ɛnto]	*seven hundred*
800	ottocento [ottotʃ'ɛnto]	*eight hundred*
900	novecento [novetʃ'ɛnto]	*nine hundred*
1000	mille [m'ille]	*a thousand*
2000	duemila [duem'ila]	*two thousand*
10000	diecimila [dietʃim'ila]	*ten thousand*
100000	centomila [tʃentomi'la]	*a hundred thousand*
1000000	un milione [un / mili'one]	*a million*
1000000000	un miliardo [un / mili'ardo]	*a billion*

Il calendario [il / kalend'ario] / *the calendar*

Le stagioni [le / staʤ'oni] *the seasons*

inverno [inv'ɛrno]
winter

primavera [primav'ɛra]
spring

estate [est'ate]
summer

autunno [aut'unno]
autumn

I mesi [i / m'eṡi] *the months*

gennaio [ʤenn'aio]	*January*	luglio [l'uʎo]	*July*
febbraio [febbr'aio]	*February*	agosto [ag'osto]	*August*
marzo [m'arzo]	*March*	settembre [sett'ɛmbre]	*September*
aprile [apr'ile]	*April*	ottobre [ott'obre]	*October*
maggio [m'aʤʤo]	*May*	novembre [nɔv'ɛmbre]	*November*
giugno [ʤ'uɲo]	*June*	dicembre [diʧ'ɛmbre]	*December*

I giorni [i / ʤ'orni] *the days*

lunedì [luned'i]	*Monday*	venerdì [venerd'i]	*Friday*
martedì [marted'i]	*Tuesday*	sabato [s'abato]	*Saturday*
mercoledì [merkoled'i]	*Wednesday*	domenica [dom'enika]	*Sunday*
giovedì [ʤoved'i]	*Thursday*		

IMPARARE E PARLARE [impar'are / e / parl'are] *learning and speaking*

Dialoghi [di'alogi] *conversations*

quando arriva Luca? [ku'ando / arr'iva / l'ukaɐ]	*when is Luca coming?*
in estate [in / est'ate]	*next summer*
e Matteo? [e / matt'ɛoɐ]	*and Matteo?*
in primavera [in / primav'ɛra]	*next spring*

quando inizia l'estate? [ku'ando / iniżia / lest'ateɐ]	*when does the summer begin?*
il ventuno giugno [il / vent'uno / ʤ'uɲo]	*on the 21st of June*

quando inizia la settimana? [ku'ando / in'iżia / la / settim'anaɐ]	*when does the week begin?*
lunedì [luned'i]	*it begins on Monday*

quando arriva Natale? [ku'ando / arr'iva / nat'aleɐ]	*when is Christmas Day?*
il 25 dicembre [il / ventiʧ'inkue / diʧ'ɛmbre]	*it's the 25th of December*

quanti anni hai? [ku'anti / 'anni / 'aiɐ]	*how old are you?*
venticinque. E tu? [ventiʧ'inkue // e / tuɐ]	*I'm twenty-five. And you?*
trentuno [trent'uno]	*I'm thirty-one*

quante penne hai [ku'ante / p'enne / 'aiɐ]	*how many pens do you have?*
tre [tre]	*I have three pens*

ASSAGGIO GRAMMATICALE [ass'aʤʤo / grammatik'ale] *grammatical snack*

due, tre, quattro, cinque... sono **numeri cardinali** e non cambiano al maschile e al femminile. Esempio: due donne (femminile) e due uomini (maschile) **uno** cambia: *un* + parola maschile. *un* letto, *un* amico...	*due, tre, quattro, cinque... are* **cardinal numbers** *and have the same form for masculine and feminine nouns. example:* ***due*** *donne (feminine) e* ***due*** *uomini (masculine).* *the only exception is* **uno** *which changes to:* **un** *which is used before masculine nouns beginning with vowel or consonant:* ***un*** *letto,* ***un*** *amico.*
uno + s + consonante, gn, z, pn, ps, i + vocale *uno* psicologo	**uno** *which is used before masculine words beginning with s + consonant, gn, z, pn, ps, i+vowel*
una + (consonante / *i* + *vocale*) (parola femminile) *una* penna, *una* foglia *un'* + vocale (parola femminile) *un'*amica	**una** *which is used before feminine nouns beginning with consonant and i+vowel* **un'** *which is used before feminine words beginning with a vowel*

ESERCIZIO 6.1 [eṡertʃ'izio] *EXERCISE 6.1*

COMPLETARE [komplet'are] *complete*

29	ventinove	5	....
15	....	2	....
12	....	18	....
3	....	8	....

ESERCIZIO 6.2 [eṡertʃ'izio] *EXERCISE 6.2*

COMPLETARE [komplet'are] *complete*

inverno

1. ....

2. ....

3. ....

ESERCIZIO 6.3 [eṡertʃ'izio] *EXERCISE 6.3*

COMPLETARE [komplet'are] *complete*

la settimana

1. ....
2. martedì
3. ....
4. ....
5. venerdì
6. ....
7. ....

ESERCIZIO 6.4 [eṡertʃ'izio] *EXERCISE 6.4*

COMPLETARE [komplet'are] *complete*

12/06/1968

tredici giugno millenovecentosessantotto

1. 15/01/2000

   ....

2. 18/06/2001

   ....

3. 28/02/1800

   ....

4. 2/12/1510

   ....

5. 14/08/1750

   ....

ESERCIZIO 6.5 [eṡertʃ'izio] — ***EXERCISE 6.5***

COMPLETARE [komplet'are] *complete*

1 uno

5 cinque

7 ....

10 ....

20 ....

.... diciassette

.... diciotto

....diciannove

.... trenta

15 ....

8 ....

.... trentuno

ESERCIZIO 6.6 [eṡertʃ'izio] — ***EXERCISE 6.6***

CORREGGERE GLI ERRORI [korr'ɛdʤdʒere / ʎi / err'ori] *correct the mistakes*

1. ho uno matita
2. abbiamo due matita
3. quanto anni hai?
4. quandi arriva Pasqua?
5. quanta penne hai?
6. in estate fa freddo

LEZIONE 7
[lezi'one /s'ɛtte]
LESSON 7

Quanto?
[ku'anto]
How much

quanto costa una rosa? [ku'anto / k'ɔsta / 'una / r'ɔṡaɐ] *how much does a rose cost?*
cinquemila lire o due euro e mezzo [ʧinkuem'ila / l'ire // o / d'ue / 'euro / e / m'ɛżżo] *it costs five thousand Lira or two and a half Euro*

PARLARE [parl'are] — *speaking*

sono domande per chiedere il prezzo [s'ono / dom'ande / pɛr / ki'ɛdere / il / pr'ɛzzo]	***are different ways to ask how much something costs***
quanto costa? [ku'anto / k'ɔstaɐ]	*how much does it cost?*
quanto viene? [ku'anto / vi'ɛneɐ]	*how much does it cost?*
quant'è? [kuant'ɛɐ]	*how much is it?*
quanto fa? [ku'anto / f'aɐ]	*how much is it?*

ASSAGGIO GRAMMATICALE [ass'adʒdʒo / grammatik'ale] *grammatical snack*

quando, quanto, come e **dove** sono avverbi interrogativi e non cambiano. quando arrivi? quando parti? quanto costano le torte? quanto sei alta? quanto è lontana casa tua? come stai? dove vai?	**quando** *(when),* **quanto** *(how much),* **come** *(how)* *and* **dove** *(where) are interrogative adverbs.* *They don't change.* *when do you arrive?* *when do you leave?* *how much are the cakes?* *how tall are you?* *how far is your house?* *how are you?* *where are you going?*
quanto è anche aggettivo interrogativo e cambia: quant**o** = maschile singolare quant**i** = maschile plurale quant**a** = femminile singolare quant**e** = femminile plurale quant**o** zucchero hai? quant**i** libr**i** hai? quant**e** matit**e** avete?	***quanto*** *is used also as an interrogative adjective and it changes:* ***quanto*** *(how much) = masculine singular* ***quanti*** *(how many) = masculine plural* ***quanta*** *(how much) = feminine singular* ***quante*** *(how many) = feminine plural* *how much sugar do you have?* *how many books do you have?* *how many pencils do you have?*

verbi irregolari [verbi / irregol'ari] / *irregular verbs*
costa (= *costare*) è un verbo regolare, *fa* (= *fare*) e *viene* (= *venire*) sono verbi irregolari. Su *fare* vedi la Lezione 5.
costare *is a regular verb,* **fare** *and* **venire** *are irregular verbs.*
on **fare** *see Lesson 5.*

verbo regolare [v'ɛrbo / regol'are] *regular verb*	**costare** [kost'are]	*to cost*
	io costo ['io / k'ɔsto]	*I cost*
	tu costi [tu / k'ɔsti]	*you cost*
	lui/lei, esso costa [l'ui / l'ɛi / 'esso / k'ɔsta]	*he, she, it costs*
	noi costiamo [n'oi / kosti'amo]	*we cost*
	voi costate [v'oi / kost'ate]	*you cost*
	loro costano [l'oro / k'ɔstano]	*they cost*
verbo irregolare [v'ɛrbo / irregol'are] *irregular verb*	**venire** [ven'ire]	*to come*
	io vengo ['io / v'ɛngo]]	*I come*
	tu vieni [tu / vi'ɛni]	*you come*
	lui/lei viene [l'ui / l'ɛi / vi'ɛne]	*he, she, it comes*
	noi veniamo [n'oi / veni'amo]	*we come*
	voi venite [v'oi / ven'ite]	*you come*
	loro vengono [l'oro / v'ɛngono]	*they come*

IMPARARE E PARLARE [impar'are / e / parl'are] *learning and speaking*

Quanto costa? [ku'anto / k'ɔstaɐ] *how much is it?*

10 = dieci euro [dieʧi 'euro]	*ten euro*
12,30 = dodici euro e trenta centesimi [dodiʧi 'euro e tr'enta ʧent'ɛsimi]	*twelwe euro and thirty cent*
20 = venti euro [v'enti 'euro]	*twenty euro*
50 = cinquanta euro [ʧinku'anta 'euro]	*fifty euro*
100 = cento euro [ʧ'ɛnto 'euro]	*one hundred euro*
140 = centoquaranta euro [ʧ'ɛntokuaranta 'euro]	*one hundred and fourty euro*
250 = duecentocinquanta euro [dueʧɛnto / ʧinku'anta 'euro]	*two hundred and fifty euro*
500 = cinquecento euro [ʧinkueʧɛnto 'euro]	*five hundred euro*

ESERCIZIO 7.1 [eṡerʧ'izio] *EXERCISE 7.1*

Completare [komplet'are] *complete*
- quanti anni hai?
- venticinque

1. quante penne hai?
   ....
2. .... matite hai?
   una
3. .... viene Luca?
   il 25 aprile
4. .... arriva il Natale?
   il 25 ....
5. .... giorni ha febbraio?
   28
6. ....abiti?
   a Milano

ESERCIZIO 7.2 [eṡertʃ'izio] *EXERCISE 7.2*

COMPLETARE [komplet'are] *complete*

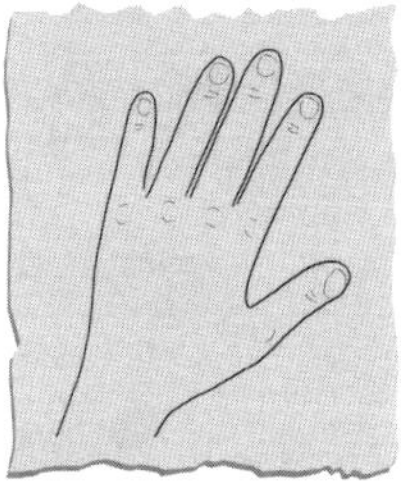

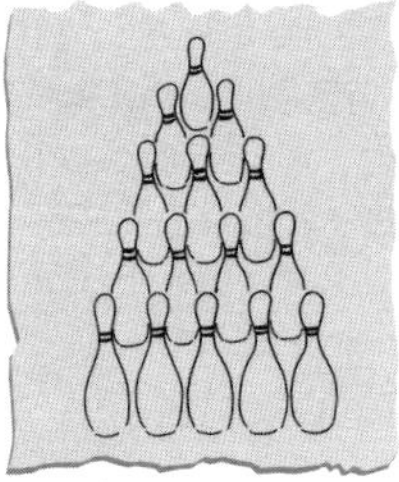

quanti anni hai? 1. ....

quante sono? 2. ....

quanti sono? 3. ....

quanto costa? 4. ....

ESERCIZIO 7.3 [eṡertʃ'izio] *EXERCISE 7.3*

COMPLETARE [komplet'are] *complete*

45,50 = quarantacinque e cinquanta
14 = ...
88 = ...
11,70 = ...
58 = ...
5.50 = ...
550 = ...
19,90 = ...
142 = ...

ESERCIZIO 7.4 [eṡertʃ'izio] *EXERCISE 7.4*

COMPLETARE [komplet'are] *complete*

settantadue e trenta = 72,30
cinquantadue = ...
quarantotto e cinque = ...
sessantuno = ...
venticinque = ...
centocinquantasei = ...
duecentosette = ...
novantanove e nove = ...
quattro e cinquanta = ...

ESERCIZIO 7.5 [eṡertʃ'izio] *EXERCISE 7.5*

COMPLETARE [komplet'are] *complete*

costare – venire – fare – essere

1. quanto <u>*costano*</u> cinque rose?
2. (12,50) ....euro
3. quant' .... un panino?
4. (..........................) quattro e cinquanta
5. quanto ....?
6. (......................................) centotrenta

LEZIONE 8
[lezi'one / 'ɔtto]
LESSON 8

Oggi o domani, prima o dopo
['ɔggi / o / dom'ani // pr'ima / o / d'opo]
today or tomorrow, before or after

scusi... [sk'usi]	*excuse me...*
sì? [s'iɐ]	*yes?*
che ore sono, per piacere? [ke / 'ore / s'ono // per / piatʃ'ereɐ] che ora è, per favore? [ke / 'ora / 'e // per / fav'oreɐ]	*what time is it, please?*
sono le nove [s'ono / le / n'ɔve]	*it's nine o'clock*
già le nove? è tardi [ʤ'a / le / n'ɔveɐ // 'ɛ / t'ardi]	*nine already? It's late!*

Mamma - sveglia! [m'amma] [ʂv'eʎa]	*Mom - Wake up!*
Bambino - mmmh... [bamb'ino] [mm]	*Kid - Mmmh...*
Mamma - ehi, sveglia! ['ei // sv'eʎa]	*Mom - Hey! Wake up!*
Bambino - ma è presto... che ore sono? [ma / 'ɛ / pr'ɛsto // ke / 'ore / s'onoɐ]	*Kid - But it's early... what time is it?*
Mamma - le sette. È ora di alzarsi [le / s'ɛtte // 'ɛ / 'ora / di / alz'arsi]	*Mom - It' seven o'clock: time to get up.*
Bambino - uffa, adesso arrivo ['uffa // ad'ɛsso / arr'ivo]	*Kid - Phew... I'm coming...*

IMPARARE E PARLARE *learning and speaking*
[impar'are / e / parl'are]

oggi ['ɔggi]	***today***
oggi vado al cinema ['ɔggi / v'ado / al / tʃ'inema]	*today I'm going to the cinema*
domani [dom'ani]	***tomorrow***
Sara arriva domani [s'ara / arr'iva / dom'ani]	*Sara is coming tomorrow*
dopodomani [dopodom'ani]	***the day after tomorrow***
Natale è dopodomani [nat'ale / 'ɛ / dopodom'ani]	*Christmas is the day after tomorrow*
ora, adesso, subito ['ora // ad'ɛsso // s'ubito]	***now, right away, at once***
quando vai a scuola? [ku'ando / v'ai / a / sku'ɔlaɐ] ora vado ['ora / v'ado] adesso vado [ad'ɛsso / v'ado] vado subito [v'ado / s'ubito]	*when do you go to school?* *I'm going now* *I'm going right away* *I'm going at once*
prima, dopo [pr'ima / d'opo]	***first, before, then, after***
prima faccio i compiti, dopo gioco [pr'ima /f'atʃtʃo / i / k'ompiti // d'opo / dʒ'ɔko]	*first I do my homework and then I play*
ancora [ank'ora]	***still, yet***
non sei ancora pronto? [non / s'ɛi / ank'ora / prontoɐ] sei ancora qui? [s'ɛi / ank'ora / ku'iɐ]	*aren't you ready yet?* *are you still here?*
spesso [sp'esso]	***often***
Sara resta spesso a letto la domenica mattina [s'ara / r'ɛsta / sp'esso / a / l'ɛtto / la / dom'enika / matt'ina] gli uomini sono spesso cattivi [ʎi / u'ɔmini / s'ono /sp'esso / katt'ivi]	*Sara often stays in bed* *on Sunday mornings* *men are often bad*
sempre [s'ɛmpre]	***always***
sei sempre in ritardo [s'ɛi / s'ɛmpre / in / rit'ardo]	*you are always late*
non...mai [non // m'ai]	***never***
non sei mai puntuale [non / s'ɛi / m'ai / puntu'ale]	*you are never in time*
ormai, prima, poi [orm'ai / pr'ima / p'ɔi]	***now, already***
ormai è troppo tardi [orm'ai / 'ɛ / tr'ɔppo / t'ardi] ormai Luca era a casa [orm'ai / luka / 'ɛra / 'a / k'aṡa] prima, poi [pr'ima / p'ɔi] prima pensare, poi parlare [pr'ima / pens'are // p'ɔi / parl'are]	*now it's too late* *Luca was already at home* *first, then* *first thinking, then talking*

ASSAGGIO GRAMMATICALE *grammatical snack*
[ass'adʒdʒo / grammatik'ale]

gli avverbi di tempo *adverbs of time*

gli avverbi sono invariabili / *the adverbs are indeclinable*

gli avverbi **adesso, presto, oggi, dopodomani, domani, ora, prima, dopo, spesso** possono precedere o seguire il verbo
the adverbs **adesso, presto, oggi, dopodomani, domani, ora, prima, dopo, spesso** *can come before or after the verb*

verbo / *verb* +	adesso / *now* presto / *early, soon* oggi / *today* dopodomani / *the day after tomorrow* domani / *tomorrow* ora / *now* prima / *before, first* dopo/ *after, then* spesso / *often*	oppure / *or*	adesso / *now* presto / *early, soon* oggi / *today* dopodomani / *the day after tomorrow* domani / *tomorrow* ora / *now* prima / *before, first* dopo/ *after, then* spesso / *often*	+ **verbo** / *verb*

gli avverbi **tardi, già, subito, ancora, sempre** di solito seguono il verbo
The adverbs **tardi, già, subito, ancora, sempre** *usually come after the verb*

verbo / *verb* +	tardi / *late* già / *already* subito / *right away, immediately, at once* ancora / *yet, still* sempre / *always*

gli avverbi **ormai, poi** di solito precedono il verbo
the adverbs **ormai, poi** *usually come before the verb*

+ **verbo** / *verb*	tardi / *late* già / *already* subito / *right away, immediately* ancora / *yet, still* sempre / *always*

l'avverbio mai *(never)* è usato dopo il verbo, introdotto da non
the adverb mai *is used after the verb, which is introduced by* non

non + **verbo** / *verb* + mai

IMPARARE E PARLARE *learning and speaking*
[impar'are / e / parl'are]

Chiedere l'ora [ki'ɛdere / l'ora] *what time is it?*

scusi, <u>che ore sono</u>, per piacere? [sk' uṡi // ke / 'ore / s'ono // per / piatʃ'ereɐ]
excuse me, <u>what time is it</u>, please?

	che ore sono? che ora è? [ke / 'ore / s'onoɐ][ke / 'ora / 'ɛɐ]	***what time is it?***
	sono le otto [s'ono / le / 'ɔtto]	*it's eight o'clock*
	sono le otto e cinque [s'ono / le / 'ɔtto / e / tʃ'inkue]	*it's five (minutes) past eight*
	sono le otto e un quarto [s'ono / le / 'ɔtto / e / un / ku'arto]	*it's a quarter past eight*
	sono le otto e mezza [s'ono / le / 'ɔtto / e / m'ɛżża]	*it's half past eight (eight thirty)*
	sono le otto e trentacinque [s'ono / le / 'ɔtto / e / trentatʃ'inkue]	*it's twenty five to nine (eight thirtyfive)*
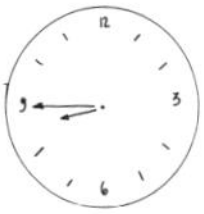	sono le nove meno un quarto [s'ono / le / n'ɔve/ m'eno / un / ku'arto]	*it's a quarter to nine*
	sono le nove meno cinque [s'ono / le / n'ɔve/ m'eno / tʃ'inkue]	*it's five to nine*
	<u>è l'una</u> ['ɛ / l'una]	*it's one o'clock*

ESERCIZIO 8.1 *EXERCISE 8.1*
[eṡerʧ'izio]

COMPLETARE [komplet'are] *complete*
[9.00] che ore sono? sono le nove

1. [3.15] che ore sono? ....
2. [10.45] che ore sono? ....
3. [7.30] che ore sono? ....
4. [1.15] che ore sono? ....
5. [11.55] che ore sono? ....
6. [3.35] che ore sono? ....
7. [12.40] che ore sono? ....

ESERCIZIO 8.2 *EXERCISE 8.2*
[eṡerʧ'izio]

COMPLETARE [komplet'are] *complete*
mai, ancora, già, presto, adesso
non siete **..mai..** puntuali

1. lavoro .... in Francia
2. non abbiamo .... tempo
3. sono..le otto
4. Gianni arriva ....
5. ....arriviamo

ESERCIZIO 8.3 *EXERCISE 8.3*
[eṡerʧ'izio]

COMPLETARE [komplet'are] *complete*
oggi, dopodomani, domani, ora, prima, dopo
dopo andiamo in giardino

1. ....mangiamo, ... giochiamo
2. ....arriva Luca
3. quando arriva Maria? ....
4. quando arriva Sonia? ....
5. .... partiamo

ESERCIZIO 8.4 *EXERCISE 8.4*
[eṡerʧ'izio]

COMPLETARE [komplet'are] *complete*
subito, sempre, ormai, poi
poi andiamo a casa

1. arriviamo ....
2. sono .... in giardino
3. .... è tardi
4. prima lavoriamo, ...usciamo

ESERCIZIO 8.5 *EXERCISE 8.5*
[eṡerʧ'izio]

INVENTARE [invent'are] / *invent*
scrivi tre frasi con gli avverbi di tempo

1. ....
....
2. ....
....
3. ....
....

ESERCIZIO 8.6 *EXERCISE 8.6*
[eṡerʧ'izio]

COMPLETARE [komplet'are] *complete*

1. scusi
sì?
.... ore......, per piacere?
.... le nove
le nove? è ....
2. *mamma* - sveglia!
bambino - mmmh
mamma - ehi, sveglia!
bambino - ma è.......... che ....sono?
mamma - le sette, è ....
bambino - uffa, ...arrivo

LEZIONE 9
[lezi'one / n'ɔve]
LESSON 9

Devo, voglio, posso
[d'evo / v'ɔλo / p'ɔsso]
I have to, I want, I can

caro diario, oggi **devo** cambiare vita. Il lavoro è faticoso. **Voglio** andare via.
Adesso **posso** e **voglio** fare il pittore
[k'aro / di'ario //'ɔʤʤi / d'ɛvo / kambi'are / v'ita // il / lav'oro / 'ɛ / fatik'oso // V'ɔλo / and'are / v'ia // ad'esso / p'ɔsso // e / v'ɔλo / f'are / il / pitt'ore]

dear diary, today I have to change my life. My job is too hard. ***I want*** *to go away.*
Now I can and ***I want*** *to be a painter.*

IMPARARE E PARLARE *learning and speaking*
[impar'are / e / parl'are]

devo = dovere, verbo irregolare *(to have to, irregular verb)*

presente indicativo [preṡ'ɛnte / indikat'ivo] *simple present*	io devo ['io / d'ɛvo]	*I have to*
	tu devi [tu / d'ɛvi]	*you have to*
	lui/lei deve [l'ui/ l'ɛi/ d'ɛve]	*he, she, it has to*
	noi dobbiamo [n'oi / dobbi'amo]	*we have to*
	voi dovete [v'oi / dov'ete]	you have to
	loro devono [l'oro/ d'ɛvono]	*they have to*

voglio = volere, verbo irregolare *(to want, irregular verb)*

presente indicativo [preṡ'ɛnte / indikat'ivo] *simple present*	io voglio ['io / v'ɔλo]	*I want*
	tu vuoi [tu / vu'ɔi]	*you want*
	lui/lei vuole [l'ui/ l'ɛi/ vu'ɔle]	*he, she, it wants*
	noi vogliamo [n'oi / voλ'amo]	*we want*
	voi volete [v'oi / vol'ete]	*you want*
	loro vogliono [l'oro/ v'ɔλono]	*they want*

posso = potere, verbo irregolare *(can, irregular verb)*

presente indicativo [preṡ'ɛnte / indikat'ivo] *simple present*	io posso ['io / p'ɔsso]	*I can*
	tu puoi [tu / pu'ɔi]	*you can*
	lui/lei può [l'ui/ l'ɛi/ pu'ɔ]	*he, she, it can*
	noi possiamo [n'oi / possi'amo]	*we can*
	voi potete [v'oi / pot'ete]	*you can*
	loro possono [l'oro/ p'ɔssono]	*they can*

ASSAGGIO GRAMMATICALE *grammatical snack*
[ass'aʤʤo / grammatik'ale]

i verbi servili [i / v'ɛrbi / serv'ili] *the auxiliary verbs*

dovere, **potere**, **volere** sono verbi **servili**: vogliono **l'infinito** dovere + infinito/potere + infinito/volere + infinito	**dovere**, **potere**, **volere** *are auxiliary verbs and must be followed by the infinitive* dovere + *infinitive*/potere + *infinitive*/volere + *infinitive*	
verbo **servile**	verbo **infinito**	
io **devo**	andare	*I have to go*
tu **puoi**	dire	*you can say*
noi **vogliamo**	fare	*we want to do*

volere + nome	**volere** *(to want) can also be followed by a noun*
volere *(to want)* + nome: voglio una casa nuova voglio il computer	volere + *noun:* *I want a new house* *I want a computer*

IMPARARE E PARLARE [impar'are / e / parl'are] *learning and speaking*

Negativo [negat'ivo] *negative form*

io **non** devo andare ['io / non / d'evo / and'are]	*I don't have to go*
tu **non** puoi dire [tu / non / pu'ɔi / d'ire]	*you can't talk*
noi **non** vogliamo parlare [n'oi / non / voλ'amo / parl'are]	*we don't want to speak*

ASSAGGIO GRAMMATICALE [ass'adʒdʒo / grammatik'ale] *grammatical snack*

anche altri verbi possono essere servili (seguiti dall'infinito):		*also other verbs could be auxiliary verbs (followed by the infinite):*	
preferire [prefer'ire]		*to prefer*	
sapere [sap'ere]		*to know*	
desiderare [deṡider'are]		*to wish, to want*	
uso normale	io **so** la lezione	*normal use*	*I know the lesson*
uso servile	io **so** fare il compito	*auxiliary use*	*I know how to do my homework*
uso normale	io **preferisco** l'estate	*normal use*	*I prefer the summer*
uso servile	io **preferisco** mangiare la pizza	*auxiliary use*	*I prefer to eat a pizza*
uso normale	noi **desideriamo** una macchina	*normal use*	*we want a car*
uso servile	noi **desideriamo** andare al mare	*auxiliary use*	*we wish to go to the sea*

ESERCIZIO 9.1 *EXERCISE 9.1*
[eṡertʃ'izio]

COMPLETARE [komplet'are] *complete*
volere – non volere

io scrivo una lettera
io **voglio** scrivere una lettera
io **non voglio** scrivere una lettera

1. noi partiamo domani
   noi ....
   noi ....
2. loro mangiano una pizza
   loro ....
   loro ....
3. lei guarda un film
   lei ....
   lei ....

ESERCIZIO 9.2 *EXERCISE 9.2*
[eṡertʃ'izio]

COMPLETARE [komplet'are] *complete*
potere – non potere

lui compra un computer
lui **può** comprare un computer
lui **non può** comprare un computer

1. voi imparate la lezione
   voi ....
   voi ....
2. tu lavori
   tu ....
   tu ....
3. loro giocano
   loro ....
   loro ....

ESERCIZIO 9.3 *EXERCISE 9.3*
[eṡertʃ'izio]

COMPLETARE [komplet'are] *complete*
dovere – non dovere

loro partono
loro **devono** partire
loro **non devono** partire

1. io bevo del vino
   io ....
   io ....
2. noi studiamo
   noi ....
   noi ....
3. loro escono
   loro ....
   loro ....

ESERCIZIO 9.4 *EXERCISE 9.4*
[eṡertʃ'izio]

COMPLETARE [komplet'are] *complete*
preferire

1. noi .... il mare
2. loro .... fare i compiti
3. lei .... uscire con gli amici
4. voi .... dormire

ESERCIZIO 9.5 [eṡertʃ'izio] *EXERCISE 9.5*

COMPLETARE [komplet'are] *complete*
sapere – non sapere

loro cantano/*they sing*
loro **sanno** cantare
loro **non sanno** cantare

1. io faccio il caffé

   io ....

   io ....

2. lei sa la lezione

   lei ....

   lei ....

3. loro giocano a tennis

   loro ....

   loro ....

ESERCIZIO 9.6 [eṡertʃ'izio] *EXERCISE 9.6*

COMPLETARE [komplet'are] *complete*
desiderare – non desiderare

lui va al mare
lui **desidera** andare al mare
lui **non desidera** andare al mare

1. loro mangiano la pizza

   loro ....

   loro ....

2. noi lavoriamo

   noi ....

   noi ....

3. noi ....un computer

   noi ....un computer

Lezione 10
[lezi'one / di'ɛtʃi]
Lesson 10

Mi, ti, si
[mi / ti / si]
myself, yourself, herself

io **mi** sveglio presto la mattina, **mi** metto la tuta, le scarpe e faccio una corsa.
Dopo ritorno a casa, **mi** faccio una doccia, mangio latte e biscotti, e vado a lavorare.
Così **mi** sento bene.

['io / mi / sv'eʎo / pr'ɛsto / la / matt'ina // mi / m'etto / la / t'uta // le / sk'arpe // e / f'atʃtʃo / 'una / k'orsa /// d'opo // rit'orno / a / k'aṡa / mi / f'atʃtʃo / 'una / d'otʃtʃa // m'andʒo / l'atte / e / bisk'ɔtti // e / v'ado / a / lavor'are /// kos'i // mi / s'ento / b'ɛne]

I wake up early the morning, I put on my track suit and my running shoes and I go jogging.
Then I come back home, I take a shower, I eat some cookies with milk and I go to work.
And then I feel good.

ASSAGGIO GRAMMATICALE [ass'adʒdʒo / grammatik'ale] *grammatical snack*

il riflessivo [il / rifless'ivo] *the reflexive*

mi sveglio è un verbo **riflessivo** Conosci già i pronomi personali. Ora impari i **pronomi riflessivi**			**mi sveglio** *(I wake up) is a* **reflexive** *verb* *You already know the personal pronouns:* *now you'll learn the* **reflexive pronouns**		
io	*I*	⇒	**mi** [mi]	*myself*	
tu	*you*	⇒	**ti** [ti]	*yourself*	
lui/lei	*he, she, it*	⇒	**si** [si]	*himself, herselfl, itself*	
noi	*we*	⇒	**ci** [ʧi]	*ourselves*	
voi	*you*	⇒	**vi** [vi]	*yourselves*	
loro	*they*	⇒	**si** [si]	*themselves*	
il verbo riflessivo vuole **due** pronomi: il pronome **personale** + il pronome **riflessivo**			*the reflexive verb needs* **two** *pronouns:* *the* **personal** *pronoun + the* **reflexive** *pronoun*		

INFINITO: **svegliarsi**	
presente indicativo [preṡ'ɛnte / indikat'ivo] *simple present*	
io **mi** sveglio ['io / mi / sv'eλo]	*I wake up*
tu **ti** svegli [tu / ti / sv'eλi]	*you wake up*
lui/lei **si** sveglia [l'ui/l'ɛi / si / sv'eλa]	*he, she, it wakes up*
noi **ci** svegliamo [n'oi / ʧi / sveλ'amo]	*we wake up*
voi **vi** svegliate [v'oi / vi / sveλ'ate]	*you wake up*
loro **si** svegliano [l'oro / si / sv'eλano]	*they wake up*

IMPARARE E PARLARE [impar'are / e / parl'are] *learning and speaking*

accorgersi [akk'ɔrdʒersi]	*to notice*
addormentarsi [addorment'arsi]	*to fall asleep*
affrettarsi [affrett'arsi]	*to hurry (up)*
allontanarsi [allontan'arsi]	*to leave*
arrabbiarsi [arrabbi'arsi]	*to get angry*
chiamarsi [kiam'arsi]	*to call*
dimenticarsi [dimentik'arsi]	*to forget*
interessarsi [interess'arsi]	*to be interested*
pentirsi [pent'irsi]	*to regret*
sedersi [sed'ersi]	*to sit down*
sentirsi [sent'irsi]	*to feel*
spaventarsi [spavent'arsi]	*to be frightened*
svegliarsi [sveλ'arsi]	*to wake up*
vergognarsi [vergoɲ'arsi]	*to be ashamed*

AFFERMATIVA	*positive form*	NEGATIVA	*negative form*
io mi affretto	*I hurry up*	io non mi affretto	*I don't hurry up*
io mi sento	*I feel*	io non mi sento	*I don't feel*
io mi arrabbio	*I get angry*	io non mi arrabbio	*I don't get angry*
io mi dimentico	*I forget*	io non mi dimentico	*I don't forget*
io mi interesso	*I'm interested*	io non mi interesso	*I'm not interested*
io mi spavento	*I'm frightened*	io non mi spavento	*I'm not frightened*

ASSAGGIO GRAMMATICALE *grammatical snack*
[ass'adʒdʒo / grammatik'ale]

espressioni particolari	*special expressions*
io mi **sento male** ['io / mi / s'ɛnto / m'ale]	*I feel bad*
io mi **sento bene** ['io / mi / s'ɛnto / be'ne]	*I feel good*
io mi **arrabbio con** te ['io / mi / arr'abbio / kon / te]	*I get angry with you*
io mi **dimentico di** te ['io / mi / dim'entiko / di / te]	*I forget about you*
io mi **dimentico di** fare i compiti ['io / mi / dim'entiko / di / f'are / i / k'ompiti]	*I forget to do my homework*
io mi **interesso di** te ['io / mi / inter'ɛsso / di / te]	*I'm interested in you*
io mi **spavento per** le grida ['io / mi / spav'ɛnto / per / le / gr'ida]	*I'm frightened by the screams*
io mi **vergogno di** te ['io / mi / verg'oɲo / di / te]	*I'm ashamed of you*
io mi **accorgo di** loro ['io / mi / akk'ɔrgo / di / v'oi]	*I notice them*
io mi **allontano da** voi ['io / mi / allont'ano / da / v'oi]	*I leave you*
io mi **siedo sulla** sedia ['io / mi / si'ɛdo / s'ulla / s'ɛdia]	*I sit down on the chair*

ESERCIZIO 10.1 *EXERCISE 10.1*
[eṡertʃ'izio]

COMPLETARE [komplet'are]*complete*

	AFFERMATIVA	NEGATIVA
1. io	mi pento..	....
2. tu	....	....
3. lui/lei	....	....
4. noi	....	....
5. voi	....	....
6. loro	....	....

ESERCIZIO 10.2 [eṡerʧ'izio] — *EXERCISE 10.2*

COMPLETARE [komplet'are] *complete*

AFFERMATIVA	NEGATIVA
1. io mi accorgo	....
2. loro si vergognano	....
3. noi ci addormentiamo	....
4. lui si allontana	....
5. tu ti siedi	....

ESERCIZIO 10.3 [eṡerʧ'izio] — *EXERCISE 10.3*

COLLEGARE [koll'egare] *link*

1. **io mi sento** → C
2. io mi sento
3. io mi arrabbio
4. io mi dimentico
5. io mi interesso
6. io mi spavento
7. io mi vergogno
8. io mi accorgo
9. io mi allontano
10. io mi siedo

A	con
B	di
C	**bene**
D	per
E	di
F	su
G	da
H	di
I	di
J	male

ESERCIZIO 10.4 [eṡerʧ'izio] — *EXERCISE 10.4*

ORDINA ['ordina] *put in order*

1. si interessano città loro storia alla delle
2. io offendo mi
3. lei di offendermi si permette
4. si per sua preoccupa Dario sorella
5. Sabrina chiamo buongiorno, mi
6. mio vi padre presento
7. mi di tue rifiuto credere alle parole

ESERCIZIO 10.5 *EXERCISE 10.5*
[eṡertʃ'izio]

COMPLETARE [kompl'ɛta] *complete*

1. io..(rivolgersi) a voi per farmi capire
2. noi ....(sedersi) sulla sedia della cucina
3. voi..(separarsi) da vostra moglie
4. loro ....(sistemarsi) in giardino
5. lei...(specializzarsi) in ingegneria
6. Andrea..(stabilirsi) in Sicilia a Palermo
7. noi ....(stancarsi) subito

ESERCIZIO 10.5 *EXERCISE 10.6*
[eṡertʃ'izio]

ORDINA ['ordina] *put in order*

1. mi io facilmente non stanco
2. ci noi forte teniamo salvagente ai
3. non Gioacchino e Luca il maglione vogliono si togliere
4. non si mia la casa trova in mezzo lago al
5. si bene errori gli non vedono
6. ammalano i spesso bambini si
7. non tu tuffi ti mare in?

LEZIONE 11
[lezi'one / 'unditʃi]
LESSON 11

Dove
[d'ove]
where

Una camera "ordinata" ['una / k'amera / ordin'ata]	***a "tidy" room***
dove sono le scarpe? [d'ove / s'ono / le / sk'arpeɐ] sono sotto l'armadio [s'ono / s'otto / larm'adio]	*where are the shoes* *they are* ***under*** *the wardrobe*
dove sono le chiavi? [d'ove / s'ono / le / ki'aviɐ] sono dentro la serratura [s'ono / d'entro / la / serrat'ura] sono nella serratura [s'ono / n'ella / serrat'ura]	*where are the keys?* *they are* ***in/ inside*** *the keyhole* *they are* ***inside*** *the keyhole*
dov'è la canottiera? [dov'ɛ / la / kanotti'eraɐ] è vicino alla finestra ['ɛ / vitʃ'ino / 'alla / fin'ɛstra]	*where is the vest?* *it is* ***near*** *the window*
dove sono i pantaloni? [d'ove / s'ono / i / pantal'oniɐ] sono sopra la sedia [s'ono / s'opra / la / s'ɛdia] sono sulla sedia [s'ono / s'ulla / s'ɛdia]	*where are the trousers* *they are* ***on*** *the chair* *traduzione*
dove sono i pattini? [d'ove / s'ono / i / p'attiniɐ] sono di fianco alla sedia [s'ono / di / fi'anko / 'alla / s'ɛdia]	*where are the skates?* *they are* ***beside*** *the chair*
dov'è la cravatta? [dov'ɛ / la / krav'attaɐ] è tra le calze e la camicia ['ɛ / tra / le / k'alze / e / la / kam'itʃa]	*where is the tie?* *it's* ***between*** *the socks and the shirt*
dov'è la giacca? [dov'ɛ / la / ʤ'akkaɐ] è davanti al comodino ['ɛ / dav'anti / al / komod'ino]	*where is the jacket?* *it's* ***in front of*** *the night table*

IMPARARE E PARLARE — *learning and speaking*
[impar'are / e / parl'are]

dove sono? [d'ove / s'onoɐ]	*where are the...?*
dov'è? [dov'ɛɐ]	*where is the...?*

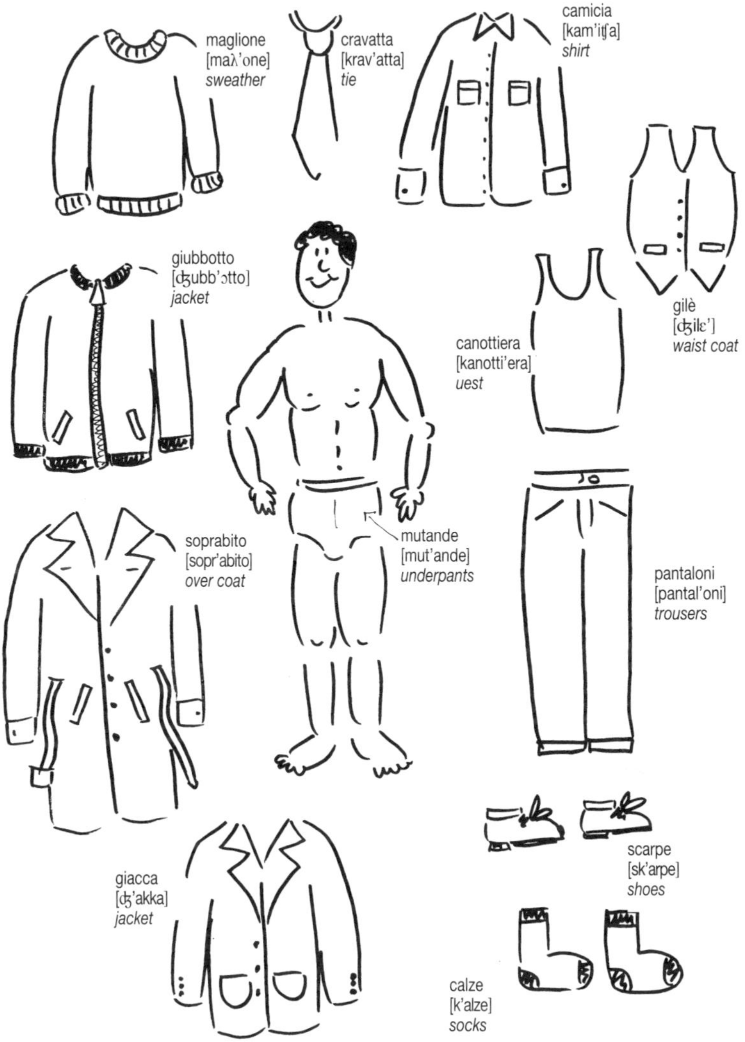

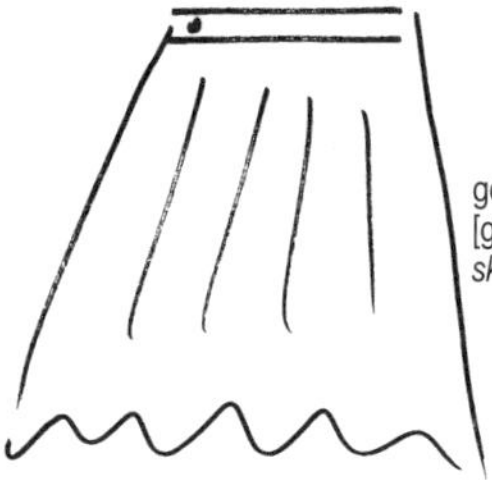

gonna
[g'onna]
skirt

reggiseno
[reʤʤs'eno]
bra

collana
[koll'ana]
necklace

braccialetto
[braʤʤl'etto]
bracelet

collant
[koll'ant]
pantyhose

scarpe col tacco
[sk'arpe / kol / t'akko]
heeled shoes

anello
[an'ɛllo]
ring

ASSAGGIO GRAMMATICALE [ass'aʤʤo / grammatik'ale] *grammatical snack*

dove sono è plurale dove sono l**e** scarp**e**?	**dove sono** *(where are the...) is plural* *where are the shoes?*
dov'è è singolare dov'è l**a** giacc**a**?	**dov'è** *(where is the...) is singular* *where is the jacket?*

IMPARARE E PARLARE [impar'are / e / parl'are] *learning and speaking*

Indicano una posizione [‘indicano / ‘una / pošizi’one] *they indicate the position of an object or a person*

sotto [s'otto]	*under*
dentro [d'entro]	*in, inside*
davanti [dav'anti]	*in front of*
tra, fra [tra / fra]	*between*
sopra [s'opra]	*on*
vicino [viʧ'ino]	*near*
in, nel, nell', nello, nella [in / nel / n'ell / n'ello / n'ella]	*in*
negli, nei, nelle [n'eʎi / n'ei / n'elle]	*in*
su, sull', sullo, sulla, sugli [su / s'ull / s'ullo / s'ulla / s'uʎi]	*on*
sui, sulle [s'ui / s'ulle]	*on*

ASSAGGIO GRAMMATICALE [ass'aʤʤo / grammatik'ale] *grammatical snack*

in, nel, nell', nello, nella, negli, nei, nelle, su, sull', sullo, sulla, sugli, sui, sulle, a, di, da, sotto, dentro, davanti, sopra, vicino, tra, fra sono *preposizioni.* Le *preposizioni* indicano una posizione, di un oggetto o di una persona. Il libro è **sul** letto Il libro è **sopra** il tavolo	**in, nel, nell', nello, nella, negli, nei, nelle, su, sull', sullo, sulla, sugli, sui, sulle, a, di, da, tra, fra** *are prepositions* *The prepositions indicate the position of an object or a person.* *The book is on the bed*
a indica il termine di un'azione o di un pensiero: io do un libro **a** Luca io penso **a** Luca	**a** *(to) indicates the term of an action or of a thought:* *I give a book* **to** *Luca* *I think* **of** *Luca*
a indica lo scopo di un'azione: andare **a** dormire andare **a** mangiare	**a** *indicates the purpose of an action:* *to go* **to** *sleep* *to go* **to** *eat*
Ricordi gli articoli determinativi **il, lo, l', la, i, gli, le**? Gli articoli e le preposizioni semplici (**in, su, a, di*, da*, con, per**) si uniscono.	*Do you remember the determinative articles* **il, lo, la, i gli, le**? *The articles and the simple prepositions* (**in, su, a, di*, da*, con, per**) *are combined.*

*Vedi anche la lezione 15 e la lezione 23

**See also lesson 15 and lesson 23*

	in	su	a	di	da
il	nel	sul	al	del	dal
lo	nello	sullo	allo	dello	dallo
l'	nell'	sull'	all'	dell'	dall'
la	nella	sulla	alla	della	dalla
i	nei	sui	ai	dei	dai
gli	negli	sugli	agli	degli	dagli
le	nelle	sulle	alle	delle	dalle

ESERCIZIO 11.1 *EXERCISE 11.1*
[eṡertʃ'izio]

COMPLETARE [komplet'are] *complete*
nella strada

1. ....casa
2. ....mare
3. ....macchina
4. ....case
5. ....barche

ESERCIZIO 11.2 *EXERCISE 11.2*
[EṠERtʃ'IZIO]

COMPLETARE [komplet'are] *complete*
sulla montagna

1. ....montagne
2. ....letto
3. ....letti
4. ....armadio

ESERCIZIO 11.3 *EXERCISE 11.3*
[eṡertʃ'izio]

COMPLETARE [komplet'are] *complete*

1. do una giacca..............................Luca
2. vado ....mangiare
3. vado..Roma
4. vado ....città
5. Andrea dà un aiuto ....amici
6. vivo...................................campagna

ESERCIZIO 11.4 *EXERCISE 11.4*
[eṡertʃ'izio]

COMPLETARE [komplet'are] *complete*
dal mare

1. ....stanza
2. ....finestre
3. ....letti
4. ....montagna

ESERCIZIO 11.5 *EXERCISE 11.5*
[eṡertʃ'izio]

COMPLETARE [komplet'are] *complete*

1. il gatto è...................................al cane
2. il gatto è.......................................letto
3. il gatto è.................................armadio
4. il gatto è..................................la sedia

ESERCIZIO 11.6 *EXERCISE 11.6*
[eṡertʃ'izio]

CORREGGERE GLI ERRORI
[korr'ɛdʒdʒere / ʎi / err'ori] *correct the mistakes*

1. va dal Milano a Roma
2. vado dal mare nella montagna
3. sono sulla casa di Marco
4. guardo Andrea nei occhi
5. do un libro ai amici

LEZIONE 12
[lezi'one / d'oditʃi]
LESSON 12

Mio, suo, tuo
[m'io / t'uo / s'uo]
my, your, his

come ti chiami? [k'ome / ti / ki'amiɐ]	***what's your name?***
Giorgia [ʤ'ɔrʤa]	*my name is Giorgia*
ciao, Giorgia, io **mi chiamo** Marco e lui **si chiama** Silvio. La **tua** amica **si chiama** Milena? [tʃ'ao // ʤ'ɔrʤa // 'io / mi / ki'amo / m'arko // e / l'ui 'si / ki'ama / s'ilvio /// la / t'ua / am'ika / si / ki'ama / mil'eɛnaɐ]	*hi, Giorgia.* ***My name is*** *Marco and* ***he is*** *Silvio. Is* ***your*** *friend's name Milena?*
no, no, il **suo** nome è Antonietta [nɔ// nɔ// il / s'uo / n'ome / 'ɛ / antoni'etta]	*no, no.* ***Her*** *name is Antonietta*

IMPARARE E PARLARE [impar'are / e / parl'are] — *learning and speaking*

come ti chiami? [k'ome / ti / ki'amiɐ]	*what's your name?*
come si chiama? [k'ome / si / ki'amaɐ]	*what's his/her name?*
come vi chiamate? [k'ome / vi / kiam'ateɐ]	*what's your name?*
come si chiamano? [k'ome / si / ki'amanoɐ]	*what's their name?*
io mi chiamo Giorgia ['io / mi / ki'amo /ʤ'ɔrʤa]	*my name is Giorgia*
lei si chiama Elisa [l'ɛi / si / ki'ama / el'iṡa]	*her name is Elisa*
ci chiamiamo Giorgia e Elisa [ʧi / kiami'amo / ʤ'ɔrʤa / e / el'iṡa]	*our names are Giorgia and Elisa*
si chiamano Luca e Eleonora [si / ki'amano / l'uka / e / eleon'ɔra]	*they are Luca and Eleonora*

IMPARARE E PARLARE [impar'are / e / parl'are] — *learning and speaking*

mio [m'io]	*my*	nostro [n'ɔstro]	*our*
tuo [t'uo]	*your*	vostro [v'ɔstro]	*your*
suo [s'uo]	*his/her/its*	loro [l'oro]	*their*

ASSAGGIO GRAMMATICALE [ass'aʤʤo / grammatik'ale] — *grammatical snack*

aggettivi possessivi [aʤʤett'ivi / possess'ivi] *possessive adjectives*			
singolare maschile [singol'are / mask'ile]	***masculine singular***	**plurale maschile** [plur'ale / mask'ile]	***masculine plural***
mio [m'io]	*my*	**miei** [mi'ɛi]	*my*
tuo [t'uo]	*your*	**tuoi** [tu'ɔi]	*your*
suo [s'uo]	*his/her/its*	**suoi** [su'ɔi]	*his/her/its*
nostro [n'ɔstro]	*our*	**nostri** [n'ɔstri]	*our*
vostro [v'ɔstro]	*your*	**vostri** [v'ɔstri]	*your*
loro [l'oro]	*their*	**loro** [l'oro]	*their*
il m**io** libr**o**	*my book*	i tu**oi** can**i**	*your dogs*
il nostr**o** alber**o**	*our tree*	i lor**o** amic**i**	*their friends*

singolare femminile [singol'are / femmin'ile]	***feminine singular***	**plurale femminile** [plur'ale / femmin'ile]	***feminine plural***
mia [m'ia]	*my*	**mie** [m'ie]	*my*
tua [t'ua]	*your*	**tue** [t'ue]	*your*
sua [s'ua]	*his/her/its*	**sue** [s'ue]	*his/her/its*
nostra [n'ɔstra]	*our*	**nostre** [n'ɔstre]	*our*
vostra [v'ɔstra]	*your*	**vostre** [v'ɔstre]	*your*
loro [l'oro]	*their*	**loro** [l'oro]	*their*
la su**a** bambin**a**	*your little girl*	le vostr**e** mattine	*your mornings*
la tu**a** amic**a**	*your friend*	le nostr**e** macchin**e**	*our cars*

per fare domande *to ask questions*

pronomi o aggettivi		***pronouns or adjectives***	
singolare maschile [singol'are / mask'ile]	***masculine singular***	**plurale maschile** [plur'ale / mask'ile]	***masculine plural***
che [ke]	*what*	che [ke]	*what*
quale [ku'ale]	*who, which, what*	quali [ku'ale]	*who, which, what*
qual [ku'ale]	*who, which, what*	quali [ku'ali]	*who, what*
quanto [ku'anto]	*how much*	quanti [ku'anti]	*how many*
chi [ki]	*who*	chi [ki]	*who*

singolare femminile [singol'are / femmin'ile]	***feminine singular***	**plurale femminile** [plur'ale / femmin'ile]	***feminine plural***
che [ke]	*what*	che [ke]	*what*
quale [ku'ale]	*who, which, what*	quali [ku'ale]	*who, which, what*
qual [ku'ale]	*who, which, what*	quali [ku'ali]	*who, what*
quanto [ku'anto]	*how much*	quante [ku'ante]	*how many*
chi [ki]	*who*	chi [ki]	*who*

avverbi	***adverbs***
come [k'ome]	*how*
dove [d'ove]	*where*
quando [ku'ando]	*when*
perché/come mai [perk'e / k'ome / m'ai]	*why / how come*

domande e risposte	***questions and answers***
che vestito vuoi?	*what kind of dress do you want?*
voglio un vestito blu	*I want a blue dress*
che casa hai?	*what kind of house do you have?*
ho una casa grande	*I have a big house*
che macchina hai?	*which car do you have?*
ho una Ford e una Mercedes	*I have a Ford and a Mercedes*
che cosa fai?	*what are you doing?*
faccio i compiti	*I'm doing my homework*
qual è il tuo diario?	*which is your diary?*
il mio è il diario rosso	*my diary is the red one*
quali sono i vostri amici?	*who are your friends?*
i nostri amici sono i ragazzi tedeschi	*our friends are the German guys*
quanti sono?	*how many are these?*
sono cinque	*these are five*
quanti chilometri mancano per Roma?	*how many kilometres is to Rome?*
mancano 25 chilometri	*it's 25 kilometres to Rome*
chi viene con me?	*who's coming with me?*
noi veniamo con te	*we are coming with you*
chi siete?	*who are you?*
siamo Andrea e Marta	*we are Andrea and Marta*
come facciamo ora?	*what are we going to do now?*
prendiamo l'autobus	*we're going to catch the bus*
dove abiti?	*where do you live?*
abito a Firenze	*I live in Florence*
quanto costa?	*how much is it?*
costa 2 Euro	*it's 2 Euro*
quando vieni?	*when are you going to come?*
vengo martedì	*I'm coming Tuesday*
perché non parli?	*why don't you say a word?*
perché sono arrabbiato	*because I'm angry*

ESERCIZIO 12.1 [eṡertʃ'izio] *EXERCISE 12.1*

COMPLETARE [komplet'are] *complete*

	SINGOLARE MASCHILE	SINGOLARE FEMMINILE	PLURALE MASCHILE	PLURALE FEMMINILE
io	mio	mia	miei	mie ....
tu	....	....	....	....
lui	....	....	....	....
noi	....	....	....	....
voi	....	....	....	....
loro	....	....	....	....

ESERCIZIO 12.2 [eṡertʃ'izio] *EXERCISE 12.2*

COMPLETARE [komplet'are] *complete*

come ti chiami? mi chiamo Luca

1. .... ? .... chiamiamo Andrea e Patrizia
2. .... ? .... chiamano Luca e Lidia
3. .... ? .... chiama Andrea

ESERCIZIO 12.3 *EXERCISE 12.3* [eṡertʃ'izio]

CORREGGERE GLI ERRORI [korr'ɛdʒdʒere / ʎi / err'ori] *correct the mistakes*

1. il nostri amico viene a casa tuo
2. il suoi nome è Gianni
3. la sua casa sono quella
4. le miei amiche sono belle
5. le loro scarpe sono belli
6. ho visto le mia amiche

ESERCIZIO 12.4 *EXERCISE 12.4* [eṡertʃ'izio]

ORDINARE LE FRASI [ordin'are / le / fr'aṡi] *put in order*

1. vuoi vestito che?
2. hai che casa?
3. macchina che hai?
4. cosa fai che?
5. è qual il tuo diario?
6. amici sono i vostri quali?
7. sono quanti?
8. quanti mancano chilometri?
9. viene chi con me?
10. siete chi?

ESERCIZIO 12.5 *EXERCISE 12.5*
[eṡertʃ'izio]

ORDINARE LE FRASI [ordin'are / le / fr'aṡi]
put in order

1. vuoi fare che cosa?
2. macchina che vuoi?
3. hai quanti anni?
4. vuoi andare dove?
5. dove da vieni?
6. vuoi quando partire?
7. stai come?
8. volete chi conoscere?
9. usciamo con chi la sera?

ESERCIZIO 12.6 *EXERCISE 12.6*
[eṡertʃ'izio]

correggere gli errori
[korr'eʤʤere / ʎi / err'ori]
correct the mistakes

1. conosci i mia amici?
2. quali sono i tua biglietti?
3. dove ti chiami?
4. quanti stai?
5. quanti costa?
6. sono i tuo quaderni?

ESERCIZIO 12.7 *EXERCISE 12.7*
[eṡertʃ'izio]

SCRIVERE LA DOMANDA GIUSTA [skr'ivere / la / dom'anda / ʤ'usta] *write the right question*

1. .... ? mi chiamo Andrea
2. .... ? sto bene
3. .... ? vado a Firenze
4. .... ? vengo da Forlì
5. .... ? voglio una mela
6. .... ? costa 3 Euro
7. .... ? abito al mare
8. .... ? ho 25 anni

ESERCIZIO 12.8 *EXERCISE 12.8*
[eṡertʃ'izio]

SCRIVERE LA RISPOSTA GIUSTA [skr'ivere / la / risp'osta / ʤ'usta] *write the right answer*

1. come ti chiami? ....(Luca)
2. quanti anni avete? ....(25 e 30)
3. da dove venite? ....(Irlanda e Germania)
4. con chi volete parlare? ....(l'attore)
5. dov'è la tua giacca? ....(sul letto)

LEZIONE 13
[lezi'one / tr'editʃi]
LESSON 13

Mi piaci, ti amo
[mi / pi'atʃi // ti / 'amo]
i like you, i love you

mi piace il mare, mi piace nuotare, mi piace fare il bagno,
sentire il sale sulla bocca, mi piace sentire il caldo sulla pelle
e il profumo del mare... mi piace l'estate e mi piacciono le vacanze

[mi / pi'atʃe / il / m'are // mi / pi'atʃe / nuot'are // mi / pi'atʃe / f'are / il / b'aɲo /
/ sent'ire / il / s'ale / s'ulla / b'okka // mi / pi'atʃe / sent'ire / il / k'aldo / s'ulla / p'ɛlle /
e / il / prof'umo / del / m'are /// mi / pi'atʃe / lest'ate // e / mi / pi'atʃtʃono / le / vak'anze]

I like the sea, I like swimming, I like bathing, tasting the salt on my mouth,
feeling the heat on my skin and smelling the scent
of the sea... I like the summer and I like the holidays

IMPARARE E PARLARE *learning and speaking*
[impar'are / e / parl'are]

mi piace il mare [mi / pi'atʃe / il / m'are]	*I like the sea*
mi piace l'acqua [mi / pi'atʃe / l'akkua]	*I like the water*
mi piace andare in aereo [mi / pi'atʃe / and'are / in / a'ɛreo]	*I like flying*
mi piace cacciare [mi / pi'atʃe / katʃtʃ'are]	*I like hunting*
mi piace il freddo [mi / pi'atʃe / il / fr'eddo]	*I like the cold*
mi piace il caldo [mi / pi'atʃe / il / k'aldo]	*I like the heat*
mi piace fare il bagno [mi / pi'atʃe / f'are / il / b'aɲo]	*I like bathing*
mi piace la luce [mi / pi'atʃe / la / l'utʃe]	*I like the light*
mi piace il buio [mi / pi'atʃe / il / b'uio]	*I like the dark*

interrogativa [interrogat'iva] *interrogative form*

che cosa ti piace? [ke / kɔṡa / ti / pi'atʃeɐ]	*what do you like?*
mi piace il mare [mi / pi'atʃe / il / m'are]	*I like the sea*
mi piace fare il bagno [mi / pi'atʃe / f'are / il / b'aɲo]	*I like bathing*
che cosa gli piace? [ke / kɔṡa / ʎi / pi'atʃeɐ]	*what does he like?*
a Luca **piace** il caldo [a / l'uka / pi'atʃe / il / k'aldo]	*Luca likes the heat*
a Luca **piace** andare in aereo [a / l'uka / pi'atʃe / and'are / in / a'ɛreo]	*Luca likes flying*

ASSAGGIO GRAMMATICALE *grammatical snack*
[ass'adʒdʒo / grammatik'ale]

di +	il =	del	il profumo **del** mare	*the scent of the sea*
	lo =	dello	i versi **dello** sciacallo	*the cries of the jackal*
	l' =	dell'	il caldo **dell'**estate	*the heat of the summer*
	la =	della	il colore **della** penna	*the colour of the pen*
	i =	dei	il gatto **dei** vicini	*the cat of the neighbours*
	gli =	degli	i quadri **degli** artisti	*the pictures of the artists*
	le =	delle	i profumi **delle** donne	*the perfumes of the women*

mi piace =	a	preposizione	*preposition*
	me	**pronome personale**	*personal pronoun*
	piace	verbo	*verb*

pronome soggetto [pron'ome / soʤʤ'ɛtto] ***pronouns used as a subject***

io [io]	*I*	noi [n'oi]	*we*
tu [tu]	*you*	voi [v'oi]	*you*
lui/lei [l'ui/l'ɛi]	*he, she, it*	loro [l'oro]	*they*

pronomi complemento [pron'omi / komplem'ento] *pronouns used as complements*

con preposizione o generalmente dopo il verbo	***with prepositions or usually after the verb***
me [me]	*me*
me [te]	*you*
lui/lei [l'ui / l'ɛi]	*him,her*
noi [n'oi]	*us*
voi [v'oi]	*you*
loro [l'oro]	*them*
prima del verbo (senza preposizione)	***before the verb (without preposition)***
mi (= me, a me) [mi]	*me*
ti (= te, a te) [ti]	*you*
lo (=lui), gli (=a lui) [lo / ʎi]	*him*
la (=lei), le (=a lei) [la / le]	*her*
ci (=noi, a noi) [ʧi]	*us*
vi (=voi, a voi) [vi]	*you*
li (=loro, maschile) [li]	*them*
le (=loro, femminile) [le]	*them*

IMPARARE E PARLARE *learning and speaking*
[impar'are / e / parl'are]

non mi piace il mare [non / mi / pi'aʧe / il / m'are]	*I don't like the sea*
non mi piace l'acqua [non / mi / pi'aʧe / l'akkua]	*I don't like the water*
non gli piace la luce [non / ʎi / pi'aʧe / la / l'uʧe]	*he doesn't like the light*
non vi piace il buio [non / vi / pi'aʧe / il / b'uio]	*you don't like the dark*
ricorda: [ric'ɔrda]	***keep in mind:***
mi piace [mi / pi'aʧe]	*I like*
non mi piace [non / mi / pi'aʧe]	*I don't like*
puoi dire anche: [pu'ɔi / d'ire / 'anke]	***you can also say:***
amo il mare ['amo / il / m'are]	***I love*** *the sea*
odio la montagna ['ɔdio / la / mont'aɲa]	***I hate*** *the mountains*
amo = amare ['amo / am'are]	*I love = to love*
odio = odiare ['ɔdio / odi'are]	*I hate = to hate*

IMPARARE E PARLARE [impar'are / e / parl'are] — *learning and speaking*

io ti amo... mi vuoi sposare? ['io / ti / 'amo /// mi / vu'ɔi / spoṡ'areɐ]	*I love you... Would you marry me?*
sìiiiiiii! [s'i]	*yesssssss!*
allora mi ami anche tu? [all'ora / mi / 'ami / anke / tuɐ]	*so, you love me too?*
sì sono pazza di te [s'i // s'ono / p'azza / di / te]	*yes, I'm mad about you!*

ASSAGGIO GRAMMATICALE [ass'aʤʤo / grammatik'ale] — *grammatical snack*

io ti amo ['io / ti / 'amo]		***I love you***
io	soggetto	*subject*
ti	complemento	*complement*
amo	verbo	*verb*
tu mi vuoi sposare? [tu / mi / vu'ɔi / spoṡ'areɐ]		***Would you marry me?***
tu	soggetto	*subject*
mi	complemento	*complement*
vuoi	verbo servile	*auxiliary verb*
sposare?	infinito	*infinitive*

IMPARARE E PARLARE [impar'are / e / parl'are] — *learning and speaking*

infinito + pronome personale complemento
Infinitive + personal pronoun as a complement

lui può dare **a voi** un passaggio? = lui può dar**vi** un passaggio? [l'ui / pu'ɔ/ d'are / **a / v'oi /** un / pass'aʤʤoɐ] [l'ui / pu'ɔ / d'arvi **/** un / pass'aʤʤoɐ] *can he give you a lift?*
mi puoi aiutare? = puoi aiutar**mi**? [mi / pu'ɔi / aiut'areɐ] [pu'ɔi / aiut'armiɐ] *can you help me?*
lo devi conoscere = devi conoscer**lo** [lo / d'ɛvi / kon'oʧere] [d'ɛvi / kon'oʃerlo] *you have to meet him*
lo puoi amare? = puoi amar**lo?** [lo / pu'ɔi / am'areɐ] [pu'ɔi / am'arloɐ] *can you love him?*

ASSAGGIO GRAMMATICALE *grammatical snack*
[ass'adʒdʒo / grammatik'ale]

all'infinito è possibile aggiungere il pronome personale con funzione di complemento
dar-**mi** = dare a me

to the infinitive *you can join the* personal pronoun *used as a* complement
dar-**mi** = *dare* **a me**

-**mi** (=me, a me) [mi]	*me*	-**ci** (=noi, a noi) [tʃi]	*us*
-**ti** (=te, a te) [ti]	*you*	-**vi** (=voi, a voi) [vi]	*you*
-**lo** (=lui), -**gli** (=a lui), [lo / λi]	*him*	-**li** (=loro, maschile) [li]	*them*
-**la** (lei), -**le** (=a lei) [la / le]	*her*	-**le** (=loro, femminile) [le]	*them*

ESERCIZIO 13.1 *EXERCISE 13.1*
[eṡertʃ'izio]

RISPONDERE LIBERAMENTE *answer as you like* **che cosa ti piace?**
[rispond'ere liberam'ente] **what do you like?**

1. ....
2. ....
3. ....
4. ....
5. ....
6. ....
7. ....
8. ....

ESERCIZIO 13.2 *EXERCISE 13.2*
[eṡertʃ'izio]

COMPLETARE [komplet'are] *complete* (a me) **mi** piace mangiare la pizza

1. (a lui)..regalo un libro
2. (a te)..do una matita
3. (a lei) ....parlo adesso
4. (con loro)..............................vado al cinema..............................
5. (a noi) ....regalano un libro

ESERCIZIO 13.3 [eṡertʃ'izio] *EXERCISE 13.3*

COMPLETARE [komplet'are] *complete* **dare a me** = dar**mi**

1. regalare a lui = ...
2. spostare noi = ...
3. amare lei = ...
4. amare loro (femminile) = ...
5. odiare voi = ...
6. regalare a lei = ...

ESERCIZIO 13.4 [eṡertʃ'izio] *EXERCISE 13.4*

CORREGGERE GLI ERRORI [korr'edʤʤere / ʎi / err'ori] *correct the mistakes*

1. posso ti aiutare?
2. vogliamo vi conoscere
3. devo vi chiedere una cosa
4. come chiamiti?
5. andare dobbiamo a Roma
6. voglio vi conoscere

ESERCIZIO 13.5 [eṡertʃ'izio] *EXERCISE 13.5*

COMPLETARE [komplet'are] *complete*

1. voglio conoscere ....(voi)
2. ....(lui) amo
3. non posso amare............................(lei)
4. ....(a lui) parlo
5. ....(a te) do un aiuto?
6. ....(a lei) faccio un regalo

ESERCIZIO 13.6 [eṡertʃ'izio] *EXERCISE 13.6*

COMPLETARE [komplet'are] *complete*

non .... (a me) piace il mare, ma .... (a me) piace la montagna. Vuoi .... (sapere) dove vado? Il paese .... chiama Champoluc e .... (essere) bello. Vuoi venire con .... (io)? .... (noi) vediamo domani

LEZIONE 14
[lezi'one / kuatt'orditʃi]
LESSON 14

Vorrei
[vorr'ɛi]
I'd like

buongiorno! [buondʒ'orno]	*good morning!*
buongiorno a lei, desidera? [buondʒ'orno / a / l'ɛi // deṡ'ideraɐ]	*good morning to you.* *What would you like to have?*
per favore, vorrei fare colazione [per / fav'ore // vorr'ɛi / f'are / kolaży'one]	*I'd like to have breakfast, please.*
al banco o al tavolo? [al / b'anko / o / al / t'avoloɐ]	*at the bar or at a table?*
al banco [al / b'anko]	*at the bar.*
prego! [pr'ɛgo]	*here! (please!)*
vorrei un caffè con latte e una brioche. [vorr'ɛi / un / kaff'ɛ / kon / l'atte // e / 'una / bri'ɔʃ]	*I'd like a cup of coffee with milk and a croissant*
vuole una brioche normale o con la marmellata? [vu'ɔle / 'una / bri'ɔʃ/ norm'ale / o / kon / la / marmell'ataɐ]	*would you like either a normal croissant* *or one filled with jam?*
con la marmellata, grazie [kon / la / marmell'ata // gr'azie]	*yes, a croissant filled with jam, thanks*

IMPARARE E PARLARE *learning and speaking*
[impar’are / e / parl’are]

colazione [kolażi’one]	*breakfast*
banco [b’anko]	*bar*
tavolo [t’avolo]	*table*
marmellata [marmell’ata]	*jam*
latte [l’atte]	*milk*
caffè [kaff’ɛ]	*coffee*
brioche [bri’ɔʃ]	*croissant*
fare colazione [f’are / kolażi’one]	*to have breakfast*
con [kon]	*with*
per favore [per / fav’ore]	*please*
prego [pr’ɛgo]	*please*
desidera? [deṡ’iderɐ]	*what would you like?*
vorrei fare colazione [vorr’ɛi / f’are / kolażi’one]	***I’d like** to have breakfast*
vorrei un caffè... [vorr’ɛi / un / kaff’e]	***I’d like** to have a coffee...*
vuole... [vu’ɔle]	*would you like...*

IMPARARE E PARLARE *learning and speaking*
[impar’are / e / parl’are]

volere [vol’ere] *to want, to like*

vuoi un caffè? [vu’ɔi / un / kaff’ɛɐ] sì, grazie [s’i // gr’azie]		*would you like a cup of coffee?* *yes, thank you*
vorrei andare al mare [vorr’ɛi / and’are / al / m’are]		*I’d like to go to the sea*
vorrei andare in barca [vorr’ɛi / and’are / in / b’arka]		*I’d like to go for a sail*
vorrei accompagnare Silvia a scuola [vorr’ɛi / akkompaɲ’are / s’ilvia / a / sku’ɔla]		*I’d like to take Silvia to school*
vorrei darti un bacio sulla bocca [vorr’ɛi / d’arti / un / b’atʃo / s’ulla / b’okka]		*I’d like to kiss you on the mouth*
vorrei passeggiare nel bosco [vorr’ɛi / passedʒdʒ’are / nel / b’ɔsko]		*I’d like to go for a walk in the woods*

ASSAGGIO GRAMMATICALE *grammatical snack*
[ASS'ADʒdʒO / GRAMMATIK'ALE]

vorrei è presente condizionale / ***"vorrei"*** *is present conditional*

io vor**rei** ['io / vorr'ɛi]	*I would like*
tu vor**resti** [tu / vorr'esti]	*you would like*
lui/lei vor**rebbe** [l'ui/l'ɛi / vorr'ɛbbe]	*he, she, it would like*
noi vor**remmo** [n'oi / vorr'emmo]	*we would like*
voi vor**reste** [v'oi / vorr'este]	*you would like*
loro vor**rebbero** [l'oro / vorr'ɛbbero]	*they would like*

il condizionale esprime:	***the conditional tense express:***
un dubbio	**a doubt**
che cosa potrei fare?	*what could I do?*
un desiderio	**a wish**
vorrei bere un caffè	*I'd like to have a coffee*
una richiesta cortese	**a polite request**
mi passeresti il giornale?	*could you hand me the paper?*
mi potresti dare il giornale	*could you give me the paper?*

ESSERE ['ɛssere]	***to be***
io sa**rei** ['io / sar'ɛi]	*I would be*
tu sa**resti** [tu / sar'ɛsti]	*you would be*
lui/lei sa**rebbe** [l'ui/l'ɛi / sar'ɛbbe]	*he, she, it would be*
noi sa**remmo** [n'oi / sar'ɛmmo]	*we would be*
voi sa**reste** [v'oi / sar'ɛste]	*you would be*
loro sa**rebbero** [l'oro / sar'ɛbbero]	*they would be*

AVERE [av'ere]	***to have***
io av**rei** ['io / avr'ɛi]	*I would have*
tu av**resti** [tu / avr'esti]	*you would have*
lui/lei av**rebbe** [l'ui/l'ɛi / avr'ɛbbe]	*he, she, it would have*
noi av**remmo** [n'oi / avr'emmo]	*we would have*
voi av**reste** [v'oi / avr'este]	*you would have*
loro av**rebbero** [l'oro / avr'ɛbbero]	*they would have*

I CONIUGAZIONE [pr'ima / koniugażi'one]	*1st conjugation*
AMARE [ama're]	***to love***
io am**erei** ['io / amer'ɛi]	*I would love*
tu am**eresti** [tu / amer'esti]	*you would love*
lui/lei am**erebbe** [l'ui/l'ɛi / amer'ɛbbe]	*he, she, it would love*
noi am**eremmo** [n'oi / amer'emmo]	*we would love*
voi am**ereste** [v'oi / amer'este]	*you would love*
loro am**erebbero** [l'oro / amer'ɛbbero]	*they would love*

II CONIUGAZIONE [sek'onda / koniugażi'one]	*2nd conjugation*
LEGGERE [l'ɛʤʤere]	***to read***
io legg**erei** ['io / leʤʤer'ɛi]	*I would read*
tu legg**eresti** [tu / leʤʤer'esti]	*you would read*
lui/lei legg**erebbe** [l'ui/l'ɛi / leʤʤer'ɛbbe]	*he, she, it would read*
noi legg**eremmo** [n'oi / leʤʤer'emmo]	*we would read*
voi legg**ereste** [v'oi / leʤʤer'este]	*you would read*
loro legg**erebbero** [l'oro / leʤʤer'ɛbbero]	*they would read*

III CONIUGAZIONE [t'erza / koniugażi'one]	*3rd conjugation*
DORMIRE [dorm'ire]	***to sleep***
io dorm**irei** ['io / dormir'ɛi]	*I would sleep*
tu dorm**iresti** [tu / dormir'esti]	*you would sleep*
lui/lei dorm**irebbe** [l'ui/l'ɛi / dormir'ɛbbe]	*he, she, it would sleep*
noi dorm**iremmo** [n'oi / dormir'emmo]	*we would sleep*
voi dorm**ireste** [v'oi / dormir'este]	*you would sleep*
loro dorm**irebbero** [l'oro / dormir'ɛbbero]	*they would sleep*

IMPARARE E PARLARE [impar'are / e / parl'are] — *learning and speaking*

vuoi un caffè? [vu'ɔi / un / kaff'ɛɐ]	*would you like a cup of coffee?*
sì, **con** latte [s'i // kon / l'atte]	*yes, but **with** milk.*
io **con** te sto bene ['io / kon / te / st'ɔ/ b'ɛne]	*it feels good **with** you.*
partiamo **con** i bagagli [parti'amo / kon / i / bag'aʎi]	*we are leaving **with** the luggage.*
arrivano **con** il treno [arr'ivano / kon / il / tr'ɛno]	*they are coming **by** train*
bussare **con** forza [buss'are / kon / f'ɔrza]	*knocking **with** force.*
sono a letto **con** la febbre [s'ono / a / l'ɛtto / kon / la / f'ɛbbre]	*I'm in bed **with** a high temperature*

ASSAGGIO GRAMMATICALE *grammatical snack*
[ass'aʤʤo / grammatik'ale]

con è una *preposizione*	**con** *is a preposition*
vive **con** Valeria	*he lives with Valeria*
la donna **con** gli occhi neri	*the woman with black eyes*
partire **con** i bagagli [parti're / kon / i / bag'aʎi]	*to leave* ***with*** *the luggage*

uscire **con** la pioggia	*to go out in the rain*
combattere **con** coraggio	*to fight with courage*
ho risposto **con** un telegramma	*I answer by telegram*
arrivo **con** il treno	*I arrive by train*
essere a letto **con** la febbre	*to be in bed* ***with*** *a high temperature*

IMPARARE E PARLARE *learning and speaking*
[impar'are / e / parl'are]

desidera? [deṡ'iderаɐ] *what would you like?*

desidera un tavolo? [deṡ'idera / un / t'avoloɐ] vorrei un tavolo vicino alla finestra [vorr'ɛi / un / t'avolo / vitʃ'ino / 'alla / fin'ɛstra]	*would you like to sit?* *Yes, I'd like to sit near the window*
desidera? [deṡ'ideraɐ] vorrei un caffè, grazie [vorr'ɛi / un / kaff'ɛ // gr'azie]	*what can I get you?* *I'd like a cup of coffe, thanks*
desidera? [deṡ'ideraɐ] vorrei un gelato, grazie [vorr'ɛi / un / ʤel'ato // gr'azie]	*what can I get you?* *I'd like an ice cream, thanks*
vuoi un gelato? [vu'ɔi / un / ʤel'atoɐ] sì, grazie [s'i / gr'azie]	*would you like an ice cream?* *Yes, thanks!*
vuoi andare al bar? [vu'ɔi / and'are / al / barɐ] no, grazie [nɔ// gr'azie]	*would you like to go to a bar?* *No, thanks*
vuoi uscire? [vu'ɔi / utʃ'ireɐ] no, con te no! [nɔ// kon / te / nɔ]	*do you want to go out?* *No, not with you!*
vuoi (tu)? *è amichevole* [vu'ɔi ɐ] ['ɛ / amik'evole]	**vuoi** ***(tu)*** *is friendly*
desidera (lei)? *è formale* [deṡ'ideraɐ] ['ɛ / form'ale]	**desidera** ***(lei)*** *is more formal*

ESERCIZIO 14.1 *EXERCISE 14.1*
[eṡertʃ'izio]

COMPLETARE [komplet'are] *complete*

io sarei

loro ....

lui/lei ....

noi saremmo

tu ....

voi ....

ESERCIZIO 14.2 *EXERCISE 14.2*
[eṡertʃ'izio]

COMPLETARE [komplet'are] *complete*

voi avreste

io ....

tu ....

loro avrebbero

lui/lei ....

noi ....

ESERCIZIO 14.3 *EXERCISE 14.3*
[eṡertʃ'izio]

COMPLETARE [komplet'are] *complete*

loro amerebbero

lui/lei ....

noi ....

tu ....

voi ....

io ....

ESERCIZIO 14.4 *EXERCISE 14.4*
[eṡertʃ'izio]

INVENTARE UN DIALOGO
[invent'are / un / di'alogo]
invent a dialogue

....

....

....

....

....

....

....

....

....

....

....

....

....

ESERCIZIO 14.5 *EXERCISE 14.5*
[eṡertʃ'izio]

COMPLETARE [komplet'are] *complete*
con, a, in + articolo
con, a, in + the article
arriviamo alle sette

1. partono .... bagagli
2. parto .... Luca
3. vado ....mare................Maria
4. arrivo..treno
5. la camicia è ....armadio
6. bussare.......................................porta
7. bussare.......................................forza
8. sono a letto ....febbre

ESERCIZIO 14.6 [eśertʃ'izio] — *EXERCISE 14.6*

ORDINARE [ordin'are] *put in order*

1. arrivano all'aeroporto Luca e Andrea sette alle
2. con andrei il a pescare mio amico
3. bere vorrei caffè un con il latte
4. dare potrebbe mi un d'acqua bicchiere?
5. mangiare vorrei panino nel un bar
6. possiamo Milano insieme alla andare stazione di?
7. mangiare desidera?

ESERCIZIO 14.7 [eśertʃ'izio] — *EXERCISE 14.7*

SCRIVERE LA DOMANDA GIUSTA [skr'ivere / la / dom'anda / dʒ'usta] *write the right question*

1. ....? ci chiamiamo Andrea e Giovanna
2. ....? vorrei un caffè, per piacere
3. ....? vorrei andare a Venezia
4. ....? vorrei visitare la città
5. ....? mi chiamo Andrea

ESERCIZIO 14.8 [eśertʃ'izio] — *EXERCISE 14.8*

COMPLETARE [komplet'are] *complete*

che cosa desideri a colazione? / *what do you want for breakfast?*

caffè, latte, pane e marmellata, brioche, tè, zucchero, biscotti, toast, panino, spremuta di arancio, spremuta di pompelmo, succo di frutta all'albicocca, succo di frutta alla pesca, succo di frutta alla pera, cioccolata, frutta secca, torta, crostata, miele, pane, burro e marmellata

Menu	
	....
....	....
....	....
....	....
....	....
....	....
....	....

LEZIONE 15
[lezi'one / ku'inditʃi]
LESSON 15

Questo, quello
[ku'esto / ku'ello]
this, that

queste scarpe vanno bene? [ku'este / sk'arpe / v'anno / b'ɛneɐ]	*are these the right shoes?*
no [nɔ]	*no*
e queste? [e / ku'esteɐ]	*and these?*
no [nɔ]	*no*
e queste? [e / ku'esteɐ]	*and these?*
no... voglio quelle là, sono nella vetrina! [nɔ /// v'ɔʎo / ku'elle / l'a // s'ono / n'ella / vetr'ina]	*no...I want those there, in the shop-window!*
ma quelle costano 1.000 euro!! [ma / ku'elle / k'ostano / mille / euro]	*but they cost 1.000 euro!!*
mi ami? [mi / 'amiɐ]	*do you love me?*
sì, cara, ma... [s'i // k'ara // ma]	*yes, dear, but...*
e allora dimostralo [e / all'ora / dim'ostralo]	*so, prove it!*

IMPARARE E PARLARE [impar'are / e / parl'are] — *learning and speaking*

andare bene [and'are / b'ɛne]	*to be good, fine, right*
andare male [and'are / m'ale]	*to be wrong*
andare così così [and'are / kos'i / kos'i]	*to be so so*
come va? [k'ome / vaɐ]	*how are you?*
va bene, grazie [va / b'ɛne // gr'azie]	*I'm fine, thanks*

ASSAGGIO GRAMMATICALE [ass'adʒdʒo / grammatik'ale] — *grammatical snack*

verbo irregolare	***irregular verb***
andare [and'are]	***to go***
io vado ['io / v'ado]	*I go*
tu vai [tu / v'ai]	*you go*
lui/lei va [l'ui/l'ɛi / va]	*he, she, it goes*
Noi andiamo [n'oi / andi'amo]	*we go*
voi andate [v'oi / and'ate]	*you go*
loro vanno [l'oro / v'anno]	*they go*
condizionale	***the conditional form***
io andrei ['io / andr'ɛi]	*I would go*
tu andresti [tu / andr'esti]	*you would go*
lui/lei andrebbe [l'ui/l'ɛi / andr'ɛbbe]	*he, she, it would go*
noi andremmo [n'oi / andr'emmo]	*we would go*
voi andreste [v'oi / andr'este]	*you would go*
loro andrebbero [l'oro / andr'ɛbbero]	*they would go*

IMPARARE E PARLARE [impar'are / e / parl'are] — *learning and speaking*

questo armadio, **quella** finestra
[ku'esto / arm'adio // ku'ella / fin'ɛstra]
this *wardrobe,* ***that*** *window*

questi fiori, **quegli** alberi
[ku'esti / fi'ori // ku'eʎi / 'alberi]
these *flowers,* ***those*** *trees*

ASSAGGIO GRAMMATICALE [ass'adʒdʒo / grammatik'ale] *grammatical snack*

aggettivi dimostrativi [adʒdʒett'ivi / dimostrat'ivi] *demonstrative adjectives*

indicare vicino [indik'are / vitʃ'ino]	*to indicate something* **near** *the subject*
questo [ku'esto]	*this*
questa [ku'esta]	*this*
questi [ku'esti]	*these*
queste [ku'este]	*these*
indicare lontano [indik'are / lont'ano]	*to indicate something* **far** *from the subject*
quel, quello, quell' [ku'el / ku'ello / ku'ell]	*that*
quella, quell' [ku'ella / ku'ell]	*that*
quei, quelli, quegli [ku'ei / ku'elli / ku'eʎi]	*those*
quelle [ku'elle]	*those*

singolare: *quel, quello, quell'* **plurale**: *quei, quelli, quegli*	*singular: quel, quello, quell'* *plural: quei, quelli, quegli*
quel e *quei* + consonante (parola maschile) *quel* letto ⇒ *quei* letti *quel* cielo ⇒ *quei* cieli	**quel** *and* **quei** *are used before masculine nouns beginning with consonant*
quell' e *quegli* + vocale (parola maschile) *quell'*uomo ⇒ *quegli* uomini *quell'*amico ⇒ *quegli* amici *quell'*albero ⇒ *quegli* alberi	**quell'** *and* **quegli** *are used before nouns beginning with vocals*
quello e *quegli* + s + consonant, gn, z, pn, ps, i+vocale (parola maschile) *quello* sciopero ⇒ quegli scioperi	**quello** *and* **quegli** *are also used before masculine* *nouns beginning with s+consonant, gn, z, pn, ps, i+vowel*
quella e *quelle* + parola femminile. *quella* stella ⇒ *quelle* stelle *quella* foglia ⇒ *quelle* foglie,	**quella** *and* **quelle** *are used before all feminine nouns*
quell' + vocale (parola femminile singolare). *quell'*amica ⇒ *quelle* amiche	**quell'** *before nouns (feminine singular) beginning with vowels*

IMPARARE E PARLARE
[impar'are / e / parl'are]

learning and speaking

quel cane [ku'el / k'ane]	***that*** *dog*
quell'uomo [kuellu'ɔmo]	***that*** *man*
quella sedia [ku'ella / s'ɛdia]	***that*** *chair*
quell'amica [kuellam'ika]	***that*** *girlfriend*
quei libri [ku'ei / l'ibri]	***those*** *books*
quelle finestre [ku'elle / fin'ɛstre]	***those*** *windows*
quello spuntino [ku'ello / spunt'ino]	***that*** *snack*

IMPARARE E PARLARE
[impar'are / e / parl'are]

learning and speaking

DOVE [d'ove] *where*

dove sei? [d'ove / s'ɛiɐ]
where are you?
sono qui, vicino a te [s'ono / ku'i // vitʃ'ino / a / te]
I'm here, near you.

dove vai? [d'ove / vaiɐ]
where are you going?
a Milano [a / Mil'ano]
I'm going to Milan
fermo, resta **dove** sei! [f'ermo // r'ɛsta / d'ove / s'ɛi]
freeze! Stay where you are!

dov'è il costume? [dov'ɛ / il / kost'umeɐ]
where is your swimsuit?
là, nel cassetto [l'a / nel / kass'etto]
there, in the drawer.

ASSAGGIO GRAMMATICALE *grammatical snack*
[ass'adʤʤo / grammatik'ale]

imperativo [imperat'ivo]	***the imperative***
I CONIUGAZIONE [pr'ima / koniugażi'one]	*1st conjugation*
mangiare [manʤ'are]	*to eat*
mangi**a**! [m'anʤa]	*eat it!*
mangi**ate**! [manʤ'ate]	*eat it!*
II CONIUGAZIONE [sek'onda / koniugażi'one]	*2nd conjugation*
bere [b'ere]	*to drink*
bev**i**! [b'evi]	*drink it!*
bev**ete**! [bev'ete]	*drink it!*
III CONIUGAZIONE [t'erza / koniugażi'one]	*3rd conjugation*
dormire [dorm'ire]	*to sleep*
dorm**i**! [dɔ'rmi]	*sleep!*
dorm**ite**! [dorm'ite]	*sleep!*
imperativo negativo [imperat'ivo negat'ivo]	***the negative imperative***
I CONIUGAZIONE [pr'ima / koniugażi'one]	*1st conjugation*
non mangiare! [non / manʤ'are]	*don't eat it!*
non mangiate! [non / manʤ'ate]	*don't eat it!*
II CONIUGAZIONE [sek'onda / koniugażi'one]	*2nd conjugation*
non bere! [non / b'ere]	*don't drink it!*
non bevete! [non / bev'ete]	*don't drink it!*
III CONIUGAZIONE [t'ɛrza / koniugażi'one]	*3rd conjugation*
non dormire! [non / dorm'ire]	*don't sleep!*
non dormite! [non / dorm'ite]	*don't sleep!*

IMPARARE E PARLARE *learning and speaking*
[impar'are / e / parl'are]

guarda su, è un UFO? [gu'arda / su // 'ɛ / un / 'ufoɐ]
look up! Is that a U.F.O.?
no, è il mio cappello [nɔ // 'ɛ / il / m'io / kapp'ɛllo]
no! It's my hat

non guardare giù, fa paura
[non / guard'are / ʤ'u // fa / pa'ura]
don't look down! It's scary!

ASSAGGIO GRAMMATICALE [ass'adʒdʒo / grammatik'ale] *grammatical snack*

avverbi di luogo [avv'ɛrbi / di / lu'ɔgo] *adverbs of place*

qui, qua [ku'i / ku'a]	*here*
là [la]	*there, over there*
su [su]	*up*
giù [dʒ'u]	*down*

IMPARARE E PARLARE [impar'are / e / parl'are] *learning and speaking*

un po' di [un / pɔ / di]	***a little bit of...***
un po' di gelato [un / pɔ / di / dʒel'ato]	*a little bit of ice cream*
un po' di pane [un / pɔ / di / p'ane]	*a little bit of bread*
un po' di latte [un / pɔ / di / l'atte]	*a little bit of milk*
un po' di marmellata [un / pɔ / di / marmell'ata]	*a little bit of jam*

ASSAGGIO GRAMMATICALE [ass'adʒdʒo / grammatik'ale] *grammatical snack*

di	*of*	**di**	*of*
specifica	**possession**	**materia**	**matter**
la macchina **di** Marco	*Marco's car*	il tavolo è **di** legno	*the table is made of wood*
partitivo	**partitive**		
un po' **di** pane	*a little bit of bread*	**modo**	**way**
uno **di** noi	*one of us*	andare **di** corsa	*running*
luogo	**place**	**causa**	**cause**
passiamo **di** qui	*let's go over here*	piangere **di** gioia	*crying for joy*
vado **di** qua	*I'm going over here*	**tempo**	**time**
dormo **di** là	*I sleep over there*	**di** notte	*in the night*
origine	**origin**	**d'**inverno	*in the winter*
sono **di** Roma	*I come from Rome*	**età**	**age**
argomento	**subject**	un bambino **di** dieci anni	*a ten-year old boy*
un libro **di** storia	*a history book*		

di + una frase all'infinito	**di + a sentence with the infinite**
credo **di** dover partire	*I think I have to leave*
dico **di** fare il compito	*I'm telling you to do your homework*
spero **di** vederti presto	*I hope to see you soon*

ESERCIZIO 15.1 *EXERCISE 15.1*
[eṡertʃ'izio]

completare [komplet'are] *complete*

questo armadio **quell'armadio**

1. .... casa
   .... casa
2. .... ombrello
   .... ombrello
3. .... cassetto
   .... cassetto
4. .... costume
   .... costume
5. .... mela
   .... mela
6. .... vetrina
   .... vetrina

ESERCIZIO 15.2 *EXERCISE 15.2*
[eṡertʃ'izio]

completare [komplet'are] *complete*

di, in, a

la macchina di Marco

1. sono .... mare
2. un po' .... pane
3. do un libro .... te
4. dormo .... là
5. un libro .... storia
6. vado .... macchina
7. il tavolo è................................ legno
8. .... notte
9. dico .... studiare
10. vado .... mangiare

ESERCIZIO 15.3 *EXERCISE 15.3*
[eṡertʃ'izio]

inventare un dialogo [invent'are / un / di'alogo] *invent a dialogue*

....

....

....

....

....

....

....

....

....

....

....

....

....

....

ESERCIZIO 15.4 [eṡertʃ'izio] — *EXERCISE 15.4*

completare [komplet'are] *complete* **questo, quello**

1. .... mattina vado al lavoro
2. .... pesci puzzano
3. .... lavori sono difficili
4. .... stranieri non rispettano la legge italiana
5. loro vivono in .... paese
6. abbiamo............ tipo di dolce e quella torta
7. vediamo .... o ....film?
8. ....sono i miei amici
9. vengo al mare con............macchina
10. ....negozi hanno vestiti costosi

ESERCIZIO 15.5 [eṡertʃ'izio] — *EXERCISE 15.5*

CORREGGERE GLI ERRORI [korr'edʒdʒere / ʎi / err'ori] *correct the mistakes*

1. questo camicia è stretta
2. quello ristorante è famoso
3. mangiamo quello menu e beviamo questa vino
4. non possiamo credere a questo storia
5. non voglio vedere quelli persona
6. conosco quei insegnanti

ESERCIZIO 15.6 [eṡertʃ'izio] — *EXERCISE 15.6*

COMPLETARE [komplet'are] *complete* **usa il condizionale**

io **berrei** (bere) un bicchiere d'acqua **use the conditional tense**

1. io .... (volere) andare in Olanda
2. noi .... (scrivere) un libro
3. voi .... (volere) leggere una bella storia
4. ti .... (piacere) conoscere mio fratello?
5. gli .... (piacere) bere un'aranciata
6. ci............ (piacere) mangiare una pastasciutta
7. io .... (volere) fare una bella vacanza

ESERCIZIO 15.7 *EXERCISE 15.7*
[eˈsertʃ'izio]

ORDINARE [ordin'are] *put in order*

1. un po' di pane vorrei mangiare
2. questa mangia minestra!
3. dimenticarti non persone quelle
4. penso andare di mare al
5. non abituare credo potermi di a questo
6. accettare non voglio soldi questi
7. addormentarti non guidi quando!
8. augurarti vorrei Natale buon

ESERCIZIO 15.8 *EXERCISE 15.8*
[eˈsertʃ'izio]

COMPLETARE [komplet'are] *complete*
a, di, con

1. mangio un po' .... questa pasta
2. vado .... mangiare
3. credo .... partire presto
4. voglio partire.................................. te
5. ti consiglio .... andare
6. non credere .... poter partire
7. ascolta un po' .... consigli
8. non dimenticarti .... telefonare

LEZIONE 16
[lezi'one / s'editʃi]
LESSON 16

Che, quale
[ke / ku'ale]
what, which

dove vai, Michele? [d'ove / v'ai // mik' εleɐ]	*where are you going, Michele?*
voglio trovare il tesoro [v'ɔλo / trov'are / il / teṡ'ɔro]	*I want to find a treasure.*
che tesoro? [ke / teṡ'ɔroɐ]	*which treasure?*
il tesoro del capitano Cook [il / teṡ'ɔro / del / kapit'ano / k'uk]	*captain's Cook treasure*
ah... e dove vuoi cercarlo? [a /// e / d'ove / vu'ɔi / ʧerk'arloɐ]	*ah... and where are you looking for it?*
in giardino [in / ʤard'ino]	*in the garden*
il tesoro è in giardino? [il / teṡ'ɔro / 'ε / in / ʤard'inoɐ]	*is the treasure in the garden?*
sì, mamma, ho la mappa e sono sicuro che il tesoro è nel nostro giardino [s'i // m'amma // 'ɔ / la / m'appa / e / s'ono / sik'uro / ke / il / teṡ'ɔro / 'ε /nel / n'ɔstro/ ʤard'ino]	*yes, mom, I have the map and I'm sure that the treasure is in our garden*
buona fortuna, Michele [bu'ɔna / fort'una // mik'ele]	*good luck, Michele.*

IMPARARE E PARLARE *learning and speaking*
[impar'are / e / parl'are]

che tesoro? (quale tesoro?) [ke / teṡ'ɔroɐ] [ku'ale / teṡ'ɔroɐ]	*which treasure?*
che macchina hai? (quale macchina hai?) [ke / m'akkina / 'aiɐ] [ku'ale / m'akkina / 'aiɐ]	*which car do you have?*
che progetti hai in mente? (quali progetti hai in mente?) [k'e / proʤ'ɛtti / 'ai / in / m'enteɐ] [ku'ali / proʤ'ɛtti / 'ai / in / m'enteɐ]	*what plans do you have in mind?*
che cantante preferisci? (quale cantante preferisci?) k'e / kant'ante / prefer'iʧiɐ] [ku'ale / kant'ante / prefer'iʧiɐ]	*which singer do you like best?*
qual è la tua opinione? [kual'ɛ / la / t'ua / opini'oneɐ]	*what is your opinion?*
quali sono i tuoi vestiti? [ku'ali / s'ono / i / tu'ɔi / vest'itiɐ]	*which are your clothes?*

ASSAGGIO GRAMMATICALE *grammatical snack*
[ass'aʤʤo / grammatik'ale]

aggettivi interrogativi [aʤʤett'ivi / interrogat'ivi] *interrogative adjectives*

quale [ku'ale]	*quale (what, which)*
qual (davanti a vocale) [ku'al // dav'anti / a / vok'ale]	*qual* before a vowel *(what)*
quali [ku'ali]	*quali (what)*
che [ke]	*che (what, which)*

IMPARARE E PARLARE *learning and speaking*
[impar'are / e / parl'are]

sono sicuro che il tesoro è in giardino [s'ono / sik'uro / ke / il / teṡ'ɔro / 'ɛ / in / ʤard'ino]	*I'm sure that the treasure*
sono sicuro che tu sei innocente [s'ono / sik'uro / ke / tu / s'ɛi / innoʧ'ɛnte]	*I'm sure that you are innocent*

ASSAGGIO GRAMMATICALE *grammatical snack*
[ass'aʤʤo / grammatik'ale]

che è anche una congiunzione	**che** *is also a conjunction*
sono sicuro **che** il tesoro è in giardino	*I'm sure* ***that*** *the treasure is in the garden*

dire		*to say, to tell*	
affermare		*to state*	
informare		*to inform*	
riferire		*to report*	
promettere		*to promise*	
scrivere		*to write*	
rispondere	+ che + verbo indicativo	*to answer*	+ that + indicative verb
vedere		*to sell*	
sentire		*to hear*	
accorgersi		*to notice*	
capire		*to understand*	
dimenticare		*to forget*	

l'uso di che	***the use of che***
il che congiunzione:	**che *as a conjunction:***
sono sicuro che il tesoro è in giardino	*I'm sure that the treasure is in the garden*
che aggettivo interrogativo	che *as an interrogative adjective:*
che scarpe vuoi?	*what shoes do you want?*
che aggettivo esclamativo	che *as an exclamative adjective:*
che sfortuna!	*what a bad luck!*
dico+che+indicativo	*dico (I say, to say)* + che *(that)* + *indicative*
dico + di + infinito	*dico (I say, to say)* + di *(to)* + *infinitive*
dico che io ho ragione	*I say that I'm rigth*
dico di fare i compiti	*I say to do our homework*

verbi irregolari	***irregular verbs***
riferire [rifer'ire]	***to report***
io rifer**isco** ['io / rifer'isko]	*I report*
tu rifer**isci** [tu / rifer'iʃi]	*you report*
lui/lei rifer**isce** [l'ui/lei rifer'iʃe]	*he, she, it reports*
noi rifer**iamo** [noi / riferi'amo]	*we report*
voi rifer**ite** [v'oi / rifer'ite]	*you report*
loro rifer**iscono** [l'oro / rifer'iskono]	*they report*

dal giornalaio [dal / ʤornal'aio]	***at the newsagent***
buongiorno! [buonʤ'orno]	*good morning*
buongiorno, desidera?[buonʤ'orno // deṡ'iderɐ]	*good morning, may I help you?*
vorrei *Il Corriere della Sera* [vorr'ɛi / il / korri'ere / d'ella / s'era]	*I'd like the* Il Corriere della Sera
eccolo! ['ɛkkolo]	*here it is*
grazie! [gr'azie]	*thanks!*
in libreria [in / librer'ia]	***at the book store***
buongiorno [buonʤ'orno]	*good morning!*
salve, desidera? [s'alve // deṡ'iderɐ]	*good morning. May I help you?*
vorrei una guida della città [vorr'ɛi / 'una / gu'ida / d'ella / ʧitt'a]	*I need a city-guide*
eccola! ['ɛkkola]	*here it is*
grazie! [gr'azie]	*thanks*

ESERCIZIO 16.1 *EXERCISE 16.1*
[eṡerʧ'izio]

COMPLETARE [komplet'are] *complete*

quale, quali, qual **quale amico**

1. .... bar
2. .... è
3. .... giornalai
4. .... opinioni
5. .... progetto

ESERCIZIO 16.2 *EXERCISE 16.2*
[eṡerʧ'izio]

COMPLETARE [komplet'are] *complete*

capire

1. io ....
2. tu ....
3. lui/lei ....
4. noi ....
5. voi ....
6. loro ....

ESERCIZIO 16.3 *EXERCISE 16.3*
[eṡerʧ'izio]

INVENTARE UN DIALOGO
[invent' are / un / di'alogo]
invent a dialogue

....

....

....

....

....

ESERCIZIO 16.4 *EXERCISE 16.4*
[eṡerʧ'izio]

COMPLETARE [komplet'are] *complete*

che, quale

sono sicuro che il tesoro è in giardino

2. .... fortuna
3. .... ore sono?
4. .... è il tuo amico?
5. dico .... farò presto

ESERCIZIO 16.5 [eṡertʃ'izio] — *EXERCISE 16.5*

COMPLETARE [komplet'are] *complete* **di, che**

1. io credo .... meritare un premio
2. io credo .... Marco merita un premio
3. loro pensano .... essere belli
4. loro pensano .... i laghi di montagna sono belli
5. loro scrivono .... i cani sono intelligenti
6. loro vedono .... la neve è bianca
7. noi ci accorgiamo .... sbagliare
8. noi speriamo .... riuscire

ESERCIZIO 16.6 [eṡertʃ'izio] — *EXERCISE 16.6*

correggere gli errori
[korr'edʒdʒere / ʎi / err'ori]
correct the mistakes

1. qual'è il mio piatto?
2. non so che comportarmi
3. qual'è i miei gatti?
4. noi capamo queste cose
5. loro dicono di hanno ragione
6. di cosa posso cucinare?
7. questa sono i miei piatti?
8. puoi descrivere quel luoghi?

ESERCIZIO 16.7 [eṡertʃ'izio] — *EXERCISE 16.7*

ordinare [ordin'are] *put in order*

1. di scrivere ricordati a Matteo
2. di credi non esagerare?
3. sanno politici i governare
4. voi immaginate essere di mare al spiaggia sulla
5. di tu guadagnare pensi?
6. che dico io noi inquiniamo il mondo
7. puoi credono tu mantenere la tua famiglia che
8. di sperano che io dimostrare sbaglio mi

LEZIONE 17
[lezi'one / diʧass'ette]
LESSON 17

Più o meno bello
[pi'u / o / m'eno / b'ɛllo]
more or less beautiful

come ti chiami? [k'ome / ti / ki'amiɐ]	*what's your name?*
Andrea [andr'ɛa]	*Andrea*
Andrea? **che brutto** nome. Io mi chiamo Giovanni e il mio nome **è più bello** del tuo [andr'ɛaɐ // ke / br'utto / n'ome /// 'io / mi / ki'amo / ʤov'anni / e / il / m'io / n'ome / 'ɛ / pi'u / b'ɛllo / del / t'uo]	*Andrea? **What an awful** name! I'm Giovanni and my name **is more beautiful** than yours*
guarda **che bei** giochi! I miei giochi sono **più belli** dei tuoi [gu'arda / ke / b'ɛi / ʤ'ɔki /// i / mi'ɛi / ʤ'ɔki / s'ono / pi'u / b'ɛlli / d'ei / tu'ɔi]	*look **what beautiful** toys! My toys are **more beautiful** than yours*
ma... [ma]	*but...*
hai un quaderno? ['ai / un / kuad'ɛrnoɐ]	*do you have an exercise-book?*
sì, **certo** [si // ʧ'ɛrto]	*yes, **sure***
guarda **che bello** questo. Il tuo quaderno è meno bello del mio [gu'arda / ke / b'ɛllo / ku'esto // / il / t'uo / kuad'ɛrno / 'ɛ / m'eno / b'ɛllo / del / m'io]	*look **how nice** it is Your exercise-book is less nice than mine*

hai un pallone? [ʻai / un / pall'oneɐ]	*do you have a ball?*
sì, **eccolo**! [si // ʻɛkkolo]	*yes! **Here** it is.*
che brutto! Io ho un pallone **molto più bello** del tuo [ke / br'utto /// ʻio / ɔ / un / pall'one / m'olto / pi'u / b'ɛllo / del / t'uo]	*how awful! I have a ball **much more beautiful** than yours*

IMPARARE E PARLARE [impar'are / e / parl'are] — ***learning and speaking***

che brutto! [ke / br'utto]	*what an awful … !*
che bello! [ke / b'ɛllo]	*what a beautiful … !*
che fortuna! [ke / fort'una]	*what a luck!*
che sfortuna! [ke / sfort'una]	*what a bad luck!*
che temporale! [ke / tempor'ale]	*what a storm!*
che fulmine! [ke / f'ulmine]	*what a lightning!*
che bella ragazza! [ke / b'ɛlla / rag'azza]	*what a pretty girl!*
che lavoro noioso! [ke / lav'oro / noi'oṡo]	*what a boring job!*

IMPARARE E PARLARE [impar'are / e / parl'are] — ***learning and speaking***

il mio pallone è **più bello** del tuo [il / m'io / pall'one / ʻɛ / pi'u / b'ɛllo / del / t'uo]	*My ball is more beautiful than yours*
il tuo quaderno è **meno bello** del mio [ʻil / t'uo / kuad'ɛrno / ʻɛ / m'eno / b'ɛllo / del / m'io]	*Your exercise-book is less nice than mine*
Luca è **più alto** di Giovanni. Andrea è molto **più alto** di Luca [l'uka / ʻɛ / pi'u / ʻalto / di / dʒov'anni // andr'ɛa / ʻɛ / m'olto / pi'u / ʻalto / di / l'uka]	*Luca is taller than Giovanni* *Andrea is much taller than Luca*

ASSAGGIO GRAMMATICALE *grammatical snack*
[ass'adʤʤo / grammatik'ale]

comparativi	*comparatives*
... più ... di... **... molto più ... di...** **... poco più ... di...**	*... more ... than ...* *... much more ... than ...* *... a little more ... than ...*
... meno di... **...molto meno ... di...** **...poco meno ... di...**	*... less than ...* *... much less ... than ...* *... a little less ... than ...*
...come.... / ...quanto...	*as......as....*
Luca è **più** bello **di** Giovanni	*Luca is **more** handsome **than** Giovanni*
Luca è **meno** bello **di** Andrea	*Luca is **less** handsome **than** Andrea*
Andrea è **molto più** bello **di** Luca	*Andrea is **much more** handsome **than** Luca*
Andrea è **poco più** bello **di** Luca	*Andrea is **a little more** handsome **than** Luca*
Luca è **molto meno** bello **di** Andrea	*Luca is **much less** handsome **than** Andrea*
Luca è **poco meno** bello **di** Andrea	*Luca is **a little less** handsome **than** Andrea*
Luca è bello **quanto** Andrea	*Luca is as handsome as Andrea*
Andrea è bello **come** Luca	*Andrea is as handsome as Luca*

IMPARARE E PARLARE *learning and speaking*
[impar'are / e / parl'are]

la casa è molto accogliente [la / kaṡa / 'ɛ / m'olto / akkoʎ'ɛnte]	*the house is very comfortable*
tu sei poco affidabile [tu / s'ɛi / p'ɔko / affid'abile]	*you are not very reliable*
questo caffè è troppo amaro [ku'esto / kaff'ɛ / 'ɛ / tr'ɔppo / am'aro]	*this coffee is too bitter*
il bambino è molto bravo [il / bamb'ino / 'ɛ / m'olto / br'avo]	*the kid is very good*
la cena è molto buona [la / ʧ'ena / 'ɛ / m'olto / bu'ɔna]	*the dinner is very good*

Giovanni non è molto coraggioso
[ʤov'anni / non / 'ɛ / m'olto / koraʤʤ'oṡo]
Giovanni is not very brave

io sono molto esperto ['io / s'ono / molto / esp'ɛrto] *I'm very skilled*

questo compito è troppo difficile
[ku'esto / k'ompito / 'ɛ / tr'ɔppo / diff'iʧile]
this homework is too difficult

i biscotti sono un po' duri [i / bisk'ɔtti / s'ono / un / pɔ / d'uri]
the cookies are a little hard

IMPARARE E PARLARE *learning and speaking*
[impar'are / e / parl'are]

Avverbi [avv'ɛrbi]	*adverbs*
molto [m'olto]	*much*
poco [p'ɔco]	*little*
un po' [un / pɔ]	*a little*
troppo [tr'ɔppo]	*too much*
non molto [non / m'olto]	*not too much*

ESERCIZIO 17.1 *EXERCISE 17.1*
[eṡerʧ'izio]

INVENTARE UN DIALOGO [invent'are / un / di'alogo] *invent a dialogue*

....
....
....
....
....
....

ESERCIZIO 17.2 [eśertʃ'izio] — *EXERCISE 17.2*

INVENTARE 10 FRASI [invent'are / di'ɛtʃi / fr'aśi] *invent 10 sentences*
molto, poco, un po', troppo, non molto

1. ....
2. ....
3. ....
4. ....
5. ....
6. ....
7. ....
8. ....
9. ....
10. ....

ESERCIZIO 17.3 [eśertʃ'izio] — *EXERCISE 17.3*

COMPLETARE [komplet'are] *complete*

1. il mio cane ha la coda .... corta .... tuo
2. io so parlare meglio .... te
3. Luca si copre più .... Alice
4. questa cornice è la .... grande
5. la vostra casa è .... grande .... nostra
6. la pioggia fa .... (molto – superlativo) danni
7. il mio cane è molto .... furbo .... tuo
8. la mia macchina è .... (veloce – superlativo)

ESERCIZIO 17.4 [eśertʃ'izio] — *EXERCISE 17.4*

ORDINARE [ordin'are] *put in order*

1. è il questo giorno lungo più dell'anno
2. di difficilissimo l'esame oggi è
3. più sono loro grassi di noi
4. è la malattia più questa grave
5. quadro appeso al quello muro è un modernissimo
6. è meno questo cuscino morbido quello di
7. la camicia nuovissima mia è
8. perfetto tuo lavoro il è

ESERCIZIO 17.5 — *EXERCISE 17.5*
[eṡerʧ'izio]

COMPLETARE [komplet'are] *complete*

ordinato = ordinatissimo

1. cattivo = ...
2. pesante = ...
3. preoccupato = ...
4. religioso = ...
5. ricco = ...
6. sbagliato = ...

ESERCIZIO 17.6 — *EXERCISE 17.6*
[eṡerʧ'izio]

SOTTOLINEARE COMPARATIVI E SUPERLATIVI
[sottoline'are / komparat'ivi / e / superlat'ivi] *underline comparatives and superlatives*

Oggi il giornale scrive una cosa strana: gli italiani non fanno più bambini perché si sposano tardi. Sono più gli italiani senza figli di quelli con i figli. Questo non è un problema, perché sulla terra siamo già moltissimi e tantissimi non hanno da mangiare. Un'Italia con meno abitanti significa un'Italia più attenta alle donne e alle famiglie.

LEZIONE 18
[lezi'one / diʧ'ɔtto]
LESSON 18

Chi è?
[ki / 'ɛɐ]
who is?

buongiorno, mi scusi [buonʤ'orno // mi / skuṡi]	*good morning. Excuse me...*
posso aiutarla? [p'ɔsso / aiut'arlaɐ]	*may I help you?*
dovrei andare al concerto [dovr'ɛi / and'are / al / konʧ'ɛrto]	*I'm going to the concert...*
quale concerto? [ku'ale / konʧ'ɛrtoɐ]	*which concert?*
il concerto di Madonna [il / konʧ'ɛrto / di / mad'ɔnna]	*Madonna's concert.*
chi è questa Madonna? [ki / 'ɛ / ku'esta / mad'ɔnna]	*who's this Madonna?*
non conosce Madonna, la cantante più famosa del momento? [non / kon'oʃe / mad'ɔnna // la / kant'ante / pi'u / fam'oṡa / del / mom'entoɐ]	*don't you know Madonna, the most famous singer at the moment?*
veramente, non la conosco [veram'ente // non / la / kon'osko]	*really, I don't know her at all*
oggi, in centro città, Madonna fa un concerto, sa dirmi la strada per il centro? ['ɔʤʤi // in / ʧ'entro / ʧitt'a // mad'ɔnna / fa / un / konʧ'ɛrto // s'a / d'irmi / la / str'ada / per / il / ʧ'ɛntroɐ]	*today, in the city centre, Madonna is giving a concert. Can you tell me the way to the city centre?*
prenda la prima a destra, dopo quel semaforo [pr'ɛnda / la / pr'ima / a / d'ɛstra // d'opo / ku'el / sem'aforo]	*take the first street on the right, after that traffic-light*
la prima a destra dopo quel semaforo? grazie e buongiorno [la / pr'ima / a / d'ɛstra // d'opo / ku'el / sem'aforoɐ // gr'azie / e / buonʤ'orno]	*the first on the right after that traffic-light? Thanks a lot!*
prego, buongiorno [pr'ɛgo // buonʤ'orno]	*you're welcome. Goodbye.*

IMPARARE E PARLARE [impar'are / e / parl'are] *learning and speaking*

il cane è il più fedele amico dell'uomo [il / k'ane / 'ɛ / il / pi'u / fed'ele / am'iko / dellu'ɔmo] *the dog is man's most faithful friend*
Luca è il più giovane tra di noi [l'uka / 'ɛ / il / pi'u / ʤovane / tra / di / n'oi] *Luca is the youngest among us*
io sono il più intelligente della scuola ['io / s'ono / il / pi'u / intelliʤ'ɛnte / d'ella / sku'ɔla] *I'm the most intelligent in the school*
è la casa più stretta della città ['ɛ / la / k'aṡa / pi'u / str'etta / d'ella / ʧitt'a] *it's the narrowest house in the city*
è il libro più grosso della biblioteca ['ɛ / il / l'ibro / pi'u / gr'ɔsso / d'ella / bibliot'ɛka] *it's the most biggest book in the library*

ASSAGGIO GRAMMATICALE [ass'aʤʤo / grammatik'ale] *grammatical snack*

il superlativo relativo [il / superlat'ivo / relat'ivo] *the relative superlative*

io sono **il più** intelligente **della** scuola	*I'm the most intelligent in the school*
io sono **il meno** intelligente **della** scuola	*I'm the less intelligent in the school*

IMPARARE E PARLARE [impar'are / e / parl'are] — *learning and speaking*

chi è quel ragazzo? [ki / 'ɛ / ku'el / rag'azzoɐ]	*who's that boy?*
non lo conosco, deve essere nuovo [non / lo / kon'osco // d'ɛve / 'ɛssere / nu'ɔvo]	*I don't know him. He must be new.*
è più bello di Luca ['ɛ / pi'u / b'ɛllo / di / l'uka]	*he's more handsome than Luca*
zitta, si avvicina [z'itta // si / avvitʃ'ina]	*shut up, he's coming...*
scusate... [skuṡ'ate]	*excuse me...*
sì? [siɐ]	*yes?*
potete indicarmi gli spogliatoi? [pot'ete / indik'armi / λi / spoλat'oiɐ]	*can you tell me the way to the locker-room?*
sì, vai avanti dritto e gira a sinistra vicino al bar [si // v'ai / av'anti / dr'itto / e / dʒ'ira / a / sin'istra / vitʃ'ino / al / bar]	*yes. Go straight on and then turn right near the bar.*
prima o dopo il bar? [pr'ima / o / d'opo / il / barɐ]	*before or after the bar?*
prima [pr'ima]	*before*
grazie [gr'azie]	*thanks a lot.*
prego... [pr'ɛgo]	*you're welcome*
ah, mi presento, io mi chiamo Andrea e sono nuovo qui [a // mi / preṡ'ɛnto // 'io / mi / ki'amo / 'andr'ɛa / e / s'ono / nu'ɔvo / ku'i]	*ah, I'm Andrea and I'm new here*
piacere, io sono Sonia e la mia amica si chiama Luisa [piatʃ'ere // 'io / s'ono / s'ɔnia / e / la / m'ia / am'ika / si / ki'ama / lu'iṡa]	*glad to meet you. I'm Sonia and my friend is Luisa.*
ciao Sonia, ciao Luisa, ci vediamo presto [tʃ'ao / s'ɔnia // tʃ'ao / lu'iṡa // tʃi / vedi'amo / pr'ɛsto]	*hi Sonia, hi Luisa. See you soon.*
ciao ciao [tʃ'ao / tʃ'ao]	*bye-bye!*

ASSAGGIO GRAMMATICALE *grammatical snack*
[ass'adʒdʒo / grammatik'ale]

pronomi interrogativi [pron'omi / interrogat'ivi] ***interrogative pronouns***	
chi è? [ki / 'ɛɐ]	*who is he (she, it)?*
chi sei? [ki / s'ɛiɐ]	*who are you?*
chi sono? [ki / s'onoɐ]	*who are they*
chi siete? [ki / si'ɛteɐ]	*who are you?*
le direzioni [le / direżi'oni]	***the directions***
a destra [a / d'ɛstra]	*to the right*
a sinistra [a / sini'stra]	*to the left*
in mezzo [in / m'ɛżżo]	*in the middle*
dritto [dr'itto]	*straight on*
sempre dritto [s'ɛmpre / dr'itto]	*straight on*
lungo la strada [l'ungo / la / str'ada]	*along the road*

IMPARARE E PARLARE *learning and speaking*
[impar'are / e / parl'are]

primo [pr'imo]	*first*
secondo [sek'ondo]	*second*
terzo [t'ɛrzo]	*third*
quarto [ku'arto]	*fourth*
quinto [ku'into]	*fifth*
sesto [s'ɛsto]	*sixth*
settimo [s'ɛttimo]	*seventh*
ottavo [ott'avo]	*eighth*
nono [n'ɔno]	*ninth*
decimo [d'ɛtʃimo]	*tenth*

ESERCIZIO 18.1 [eṡertʃ'izio] ***EXERCISE 18.1***

INVENTARE UN DIALOGO [invent'are / un / di'alogo] *invent a dialogue*

....

....

....

....

....

....

....

....

....

....

....

....

ESERCIZIO 18.2 [eṡertʃ'izio] ***EXERCISE 18.2***

QUALE STRADA PER USCIRE DAL LABIRINTO? *which road to come out of the labyrinth?*
vai a destra

ESERCIZIO 18.3 [eṡerʧ'izio] — *EXERCISE 18.3*

COMPLETARE [komplet'are] *complete* — **di, che**

1. pulire è molto più faticoso .... sporcare
2. è più bello dare ....ricevere
3. Luciano ha la voce più bella .... José
4. in questi giorni mangiamo più riso .... pasta
5. in alcuni paesi i vecchi sono più numerosi.. giovani
6. ridere è più piacevole .... piangere

ESERCIZIO 18.4 [eṡerʧ'izio] — *EXERCISE 18.4*

COMPLETARE [komplet'are] *complete*
superlativo / *superlative*

1. Palermo è.................. città .... (caldo) e Aosta....................(freddo)
2. la cosa .... (difficile) è parlare bene
3. Mario è.. (bravo); Marta non va bene a scuola
4. quel libro è .... (noioso)
5. i nostri bambini ci danno .... (grande) soddisfazioni

ESERCIZIO 18.5 [eṡerʧ'izio] — *EXERCISE 18.5*

SCRIVERE LA DOMANDA GIUSTA [skr'ivere / la / dom'anda / ʤ'usta] *write the right question*

1. ....? siamo amici di Maria
2. ....? prendi la prima a destra, poi a sinistra, poi diritto
3. ....? Mattia è il più giovane tra di noi
4. ....? devi girare prima del supermercato
5. ....? io mi chiamo Sonia e lei Luisa

LEZIONE 19
[lezi'one / ditʃann'ɔve]
LESSON 19

Forte, fortissimo
[f'ɔrte / fort'issimo]
strong, very strong

buongiorno [buondʒ'orno]	*good morning*	
buongiorno, desidera? [buondʒ'orno / // des'iderav]	*good morning, what can I get you?*	
vorrei fare colazione [vorr'ɛi / f'are / kolazi'one]	*I'd like to have breakfast*	
prego [pr'ɛgo]	*please...*	
posso avere il menu? [p'ɔsso / av'ere / il / men'uɐ]		*may I have the menu?*
certamente [tʃertam'ente]		*sure...*
qual è la vostra specialità? [kual'ɛ / la / v'ɔstra / spetʃalit'aɐ]		***what is** your speciality?*
abbiamo delle brioches **buonissime** e **moltissime** qualità di tè [abbi'amo / d'elle / bri'ɔʃ / buɔn'issime / e / molt'issime / kualit'a / di / t'ɛ]		*we have some **very good** croissants and **a great deal of** types of teas*
scusi, **può ripetere e parlare più lentamente?** [sk'usi // pu'ɔ / rip'ɛtere / e / parl'are / pi'u / lentam'enteɐ]		*excuse me, **can you repeat and speak slower**?*
certo, abbiamo brioches e molte qualità di tè [tʃ'ɛrto // abbi'amo / bri'ɔʃ / e / m'olte / kualit'a / di / t'ɛ]		*sure. We have some croissants and many types of teas*
e **poi**? [e / p'ɔiɐ]		*and **then**?*
abbiamo **alcuni** dolci e **qualche** specialità con farina integrale [abbi'amo / alk'uni / d'oltʃi / e / ku'alke / spetʃalit'a / kon / far'ina / integr'ale]		*we have **some** sweets and **a few** specialities with wholemeal flour*
cosa significa "intergrale"? [k'ɔsa / siɲ'ifika / intergr'aleɐ]		*what does it mean "wrolmeal"?*

non "intergrale", ma integrale. Significa "di farina scura", non di farina bianca... **oggi "va di moda"** [non / intergr'ale // ma / integr'ale /// siɲ'ifika // di / far'ina / sk'ura // non / di / far'ina / bi'anka /// 'ɔdʤʤi / va / di / m'ɔda]	*not "wrolmeal", but wholemeal. It means brown flour, not white flour.* ***It's trendy*** *in this period...*
bene, mi porti un tè e un dolce di farina "intergrale" [b'ɛne // mi / p'ɔrti / un / t'ɛ / e / un / d'olʧe / di / far'ina / intergr'ale]	*ok, so bring me some tea and a sweet with "wromeal" flour*
ok [ok'ɛi]	*ok*

IMPARARE E PARLARE — *learning and speaking*
[impar'are / e / parl'are]

qual è? [kual'ɛɐ]	*which is ...?*
quali sono? [ku'ali / s'onoɐ]	*which are ...?*
qual è il tuo quaderno? [kual'ɛ / il / t'uo / kuad'ɛrnoɐ]	***which is*** *your exercise-book?*
quali sono i tuoi pattini? [ku'ali / s'ono / i / tu'ɔi / p'attiniɐ]	***which are*** *your skates?*
buonissimo [buon'issimo]	*very good*
sono dolci **buonissimi** [s'ono / d'olʧi / buon'issimi]	*these are very good sweets*

ASSAGGIO GRAMMATICALE — *grammatical snack*
[ass'adʤʤo / grammatik'ale]

il superlativo assoluto	*the absolute superlative*
intelligent**issimo** (intelligente+issimo)	*very intelligent*
bell**issimo** (bello+issimo)	*very beautiful*
brav**issimo** (bravo+issimo)	*very good*
buon**issimo** (buono+issimo)	*very good*

aggettivo	comparativo di maggioranza	superlativo relativo	superlativo assoluto
buono (*good*)	più buono migliore (*better*)	il più buono il migliore (*the best*)	buonissimo ottimo (*best*)
cattivo (*bad*)	più cattivo peggiore (*worse*)	il più cattivo il peggiore (*the worst*)	cattivissimo pessimo (*worst*)
grande (*great*)	più grande maggiore (*greater*)	il più grande il maggiore (*the greatest*)	grandissimo massimo (*greatest*)
piccolo (*small*)	più piccolo minore (*smaller*)	il più piccolo il minore (*the smaller*)	piccolissimo minimo (*smallest*)

IMPARARE E PARLARE — *learning and speaking*
[impar'are / e / parl'are]

gentile [dʒent'ile]	*gentle*	gentilissimo [dʒentil'issimo]	*very gentl*
grosso [gr'ɔsso]	*big*	grossissimo [gross'issimo]	*very big*
gustoso [gust'oṡo]	*tasty*	gustosissimo [gustoṡ'issimo]	*very tasty*
largo [l'argo]	*large*	larghissimo [larg'issimo]	*very large*
onesto [on'ɛsto]	*honest*	onestissimo [onest'issimo]	*very honest*
ordinato [ordin'ato]	*neat*	ordinatissimo [ordinat'issimo]	*very neat*
pericoloso [perikol'oṡo]	*dangerous*	pericolosissimo [perikoloṡ'issimo]	*very dangerous*
lento [l'ɛnto]	*slow*	lentissimo [lent'issimo]	*very slow*
forte [f'ɔrte]	*strong*	fortissimo [fort'issimo]	*very strong*
povero [p'ɔvero]	*poor*	poverissimo [pover'issimo]	*very poor*
prezioso [preżi'oṡo]	*precious*	preziosissimo [pre...ioṡ'issimo]	*very precious*
pulito [pul'ito]	*clean*	pulitissimo [pulit'issimo]	*very clean*
sporco [sp'ɔrko]	*dirty*	sporchissmo [spork'issimo]	*very dirty*
puntuale [puntu'ale]	*punctual*	puntualissimo [puntual'issimo]	*very punctual*
ricco [r'ikko]	*rich*	ricchissimo [rikk'issimo]	*very rich*
sicuro [sik'uro]	*safe*	sicurissimo [sikur'issimo]	*very safe*
silenzioso [silenzi'oṡo]	*quiet*	silenziosissimo [silenzioṡ'issimo]	*very quiet*
rumoroso [rumor'oṡo]	*noisy*	rumorosissimo [rumoroṡ'issimo]	*very noisy*
triste [tr'iste]	*sad*	tristissimo [trist'issimo]	*very sad*
utile ['utile]	*useful*	utilissimo [util'issimo]	*very useful*
vecchio [v'ɛkkio]	*old*	vecchissimo [vekk'issimo]	*very old*
veloce [vel'ɔtʃe]	*fast*	velocissimo [velotʃ'issimo]	*very fast*
violento [viol'ɛnto]	*violent*	violentissimo [violent'issimo]	*very violent*

IMPARARE E PARLARE [impar'are / e / parl'are] — *learning and speaking*

qualche [ku'alke]	***some / any***
alcuni / alcune [alk'uni / alk'une]	***some / any***
molti [m'olti]	***many / a lot of***
pochi [p'ɔki]	***a few / not many***

io ho **qualche** giorno di vacanza ['io / ɔ / ku'alke / ʤ'orno / di / vak'anza]	*I have **some** days of vacation*
io ho **alcuni** amici e **alcune** amiche ['io / ɔ / alk'uni / am'iʧi / e / alk'une / am'ike]	*I have **some** male friends and **some** female friends*
molti vanno al mare e **pochi** in montagna [m'olti / v'anno / al / m'are // e / p'ɔki / 'in / mont'aɲa]	***many** go to the sea, **a few** go to the mountains*

ASSAGGIO GRAMMATICALE [ass'aʤʤo / grammatik'ale] — *grammatical snack*

aggettivi o pronomi indefiniti — *indefinite adjectives or pronouns*

singolare maschile	***singular masculine***	**singolare femminile**	***singular femminile***
molt**o**	*very, much, a lot of*	molt**a**	*very, much, a lot of*
poc**o**	*a few*	poc**a**	*a few*
plurale maschile	***plural masculine***	**plurale femminile**	***plural feminine***
molt**i**	*very, many, a lot of*	molt**e**	*very, many, a lot of*
poch**i**	*a few*	poch**e**	*a few*
alcun**i**	*some*	alcun**e**	*some*

alcuni amici vengono con me *aggettivo*	*some friends come with me* *adjective*
alcuni vengono con me *pronome*	*some come with me* *pronoun*
ho **molti (pochi)** amici *aggettivo*	*I have many (few) friends* *adjective*
pochi (molti) partono *pronome*	*few (many) are leaving* *pronoun*

ESERCIZIO 19.1 [eṡertʃ'izio] — *EXERCISE 19.1*

INVENTARE UN DIALOGO [invent'are / un / di'alogo] *invent a dialogue*

....
....
....
....
....
....
....
....
....
....
....
....

....
....
....
....
....
....
....
....
....

ESERCIZIO 19.2 *EXERCISE 19.2*
[eṡerʧ'izio]

COMPLETARE [komplet'are] *complete*
sporco-sporchissimo / *dirty-very dirty*

1. puntuale ....
2. bravo ....
3. buono ....
4. fedele ....
5. famoso ....
6. lungo ....
7. pulito ....
8. prezioso ....
9. povero ....
10. piano ....
11. pericoloso ....
12. ordinato ....
13. onesto ....
14. largo ....
15. gustoso ....
16. bianca ....

ESERCIZIO 19.3 *EXERCISE 19.3*
[eṡerʧ'izio]

inventare 13 frasi
[invent'are / di'eʧi / fr'aṡi]
invent 13 sentences
molto, poco, alcuni, qualche

1. Lucia ha molte amiche
2. ....
3. ....
4. ....
5. ....
6. ....
7. ....
8. ....
9. ....
10. ....
11. ....
12. ....
13. ....

ESERCIZIO 19.4 *EXERCISE 19.4*
[eṡerʧ'izio]

completare [komplet'are] *complete* **molto, poco**

1. .... soldati vanno in guerra, ... ritornano
2. non ho .... soldi
3. faccio .... sogni, ma bellissimi
4. .... vanno al sindacato, ma .... partecipano
5. .... riescono a smettere di fumare
6. .... si stufano delle vacanze
7. .... scarpe perdono il tacco

ESERCIZIO 19.5 [eṡertʃ'izio] — *EXERCISE 19.5*

completare [komplet'are] *complete* — **alcuna, alcuni, qualche**

1. .... sono capaci di tradurre
2. .... delle mie amiche vengono questa sera
3. .... trascurano la ginnastica
4. .... ubriaco gira in città la sera
5. ho .... gioco
6. ho .... vestiti uguali ai tuoi
7. .... ragazze vendono sigarette
8. conosco .... ville al mare

ESERCIZIO 19.6 [eṡertʃ'izio] — *EXERCISE 19.6*

ordinare [ordin'are] *put in order*

1. non assicurazioni sono molte chiare
2. ho fame molta
3. molto sono arrabbiato
4. alcuni arredati ho appartamenti
5. deputato qualche non fa il suo lavoro
6. non molti lavorano dipendenti
7. ho disturbo in qualche bocca

LEZIONE 20
[lezi’one / v’enti]
LESSON 20

C’è, ci sono
[ʧɛ / ʧi / s’ono]
there is, there are

mi fai vedere la tua carta d’identità?	[mi / f’ai / ved’ere / la / t’ua / k’arta / didentit’aɐ]	*can you show me your ID, please?*
ecco	[‘ɛkko]	*here it is.*
che cosa c’è scritto?	[ke / k’ɔṡa / ʧ’ɛ / skr’ittoɐ]	*what’s written on it?*
mi chiamo Giulio, il cognome è Rossi, sono nato il 7-5-1970 a Piacenza, sono cittadino italiano, residente a Milano in piazza San Babila 11, sono celibe, faccio il vigile, sono alto 1,90, ho i capelli castani e gli occhi azzurri. Nessun segno particolare...	[mi / ki’amo / ʤ’ulio // il / koɲ’ome / ‘ɛ / r’ossi // s’ono / n’ato / il / s’ɛtte / ʧ’inkue / millenɔveʧentosett’anta / a / piaʧ’ɛnza // s’ono / ʧittad’ino / itali’ano // reṡid’ente / a / mil’ano / in / pi’azza / san / b’abila / ‘undiʧi // s’ono / ʧ’ɛlibe // f’aʧʧo / il / v’iʤile // s’ono / ‘alto / ‘uno / e / nov’anta // ‘ɔ / i / kap’elli / kast’ani / e / λi / ‘ɔkki / ażż’urri /// ness’un / s’eɲo / partikol’are]	*my first name is Giulio, my family name is Rossi. I was born on May 1970, he 7th in Piacenza, It’m an Italian citizen, I live in Milan in piazza San Babila11, I’m single, I work as a traffic warden, I’m 1,90 mt tall, I have brown hair and blue eyes. No particular sign...*
nient’altro?	[nient’altroɐ]	*nothing else?*
solo la mia bellissima foto	[s’olo / la / m’ia / bell’issima / f’ɔto]	*only my beautiful photo...*

IMPARARE E PARLARE *learning and speaking*
[IMPAR'ARE / E / PARL'ARE]

c'è	[ʧ'ɛ]	*there is*	**ci sono**	[ʧi / s'ono]	*there are*

c'è un bel cielo sereno oggi
[ʧ'ɛ / un / bɛl / ʧ'ɛlo / ser'eno / 'ɔʤʤi]
today there is a beautiful and clear sky

ci sono delle nuvole in cielo questa sera
[ʧi / s'ono / d'elle / n'uvole / in / ʧ'ɛlo / ku'esta / s'era]
there are some clouds in the sky tonight

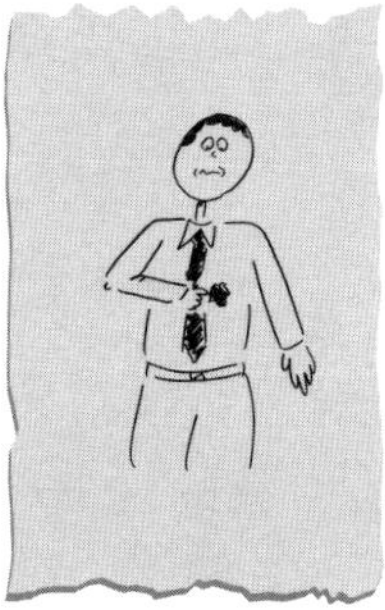

c'è una macchia sulla mia camicia
[ʧ'ɛ / 'una / m'akkia / s'ulla / m'ia / kam'iʧa]
there is a spot on my shirt

ci sono i pantaloni rossi?
[ʧi / s'ono / i / pantal'oni / r'ossiɐ]
are there the red trousers?

IMPARARE E PARLARE *learning and speaking*
[IMPAR'ARE / E / PARL'ARE]

fare (far) vedere	[f'are // far // ved'ere]	*to show*
fare (far) piangere	[f'are // far // pi'anʤere]	*to make cry*
fare (far) ridere	[f'are // far // r'idere]	*to make laugh*
fare (far) mangiare	[f'are // far // manʤ'are]	*to make eat, to feed*

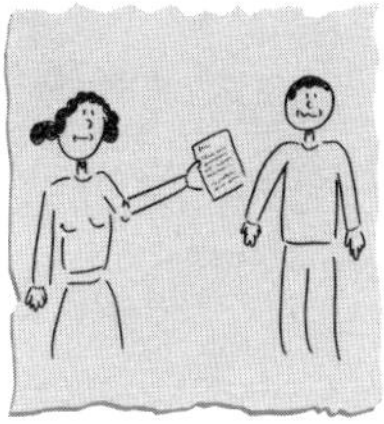

ti faccio vedere questa lettera
[ti / f'atʃtʃo / ved'ere / ku'esta / l'ɛttera]
I'm showing you this letter

non voglio far piangere la mia amica
[non / v'ɔλo / far / pi'andʒere / la / m'ia / am'ika]
I don't want to make my girlfriend cry

il pagliaccio fa ridere il pubblico
[il / paλ'atʃtʃo / fa / r'idere / il / p'ubbliko]
the clown makes the audience laugh

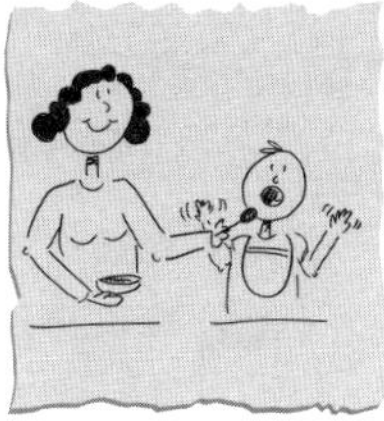

la mamma fa mangiare il figlio
[la / m'amma / fa / mandʒ'are / il / f'iλo]
the mother makes the baby eat

IMPARARE E PARLARE *learning and speaking*
[IMPAR'ARE / E / PARL'ARE]

 ***assegno*** [ass'eɲo]	*check*
può cambiare questo assegno? [pu'ɔ / kambi'are / ku'esto / ass'eɲoɐ]	*can you change this check?*
assicurazione [assikurażi'one]	*insurance*
qual è la sua assicurazione? [kual'ɛ / la / s'ua / assikurażi'oneɐ]	*which is your insurance?*
 ***bancomat*** [b'ankomat]	*cash counter*
questa banca ha uno sportello bancomat? [ku'esta / b'anka / a / 'uno / sport'ɛllo / b'ankomatɐ]	*has this bank got a cash counter?*
bonifico [bon'ifiko]	*credit*
qual è il numero di conto per il bonifico? [ku'al / 'ɛ / il / n'umero / di / k'onto // per / il / bon'ifikoɐ]	*what is the account number for the credit?*
cambio [k'ambio]	*exchange*
dov'è l'ufficio di cambio? [dov'ɛ / luff'itʃo / di / k'ambioɐ]	*where is the exchange office?*

	***banca*** [b'anka]	*bank*
	dov'è la banca? [dov'ɛ / la / b'ankaɐ]	*where is the bank?*
	***carta d'identità*** [k'arta / didentit'a]	*identity card*
	mi può mostrare la sua carta d'identità? [mi / pu'ɔ mostr'are / la / s'ua / k'arta / didentit'aɐ]	*can you show me your identity card?*
	***carta di credito*** [k'arta / di / kr'edito]	*credit card*
	posso pagare con carta di credito? [p'ɔsso / pag'are / kon / k'arta / di / kr'editoɐ]	*can I pay with the credit card?*
	libretto sanitario [libr'etto / sanit'ario]	*health card*
	ha il libretto sanitario? [a / il / libr'etto / sanit'arioɐ]	*do you have the health card?*
	modulo [m'ɔdulo]	*form*
	può compilare questo modulo? [pu'ɔ / kompil'are / ku'esto / m'ɔduloɐ]	*can you fill this form?*
	moneta [mon'eta]	*change*
	non ho moneta [non / ɔ / mon'eta]	*I don't have any change*
	numero di conto [n'umero / di / k'onto]	*account number*
	qual è il suo numero di conto? [kual'ɛ / il / s'uo / n'umero / di / k'ontoɐ]	*what is your account number?*
	***passaporto*** [passap'ɔrto]	*passport*
	mi fa vedere il suo passaporto? [mi / fa / ved'ere / il / s'uo / passap'ɔrtoɐ]	*can you show me your passport?*
	patente [pat'ɛnte]	*driving licence*
	mi mostra (fa vedere) la sua patente? [mi / m'ostra // fa / ved'ere // la / s'ua / pat'ɛnteɐ]	*can you show me your driving licence?*
	prelievo [preli'ɛvo]	*withdrawal*
	devo fare un prelievo dal mio conto [d'evo / f'are / un / preli'ɛvo / dal / m'io / k'onto]	*I have to make a withdrawal from my account*

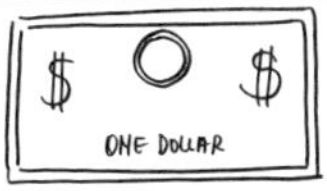	***soldi*** [s'ɔldi]	*money*
ho pochi soldi [ɔ / p'ɔki / s'ɔldi]		*I have a few money*
	***sportello della banca*** [sport'ɛllo / d'ella / b'anka]	*bank counter*
devo andare allo sportello della banca [d'evo / and'are / 'allo / sport'ɛllo / della / b'anka]		*I have to go to the bank counter*
tessera [t'ɛssera]		*identity card*
ha una tessera di riconoscimento? [a / 'una / t'ɛssera / di / riconoʃim'entoɐ]		*do you have an identity card?*
valuta [val'uta]		*currency*
ho bisogno di valuta locale [ɔ / biš'oɲo / di / val'uta / lok'ale]		*I need some local currency*

IMPARARE E PARLARE [impar'are / e / parl'are] *learning and speaking*

niente [ni'ɛnte]	*nothing / anything*
nient'altro [nient'altro]	*nothing else / anything else*
altro ['altro]	*other / another*
non ho **niente** [non / ɔ / ni'ɛnte]	*I don't have anything*
non dici **nient'altro** [non / d'iʧi / nient'altro]	*you don't say anything else*
ho un **altro** amico [ɔ / un / 'altro / am'iko]	*I have another friend*
ho un'**altra** macchina [ɔ / un'altra / m'akkina]	*I have another car*
non dico **altro** [non / d'iko / 'altro]	*I don't say anything else*

ASSAGGIO GRAMMATICALE [ass'aʤʤo / grammatik'ale] *grammatical snack*

niente e **nient'altro** sono pronomi indefiniti negativi **niente** *and* **nient'altro** *are indefinite negative pronouns*
altro (altra, altri, altre) è un aggettivo (o pronome) indefinito **altro (altra, altri, altre)** *is an indefinite adjective (or pronoun)*

IMPARARE E PARLARE *learning and speaking*
[impar'are / e / parl'are]

i colori [i / kol'ori]	***the colors***
bianco [bi'anko]	*white*
nero [n'ero]	*black*
rosso [r'osso]	*red*
giallo [ʤ'allo]	*yellow*
verde [v'erde]	*green*
blu [blu]	*blue*
azzurro [aż̇ż'urro]	*light blue*
arancio [ar'anʧo]	*orange*
marrone [marr'one]	*brown*
viola [vi'ɔla]	*purple*
rosa [r'ɔṡa]	*pink*
grigio [gr'iʤo]	*grey*
chiaro [ki'aro]	*light*
scuro [sk'uro]	*dark*

IMPARARE E PARLARE *learning and speaking*
[impar'are / e / parl'are]

invece, invece di, al posto di [inv'eʧe / inv'eʧe / di / al / p'osto / di]	***instead, instead of***
io mangio un panino, e tu? ['io / m'anʤo / un / pan'ino // e tuɐ]	*I'm eating a sandwich, and you?*
io, **invece**, mangio una mela ['io // inv'eʧe // m'anʤo / 'una / m'ela] invece io mangio una mela [inv'eʧe / 'io / m'anʤo / 'una / m'ela]	*I'm eating an apple instead.*
non voglio questo libro, voglio quello [non / v'ɔλo / ku'esto / l'ibro // v'ɔλo / ku'ello]	*I don't want this book, I want that one.*
voglio quel libro **invece di** questo [v'ɔλo / ku'el / l'ibro / inv'eʧe / di / ku'esto]	*I want that book instead of this one.*
voglio quel libro **al posto di** questo [v'ɔλo / ku'el / l'ibro / al / p'osto / di / ku'esto]	*I want that book instead of this one.*
devi fare i compiti **invece di** giocare [d'ɛvi / f'are / i / k'ompiti / inv'eʧe / di / ʤok'are]	*I have to do my homework instead of playing.*

ESERCIZIO 20.1 *EXERCISE 20.1*
[eṡertʃ'izio]

INVENTARE UN DIALOGO
[invent'are / un / di'alogo]
invent a dialogue

mi fai vedere la tua carta d'identità?
let me see your identity card

....

....

....

....

....

....

....

....

....

....

....

ESERCIZIO 20.2 *EXERCISE 20.2*
[eṡertʃ'izio]

INVENTARE 9 FRASI
[invent'are / n'ɔve / fr'aṡi]
invent 9 sentences

niente, nient'altro, altro invece, invece di, al posto di

1. ....
2. ....
3. ....
4. ....
5. ....
6. ....
7. ....
8. ....
9. ....

ESERCIZIO 20.3 *EXERCISE 20.3*
[eṡertʃ'izio]

COMPLETARE
[komplet'are] *complete*

c'è, ci sono

1. in questa banca .... molti clienti
2. .... il mio amico Mario?
3. quando .... le stelle, il cielo è sereno
4. .... dei bancomat in questo paese?
5. .... un benzinaio su questa strada?
6. non .... benzina nella macchina
7. .... la mia foto sulla carta d'identità?
8. non .... taxi questa sera
9. non .... penne
10. .... libri molto belli in biblioteca
11. .... la televisione?
12. .... decisioni molto importanti

ESERCIZIO 20.4 *EXERCISE 20.4*
[eṡertʃ'izio]

ORDINARE [ordin'are] *put in order*

1. posso non conoscere mia farti figlia
2. sorpresa una voglio farti
3. farti voglio fare un disegno
4. molto devo scrivere farti
5. un vuole farti aprire l'impiegato conto
6. cosa farvi vedere devo una
7. farle conoscere voglio il mio amore
8. una possiamo mangiare pizza farvi?

ESERCIZIO 20.5 *EXERCISE 20.5*
[eṡertʃ'izio]

SCRIVERE LA DOMANDA GIUSTA
[skr'ivere / la / dom'anda / ʤ'usta]
write the right question

1 ....?
il mio numero di conto è 5678/16

2 ....?
pago in contanti

3 ....?
sì, accettiamo tutte le carte di credito

4 ....?
ecco la mia carta d'identità

5 ....?
l'ufficio di cambio è avanti dritto

6 ....?
sì, devo fare un prelievo di contanti

7 ....?
sì, la banca è aperta dalle 8.30 alle 13.30 e dalle 14.00 alle 15.30

ESERCIZIO 20.6 *EXERCISE 20.6*
[eṡertʃ'izio]

COMPLETARE [komplet'are] *complete*

non... niente, non... nient'altro, altro, non... altro

1. questa sera .... mangio ....
2. .... ci sono .... cartelli
3. .... ho ....
4. .... conosco ....compagni
5. quando vuoi .... cose, chiamami
6. non voglio convincere .... persone
7. .... dico ....
8. dicono che ....hanno ....

ESERCIZIO 20.7 *EXERCISE 20.7*
[eṡertʃ'izio]

ORDINARE [ordin'are] *put in order*

1. il riso invece preferirei della pasta
2. io al posto vado vostro
3. al andare vorrei mare invece di andare in montagna
4. invece devi pensare di parlare
5. passami il giallo del viola invece
6. ho dei libri al posto portato i giornali
7. le usate matite posto al della penna

....

....

....

....

....

....

....

ESERCIZIO 20.8 *EXERCISE 20.8*
[eṡertʃ'izio]

UNIRE LE FRASI E LE PAROLE
[un'ire / le / fr'aṡi / e / le / par'ole]
join the sentences and the words

1) banca	A) data di nascita
2) carta d'identità	B) tessera di riconoscimento
3) fotografia	C) tessera sanitaria
4) malattia	D) ufficio di cambio
5) negozio	E) numero di conto
6) valuta	F) carta di credito

LEZIONE 21
[lezi'one / vent'uno]
LESSON 21

Ho mangiato, sono andato
[ɔ / mandʒ'ato // s'ono / and'ato]
I have eaten / ate, I've gone / went

Ieri **sono andato** a Pisa, **ho incontrato** una bellissima ragazza e le **ho chiesto**: "come ti chiami?".
"Natasha", mi **ha risposto**.
"Che bel nome hai, Natasha, da dove vieni?" le **ho chiesto**.
[i'ɛri / s'ono / and'ato / a / P'iṡa // ɔ / inkontr'ato / 'una / bell'issima / rag'azza / e / le / ɔ / ki'ɛsto // k'ome / ti / ki'amiɐ///
nat'aʃa // mi / a / risp'osto ///
ke / b'ɛl / n'ome / 'ai // nat'aʃa // da / d'ove / vi'ɛniɐ /// le / ɔ / ki'ɛsto ///

Yesterday I **went** *to Pisa, I* **met** *a beautiful girl and I asked her: "What's your name?".*
"Natasha", she **answered**.
"What a beautiful name you have, Natasha. Where do you come from?" I **asked**.

"**Sono nata** in Messico, ma mio padre è russo. Ora sono a Pisa da un anno per imparare la lingua. Mi devo laureare in lingue straniere" mi **ha risposto**.
[S'ono / n'ata / in / M'ɛssiko // ma / m'io / p'adre / 'ɛ / r'usso /// 'ɔra / s'ono / a / p'iṡa / da / un / 'anno / per / impar'are / la / l'ingua /// mi / d'ɛvo / laure'are / in / l'ingue / strani'ɛre // mi / a / risp'ɔsto]

"I **was born** *in Mexico, but my father is Russian. I've been living in Pisa for one year to learn Italian. I have to graduate in foreign languages" she* **answered**.

"E tu?", mi **ha chiesto**, "sei italiano?".
"No, no" **ho risposto** "sono inglese, mi chiamo Denis e mia madre è francese. Vivo in Italia da cinque anni, lavoro in un'azienda americana... È bella Pisa, vero?" le **ho detto**.
"È bellissima", mi **ha risposto**.
[e / t'uɐ /// mi / a / ki'ɛsto // s'ɛi / itali'anoɐ]
nɔ // nɔ // ɔ/ risp'ɔsto // s'ono / ingl'eṡe // mi / ki'amo / d'enis / e / m'ia / m'adre / 'ɛ /
franʧ'eṡe /// v'ivo / in / it'alia / da / ʧ'inkue / 'anni // lav'oro / in / unaẓi'ɛnda / amerik'ana ///
'ɛ / b'ɛlla / p'iṡa // v'ɛroɐ /// le / ɔ / d'ɛtto ///
'ɛ / bell'issima // mi / a / risp'ɔsto]

"And what about you?"- she **asked** *- "Are you Italian?".*
"No, no." – I **answered** *– "I'm English, my name is Denis and my mother is French. I've been living in Italy for five years and I work for an American company... Pisa is beautiful, isn't it?" I* **told** *her.*
"It's amazing!" she **answered**.

"Posso offrirti da bere al bar?".
"Grazie, volentieri"
[p'ɔsso / ɔffr'irti / 'ɔffro / da / b'ere / al / barɐ///
gr'azie // vɔlenti'ɛri]

"Can I offer you a drink at the bar?"
"With pleasure, thanks."

IMPARARE E PARLARE *learning and speaking*
[impar'are / e / parl'are]

da dove vieni? [da / d'ove / vi'ɛni]	***where do you come from?***
sono russo [s'ono / r'usso] dalla Russia [d'alla / r'ussia]	*I'm Russian* *from Russia*
sono inglese [s'ono / ingl'eṡe] dall'Inghilterra [dallingilt'ɛrra]	*I'm English* *from England*
sono tedesco [s'ono / ted'esko] dalla Germania [d'alla / ʤerm'ania]	*I'm German* *from Germany*
sono spagnolo [s'ono / spaɲ'ɔlo] dalla Spagna [d'alla / sp'aɲa]	*I'm Spanish* *from Spain*
sono cinese [s'ono / ʧin'eṡe] dalla Cina [d'alla / ʧ'ina]	*I'm Chinese* *from China*
sono americano [s'ono / amerik'ano] dall'America [dallam'ɛrika]	*I'm American* *from America (from U.S.A.)*
sono greco [s'ono / gr'ɛko] dalla Grecia [d'alla / gr'ɛʧa]	*I'm Greek* *from Greece*

da dove vieni? [da / d'ove / vi'eni]	***where do you come from?***
sono turco [s'ono / t'urko] dalla Turchia [d'alla / turk'ia]	*I'm Turkish* *from Turkey*
sono tailandese [s'ono / tailand'eṡe] dalla Tailandia [d'alla / tail'andia]	*I'm Thai* *from Thailand*
sono albanese [s'ono / alban'ese] dall'Albania [dallalban'ia]	*I'm Albanian* *from Albania*
sono croato [s'ono / kro'ato] dalla Croazia [d'alla / kro'azia]	*I'm Croatian* *from Croatia*
sono serbo [s'ono / s'ɛrbo] dalla Serbia [d'alla / s'ɛrbia]	*I'm Serb* *from Serbia*
sono ungherese [s'ono / unger'eṡe] dall'Ungheria [dallunger'ia]	*I'm Hungarian* *from Hungary*
sono francese [s'ono / franʧ'ese] dalla Francia [d'alla / fr'anʧa]	*I'm French* *from France*
sono svedese [s'ono / sved'eṡe] dalla Svezia [d'alla / sv'ezia]	*I'm Swedish* *from Sweden*

ASSAGGIO GRAMMATICALE [ass'aʤʤo / grammatik'ale] — *grammatical snack*

verbi: il passato prossimo [v'ɛrbi // il / pass'ato / pr'ɔssimo] — *verbs: the present perfect*

Il passato prossimo può indicare il present perfect inglese o il simple past.
The **passato prossimo** *can indicate either the English present perfect or the simple past.*

verbi con ausiliare avere [v'ɛrbi / kon / ausili'are / av'ere]	*with auxiliary* **avere** *(to have)*
mangiare [manʤ'are]	***to eat***
io ho mangi**ato** ['io / ɔ / manʤ'ato]	*I ate / have eaten*
tu hai mangiato [tu / 'ai / manʤ'ato]	*you ate / have eaten*
lui/lei ha mangiato [l'ui / l'ɛi / a / manʤ'ato]	*he, she, it ate / has eaten*
noi abbiamo mangiato [n'oi / abbi'amo / manʤ'ato]	*we ate / have eaten*
voi avete mangiato [v'oi / av'ete / manʤ'ato]	*you ate / have eaten*
loro hanno mangiato [l'oro / 'anno / manʤ'ato]	*they ate / have eaten*

verbi con ausiliare avere [v'ɛrbi / kon / ausili'are / av'ere]	*with auxiliary* **avere** *(to have)*
leggere [l'ɛʤʤere]	***to read***
io ho le**tto** ['io / ɔ / l'ɛtto]	*I read / have read*
tu hai letto [tu / 'ai / l'ɛtto]	*you read / have read*
lui/lei ha letto [l'ui / l'ɛi / a / l'ɛtto]	*he, she, it read / has read*
noi abbiamo letto [n'oi / abbi'amo / l'ɛtto]	*we read / have read*
voi avete letto [v'oi / av'ete / l'ɛtto]	*you read / have read*
loro hanno letto [l'oro / 'anno / l'ɛtto]	*they read / have read*
dormire [dorm'ire]	*to sleep*
io ho dorm**ito** ['io / ɔ/ dorm'ito]	*I slept / have slept*
tu hai dormito [tu / 'ai / dorm'ito]	*you slept / have slept*
lui/lei ha dormito [l'ui / l'ɛi / a / dorm'ito]	*he, she, it slept / has slept*
noi abbiamo dormito [n'oi / abbi'amo / dorm'ito]	*we slept / have slept*
voi avete dormito [v'oi / av'ete / dorm'ito]	*you slept / have slept*
loro hanno dormito [l'oro / 'anno / dorm'ito]	*they slept / have slept*

verbi con ausiliare essere [v'ɛrbi / kon / ausili'are / 'ɛssere]	*with the auxiliary* **essere** *(to be)*
andare [and'are]	***to go***
io sono and**ato** ['io / s'ono / and'ato]	*I went / have gone*
tu sei andato [tu / s'ɛi / and'ato]	*you went / have gone*
lui/lei è and**ato**/and**ata** [l'ui / l'ɛi / 'ɛ / and'ato / and'ata]	*he, she, it went / has gone*
noi siamo and**ati** [n'oi / si'amo / and'ati]	*we went / have gone*
voi siete andati [v'oi / si'ɛte / and'ati]	*you went / have gone*
loro sono andati [l'oro / s'ono / and'ati]	*they went / have gone*
sedere [sed'ere]	***to sit***
io sono sed**uto** ['io / s'ono / sed'uto]	*I sat / have sat*
tu sei seduto [tu / s'ɛi / sed'uto]	*you sat / have sat*
lui/lei è sed**uto**/sed**uta** [l'ui / l'ɛi / 'ɛ / sed'uto / sed'uta]	*he, she, it sat / has sat*
noi siamo sed**uti** [n'oi / si'amo / sed'uti]	*we sat / have sat*
voi siete seduti [v'oi / si'ɛte / sed'uti]	*you sat / have sat*
loro sono seduti [l'oro / s'ono / sed'uti]	*they sat / have sat*

verbi con ausiliare essere [v'ɛrbi / kon / ausili'are / 'ɛssere]	*with the auxiliary* **essere** *(to be)*
partire [part'ire]	***to leave***
io sono part**ito** ['io / s'ono / part'ito]	*I left / have left*
tu sei partito [tu / s'ɛi / part'ito]	*you left / have left*
lui/lei è part**ito**/part**ita** [l'ui / l'ɛi / 'ɛ / part'ito / part'ita]	*he, she, it left / has left*
noi siamo part**iti** [n'oi / si'amo / part'iti]	*we left / have left*
voi siete partiti [v'oi / si'ɛte / part'iti]	*you left / have left*
loro sono partiti [l'oro / s'ono / part'iti]	*they left / have left*

passato prossimo del verbo essere [pass'ato / pr'ɔssimo / del / v'ɛrbo / 'essere]	*the present perfect of to* **be**
io sono stat**o** ['io / s'ono / st'ato]	*I was / have been*
tu sei stato [tu / s'ɛi / st'ato]	*you were / have been*
lui/lei è stato/stat**a** [l'ui / l'ɛi / 'ɛ / st'ato]	*he, she, it was / has been*
noi siamo stat**i** [n'oi / si'amo / st'ati]	*we were / have been*
voi siete stati [v'oi / si'ɛte / st'ati]	*you were / have been*
loro sono stati [l'oro / s'ono / st'ati]	*they were / have been*
passato prossimo del verbo avere [pass'ato / pr'ɔssimo / del / v'ɛrbo / av'ere]	*the present perfect of to* **have**
io ho av**uto** ['io / ɔ / av'uto]	*I had / have had*
tu hai avuto [tu / 'ai / av'uto]	*you had / have had*
lui/lei ha avuto [l'ui / l'ɛi / a / av'uto]	*he, she, it had / has had*
noi abbiamo avuto [n'oi / abbi'amo / av'uto]	*we had / have had*
voi avete avuto [v'oi / av'ete / av'uto]	*you had / have had*
loro hanno avuto [l'oro / 'anno / av'uto]	*they had / have had*

IMPARARE E PARLARE *learning and speaking*
[impar'are / e / parl'are]

per + verbo infinito = fine [per / pi'u / v'ɛrbo / infin'ito / ugu'ale / f'ine]		***per (to) + infinitive = purpose***	
per imparare [per / impar'are]	*to learn*	per vedere [per / ved'ere]	*to see*
per fare [per / f'are]	*to do*	per gridare [per / grid'are]	*to cry*
per dire [per / d'ire]	*to say*	per scrivere [per / skr'ivere]	*to write*
per mangiare [per / manʤ'are]	*to eat*		

ASSAGGIO GRAMMATICALE — *grammatical snack*
[ass'aʤʤo / grammatik'ale]

la preposizione per — *the preposition* **per** ***(to, for, through)***
[la / prepoṡiżi'one / per]

alcuni valori del **per**	*some ways to use* ***per:***
luogo passare **per** la stanza	***place*** *to go* **through** *the room*
destinazione prendere l'aereo **per** Hong Kong	***destination*** *to take the plane* **to** *Hong Kong*
durata è piovuto **per** mesi	***duration*** *it has been raining* **for** *months*
tempo preciso vengo **per** Natale	***time*** *I'll be there* **for** *Christmas*
causa grida **per** il dolore	***cause*** *he's crying* **because of** *the pain*
vantaggio faccio questo **per** te	***advantage*** *I'm doing this* **for** *you*
finale **per + infinito** studio **per** imparare	***purpose*** ***per + infinitive*** *I study* **to** *learn*

IMPARARE E PARLARE — *learning and speaking*
[impar'are / e / parl'are]

laurearsi in... [laure'arsi / in]	***to graduate in ...***
laurearsi in lingue straniere [laure'arsi / in / l'ingue / strani'ɛre]	*to graduate in foreign languages*
laurearsi in lettere [laure'arsi / in / l'ɛttere]	*to graduate in literature*
laurearsi in filosofia [laure'arsi / in / filoṡof'ia]	*to graduate in philosophy*
laurearsi in ingegneria [laure'arsi / in / inʤeɲer'ia]	*to graduate in engineering*
mi devo laureare in lingue [mi / d'ɛvo / laure'are / in / l'ingue]	*I'm about to graduate in foreign languages*
mi sono laureato in lettere [mi / s'ono / laure'ato / in / l'ɛttere]	*I graduated in literature*
mi sono laureato in filosofia [mi / s'ono / laure'ato / in / filoṡof'ia]	*I graduated in philosophy*
ti sei laureata in ingegneria [ti / s'ɛi / laure'ata / in / inʤeɲer'ia]	*you graduated in engineering*

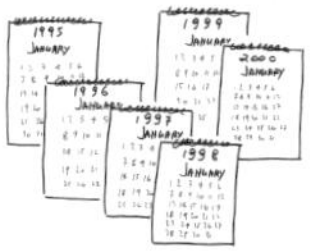

da quanto (tempo)? [da / ku'anto / t'ɛmpoɐ] ***how long...***

da... [da] ***for...***

da quanto tempo vivi in Italia [da / ku'anto / t'ɛmpo / v'ivi / in / it'aliaɐ]	*how long have you been living in Italy?*
da cinque anni [da / ʧ'inkue / 'anni]	*for five years*
da quanto lavori in questa azienda? [da / ku'anto / lav'ori / in / k'uesta / azi'ɛndaɐ]	*how long have you been working in this factory?*
da due anni [da / d'ue / 'anni]	*for two years*

ti offro da bere [ti / 'ɔffro / da / b'ere] ***I'll offer you something to drink***

ti offro da mangiare [ti / 'ɔffro / da / manʤ'are] ***I'll offer you something to eat***

grazie, volentieri [gr'azie // volenti'ɛri] ***thanks, with pleasure...***

Il corpo umano [il / k'ɔrpo / um'ano] ***the human body***

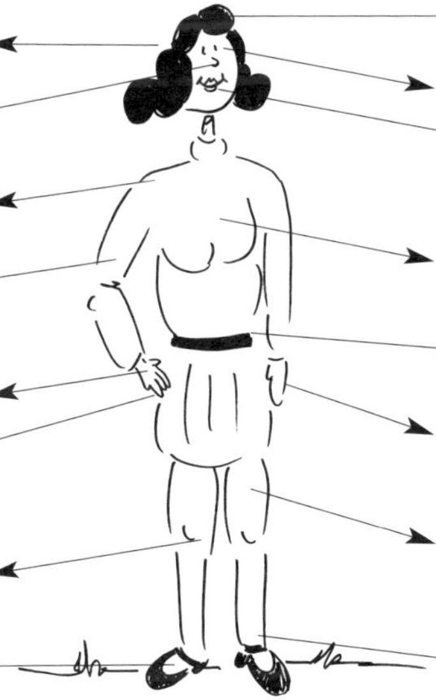

la testa [la / t'esta] *head*

il naso [n'aso] *nose*

la spalla [la / sp'alla] *shoulder*

il braccio [il / br'aʧʃʧo] *arm*

la mano [la / m'ano] *hand*

il dito [il / d'ito] *finger*

il ginocchio [il / ʤinɔ'kkio] *knee*

il piede [il / pi'ede] *foot*

i capelli [i / kap'elli] *hair*

l'occhio [l'ɔkkio] *eye*

la bocca [la / b'okka] *mouth*

il petto [il / p'etto] *chest*

il seno [il / s'enoi] *breast*

la vita [la / v'ita] *waist*

il sedere [il / sed'ere] *bottom*

la gamba [la / g'amba] *leg*

la caviglia [la / kav'iʎa] *ankle*

ESERCIZIO 21.1 *EXERCISE 21.1* [eśertʃ'izio]

INVENTARE UN DIALOGO [invent'are / un / di'alogo] *invent a dialogue*

usa "da dove vieni?" e il passato prossimo / *use "da dove vieni?" and the present perfect*

....

....

....

....

....

....

....

....

ESERCIZIO 21.2 *EXERCISE 21.2* [eśertʃ'izio]

COMPLETARE [komplet'are] *complete*

per, con, da

1. .... mangiare bene, dobbiamo andare al ristorante
2. cosa vuoi .... mangiare?
3. sono andato in vacanza .... Gianni e Mario
4. .... arrivare in montagna, dobbiamo passare .... Aosta
5. non dico questo .... me, ma .... te
6. oggi siamo partiti .... Roma
7. vengo al mare ...... il quindici di agosto
8. .... la fine del mese devo partire

ESERCIZIO 21.3 *EXERCISE 21.3* [eśertʃ'izio]

COMPLETARE [komplet'are] *complete*

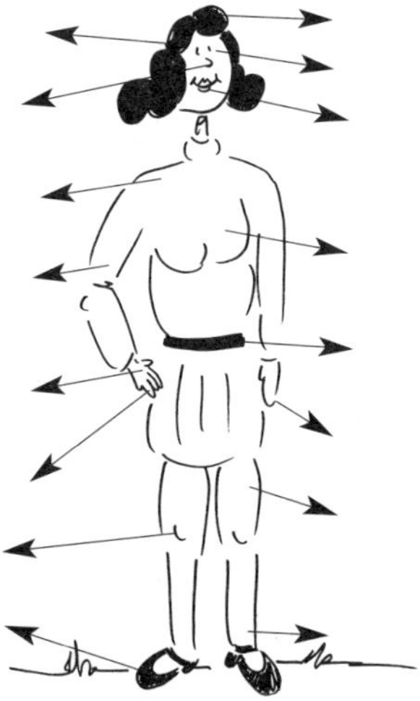

ESERCIZIO 21.4 *EXERCISE 21.4* [eśertʃ'izio]

ORDINARE [ordin'are] *put in order*

1. conosciuto ho sorella tua
2. sono in città andato
3. andato in sono città e conosciuto ho tua sorella
4. entrato oggi sono in bar e ho ordinato un da bere
5. ho per scritto lettera Luca una
6. sono vestito e partito subito mi sono
7. messo oggi ho la gonna e la giacca pelle di rossa

....

....

....

....

....

....

....

ESERCIZIO 21.5 *EXERCISE 21.5*
[eśertʃ'izio]

COMPLETARE [komplet'are] *complete*

per, da, con, di, a,

1. .... me tu non hai ragione
2. sono arrivato .... campagna
3. ho fatto il viaggio .... Lucia
4. questa macchina è .... Matteo
5. ho costruito un castello ....mia moglie
6. mi sono fermato vicino .... cinema
7. sono guarito .... una gravissima malattia
8. ho indicato................... Enza la strada .... tornare a casa

ESERCIZIO 21.6 *EXERCISE 21.6*
[eśertʃ'izio]

COMPLETARE [komplet'are] *complete*

scrivere la risposta giusta [skr'ivere / la / risp'osta / ʤ'usta] *write the right answer*

1. che cosa hai mangiato? .... (pastasciutta)
2. da che paese sei partito? .... (Firenze)
3. dove ti sei fatto male? .... (braccio)
4. da dove vieni? .... (Ungheria)
5. dove siete nati? .... (Francia e Portogallo)

ESERCIZIO 21.7 *EXERCISE 21.7*
[eśertʃ'izio]

LEGGERE E RISPONDERE [lɛ'ʤʤere / e / komplet'are] *read and answer*

Andrea racconta: oggi sono uscito alle 15.00. Una macchina mi ha investito fuori casa. Mi hanno portato subito all'ospedale. Il dottore mi ha visitato e mi ha detto che ho un braccio rotto.

1. quando è uscito Andrea? ....
2. che cosa è successo? ....
3. dove hanno portato Andrea? ....
4. che cosa ha fatto il dottore? ....
5. che cosa si è rotto Andrea? ....

ESERCIZIO 21.8 *EXERCISE 21.8*
[eśertʃ'izio]

SCRIVERE LA DOMANDA GIUSTA [skr'ivere / la / dom'anda / ʤ'usta] *write the right question*

1. .... ? siamo in Italia da due mesi
2. .... ? cerco un lavoro da un anno
3. .... ? ti voglio offrire la cena
4. .... ? mi sono laureato in lingue
5. .... ? ci siamo laureati all'università di Barcellona

LEZIONE 22
[lezi'one / ventid'ue]
LESSON 22

Che cosa, qualcosa, qualcuno
[ke / k'ɔṡa // kualk'ɔṡa // kualk'uno]
what, something, somebody

pronto? [pr'ontoɐ]	***hello?***
pronto, casa Rossi? [pr'onto // k'aṡa / r'ossiɐ]	*hello! Is this the Rossi family?*
sì, chi parla? [s'i // ki / p'arlaɐ]	*yes, who's calling?*
sono Giovanni, posso parlare con Mara? [s'ono / ʤov'anni // p'ɔsso / parl'are / kon / m'araɐ]	*it's Giovanni. May I speak with Mara?*
Mara non c'è, è andata in biblioteca, torna alle sei [m'ara / non / ʧ'ɛ // 'ɛ / and'ata / in / bibliot'ɛca // t'orna / 'alle s'ɛi]	*Mara is not at home. She's at the library and she'll come back at six.*
va bene, allora richiamo alle sei e un quarto, grazie [va / b'ɛne // all'ora / riki'amo / 'alle / s'ɛi / e / un / ku'arto // gr'azie]	*ok, then I'll call at six-fifteen, thanks.*
di niente, devo riferire qualcosa? [di / ni'ɛnte // d'ɛvo / rifer'ire / kualk'ɔṡaɐ]	*no problem. Would you like to leave a message?*
no, grazie [nɔ // gr'azie]	*no, thank you.*
arrivederci [arrived'erʧi]	*bye, bye.*
salve [s'alve]	*bye.*

IMPARARE E PARLARE *learning and speaking*
[impar'are / e / parl'are]

cellulare [ʧellul'are] — ***mobile phone***

telefonino [telefon'ino] — ***mobile phone***

mi puoi dare il tuo numero di telefonino?
[mi / pu'ɔi / d'are / il / t'uo / n'umero / di / telefon'inoɐ] — *can you give me your mobile phone number?*

mi può dare il suo numero di cellulare?
[mi / pu'ɔ / d'are / il / s'uo / n'umero / di / ʧellul'areɐ] — *can you give me your mobile phone number?*

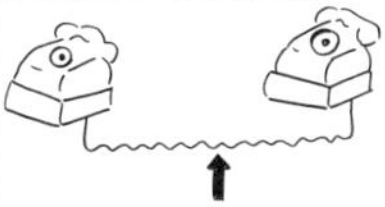

comunicazione [komunikażi'one] — ***communication***

linea [l'inea] — ***line***

si è interrotta la comunicazione
[si / 'ɛ / interr'otta / la / komunikażi'one] — *the communication is interrupted.*

è caduta la linea ['ɛ / kad'uta / la / l'inea] — *the line went dead.*

cornetta (del telefono)
[korn'etta // del / tel'ɛfono] — ***receiver***

ricevitore [riʧevit'ore]

devo prendere la cornetta (del telefono)
[d'ɛvo / pr'endere / la / korn'ɛtta / // dɛl / tel'efono] — *I have to pick up the receiver*

ora devo attaccare il ricevitore
['ora / d'evo / attakk'are / il / riʧevit'ore] — *now I have to hang up the receiver*

credito [kr'edito] — ***credit***

il mio credito è cinquanta euro
[il / m'io / kr'edito / 'ɛ / ʧinquanta / euro] — *I have a fifty euro of credit*

elenco telefonico [el'ɛnko / telef'ɔnico] — ***telephone directory***

posso consultare l'elenco telefonico?
[p'ɔsso / konsult'are / lel'ɛnko / telef'ɔnicoɐ] — *may I consult the telephone directory?*

	**fax** [f'aks]	*fax*
ora le invio un fax ['ora / le / inv'io / un / f'aks]		*I'm sending you a fax*

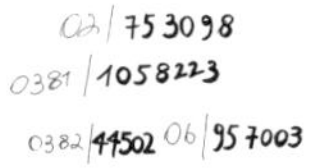	**numero di telefono** [n'umero / di / tel'ɛfono]	*telephone number*
il mio numero di telefono è 0240324576 [il / m'io / n'umero / di / tel'ɛfono / 'ɛ / 0240324576]		*my telephone number is 0240324576*

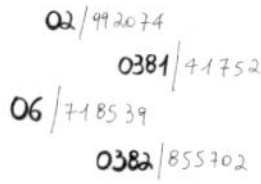	**prefisso** [pref'isso]	*area code*
qual è il prefisso? [kual'ɛ / il / pref'issoɐ]		*which is your area code?*

	**scheda telefonica** [sk'eda / telef'ɔnika]	*telephone card*

questo telefono funziona solo con la scheda telefonica
[ku'esto / tel'ɛfono / funzi'ona / s'olo / kon / la / sk'eda / telef'ɔnika]
this telephone works only with the telephone card

	**soneria** [soner'ia]	*ringer*
voglio cambiare la soneria [v'ɔλo / kambi'are / la / soner'ia]		*I want to change the ringer tone*

	**suonare** [suɔn'are] **squillo** [sku'illo] **squillare** [skuill'are]	*to ring* *ring* *to ring*
suona il telefono [su'ɔna / il / tel'ɛfono]		*the telephone is ringing*
squilla il telefono [sku'illa / il / tel'ɛfono]		*the telephone is ringing*

	**segreteria telefonica** [segreter'ia / telef'ɔnika]	***answering machine***
dopo tre squilli parte la segreteria telefonica [d'opo / tre / sku'illi / p'arte / la / segreter'ia / telef'ɔnika]		*the answering machine starts after three rings.*

	**telefonare** [telefon'are]	***to phone***
ho ricevuto una telefonata dall'azienda ['ɔ / ritʃev'uto / 'una / telefon'ata / dallażi'ɛnda]		*I received a phone call from the company*

	**telefonata** [telefon'ata]	***phone call***
	devo telefonare a Michele [d'ɛvo / telefon'are / a / mik'ɛle]	*I have to phone Michele.*

	**telefono** [tel'ɛfono]	***telephone***
	il telefono non funziona [il / tel'ɛfono / non / funżi'ona]	*the telephone isn't working*

ASSAGGIO GRAMMATICALE [ass'adʒdʒo / grammatik'ale] *grammatical snack*

interrogative	***interrogative sentences***
che cosa? [ke / k'ɔṡaɐ]	***what***
che cosa vuoi fare?	*what do you want to do?*
che cos'hai?	*what's wrong?*

IMPARARE E PARLARE [impar'are / e / parl'are] — *learning and speaking*

qualcosa [kualk'ɔṡa]	***something***
ti devo dire qualcosa [ti / d'ɛvo / d'ire / kualk'ɔṡa]	*I have to tell you something*
posso mangiare qualcosa? [p'ɔsso / manʤ'are / kualk'ɔṡaɐ]	*can I eat something?*
ho qualcosa da fare [ɔ / kualk'ɔṡa / da / f'are]	*I have something to do*
ho qualcosa da dire [ɔ / kualk'ɔṡa / da / d'ire]	*I have something to say*
hai qualcosa da ricordare ['ai / kualk'ɔṡa / da / rikord'are]	*you have something to remember*
qualcuno/qualcuna/ [kualk'uno / kualk'una]	***somebod, anybody***
qualcun altro/qualcun'altra [kualkun'altro / kualkun'altra]	***somebody else, anybody else***
c'è qualcuno? [ʧɛ / kualk'unoɐ]	*is anybody there?*
qualcun altro viene in casa mia [kualkun'altro / vi'ɛne / in / k'aṡa / m'ia]	*somebody else is coming to my house*
qualcun'altra viene in casa mia [kualkun'altra / vi'ɛne / in / k'aṡa / m'ia]	*somebody else is coming to my house*
qualche [ku'alke]	***some, any***
ho qualche problema [ɔ / ku'alke / probl'ɛma]	*I have some trouble*
hai qualche amico? ['ai / ku'alke / am'ikoɐ]	*do you have any friends?*

ASSAGGIO GRAMMATICALE [ass'aʤʤo / grammatik'ale] — *grammatical snack*

pronomi indefiniti [pron'omi indefin'iti]	***indefinite pronouns***
qualcosa [kualk'ɔsa]	*something / anything*
qualcuno [kualk'uno]	*somebody / anybody*
qualcuna [kualk'una]	*somebody / anybody*
qualcun'altra [kualkun'altra]	*somebody else / anybody else*
qualcun altro [kualkun'altro]	*somebody else / anybody else*
qualche è un **aggettivo indefinito**	*qualche is an* **indefinite adjective**

IMPARARE E PARLARE [impar'are / e / parl'are] — *learning and speaking*

modi di dire [m'ɔdi / di / d'ire] — ***sayings***

alla svelta ['alla / ṡv'elta]	***get a move on***
fai **alla svelta**, dobbiamo partire per le otto [f'ai / 'alla / ṡv'elta // dobbi'amo part'ire / per / le / 'ɔtto]	*get a move on, we have to leave before 8 o'clock.*
di corsa [di / k'orsa]	***quickly***
andiamo **di corsa** [andi'amo / di / k'orsa]	*let's go quickly*
in fretta [in fr'etta]	***quickly***
facciamo **in fretta** a finire [fatʃtʃ'amo / in / fr'etta / a / fin'ire]	*let's finish quickly*
così così [koṡ'i / koṡ'i]	***so so***
mi sento **così così** [mi / s'ɛnto / koṡ'i / koṡ'i]	*I feel so so*
di qui [di / ku'i]	***by here***
siamo passati **di qui** [si'amo / pass'ati / di / ku'i]	*we passed by here*
di là [di / l'a]	***over there***
siamo passati **di là** [si'amo / pass'ati / di / la]	*we passed over there*
di sopra [di / s'opra]	***upstairs***
io abito al piano **di sopra** ['io / 'abito / al / pi'ano / di / s'opra]	*I live upstairs*
di sotto [di / s'otto]	***downstairs***
Luca abita **di sotto** [l'uka / 'abita / di / s'otto]	*Luca lives downstairs*
in su [in / su]	***up***
possiamo andare **in su** per questa strada [possi'amo / and'are / in / su / per / ku'esta / str'ada]	*we can go up this road*
in giù [in / ʤ'u]	***down***
possiamo andare **in giù** per questa discesa [possi'amo / and'are / in / ʤ'u / per / ku'esta / diʃ'eṡa]	*we can go down this road*
di fuori [di / fu'ɔri]	***outside***
di fuori ci sono i miei amici [di / fu'ɔri / ʧi / s'ono / i / mi'ɛi am'iʧi]	*my friends are outside*
per di qua [per / di / ku'a]	***by here***
dobbiamo passare **per di qua** [dobbi'amo / pass'are / per / di / k'ua]	*we have to pass by here*

da queste parti [da / ku'este / p'arti]	***around here***
cosa fai **da queste parti**? [k'ɔṡa / f'ai / da / ku'este / p'artiɐ]	*what are you doing around here?*
nei pressi di [n'ei / pr'ɛssi / di]	***near***
abito **nei pressi della** banca ['abito / n'ei / pr'ɛssi / d'ella / b'anka]	*I live near the bank*
da lontano [da / lont'ano]	***from a distance***
ti ho visto da lontano [ti / ɔ / v'isto / da / lont'ano]	*I saw you from a distance*
da vicino [da / viʧ'ino]	***close-up***
vedo bene da vicino [v'edo / b'ɛne / da / viʧ'ino]	*I see well close-up*

ESERCIZIO 22.1 [eṡerʧ'izio] — *EXERCISE 22.1*

INVENTARE UN DIALOGO [invent'are / un / di'alogo] *invent a dialogue*

usa: cellulare, suonare, prefisso, elenco telefonico, rispondere / *use: cellulare, suonare, prefisso, elenco telefonico, rispondere*

....

....

....

....

....

....

ESERCIZIO 22.2 [eṡerʧ'izio] — *EXERCISE 22.2*

INVENTARE UNA STORIA [invent'are / 'una / st'ɔria] *invent a story*

usa: di corsa, così così, di sopra, da lontano, da vicino / *use: di corsa, così così, di sopra, da lontano, da vicino*

....

....

....

....

....

....

ESERCIZIO 22.3 [eśertʃ'izio] *EXERCISE 22.3*

COMPLETARE [komplet'are] *complete*

di corsa, in fretta, di sopra, da vicino

oggi mi sono alzato e sono andato in ufficio .... All'improvviso squilla il cellulare: è il capo e mi vuole .... Salgo le scale .... e vedo .... il suo ufficio

ESERCIZIO 22.4 [eśertʃ'izio] *EXERCISE 22.4*

ORDINA LA FRASE ['ordina / la / fr'aśe] *put in order*

1. oggi mi così così sento
2. è farmacia la da queste parti, ma non so dove
3. andiamo di corsa via
4. nei abitiamo pressi banca della
5. conosciamo le persone di sotto bene
6. andare potremmo là di, nell'altra stanza
7. facciamo in, voglio vedere fretta la partita televisione in

ESERCIZIO 22.5 [eśertʃ'izio] *EXERCISE 22.5*

COMPLETARE [komplet'are] *complete*

qualcuno, qualcosa, qualche, qualcun altro

1. .... conosce i miei vicini?
2. avete portato .... birra?
3. c'è .... da mangiare?
4. andiamo a bere ....
5. conosci .... ?
6. ho .... dubbio

ESERCIZIO 22.6 [eśertʃ'izio] *EXERCISE 22.6*

COMPLETARE [komplet'are] *complete*

1. driiin. Pronto, ...?
2. sono Guido, ... Marika?
3. no, è uscita, aveva .... appuntamento
4. .... torna?
5. torna 8.00
6. telefono .... quell'ora. Ciao
7. ....

LEZIONE 23
[lezi'one / ventitr'e]
LESSON 23

Dove?
[d'oveɐ /// l'indirizzo]
where? the address

mi scusi [mi / sk'uṡi]	*excuse me.*
prego? [pr'ɛgoɐ]	*yes?*
dovrei mandare questo pacco a Mantova [dovr'ɛi / mand'are / ku'esto / p'akko / 'a / m'antova]	*I should send this parcel to Mantua.*
pesa 500 grammi [p'eṡa / ʧinkueʧ'ɛnto / gr'ammi]	*it weighs 500 grams.*
a quale indirizzo? [a / ku'ale / indir'izzoɐ]	*the address?*
via Malatesta numero 11 [v'ia / malat'ɛsta / n'umero / 'undiʧi]	*Via Malatesta number 11*
costa dodici euro [k'osta / d'odiʧi / 'ɛuro]	*it's twelve euro.*

caro, ricordi? dobbiamo mandare una cartolina alla nonna [karo // rik'ɔrdiɐ // dobbi'amo / mand'are / 'una / kartol'ina / 'alla / n'ɔnna] *honey, do you remember? We have to send a postcard to our grandmother*	
sì, è vero, hai l'indirizzo? [s'i // 'ɛ / v'ɛro // 'ai / lindir'izzoɐ] *you're right! Do you have the address?*	
sì, via Sguazzini 11 [s'i // v'ia / ṡguazz'ini / 'unditʃ'i] *yes, via Sguazzini number 11*	
Novi Ligure? [n'ɔvi / l'igureɐ]	*Novi Ligure?*
sì, Novi Ligure [s'i // n'ɔvi / l'igure]	*yes.*
che cosa scrivo? [ke / k'ɔṡa / skr'ivoɐ]	*what should I write?*
cara nonna, noi stiamo bene e i bambini si divertono moltissimo qui al mare. torniamo presto, baci dai tuoi nipoti [k'ara / n'ɔnna // n'oi / sti'amo / b'ɛne // e / i / bamb'ini / si / div'ɛrtono / molt'issimo / ku'i / al / m'are /// torni'amo / pr'ɛsto // b'atʃi / d'ai / tu'ɔi / nip'oti] *dear granny, we are fine and the children are having a lot of fun here at the sea. We'll be back soon. Kisses from your grandchildren.*	
che francobollo ci vuole? [ke / frankob'ollo / tʃi / vu'ɔleɐ]	*which stamp do we need?*
un francobollo da 0,41 euro [un / frankob'ollo / da / ż'ɛro / quarant'uno 'ɛuro]	*an 0,41 euro stamp.*

chiudi la busta [ki'udi / la / b'usta]	*close the envelope.*
che cos'è? [ke / kɔṡ'ɛɐ]	*what is it?*
il mio curriculum vitae [il / m'io / kurr'ikulum / v'ite]	*it's my curriculum vitae.*
dove lo mandi? [d'ove / lo / m'andiɐ]	*where are you sending it?*
voglio mandarlo a un'azienda giapponese [v'ɔʎo / mand'arlo / a / unaẓi'ɛnda / ʤappon'ese] *I want to send it to a Japanese company.*	
che città? [ke / tʃitt'aɐ]	*which city?*
Napoli [n'apoli]	*Naples.*
conosci il codice di avviamento postale? [kon'oʃi / il / k'ɔditʃe / di / avviam'ento / post'aleɐ]	*do you know its zip code?*
no, mi dispiace [nɔ // mi / dispi'atʃe]	*no, I don't. I'm sorry…*

IMPARARE E PARLARE [impar'are / e / parl'are] — *learning and speaking*

nazione [nażi'one] — ***country***

in che nazione spedisci quella lettera?
[in / ke / nażi'one / sped'iʃi / ku'ella / l'ɛtteraɐ]
which country are you sending that letter to?

raccomandata [rakkomand'ata] — ***registred letter***

vorrei inviare una raccomandata
[vorr'ɛi / invi'are / 'una / rakkomand'ata]
I'd like to register a letter

telegramma [telegr'amma] — ***telegram***

devo spedire un telegramma
[d'ɛvo / sped'ire / un / telegr'amma]
I have to send a telegram

ASSAGGIO GRAMMATICALE [ass'adʒdʒo / grammatik'ale] — *grammatical snack*

gli usi di **da** — *the uses of* **da**

luogo	***place***
sono arrivato **da** Andrea	*I'm* ***at*** *Andrea's*
sono appena arrivato **dall'**Africa	*I've just arrived* ***from*** *Africa*
passare **dalla** porta	*to walk* ***through*** *the door*
uscire **dalla** finestra	*to go out* ***of*** *the window*
causa	***cause***
tremare **dal** freddo	*to shiver* ***with*** *cold*
saltare **dalla** gioia	*to jump* ***with*** *joy*
prezzo	***prize***
un francobollo **da** 0,41 euro	*a 0,41 euro stamp*
tempo	***time***
da anni	***for*** *years*
da molto tempo	***for*** *a long time*
dalla settimana scorsa	***since*** *last week*
fine	***purpose***
carta **da** bollo	*stamped paper*
occhiali **da** sole	*sun glasses*
sala **da** ballo	*ball room*

IMPARARE E PARLARE *learning and speaking*
[impar'are / e / parl'are]

come [k'ome] *how, like, as*

 coraggioso **come** un leone [koraʤʤ'oso / k'ome / un / le'one] *brave **like** a lion*	
 una ragazza bella **come** il sole ['una / rag'azza / b'ɛlla / k'ome / il / s'ole] *a girl **as** beautiful **as** the sun*	
io ho un lavoro **come** il tuo ['io / ɔ / un / lav'oro / k'ome / il / t'uo]	*I have a job **like** yours*
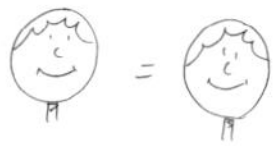 io sono **come** te ['io / s'ono / k'ome / te] *I'm **like** you*	
come stai? [k'ome / st'aiɐ]	***how** are you?*
come sei bello! [k'ome / s'ɛi / b'ɛllo]	***how** beautiful you are!*
come sei grande! [k'ome / s'ɛi / gr'ande]	***how** big you are!*
 **come** ho detto, sei bravissimo [k'ome / ɔ / d'etto // s'ɛi / brav'issimo]	***as** I said, you are very good.*
io sono alto **come** lui [i'o / s'ono / 'alto / k'ome / l'ui] *I'm **as** tall **as** he is*	

IMPARARE E PARLARE *learning and speaking*
[impar'are / e / parl'are]

modi di dire [m'ɔdi / di / d'ire] *sayings*

una volta ['una / v'ɔlta]	***once***
una volta sono andato a Milano e ho visto il duomo ['una / v'ɔlta / s'ono / and'ato / a mil'ano // e / ɔ / v'isto / il / du'ɔmo] *I once visited Milan and I saw the cathedral.*	
per sempre [per / s'ɛmpre]	***forever***
voglio stare con te **per sempre** [v'ɔʎo / st'are / kon / te / per / s'ɛmpre]	*I want to be with you forever*

d'ora in avanti [d'ora / in / av'anti]	***from now on***
d'ora in avanti non voglio pensare a lei [d'ora / in / av'anti / non / v'ɔʎo / pens'are / a / l'ɛi]	*from now on I don't want to think of her*
fra poco [fra / p'ɔko]	***in a little while***
fra poco devo partire, salutami tutti gli altri [fra / p'ɔko / d'evo / part'ire // sal'utami / t'utti / ʎi / 'altri]	*I'm going to leave in a little while. Say goodbye for me to the others.*
poco fa [p'ɔko / fa]	***earlier***
poco fa ho incontrato Andrea e Marco [p'ɔko / fa // ɔ / inkontr'ato / andr'ea / e / m'arko]	*earlier I met Andrea and Marco*
fin troppo [fin / tr'ɔppo]	***too much***
mi hai offerto **fin troppo** vino, grazie [mi / 'ai / off'erto / fin / tr'ɔppo / v'ino // gr'azie]	*you gave me too much wine, thanks.*
di più [di / pi'u]	***more***
- hai già un buon lavoro, cosa vuoi ancora? ['ai / ʤa / un / bu'ɔn / lav'oro // k'ɔṡa / vu'ɔi / ank'oraɐ] - voglio **di più** [v'ɔʎo / di / pi'u]	*- you already have a good job. What more do you want?* *- I want more!*
di sicuro [di / sik'uro]	***really***
tu non mi credi **di sicuro** [tu / non / mi / kr'edi / di sik'uro]	*you don't really believe me.*
da dove [da / d'ove]	***from where***
da dove viene Luca? [da / d'ove / vi'ene / l'ukaɐ]	*where does Luca come from?*
fino a dove [f'ino / a / d'ove]	***how far***
fino a dove arriviamo oggi? [f'ino / a / d'ove / arrivi'amo / 'ɔʤʤiɐ]	*how far we will get today?*

ESERCIZIO 23.1 [eṡerʧ'izio] — *EXERCISE 23.1*

INVENTARE UN DIALOGO [invent'are / un / di'alogo] *invent a dialogue*

usa: pacco, spedire, indirizzo, peso, ufficio postale / *use: pacco, spedire, indirizzo, peso, ufficio postale.*

....

....

....

....

ESERCIZIO 23.2 *EXERCISE 23.3*
[eśertʃ'izio]

INVENTARE 5 FRASI [invent'are / tʃ'inkue / fr'aśi] *invent 5 sentences*

d'ora in avanti, fra poco, poco fa / invent 5 sentences with: d'ora in avanti, fra poco, poco fa

....

....

....

....

....

ESERCIZIO 23.4 *EXERCISE 23.4*
[eśertʃ'izio]

ORDINARE [ordin'are] *put in order*

1. noi cuochi come dei bravissimi cuciniamo
2. come controllare posso tutti conti questi?
3. come chiamate vi?
4. come deluso sono!
5. lui come confessato ha, colpevole il è Gianni
6. c'è come sui documenti scritto, io mi chiamo Luca non, ma Marco

ESERCIZIO 23.3 *EXERCISE 23.3*
[eśertʃ'izio]

COMPLETARE [komplet'are] *complete*

in, a, da

1. questo è un libro .... 10 euro
2. oggi vado .... centro-città
3. oggi vado .... Torino
4. oggi resto .... casa
5. non vedo Luisa .... 5 anni
6. un attimo, devo mettere gli occhiali .... sole
7. vieni .... mangiare .... me

ESERCIZIO 23.5 *EXERCISE 23.5*
[eśertʃ'izio]

COMPLETARE [komplet'are] *complete*

1. Mara e Cristina comunicano sempre .... il cellulare
2. è una giacca .... 500 euro
3. ho uno stipendio .... mille euro
4. vivo .... Canada
5. ho una ferita .... braccio
6. vado presto .... ferie
7. il treno va .... Grosseto ....Firenze

ESERCIZIO 23.6 *EXERCISE 23.6*
[eśertʃ'izio]

COMPLETARE [komplet'are] *complete*

fino a dove, tra poco, per sempre, d'ora in avanti, poco fa

1. .... riesci a vedere?
2. il film inizia ....
3. Dario è uscito ....
4. .... non voglio più fare errori.
5. Stiamo insieme ....

LEZIONE 24
[lezi'one / ventiku'attro]
LESSON 24

Si può
[si / pu'ɔ]
you can

In pizzeria [in / pizzer'ia]	*at the pizzeria*
Lui: - Buonasera [l'ui /// buonas'era] Cameriere: - Buonasera a voi. Volete un tavolo per due? [kameri'ɛre /// buonas'era / a / v'oi /// vol'ete / un / t'avolo / per / d'ueɐ] Lui: - Sì, grazie [l'ui /// s'i // gr'azie]	He: Good evening *Waiter: Good evening to you. A table for two?* *He: Yes, thanks.*
Cameriere: - Prego [kameri'ɛre /// pr'ɛgo]	*Waiter: Follow me.*
Cameriere: - Che cosa vi porto da bere? [kameri'ɛre /// ke / k'ɔsa / vi / p'ɔrto / da / b'ereɐ]	*Waiter: What can I get you to drink?*
Lei: - Per me una Coca-Cola [l'ɛi /// per / me / 'una / k'ɔka-k'ɔla]	*She: A coke.*
Lui: - Per me una birra [l'ui /// per / me / 'una / b'irra]	*He: I'd like a beer.*
Cameriere: - Piccola, mɛdia o grande? [kameri'ɛre /// p'ikkola // m'ɛdia / o / gr'andeɐ]	*Waiter: Small, medium or large?*
Lui: - Media, grazie [l'ui /// m'ɛdia // gr'azie]	*He: Medium, thanks.*
Cameriere: - Desiderate un antipasto? [kameri'ɛre /// desider'ate / un antip'astoɐ]	*Waiter: Can I get you a starter?*
Lui: - No, grazie [l'ui /// nɔ // gr'azie]	*He: No, thank you.*
Cameriere: - Volete ordinare? [kameri'ɛre /// vol'ete / ordin'areɐ]	*Waiter: Would you like to order?*

Lei: - Sì, grazie. Per me una pizza margherita [l'ɛi /// si // gr'azie /// per / me / 'una / p'izza / marger'ita]	*She: Yes, thanks. I'd like a pizza margherita.*
Cameriere: - E per lei signore? [kameri'ɛre /// e / per / l'ɛi / siɲ'oreɐ]	*Waiter: And for you, sir?*
Lui: - Mmmh... Per me una pizza quattro stagioni [l'ui /// mmm /// per / me / 'una / p'izza / ku'attro / stadʒ'oni] *He: Mmmh... I'd like to have a pizza four seasons.*	
Cameriere: - Va bene, una margherita e una quattro stagioni [kameri'ɛre /// va / b'ɛne // 'una / marger'ita / e / 'una / ku'attro / stadʒ'oni] *Waiter: All right, a margherita and a four seasons.*	

il bicchiere [il / bikki'ɛre]	***the glass***
ciao, Marco! [tʃ'ao // m'arko] ehilà, ciao! [eil'a // tʃ'ao]	*hi, Marco!* *hi!*
vieni, ti offro un bicchiere di vino. [vi'ɛni // ti / 'ɔffro / un / bikki'ɛre / di / v'ino] *come here, I'll offer you a glass of wine.*	
grazie, volentieri [gr'azie // volenti'ɛri]	*thanks, with pleasure.*

IMPARARE E PARLARE
[impar'are / e / parl'are]

learning and speaking

preparare la tavola [prepar'are / la / t'avola]	***to set the table***
coltello [kolt'ɛllo]	*knife*
cucchiaino [kukkia'ino]	*tea-spoon, coffee-spoon*
cucchiaio [kukki'aio]	*spoon*
forchetta [fork'etta]	*fork*
piatto [pi'atto]	*plate*
tazza [t'azza]	*cup*
tazzina [tazz'ina]	*tea-cup*
tovaglia [tov'aʎa]	*table-cloth*
tovagliolo [tovaʎ'ɔlo]	*napkin*

	aceto [atʃ'eto]	*vinegar*
	olio ['ɔlio]	*oil*
	olio d'oliva ['ɔlio / dol'iva]	*olive oil*
olio extravergine d'oliva ['ɔlio / ekstrav'ergine / dol'iva]		*first quality olive oil*
pepe [p'epe]		*pepper*
sale [s'ale]		*salt*

	bottiglia [bott'iʎa]	*bottle*
	vino [v'ino]	*wine*

	limone [lim'one]	*lemon*
	maionese [maion'eṡe]	*mayonnaise*

	conto [k'onto]	*bill*
	menu [men'u]	*menu*

	posacenere [poṡatʃ'enere]	*ash-tray*
	sigaretta [sigar'etta]	*cigarette*

bon ton [bɔn / tɔn]	***good manners***
Ieri sono andato al ristorante. Davanti al mio piatto di pasta ho sentito un cattivo odore. [i'ɛri / s'ono / and'ato / al / ristor'ante /// dav'anti / al / m'io / pi'atto / di / p'asta / ɔ / sent'ito / un / katt'ivo / od'ore] *Yesterday I went to the restaurant. In front of my dish of pasta there was a terrible smell.*	
Il mio vicino di tavolo aveva acceso una sigaretta. [il / m'io / vitʃ'ino / di / t'avolo / av'eva / atʃtʃ'eṡo / 'una / sigar'etta] *The man who was sitting at the table next to mine had lit a cigarette.*	
"Che puzza!", ho esclamato. Poi ho chiesto al mio vicino "può spegnere quella sigaretta? **non si può fumare** nei locali pubblici!". [ke / p'uzza /// ɔ / esclam'ato /// p'ɔi / ɔ / ki'ɛsto / al / m'io / vitʃ'ino /// pu'ɔ / sp'ɛɲere / ku'ella / sigar'ettaɐ /// non / si / pu'ɔ / fum'are / nei / lok'ali / p'ubblitʃi] *"What a stink!" I said. Then I asked him "Can you put the cigarette out? You can't smoke in a public place!"*	

Il vicino si è arrabbiato, ma ha spento la sua sigaretta nel posacenere [il / viʧ'ino / si / 'ɛ / arrabbi'ato // ma / a / sp'ɛnto / la / s'ua / sigar'etta / nel / poṡaʧ'enere] *he man was very upset, but he put the cigarette out in the ash-tray.*

IMPARARE E PARLARE *learning and speaking*
[impar'are / e / parl'are]

si può [si / pu'ɔ]	***you can...***
non si può fare [non / si / pu'ɔ / f'are]	*you can't do it*
si è potuto fare [si / 'ɛ / pɔt'uto / f'are]	*you could do it*
si fa [si / fa]	***you get...***
si fa male [si / fa / m'ale]	*he gets hurt*
si è fatto male [si / 'ɛ / f'atto / m'ale]	*he got hurt*
si deve [si / d'ɛve]	***you have to...***
si deve ascoltare chi parla [si / d'ɛve / askolt'are / ki / p'arla]	*you have to listen who's talking*
si è dovuto fare [si / 'ɛ / dov'uto / f'are]	*you had to do it*
si vuole [si / vu'ɔle]	***you want...***
si vuole sempre andare in vacanza [si / vu'ɔle / s'ɛmpre / and'are / in / vak'anza]	*people always want to go on vacation*

ASSAGGIO GRAMMATICALE *grammatical snack*
[ass'adʤʤo / grammatik'ale]

gli usi di **si** — *ways to use* **si**

riflessivo	**reflexive**
Luca **si** lava	*Luca washes himself*
passivo	**passive**
nel negozio **si** fanno (= sono fatti) prezzi bassi	*in that shop the prices are low*
impersonale	**impersonal**
oggi **si** va al mare	*today they're going to the sea.*

sembra di — *it seems that*

gli usi di **sembra**	*ways to use* **sembra** (it seems that)
mi sembra di essere fortunato [mi / s'embra / di / 'ɛssere / fortun'ato]	*it seems to me that I am lucky*
ti sembra di fare bene? [ti s'embra / di / f'are / b'ɛneɐ]	*do you think you're doing a good thing?*
sembra giusto (bene, sbagliato, ...) [s'embra / ʤ'usto // b'ene / sba'ʎato]	*it seems right (good, wrong, ...)*

IMPARARE E PARLARE — *learning and speaking*
[impar'are / e / parl'are]

nevicare [nevik'are]	***to snow***
oggi nevica ['ɔʤʤi / n'evika]	*today it's snowing*
piovere [pi'ɔvere]	***to rain***
ieri ha piovuto forte [i'ɛri / a / piov'uto / f'ɔrte]	*yesterday it rained*
succedere [suʧʧ'ɛdere]	***to happen***
è successo ieri ['ɛ / suʧʧ'ɛsso / i'ɛri]	*it happened yesterday*
capitare [kapit'are]	***to happen***
è capitato ieri ['ɛ / kapit'ato / i'ɛri]	*it happened yesterday*
sembrare + infinito [sembr'are / pi'u / infin'ito]	***to seem + the infinitive***
sembra (essere) giusto fare così [s'embra / 'ɛssere / ʤ'usto / f'are / kɔs'i]	*it seems right to do so*
importare [import'are]	***to matter***
non importa, non ti preoccupare [non / imp'ɔrta // non / ti / preokkup'are]	*it doesn't matter, don't worry*
essere necessario ['ɛssere / neʧess'ario]	***to need***
è necessario parlare per imparare una lingua ['ɛ / neʧess'ario / parl'are / per / impar'are / 'una / l'ingua] *you need to speak to learn a language*	

IMPARARE E PARLARE [impar'are / e / parl'are] — *learning and speaking*

la casa [la / k'aṡa]	***the house***

il tetto [il / t'etto]	*the roof*
piano terra [pi'ano / t'ɛrra]	*the ground floor*
primo piano [pr'imo pi'ano]	*the first floor*
la porta [la / p'ɔrta]	*the door*
l'ingresso [lingr'ɛsso]	*the entrance*
la finestra [la / fin'ɛstra]	*the window*
il cortile [il / kort'ile]	*the yard*
le tende [le / t'ɛnde]	*the curtains*
lo studio [lo / st'udio]	*the study*
l'anticamera [lantik'amera]	*the hall*
il corridoio [il / korrid'oio]	*the passage*
i mobili [i / m'ɔbili]	*the forniture*
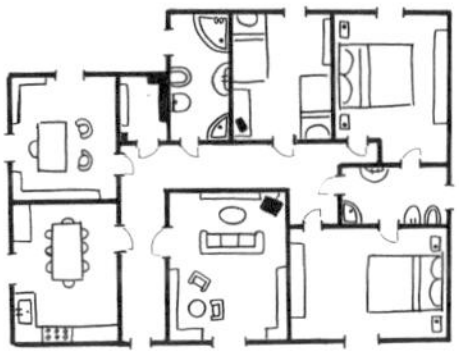	
la camera da letto [la / k'amera / da / l'ɛtto]	*the bed room*
la camera dei bambini [la / k'amera / d'ei / bamb'ini]	*the children room*
la camera degli ospiti [la / k'amera / d'eʎi / 'ɔspiti]	*the guest room*
la scrivania [la / skrivan'ia]	*the writing - desk*
l'antenna [lant'enna]	*the aerial*
il muro [il / m'uro]	*the wall*
le pareti [le / par'eti]	*the walls*
il soffitto [il / soff'itto]	*the ceiling*
l'ascensore [laʃens'ore]	*the lift, elevator*
la scala [la / sk'ala]	*the stairs*
il solaio [il / sol'aio]	*the floor*
la cantina [la / kant'ina]	*the cellar*
il garage [il / gar'aʤ]	*the garage*
il box macchina [il / b'ɔks / m'akkina]	*the garage*
la culla [la / k'ulla]	*the cradle*
le persiane [le / persi'ane]	*the shutters*
aprire le persiane [apr'ire / le / persi'ane]	*to open the shutters*

la cucina [la / kuʧ'ina]	*the kitchen*
il tavolo [il / t'avolo]	*the table*
il frigorifero [il / frigor'ifero]	*the fridge*
il gas [il / gas]	*the gas - cooker*
i fornelli [i / forn'ɛlli]	*the gas – rings*
le pentole [le / p'entole]	*the saucepans*
i piatti [i / pi'atti]	*the dishes*
il cassetto [il / kass'etto]	*the drawer*
il frullatore [il / frullat'ore]	*the mixer*
la caffettiera [la / kaffetti'ɛra]	*the coffee machine*

la sala [la / s'ala]	*the living room*
il televisore [il / televiš'ore]	*the tv set*
la radio [la / r'adio]	*the radio*
il divano [il / div'ano]	*the sofa*
la poltrona [la / poltr'ona]	*the arm – chair*
il camino [il / kam'ino]	*the fireplace*
i ripiani [i / ripi'ani]	*the shelves*
la biblioteca [la / bibliot'ɛka]	*the library*
l'armadio [larm'adio]	*the wardrobe*
il condizionatore [il / kondiżionat'ore]	*the air conditioning*
lampadario [lampad'ario]	*the lamp*
interruttore della luce [interrutt'ore / d'ella / l'uʧe]	*the switch*
accendere la luce [aʧʧ'ɛndere / la / l'uʧe]	*to turn on the light*
spegnere la luce [sp'ɛɲere / la / l'uʧe]	*to turn off the light*
il tinello [il / tin'ɛllo]	*the dining room*

il bagno [il / b'aɲo]	*the bathroom*
il vetro [il / v'etro]	*the glass*
il lavello [il / lav'ɛllo]	*the sink*
il WC [il / vu / ʧ'i]	*the toilet*
il bidè [il / bid'ɛ]	*the bidet*
la doccia [la / d'oʧʧa]	*the shower*
la vasca [la / v'aska]	*the bath tube*
l'asciugamani [laʃugam'ani]	*the towel*
il fohn [il / fɔn]	*the hair dryer*

il ventilatore [il / ventilat'ore]	*the fan*
la lavatrice [la / lavatr'iʧe]	*the washing - machine*
l'aspirapolvere [laspirap'olvere]	*the vacuum cleaner*
la scopa [la / sk'opa]	*the broom*
la spazzola [la / sp'azzola]	*the brush*
spazzolare [spazzol'are]	*to brush*
il detersivo [il / deters'ivo]	*the detergent*
il sapone [il / sap'one]	*the soap*
la tapparella [la / tappar'ɛlla]	*the blinds*
tirare giù la tapparella [tir'are / ʤ'u / la / tappar'ɛlla]	*to pull up*
tirare su la tapparella [tir'are / su / la / tappar'ɛlla]	*to pull down*

ESERCIZIO 24.1 [eṡerʧ'izio] — *EXERCISE 24.1*

INVENTARE UN DIALOGO [invent'are / un / di'alogo] *invent a dialogue*

usa: cameriere, pizza, ristorante, da bere, ordinare, conto / *use: cameriere, pizza, ristorante, da bere, ordinare, conto*

ESERCIZIO 24.2 [eṡerʧ'izio] — *EXERCISE 24.2*

PREPARA LA TAVOLA: cosa metti? / *set the table: what do you use?*

ESERCIZIO 24.3 [eṡertʃ’izio] — *EXERCISE 24.3*

INVENTARE 5 FRASI [invent’are / tʃ’inkue / fr’aši] *invent 5 sentences*

usa si deve, si può, si fa, si vuole / *use: si deve, si può, si fa, si vuole*

1. ....
2. ....
3. ....
4. ....
5. ....

ESERCIZIO 24.4 [eṡertʃ’izio] — *EXERCISE 24.4*

ORDINARE [ordin’are] *put in order*

1. può si un bel fare lavoro
2. sa chi se oggi piove o nevica?
3. dice si tu vieni che martedì
4. si molta deve attenzione fare
5. preoccuparti non, succede anche ai migliori
6. si combattere la può guerra, ma non può vincere si
7. deve si guadagnare per vivere bene molto
8. necessario è investire soldi dei per avere gli interessi

....

....

....

....

....

....

....

....

ESERCIZIO 24.5 *EXERCISE 24.5* [eˢertʃ'izio]

COMPLETARE [komplet'are] *complete*

sembrare, capitare, essere necessario

1. .... fare i compiti
2. quando guidi .... fare attenzione
3. .... sbagliato non telefonare a Matteo
4. .... fare un'assemblea
5. ieri mi .... di cadere
6. a volte .... di ammalarsi
7. .... conservare la calma

ESERCIZIO 24.6 *EXERCISE 24.6* [eˢertʃ'izio]

COMPLETARE [komplet'are] *complete*

si, mi, ti, ci, vi

1. io .... ricordo del mio viaggio
2. Marco .... dedica allo studio della lingua
3. .... dispiace per l'accaduto
4. la malattia .... cura con la medicina
5. la lezione .... conclude alle 10.00
6. la giacca .... macchia facilmente
7. noi .... occupiamo di orologi

LEZIONE 25
[lezi'one / ventiʧ'inkue]
LESSON 25

Il libro che leggi
[il / l'ibro / ke / l'ɛʤʤi]
the book (that) you are reading

buonasera [buɔnas'era]	*good evening!*
salve [s'alve]	*hi!*
vuole ordinare? [vu'ɔle / ordin'areɐ]	*would you like to order?*
certo [ʧ'ɛrto]	*sure!*
per antipasto abbiamo prosciutto crudo e melone, oppure prosciutto cotto, salame e formaggio [per / antip'asto / abbi'amo / proʃ'utto / kr'udo / e / mel'one // opp'ure / proʃ'utto / k'ɔtto // sal'ame / e / formaʤʤ'o] *as starter we have either ham and melon or boiled ham, salami and cheese.*	
prosciutto e melone vanno bene [proʃ'utto / e / mel'one / v'anno / b'ɛne]	*ham and melon is fine.*
per primo piatto abbiamo maccheroni al sugo di pomodoro, oppure spaghetti alle vongole oppure risotto [per / pr'imo / pi'atto // abbi'amo / makker'oni / al / s'ugo / di / pomod'ɔro // opp'ure / spag'etti / 'alle / v'ongole / opp'ure / riṡ'ɔtto] *as first dish we have maccheroni with tomato sauce, spaghetti with clams and risotto.*	
vorrei spaghetti alle vongole [vɔrr'ɛi / spag'etti / 'alle / v'ongole].	*I'll have the spaghetti with clams*
per secondo abbiamo carne di maiale, oppure carne di pollo, oppure insalata di polpo [per / sek'ondo / abbi'amo / k'arne / di / mai'ale // opp'ure / k'arne / di / p'ollo // opp'ure / insal'ata / di / p'olpo] *as second dish we have pork, chicken or an octopus salad.*	

insalata di polpo, grazie [insal'ata / di / p'olpo // gr'azie]	*I'll have the octopus salad.*
che cosa le porto da bere? [ke / k'ɔṡa / le / p'ɔrto / da / b'ereɐ]	*what can I bring you to drink?*
un buon vino bianco secco, grazie [un / bu'ɔn / v'ino / bi'anko / s'ekko // gr'azie]	*a good white, dry wine, thanks.*
prego [pr'ɛgo]	*you're welcome.*
desidera un dolce? [deṡ'idera / un / d'olʧėɐ]	*any dessert to finish with?*
volentieri, che cosa avete? [volenti'ɛri // ke / k'ɔṡa / av'eteɐ]	*what do you have?*
abbiamo crostata oppure budino al cioccolato oppure fragole con gelato oppure una macedonia con lamponi, mirtilli e fragole [abbi'amo // krost'ata / opp'ure / bud'ino / al / ʧokkol'ato // opp'ure / fr'agole / kon / ʤel'ato // oppure / 'una / maʧed'ɔnia / kon / lamp'oni // mirt'illi / e / fr'agole] *we have tart, chocholate pudding, strawberries with ice cream, a fruit-salad with raspberries, blueberries and strawberries.*	
una bella macedonia con mirtilli, lamponi e... che cosa altro ha detto? ['una / b'ɛlla / maʧed'ɔnia / kon / mirt'illi // lamp'oni / e /// ke / k'ɔṡa / 'altro / 'a / d'ettoɐ] *a nice fruit-salad with, blueberries, raspberries and... What else did you say?*	
fragole [fr'agole]	*strawberries?*
sì, una macedonia con mirtilli lamponi e fragole, grazie [s'i // 'una / maʧed'ɔnia / kon / mirt'illi // lamp'oni / e / fr'agole, gr'azie] *yes, a fruit-salad with raspberries, blueberries and strawberries, thanks.*	
prego [pr'ɛgo]	*you're welcome.*

IMPARARE E PARLARE *learning and speaking*
[impar'are / e / parl'are]

	acqua frizzante ['akkua / frizz'ante]	*sparkling water*
	acqua gassata ['akkua / gass'ata]	*sparkling water*
	acqua minerale ['akkua / miner'ale]	*mineral water*
	acqua naturale ['akkua / natur'ale]	*natural water*
aranciata [aranʧ'ata]		*orange juice*
birra [b'irra]		*beer*
bottiglia [bott'iʎa]		*bottle*
vino rosso [v'ino / r'osso]		*red wine*

aragosta [arag'ɔsta]	*lobster*
cozze [k'ɔzze]	*mussels*
pesce [p'eʃe]	*fish*
salmone [salm'one]	*salmon*
trota [tr'ɔta]	*trout*

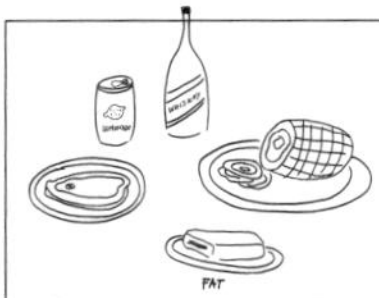

arrosto [arr'ɔsto]	*roast*
bistecca [bist'ekka]	*steak*
lardo [l'ardo]	*fat*
lattina [latt'ina]	*can*
limonata [limon'ata]	*lemonade*
liquore [liku'ore]	*spirits*

basilico [baṡ'iliko]	*basil*
insalata [insal'ata]	*salad*
patata [pat'ata]	*potato*
peperoncino [peperontʃ'ino]	*chili pepper*

budino [bud'ino]	*pudding*
crostata [krost'ata]	*tart*
torta [t'orta]	*cake*

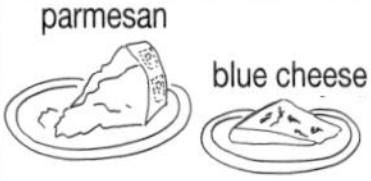

gorgonzola [gorgonż'ɔla]	*blue cheese*
grana [gr'ana]	*parmesan*

grissino [griss'ino]	*bread-stick*
pane [p'ane]	*bread*

lampone [lamp'one]	*raspberry*
macedonia [matʃed'ɔnia]	*fruit-salad*
mela [m'ela]	*apple*
mirtillo [mirt'illo]	*blueberry*
uva ['uva]	*grape*

minestrone [minestr'one]	*soup*
pasta al ragù [p'asta / al / rag'u]	*pasta with ragout*
pastasciutta al sugo di pomodoro [pastaʃ'utta / al / s'ugo / di / pomod'ɔro]	*pasta with tomato sauce*
pastasciutta in bianco [pastaʃ'utta / 'in / bi'anko]	*pasta with butter*

colloquio di lavoro [koll'ɔkuio / di / lav'oro]	***job interview***
buongiorno [buonʤ'orno]	*good morning.*
buongiorno a te. [buonʤ'orno / a / te]	*good morning to you.*
mi puoi dare un passaggio? [mi / pu'ɔi / d'are / un / pass'aʤʤoɐ]	*can you give me a lift?*
dove vai? [d'ove / v'aiɐ]	*where are you going?*
a Milano [a / mil'ano]	*to Milan.*
sali, anch'io vado a Milano [s'ali // ank'io / v'ado / a / mil'ano]	*get on. I'm going to Milan too.*
perché vai a Milano [perk'e / v'ai / a / mil'anoɐ]	*why are you going to Milan?*
perché devo fare un colloquio di lavoro [perk'e / d'ɛvo / f'are / un / koll'ɔkuio / di / lav'oro] *because I have a job interview.*	
oh, anch'io vado per fare un colloquio di lavoro [o // ank'io / v'ado / per / f'are / un / koll'ɔkuio / di / lav'oro] *oh, I have a job interview too.*	
davvero? [davv'eroɐ]	*really?*
sì e in quale azienda vai? [si // e / in / ku'ale / ażi'ɛnda / v'aiɐ]	*yes. Which company?*
la MCZ, un'azienda che fa programmi per computer [la / 'ɛmme / ʧi / z'eta // unażi'ɛnda / ke / fa / progr'ammi / per / kompi'uter] *MCZ, a company which produces computer programmes.*	
la MCZ? ho capito bene? [l'a / 'ɛmme / ʧi / z'etaɐ /// 'ɔ / kap'ito / b'eneɐ] *MCZ? Did I understand well?*	
sì, proprio la MCZ, che fa programmi per computer [s'i // pr'ɔprio / la / 'ɛmme / ʧi / z'eta // ke / fa / progr'ammi / per / kompi'uter] *yes, the MCZ that creates computer programmes.*	
oh che combinazione, anch'io vado alla MCZ... ecco, siamo arrivati [o // ke / kombinażi'one // ank'io / v'ado / 'alla / 'ɛmme / ʧi / z'eta /// 'ɛkko // si'amo / arriv'ati] what a coincidence! I'm also going to the MCZ... Here we are.	
allora grazie e... buona fortuna! [all'ora / gr'azie / e /// bu'ɔna / f'ortuna]	*so, thank you and... good luck!*

grazie, ciao [gr'azie // ʧ'ao]	*thanks, bye!*
ho un appuntamento alle 14.30 con il signor Giusti [ɔ / un / appuntam'ento / 'alle / kuatt'ordiʧi / e / tr'enta / kon / il / siɲ'or / ʤ'usti] *I have an appointment with Mr. Giusti at 14.30.*	
la attende nel suo ufficio al sesto piano [la / att'ɛnde / nel / s'uo / uff'iʧo / al / s'ɛsto / pi'ano] *he's waiting for you in his office on the sixth floor.*	

toc, toc [tɔk / tɔk]	*knok-knock*
avanti [av'anti]	*come in.*
buongiorno, mi chiamo Ruddi e ho un appuntamento con... oh tu? [buonʤ'orno // mi / ki'amo / r'uddi / e / ɔ / un / appuntam'ento / kon /// o / tuɐ] *good afternoon, I'm Mr. Ruddi and I have an appointment with... oh you?*	
sì, io [s'i // 'io]	yes, me...
che combinazione! [ke / kombinaẓi'one]	*what a coincidence!*

IMPARARE E PARLARE [impar'are / e / parl'are] — *learning and speaking*

perché [perk'e] *why, because*

perché ti piace Madonna? [perk'e / ti / pi'aʧe / mad'ɔnnaɐ]	**why** *do you like Madonna?*
perché canta benissimo e cambia sempre [perk'e / k'anta / ben'issimo / e / k'ambia / s'ɛmpre] **because** *she sings very well and she always changes her look.*	

mi piace andare in montagna [mi / pi'aʧe / anda're / 'in / mont'aɲa]	*I like going to the mountains.*
perché? [perk'eɐ]	**why**?
perché mi piace camminare [perk'e / mi / pi'aʧe / kammin'are]	**because** *I like walking.*

ASSAGGIO GRAMMATICALE [ass'aʤʤo / grammatik'ale] — *grammatical snack*

perché è usato per fare una domanda e per spiegare la causa di qualcosa (è avverbio interrogativo e anche congiunzione)

perché *is used to ask a question and to explain the cause of something (it is an interrogative adverb and also a conjunction)*

IMPARARE E PARLARE
[IMPAR'ARE / E / PARL'ARE]

learning and speaking

che [ke]	***che***
la donna **che** arriva è bella [la / d'ɔnna / ke / arr'iva / 'ɛ / b'ɛlla]	*the woman* **who** *is arriving is beautiful*
la donna **che** hai visto è bella [la / d'ɔnna // ke / 'ai / vi'sto // 'ɛ / b'ɛlla]	*the woman (***whom***) you have seen, is beautiful*
il libro **che** leggi è difficile [il / l'ibro / ke / l'ɛʤʤi / 'ɛ / diff'iʧile]	*the book* **that** *(***which***) you're reading is difficult.*
la macchina **che** guidi va veloce [la / m'akkina / ke / gu'idi / va / vel'ɔʧe]	*the car* **that** *(***which***) you're driving is fast.*
la macedonia **che** mi hai dato è buona [la / maʧed'ɔnia / ke / mi / 'ai / d'ato / 'ɛ / bu'ɔna] *the fruit-salad (***that, which***) you gave me is nice.*	

ASSAGGIO GRAMMATICALE
[ASS'AʤʤO / GRAMMATIK'ALE]

grammatical snack

che è pronome relativo, usato come soggetto o complemento oggetto
che *is a relative pronoun and it is used as a subject or as a direct object*

il libro **che** leggi	*the book* **that** *you're reading.*

IMPARARE E PARLARE
[IMPAR'ARE / E / PARL'ARE]

learning and speaking

cui [k'ui]	***cui (whom)***
il libro **di cui** parli è già finito [il / l'ibro / di / k'ui / p'arli / 'ɛ / ʤ'a / fin'ito] *the book (***about which***) you're talking about is already finished.*	
la ragazza **a cui** hai parlato è andata via [la / rag'azza / a / k'ui / 'ai/ parl'ato / 'ɛ / and'ata / v'ia] *the girl (***with whom***) you've spoken with has gone away.*	
il paese **da cui** sei partito è molto bello [il / pa'eṡe / da / k'ui / s'ɛi / part'ito / 'ɛ / m'olto / b'ɛllo]	*the country* **that** *you left is beautiful.*
la casa **in cui** vivi è troppo piccola [la / k'aṡa / in / k'ui / v'ivi / 'ɛ / tr'ɔppo / p'ikkola]	*the house* **where** *you live is too small.*

cui [k'ui]	*cui (whom)*
la casa **di cui** sei proprietario è troppo piccola [la / k'aṡa / di / k'ui / s'ɛi / propriet'ario / 'ɛ / tr'ɔppo / p'ikkola] *the house* **whose (of which)** *you are the owner is too small*	
l'amico **con cui** sono uscito è molto simpatico [lam'iko / kon / k'ui / s'ono / uʃ'ito / 'ɛ / m'olto / simp'atiko] *the friend* **(with whom)** *I've gone out with is very nice.*	
la montagna **su cui** sei salita è altissima [la / mont'aɲa / su / k'ui / s'ɛi / sal'ita / 'ɛ / alt'issima]	*the mountain* **(that)** *you've climbed is very high.*
la strada **per cui** sei passato è lunghissima [la / str'ada / per / k'ui / s'ɛi / pass'ato / 'ɛ / lung'issima] *the road* **(along which)** *you've moved along is very long.*	

ASSAGGIO GRAMMATICALE *grammatical snack*
[ass'adʒdʒo / grammatik'ale]

cui è un pronome relativo maschile e femminile ed è usato con le preposizioni (oggetto indiretto)
cui *is a masculine and feminine relative pronoun and is used with prepositions (indirect object).*

ESERCIZIO 25.1 *EXERCISE 25.1*
[eṡertʃ'izio]

PREPARA UNA CENA: QUAL È IL MENU? / *prepare a dinner: which is the menu?*

....
....
....
....
....
....
....
....
....
....

ESERCIZIO 25.2 *EXERCISE 25.2*
[eṡertʃ'izio]

COMPLETARE [komplet'are] *complete*

cui o **che?** / *cui or che?*

1. la persona di .... parli è lontana
2. il libro ....leggi è difficile
3. il computer .... usi è potente
4. la macchina ....guidi va veloce
5. la festa a .... siete andati è stata bella
6. la macedonia ....mi hai dato è buona
7. il mare in .... nuotate è molto sporco

ESERCIZIO 25.3 *EXERCISE 25.3* [eṡerʧ'izio]

ORDINARE [ordin'are] *put in order*

1. che la bibita bevuto hai è molto buona
2. non l'affitto pago è che caro
3. conosco non persona di la cui parli
4. da il dentista cui vai è bravo?
5. mano la con mangi è la cui destra
6. il sento che tuo cuore batte

....

....

....

....

....

....

ESERCIZIO 25.4 *EXERCISE 25.4* [eṡerʧ'izio]

CORREGGERE GLI ERRORI [korr'ɛʤʤere / ʎi / err'ori] *correct the mistakes*

1. bere e mangiare sono le cose cui preferisco
2. non posso finire un lavoro cui non capisco
3. voglio mangiare il piatto di cui mi hai consigliato
4. la direzione in che vai è sbagliata
5. ho un amico cui mi aiuta molto
6. mi devi pagare per il lavoro cui ho finito
7. non ho qualcuno in che credere

ESERCIZIO 25.5 *EXERCISE 25.5* [eṡerʧ'izio]

COMPLETARE [komplet'are] *complete*

perché, come, dove, che, cui

1. .... non vuoi ascoltarmi?
2. ....vuoi andare?
3. ....si chiama?
4. .... non posso parlare?
5. ho una moglie .... mi capisce
6. ho una moglie a ...... voglio bene
7. non capisco .... tu vuoi offendermi
8. .... avete messo la forchetta?

ESERCIZIO 25.6 *EXERCISE 25.6* [eṡerʧ'izio]

ORDINARE [ordin'are] *put in order*

1. eviti Dario di parlare con perché?
2. illustrato ho progetto un conosco che bene
3. che ho la gamba fa mi male
4. che una macchina è va a gasolio
5. metti nel il ghiaccio bicchiere perché?
6. perché non so il giornale dice queste cose
7. non volete perché finire pizza questa?
8. non metti ti i guanti perché?

....

....

....

....

....

....

....

....

LEZIONE 26
[lezi'one / ventis'ɛi]
LESSON 26

Ero, eri, era
['ɛro / 'ɛri / 'ɛra]
were, was

la spesa al supermercato [la / sp'esa / al / supermerk'ato]	***at the supermarket***
hai portato la lista della spesa? ['ai / port'ato / la / l'ista / d'ella / sp'esaɐ]	*did you bring the shopping list?*
sì [si]	*Yes, I did.*
che frutta dobbiamo prendere? [ke / fr'utta / dobbi'amo / pr'ɛndereɐ]	*which fruit do we have to buy?*
arance, limoni, mele, pesche e pere [ar'anʧe // lim'oni / me'le / p'ɛske / e / p'ere]	*oranges, lemons, apples, peaches and pears.*
non prendiamo anche fragole e ciliegie per i bambini? [non / prendi'amo / 'anke / fr'agole / e / ʧili'ɛʤe / per / i / bamb'iniɐ] *don't we also need strawberries and cherries for the kids?*	
sì [si]	*oh yes!*

guarda sulla lista che verdure dobbiamo prendere
[gu'arda / s'ulla / l'ista / ke / verd'ure / dobbi'amo / pr'ɛndere]
check on the list which vegetables we have to buy.

pomodori, peperoni, aglio, cipolle
[pomod'ɔri / peper'oni / 'aʎo / ʧip'olle]
tomatoes, peppers, garlic and onions.

e le carote?
[e / le / kar'ɔteɐ]
carrots?

ah, dimenticavo, anche le carote
[a // dimentik'avo // 'anke / le kar'ɔte]
ah, I almost forgot the carrots...

formaggio?
[form'aʤʤoɐ]
cheese?

sì, parmigiano reggiano e fontina
[s'i // parmiʤ'ano / reʤʤ'ano / e / font'ina]
yes, parmesan and fontina.

poi dobbiamo comprare farina uova e zucchero perché voglio fare una torta
[p'ɔi / dobbi'amo / kompr'are / far'ina / u'ɔva / e / z'ukkero / perk'e / v'ɔʎo / f'are / 'una / t'orta]
then we need to buy flour, eggs and sugar because I want to prepare a cake

vuoi fare una torta?
[vu'ɔi / f'are / 'una / t'orta-]
do you want to make a cake?

sì, domani, per il compleanno di Matteo
[s'i // dom'ani // per / il / komple'anno / di / matt'ɛo]
yes! Tomorrow is Matteo's birthday.

bene! [b'ɛne] *good!*

non prendiamo il pane?
[non / prendi'amo / il / p'aneɐ]
don't we buy bread?

ah, sì, dobbiamo prendere il pane e i grissini
[a // si // dobbi'amo / pr'ɛndere / il / p'ane / e / i / griss'ini]
ah, yes... we have to buy bread and bread-sticks.

è tutto? [ɛ / t'uttoɐ] *is that all?*

è tutto, possiamo pagare alla cassa
[ɛ / t'utto // possi'amo / pag'are / 'alla / k'assa]
it's all. We can pay at the cash-desk.

andiamo [andi'amo] *let's go.*

IMPARARE E PARLARE [impar'are / e / parl'are] — *learning and speaking*

tutto [t'utto]	***everything / all***
ci sono tutti? [ʧi / s'ono / t'uttiɐ]	*are there all of them?*
ho preso tutto [ɔ / pr'eṡo / t'utto]	*I brought everything*
tutti i miei amici vengono al concerto [t'utti / i / mi'ei / am'iʧi / v'engono / al / konʧ'ɛrto]	*all my friends will come to the concert*
niente, nessuno [ni'ɛnte // ness'uno]	***nothing, anything, nobody, anybody***
non ho preso niente [non / ɔ / pr'eṡo / ni'ɛnte]	*I don't have anything*
non faccio niente [non / f'aʧʧo / ni'ɛnte]	*I don't do anything*
non ho scritto niente [non / ɔ / skr'itto / ni'ɛnte]	*I didn't write anything*
non ho nessuno [non / ɔ / ness'uno]	*I don't have anybody*
nessuno mi ascolta [ness'uno / mi / ask'olta]	*nobody listens to me*
non voglio nessuno vicino [non / v'ɔλo / ness'uno / viʧ'ino]	*I don't want anybody near me*

nessun, nessuna, nessun' [ness'un // ness'una // ness'un]	***any***
non ho nessun'amica [non / ɔ / nessunam'ika]	*I don't have any girlfriend*
non ho nessun amico [non / ɔ / ness'un / am'iko]	*I don't have any boyfriend*
non scrivo nessuna lettera [non / skr'ivo / ness'una / l'ɛttera]	*I don't write any letter*

ASSAGGIO GRAMMATICALE [ass'aʤʤo / grammatik'ale] *grammatical snack*

tutto, tutta, tutte, tutti sono aggettivi oppure pronomi	***tutto, tutta, tutte, tutti*** *are pronouns and adjectives*
gli ho detto **tutto**	*I've told him all*
tutta la casa è in rovina	*the whole house is crumbling*
siamo **tutti** arrivati	*we are all arrived*
niente è pronome	***niente is a pronoun***
non + verbo + niente non faccio **niente**	*non + verb + niente* *I don't do anything*
niente + verbo **niente** è perduto	*niente + verb* *nothing is lost*
nessuno è pronome	***nessuno is a pronoun***
non + verbo + nessuno non vedo **nessuno**	*non + verb + nessuno* *I don't see anybody*
nessuno+ verbo **nessuno** viene al concerto	*nessuno + verb* *nobody comes to the concert*
nessuno + di **nessuno** di noi **nessuno** dei ragazzi	*nessuno + di (of)* *none of us* *none of the kids*
nessun, nessuna, nessun' (femminile con vocale) sono aggettivi	***nessun, nessuna, nessun*** *(feminine with vowel) are adjectives*
non + verbo + nessun (nessuna, nessun') non c'è **nessun** amico	*non + verb + nessun (nessuna, nessun')* *there are no friends.*
nessun (nessuna, nessun') + verbo **nessun** mio amico è venuto	*nessun (nessuna, nessun') + verb* *no friend of mine has come*

IMPARARE E PARLARE — *learning and speaking*
[impar'are / e / parl'are]

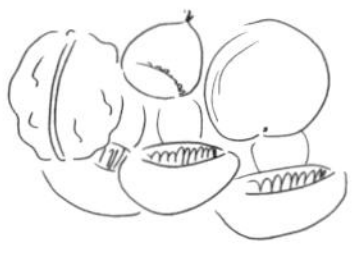	albicocca [albik'ɔkka]	*apricot*
	nocciola [noʧʧ'ɔla]	*hazel-nut*
	noce [n'oʧe]	*walnut*
	funghi [f'ungi]	*mushrooms*
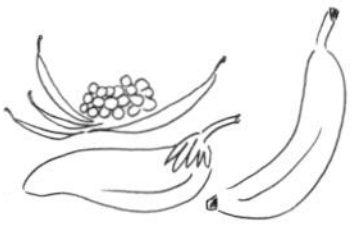	peperone [peper'one]	*pepper*
	banana [ban'ana]	*banana*
	piselli [pis'ɛlli]	*peas*

ASSAGGIO GRAMMATICALE — *grammatical snack*
[ASS'AʤʤO / GRAMMATIK'ALE]

l'imperfetto indicativo — *the imperfect tense*

dimenticavo *è un imperfetto (azione che dura nel passato)*	**dimenticavo** *is imperfect (it indicates a continuous action in the past)*
facevo da mangiare e tu guardavi	*I was cooking while you were watching me*
quando ero piccolo andavo al mare	*when I was a child I used to go to the sea*

azione che continua	*continuous action*	azione conclusa	*action completed in the past*
ieri pulivo la casa	*yesterday I was clening my house*	quando tu sei arrivato	*when you arrived*

essere ['ɛssere]	***to be***
io ero ['io /'ɛro]	*I was*
tu eri [tu / 'ɛri]	*you were*
lui/lei era [l'ui/l'ɛi / 'ɛra]	*he, she, it was*
noi eravamo [n'oi / erav'amo]	*we were*
voi eravate [v'oi / erav'ate]	*you were*
loro erano [l'oro / 'ɛrano]	*they were*

avere [av'ere]	***to have***
io avevo ['io / av'evo]	*I had*
tu avevi [tu / av'evi]	*you had*
lui/lei aveva [l'ui/l'ɛi / av'eva]	*he, she, it had*
noi avevamo [n'oi / avev'amo]	*we had*
voi avevate [v'oi / avev'ate]	*you had*
loro avevano [l'oro / av'evano]	*they had*

dimenticare [dimentik'are]	***to forget***
io dimentic-**a-vo** [ʻio / dimentik'avo]	*I was forgetting / I forgot*
tu dimentic-**a-vi** [tu / dimentik'avi]	*you were forgetting / you forgot*
lui/lei dimentic-**a-va** [l'ui/l'ɛi / dimentik'ava]	*he, she, it was forgetting / he, she forgot*
noi dimentic-**a-vamo** [n'oi / dimentikav'amo]	*we were forgetting / we forgot*
voi dimentic-**a-vate** [v'oi / dimentikav'ate]	*you were forgetting / you forgot*
loro dimentic-**a-vano** [l'oro / dimentik'avano]	*they were forgetting / they forgot*
leggere [l'ɛʤʤere]	***to read***
io legg-**e-vo** [ʻio / leʤʤ'evo]	*I was reading / red*
tu legg-**e-vi** [tu / leʤʤ'evi]	*you were reading / red*
lui/lei legg-**e-va** [l'ui/l'ɛi / leʤʤ'eva]	*he, she, it were reading / red*
noi legg-**e-vamo** [n'oi / leʤʤev'amo]	*we were reading / red*
voi legg-**e-vate** [v'oi / leʤʤevʻate]	*you were reading / red*
loro legg-**e-vano** [l'oro / leʤʤ'evano]	*they were reading / red*
dormire [dorm'ire]	***to sleep***
io dorm-**i-vo** [ʻio / dorm'ivo]	*I was sleeping/ slept*
tu dorm-**i-vi** [tu / dorm'ivi]	*you were sleeping / slept*
lui/lei dorm-**i-va** [l'ui/l'ɛi / dorm'iva]	*he, she, it was sleeping / slept*
noi dorm-**i-vamo** [n'oi / dormiv'amo]	*we were sleeping / slept*
voi dorm-**i-vate** [v'oi / dormiv'ate]	*you were sleeping / slept*
loro dorm-**i-vano** [l'oro / dorm'ivano]	*they were sleeping / slept*

in aereo [in / a'ɛreo] *on the plane*

mi scusi [mi / sk'uṡi]	*excuse me...*
prego? [pr'ɛgoɐ]	*yes?*

stavo cercando i voli nazionali, mi può indicare dove devo andare?
[st'avo / ʧerk'ando / i / v'oli / nazion'ali // mi / pu'ɔ / indik'are / d'ove / d'ɛvo / and'areɐ]
I was looking for the national flights. Can you tell me where I have to go?

certo, sempre dritto e là, vicino a quella sala d'attesa, a destra
[c'ɛrto // s'ɛmpre / dr'itto / e / la // viʧ'ino / a / ku'ella / s'ala / datt'esa // a / d'ɛstra]
sure! Go straight on and then, near to that waiting room, turn right.

scusi, non ho capito, può ripetere e parlare più lentamente? [sk'uṡi // non / ɔ / kap'ito // pu'ɔ / rip'etere / e / parl'are / pi'u / lentam'enteɐ] *I'm sorry. I didn't understand. Can you repeat it slowly, please?*	
sempre dritto e là, vicino a quella sala d'attesa, a destra [s'ɛmpre / dr'itto / e / l'a // vitʃ'ino / a / ku'ella / s'ala / datt'eṡa // a / d'ɛstra] *go straight on and then turn right near to that waiting room.*	
grazie [gr'azie]	*thank you very much.*
di niente [di / ni'ɛnte]	*you're welcome.*
ecco il nostro volo per Firenze, hai i biglietti? ['ɛkko / il / n'ɔstro / v'olo / per / Fir'enze // 'ai / i / biʎ'ettiɐ] *here we are. This is our flight to Florence. Do you have the tickets?*	
sì [si]	*yes, I do!*

IMPARARE E PARLARE *learning and speaking*
[impar'are / e / parl'are]

aereo [a'ɛreo]	*plane*
aeroplano [aeropl'ano]	*airplane*
aeroporto [aerop'ɔrto]	*airport*

dogana [dog'ana]	*customs*
ritiro bagagli [rit'iro / bag'aʎi]	*baggage claim*
uscita [uʃ'ita]	*exit*

ASSAGGIO GRAMMATICALE *grammatical snack*
[ass'adʒdʒo / grammatik'ale]

mentre	***while***
mentre camminavo, mi sono ricordata dell'appuntamento	*while I was walking, I remembered I had an appointement.*
mentre dormivo, sognavo di volare su un aereo	*while I was sleeping, I dreamed of flying on a plane*

stare + gerundio	***present/past continous***
presente o imperfetto di "stare" + gerundio	*the present or imperfect tens of "stare" + gerund*
sto imparando l'italiano	*I'm learning Italian*
stavo andando a Napoli quando ho incontrato Jonathan	*I was going to Naples when I met Jonathan*
stavo guardando un film quando sei arrivata tu	*I was watching a movie when you arrived*

il trapassato prossimo — *past perfect*

ausiliare imperfetto + participio passato il trapassato prossimo indica qualcosa che è successo prima di qualcos'altro nel passato (non scrivevo perché non avevo ancora imparato a scrivere; quando arrivai Anna se ne era appena andata)	*Imperfect of the auxiliary + past participle The past perfect indicates a past action that happened before another one. Examples: I didn't write before because I hadn't learnt Italian yet; when I arrived Anna had just left.*
dimenticare [dimentik'are]	***to forget***
io avevo dimenticato ['io / av'evo / dimentik'ato]	*I had forgotten*
tu avevi dimenticato [tu / av'evi / dimentik'ato]	*you had forgotten*
lui/lei aveva dimenticato [l'ui/l'εi / av'eva / dimentik'ato]	*he/she/it had forgotten*
noi avevamo dimenticato [n'oi / avev'amo / dimentik'ato]	*we had forgotten*
voi avevate dimenticato [v'oi / avev'ate / dimentik'ato]	*you had forgotten*
loro avevano dimenticato [l'oro / av'evano / dimentik'ato]	*they had forgotten*
leggere [l'εʤʤere]	***to read***
io avevo letto ['io / av'evo / l'εtto]	*I had read*
tu avevi letto [tu / av'evi / l'εtto]	*you had read*
lui/lei aveva letto [l'ui/l'εi / av'eva / l'εtto]	*he/she/it had read*
noi avevamo letto [n'oi / avev'amo / l'εtto]	*we had read*
voi avevate letto [v'oi / avev'ate / l'εtto]	*you had read*
loro avevano letto [l'oro / av'evano / l'εtto]	*they had read*
dormire [dorm'ire]	***to sleep***
io avevo dormito ['io / av'evo / dorm'ito]	*I had slept*
tu avevi dormito [tu / av'evi / dorm'ito]	*you had slept*
lui/lei aveva dormito [l'ui/l'εi / av'eva / dorm'ito]	*he/she/it had slept*
noi avevamo dormito [n'oi / avev'amo / dorm'ito]	*we had slept*
voi avevate dormito [v'oi / avev'ate / dorm'ito]	*you had slept*
loro avevano dormito [l'oro / av'evano / dorm'ito]	*they had slept*

dimenticarsi [dimentik'arsi]	***to forget***
io mi ero dimenticato (-a) [‘io / mi / ‘ɛro / dimentik'ato]	*I had forgotten*
tu ti eri dimenticato (-a) [tu / ti / ‘ɛri / dimentik'ato]	*you had forgotten*
lui/lei si era dimenticato (a) [l'ui/lɛi / si / ‘ɛra / dimentik'ato]	*he/she/it had forgotten*
noi ci eravamo dimenticati (-e) [n'oi / ʧi / erav'amo / dimentik'ati]	*we had forgotten*
voi vi eravate dimenticati (-e) [v'oi / vi / erav'ate / dimentik'ati]	*you had forgotten*
loro si erano dimenticati (-e) [l'oro / si / ‘ɛrano / dimentik'ati]	*they had forgotten*
addormentarsi [addorment'arsi]	***to fall asleep***
io mi ero addormentato (-a) [‘io / mi / ‘ɛro / addorment'ato]	*I had fallen asleep*
tu ti eri addormentato (-a) [tu / ti / ‘ɛri / addorment'ato]	*you had fallen asleep*
lui/lei si era addormentato (-a) [l'ui/lɛi / si / ‘ɛra / addorment'ato]	*he/she/it had fallen asleep*
noi ci eravamo addormentati (-e) [n'oi / ʧi / erav'amo / addorment'ati]	*we had fallen asleep*
voi vi eravate addormentati (-e) [v'oi / vi / erav'ate / addorment'ati]	*you had fallen asleep*
loro si erano addormentati (-e) [l'oro / si / ‘ɛrano / addorment'ati]	*they had fallen asleep*

ESERCIZIO 26.1 *EXERCISE 26.1* [eṡerʧ'izio]

COMPLETARE [komplet'are] *complete*

1. quando andavo al mare .... (piacere) fare il bagno
2. mentre .... (mangiare)

   .... (vedere) la partita
3. .... (volere) comunicare con Andrea?
4. il comune .... (essere) vicino alla piazza
5. il cantante.......................... (dedicare) la canzone ai suoi amici
6. .... (essere) il momento decisivo per loro
7. non .... (potere) trovare la cura
8. gli .... (parlare) direttamente

ESERCIZIO 26.2 *EXERCISE 26.2* [eṡerʧ'izio]

COMPLETARE [komplet'are] *complete*

avevo chiamato Luca al telefono

1. .... (fermarsi) vicino al distributore
2. il semaforo non .... (diventare) rosso
3. .... (disturbare) la lezione
4. .... (riuscire) a risolvere l'esercizio facilmente
5. .... (conoscere) una persona elegante
6. non .... (capire) la domanda e avevo cercato di rispondere
7. non .... (riuscire) a esprimermi durante l'esame

ESERCIZIO 26.3 [eṡertʃ'izio] *EXERCISE 26.3*

COMPLETARE [komplet'are] *complete*

1. ieri .... (stare) andando all'aeroporto e .... (vedere) un mio amico
2. mentre .... (mangiare), ... (guardare) la televisione
3. noi .... (essere) in giardino quando .... (sentire) i ladri
4. mentre voi .... (dormire), noi .... (lavorare)

ESERCIZIO 26.4 [eṡertʃ'izio] *EXERCISE 26.4*

ORDINARE [ordin'are] *put in order*

1. maglione il si non è consumato ....
2. ho non niente mangiare da ....
3. nient'altro non ho da dire ....
4. vuole nessuno caffè questo? ....
5. mangio non niente oggi ....
6. ho non deluso sorella mia ....
7. contribuiva Gianni ai miei bisogni ....
8. nessuno non c'è qui? ....

ESERCIZIO 26.5 [eṡertʃ'izio] *EXERCISE 26.5*

INVENTARE UN DIALOGO [invent'are / un / di'alogo] *invent a dialogue*

devi prendere l'aereo, che cosa fai? usa le parole: biglietto, volo, dogana, orario / *you have to take a plane: what do you do? Use these words: biglietto, volo, dogana, orario*

....

....

....

....

....

ESERCIZIO 26.6 [eṡertʃ'izio] *EXERCISE 26.6*

COMPLETARE [komplet'are] *complete*

non... nessun, non... niente, tutti, nessun, non ... nessuno / *non... nessun, non... niente, tutti, nessun, non ... nessuno*

1. .... conosci ....?
2. .... abbiamo .... lavoro
3. Non stai bene? - No, ... ho ....
4. Siamo .... stranieri

LEZIONE 27
[lezi'one / ventis'ɛtte]
LESSON 27

Lui è detto
[l'ui / 'ɛ / d'etto]
he is said

Parte alle otto con il treno dalla stazione di Milano verso Bologna. Ha un piccolo bagaglio. Si dimentica di timbrare il biglietto e il controllore gli dà la multa. Viaggia nel vagone di seconda classe.
[p'arte / 'alle / 'ɔtto / kon / il / tr'eno / d'alla / stazi'one / di / mil'ano / v'ɛrso / boloɲa /// a / un / p'ikkolo / bag'aʎo // si / dim'entika / di / timbr'are / il / biʎ'ɛtto // e / il / kontroll'ore / ʎi / da / la / m'ulta /// vi'aʤʤa / nel / vag'one / di / sek'onda / kl'asse ///]

He's leaving at 8 o'clock in the morning from the station in Milan headed to Bologna. He has little baggage. He forgets to stamp the ticket and the ticket-collector fines him. He's travelling in a second class coach.

Scende dal treno alla stazione di Bologna. A Bologna **è riconosciuto** da una ragazza che dice: "ma tu sei Tom Cruise!!".
[ʃ'ende / dal / tr'ɛno / 'alla / stazi'one / di / bol'oɲa /// a / bol'oɲa / 'ɛ / rikonoʃi'uto / da / 'una / rag'azza / ke / d'iʧe // ma / tu / s'ɛi / t'ɔm / kr'uiṡ ///]
He's getting off the train at the station in Bologna. In Bologna he is recognised by a girl who says: "You're Tom Cruise!".

Subito **è circondato** da molta gente che grida: "è Tom Cruise, Tom Cruise, l'attore!".
[s'ubito / ɛ / ʧirkond'ato / da / m'olta / ʤ'ente / ke / gr'ida // ɛ / t'ɔm / kr'uiṡ // ɛ / t'ɔm / kr'uiṡ // latt'ore ///]
Immediately he's surrounded by a crowd that shouts: "He's Tom Cruise, Tom Cruise the actor!"

Scappa in un albergo, chiama un taxi e **è portato** via dalle sue guardie del corpo
[sk'appa / in / un / alb'ɛrgo / ki'ama / un / t'aksi // e / ɛ / port'ato / v'ia / d'alle / s'ue / gu'ardie / del / k'ɔrpo]
He runs inside an hotel, calls a cab and is taken away by his body-guards.

IMPARARE E PARLARE — *learning and speaking*
[impar'are / e / parl'are]

arrivo [arr'ivo]	***arrive***
arrivare [arriv'are]	***to arrive***
quando arriva il treno per Firenze [ku'ando / arr'iva / il / tr'ɛno / per / fir'ɛnze] *when does the train to Florence arrive?*	
biglietteria [biʎetter'ia]	*booking-office*
dov'è la biglietteria? [dov'ɛ / la / biʎetter'iaɐ]	*where is the booking-office?*
cuccetta [kuʧʧ'etta]	*sleeper*
posto [p'ɔsto]	*seat*
prenotare [prenot'are]	*to book*
prima classe [pr'ima / kl'asse]	*first class*
vorrei prenotare una cuccetta [vorr'ɛi / prenot'are / 'una / kuʧʧ'etta]	*I'd like to book a sleeper.*
vorrei prenotare un posto [vorr'ɛi / prenot'are / un / p'ɔsto]	*I'd like to book a seat.*
hai prenotato un posto in prima classe? ['ai / prenot'ato / un / p'ɔsto / in pr'ima / kl'asseɐ] *did you book a first class seat?*	
fermata [ferm'ata]	*stop*
qual è la prossima fermata? [kual'ɛ / la / pr'ɔssima / ferm'ataɐ]	*which is the next stop?*
orario [or'ario]	*timetable*
partenza [part'enza]	*departure*
qual è l'orario di partenza? [qual'ɛ / lor'ario / di / part'ɛnzaɐ] *which is the time of departure?*	

timbrare [timbr'are] — *to stamp*

bisogna sempre timbrare il biglietto
[biš'oɲa / s'ɛmpre / timbr'are / il / biʎ'etto]
we always have to stamp the ticket.

vagone letto [vag'one / l'ɛtto] — *sleeping-car*

questo treno ha un vagone letto?
[kuesto / tr'ɛno / a / un / vag'one / l'ɛttoɐ]
does this train have the sleeping-car?

ASSAGGIO GRAMMATICALE [ass'adʒdʒo / grammatik'ale] — *grammatical snack*

il passivo [il / pass'ivo] — *the passive form*

verbo passivo = **verbo essere** + **participio passato** (maschile o femminile)	*passive verb = to be +* ***past participle***
il participio è concordato come un aggettivo	*the participle is used like an adjective*
è detto (detta)	*it is said*
sono fatti (fatte)	*they are done*
sono pagato (mangiata)	*I am paied*

I CONIUGAZIONE [pr'ima / koniugaži'one] **pagare** (infinito) **– pagato** (participio passato) [pag'are / pag'ato]	***1ST CONJUGATION*** ***to pay*** *(infinitive)* ***– paied*** *(past participle)*
io sono pagato (maschile) – pagata (femminile) ['io / s'ono / pag'ato / pag'ata]	*I'm paied*
tu sei pagato – pagata [tu / s'ɛi / pag'ato / pag'ata]	*you are paied*
lui è pagato – lei è pagata [l'ui / 'ɛ / pag'ato // l'ɛi / 'ɛ / pag'ata]	*he, she, it is paied*
noi siamo pagati – pagate [n'oi / si'amo / pag'ati / pag'ate]	*we are paied*
voi siete pagati – pagate [v'oi / si'ɛte / pag'ati / pag'ate]	*you are paied*
loro sono pagati – pagate [l'oro / s'ono / pag'ati / pag'ate]	*they are paied*

II CONIUGAZIONE [sek'onda / koniugażi'one]	***2ND CONJUGATION***
leggere – letto [l'ɛʤʤere / l'ɛtto]	***to read– read***
io sono letto – letta ['io / s'ono / l'ɛtto / l'ɛtta]	*I'm read*
tu sei letto – letta [tu / s'ɛi / l'ɛtto / l'ɛtta]	*you are read*
lui è letto – lei è letta [l'ui / 'ɛ / l'ɛtto // l'ɛi / 'ɛ / l'ɛtta]	*he, she, it is read*
noi siamo letti – lette [n'oi / si'amo / l'ɛtti / l'ɛtte]	*we are read*
voi siete letti – lette [v'oi / si'ete / l'ɛtti / l'ɛtte]	*you are read*
loro sono letti – lette [l'oro / s'ono / l'ɛtti / l'ɛtte]	*they are read*

III CONIUGAZIONE [t'erza / koniugażi'one]	***3ND CONJUGATION***
dire – detto [d'ire / d'etto]	***to say– said***
io sono detto – detta ['io / s'ono / d'etto / d'etta]	*I'm said*
tu sei detto – detta [tu / s'ɛi / d'etto / d'etta]	*you are said*
lui è detto – lei è detta [l'ui / 'ɛ / d'etto // l'ɛi / 'ɛ / d'etta]	*he, she, it is said*
noi siamo detti – dette [n'oi / si'amo / d'etti / d'ette]	*we are said*
voi siete detti – dette [v'oi / si'ɛte / d'etti / d'ette]	*you are said*
loro sono detti – dette [l'oro / s'ono / d'etti / d'ette]	*they are said*

frase passiva = verbo passivo + **da** + nome	*passive sentence = passive verb + **da (by)** + name.*
la letter**a** è scritt**a** **da** Luca	*the letter is written **by** Luca*
il giornal**e** è lett**o** **dal** papà	*the paper is read **by** dad*

dai, **bisogna** andare [dai // biṡ'oɲa / and'are]	*come on! We **have to** go.*
un attimo [un / 'attimo]	*just a minute.*
l'autobus **sta partendo** [l'autobus / st'a / part'ɛndo]	*the bus **is leaving.***
quando dobbiamo scendere? [ku'ando / dobbi'amo / ʃ'endereɐ]	*when do we have to get off the bus?*
tra cinque fermate [tra / ʧ'inkue / ferm'ate]	*within five stops.*
arrivo, arrivo [arr'ivo // arr'ivo]	*I'm coming!*

IMPARARE E PARLARE *learning and speaking*
[impar'are / e / parl'are]

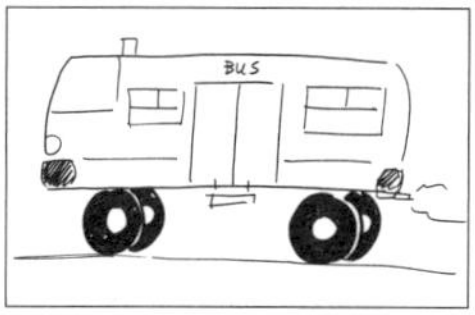

autobus ['autobus]
bus

tram [tr'am]
tram

metropolitana [metropolit'ana]
underground, tube, subway

taxi [t'aksi]
taxi, cab

traghetto [trag'ɛtto]
ferry-boat

sottopassaggio [sottopass'adʒdʒo]
subway, underpass

prendere, salire, perdere, andare, partire [pr'ɛndere // sal'ire // p'ɛrdere //and'are // part'ire]	***to catch, to get on, to miss, to go, to leave***
prendere il treno [pr'ɛndere / il / tr'ɛno]	*to take the train*
prendere l'autobus [pr'ɛndere / l'autobus]	*to take the the bus*
prendere l'aereo [pr'ɛndere / la'ɛreo]	*to take the plane*
salire sul treno [sal'ire / sul / tr'ɛno]	*to get on the train*
salire sull'autobus [sal'ire / sull'autobus]	*to get on the bus*
salire sull'aereo [sal'ire / sulla'ɛreo]	*to get on the plane*
perdere il treno [p'ɛrdere / il / tr'ɛno]	*to miss the train*
perdere l'autobus [p'ɛrdere / l'autobus]	*to miss the bus*
perdere l'aereo [p'ɛrdere / la'ɛreo]	*to miss the plane*
andare in treno [and'are / in / tr'ɛno]	*to go by train*
andare in autobus [and'are / in / 'autobus]	*to go by bus*
andare in aereo [and'are / in / a'ɛreo]	*to go by plane*
partire in treno [part'ire / in / tr'ɛno]	*to leave by train*
partire in autobus [part'ire / in / 'autobus]	*to leave by bus*
partire in aereo [part'ire / in / a'ɛreo]	*to leave by plane*

un attimo, un momento, un istante, dai, sbrigati, svelto, in fretta, forza [un / 'attimo // un / mom'ento // un / ist'ante // d'ai / sbr'igati // ṡv'ɛlto // in / fr'ɛtta // f'ɔrza] ***a moment, an instant, hurry up!, come on!***	
aspettare un momento [aspett'are / un / mom'ento]	*to wait a moment*
aspettare un attimo [aspett'are / un / 'attimo]	*to wait a moment*
aspettare un istante [aspett'are / un / ist'ante]	*to wait a second*
dai, sbrigati! [d'ai // ṡbr'igati]	*come on! Hurry up!*
dai, andiamo! [d'ai // andi'amo]	*come on! Let's go!*
sbrigati, andiamo! [ṡbr'igati // andi'amo]	*hurry up! Let's go!*
svelto, più in fretta [ṡv'elto // pi'u / in / fr'etta]	*hurry up!*
svelto, partiamo [ṡv'elto // parti'amo]	*hurry up! Let's go!*

ASSAGGIO GRAMMATICALE *grammatical snack*
[ass'aʤʤo / grammatik'ale]

bisogna + verbo infinito [biṡ'oɲa // pi'u / v'ɛrbo / infin'ito]	***to have to*** + *infinitive*
bisogna andare [biṡ'oɲa / and'are]	*we have to go*
bisogna mangiare [biṡ'oɲa / manʤ'are]	*we have to eat*
bisogna studiare per imparare [biṡ'oɲa / studi'are / per / impar'are]	*we have to study to learn*
dimenticarsi + **di** + verbo infinito [dimentik'arsi / di // pi'u / v'ɛrbo / infin'ito]	***to forget*** + ***to*** + *infinitive*
mi sono dimenticato di studiare [mi / s'ono / dimentik'ato / di studi'are]	*I forgot to study*
ti sei dimenticata di portare il quaderno? [ti / s'ɛi / dimentik'ata / di / port'are / il / kuad'ɛrnoɐ]	*did you forget to bring the exercise-book?*
ricordarsi + **di** + verbo infinito [rikord'arsi / di // pi'u / v'ɛrbo / infin'ito]	***to remember*** + ***to*** + *infinitive*
ti sei ricordato di comprare il pane? [ti / s'ei / rikord'ato / di / kompr'are / il / p'aneɐ]	*did you remember to buy the bread?*
vi siete ricordati di portare la tovaglia? [vi / si'ɛte / rikord'ati / di / port'are / la / tov'aʎaɐ]	*did you remember to bring the table-cloth?*
cercare + **di** + verbo infinito [ʧerk'are / di // pi'u / v'ɛrbo / infin'ito]	***to try*** + ***to*** + *infinitive*
ho cercato di fare bene [ɔ / ʧerk'ato / di / f'are / b'ɛne]	*I tried to do my best*
hai cercato di guidare lentamente ['ai / ʧerk'ato / di / guid'are / lentam'ente]	*you tried to drive slowly*

ESERCIZIO 27.1 *EXERCISE 27.1*
[eṡertʃ'izio]

INVENTARE UNA STORIA [invent'are / 'una / st'ɔria] *invent a story*

usa: arrivo, arrivare, biglietteria, cuccetta, posto, prenotare, prima classe, fermata
use: arrivo, arrivare, biglietteria, cuccetta, posto, prenotare, prima classe, fermata

....

....

....

....

ESERCIZIO 27.2 *EXERCISE 2.2*
[eṡertʃ'izio]

INVENTARE 5 FRASI [invent'are / tʃ'inkue / fr'aṡi] *invent 5 sentences*

usa prendere, salire, perdere, andare, partire / *use prendere, salire, perdere, andare, partire*

....

....

....

....

....

ESERCIZIO 27.3 *EXERCISE 27.3*
[eṡertʃ'izio]

COMPLETARE [komplet'are] *complete*

usa passivo e preposizione / *use the passive form and the prepositions*

la mela è mangiata (mangiare) da Mario

1. Luca e Matteo .... (servire) .... Silvia
2. il libro .... (leggere) .... Marco
3. il quaderno .... (scrivere) .... alunni
4. il pranzo .... (mangiare) .... tutti
5. Cesare .... (incontrare) .... Lucia e Paola

ESERCIZIO 27.4 *EXERCISE 27.4*
[eṡertʃ'izio]

INVENTARE 5 FRASI [invent'are / tʃ'inkue / fr'aṡi] *invent 5 sentences*

usa: dimenticarsi di, bisogna, ricordarsi di, cercare di / *use: dimenticarsi di, bisogna, ricordarsi di, cercare di*

....

....

....

....

....

ESERCIZIO 27.5 [eṡertʃ'izio] *EXERCISE 27.5*

ORDINARE [ordin'are] *put in order*

1. devo mi di partire ricordare presto ....
2. bisogna che cosa sapere mangiare..........
3. cercare di fare voglio tutto bene ....
4. curare la bisogna febbre ....
5. decidere fare che cosa bisogna devi ....
6. ricordarci dobbiamo partire di prima della sera ....
7. ero mi dimenticato avvertire di Dario ....
8. non di mi importava niente ....

ESERCIZIO 27.6 [eṡertʃ'izio] *EXERCISE 27.6*

COMPLETARE [komplet'are] *complete*

il politico **è stato eletto** dalla città

1. Andrea .... (essere escluso) dal gioco perché non voleva fermarsi
2. il quadro .... (essere fissato) al chiodo
3. la lezione .... (essere illustrato) dal maestro
4. l'indirizzo .... (essere scritto) sul fondo della pagina
5. la classe .... (essere interessato) dal professore

ESERCIZIO 27.7 [eṡertʃ'izio] *EXERCISE 27.7*

ORDINARE [ordin'are] *put in order*

1. non Gianni ricordava si festa della di compleanno ....
2. dai l'intelligenza giudicata è risultati ....
3. di aveva intenzione Mattia andare al mare, ma non è partito ....
   ....
4. noi eravamo ci interessati questi argomenti a ....
5. a interromperci quando continuavano parlavamo ....
6. era finito l'intervallo quando, entrava Silvia in classe ....
   ....
7. Matteo 30 anni aveva e ancora mantenuto era dalla madre..........

LEZIONE 28
[lezi'one / vent'ɔtto]
LESSON 28

-LO, -LA, -LI, -LE
[LO / LA / LI / LE]
HIM, HER, IT, THEM

al campo sportivo [al / k'ampo / sport'ivo] *on the sports-ground*

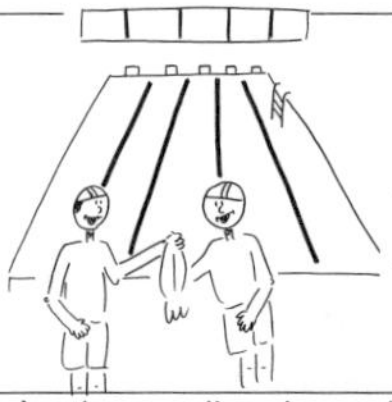	puoi passarmi quell'asciugamani? [pu'ɔi / pass'armi / quellaʃugam'aniɐ] *can you give me that towel, please?*	
	Eccolo ['ɛkkolo]	*here it is.*
	che bella nuotata! [ke / b'ɛlla / nuɔt'ata]	*what a great swim!*
sì, mi sono divertita molto [si // mi / s'ono / divert'ita / m'olto]		*yes, I had a lot of fun.*
vuoi fare una partita a tennis? [vu'ɔi / f'are / 'una / part'ita / a / t'ɛnnisɐ]		*would you like to play tennis?*
mi piacerebbe, ma ho dimenticato la racchetta [mi / piaʧer'ɛbbe // ma / ɔ / dimentik'ato / la / rakk'ɛtta]		*yes, I'd like, but I forgot my racket.*
io ne ho due ['io / ne / ɔ / d'ue]		*I have two rackets.*
bene, andiamo [b'ɛne // andi'amo]		*good! Let's go.*
	che bella partita. Ora vorrei fare una doccia [ke / b'ɛlla / part'ita // 'ora / vorr'ɛi / f'are / 'una / d'oʧʧa] *what a beautiful match! Now I'd like to have a shower.*	
	certo, ci vediamo alle 8.45, va bene? [ʧ'ɛrto // ʧi / vedi'amo / 'alle / 'ɔtto / e / tre / ku'arti // va / b'ɛneɐ] *sure. See you at 8.45. Ok?*	
	sì, va bene, ciao [s'i // va / b'ɛne // ʧ'ao]	*yes, it's ok. See you then.*

IMPARARE E PARLARE [impar'are / e / parl'are] — *learning and speaking*

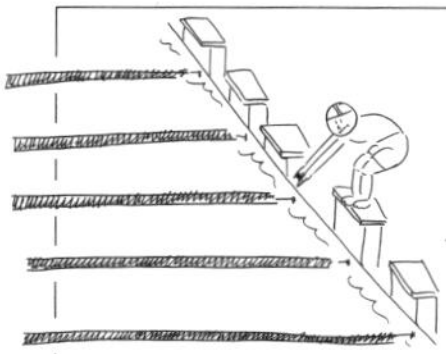

cuffia [k'uffia]	*cap*
vasca [v'aska]	*tub*
bagno [b'aɲo]	*bath*
tuffo [t'uffo]	*dive*

servizio [serv'iżio]	*serve*
punteggio [punt'eʤʤo]	*score*

una giornata sugli sci ['una / ʤorn'ata / s'uλi / ʃi] *a day on the skis*

hai comprato il biglietto giornaliero? ['ai / kompr'ato / il / biλ'etto / ʤornali'ɛroɐ]	*did you buy the daily ticket?*
sì, eccolo [si // 'ɛkkolo]	*yes, here it is.*
bene, andiamo, c'è una neve bellissima! [b'ɛne // andi'amo // ʧɛ / 'una / n'eve / bell'issima]	*good. Let's go: the snow is great!*
yuhuu, i miei sci vanno veloci come il ventoooo! [iuu'u // i / mi'ei / ʃi / v'anno / vel'ɔʧi / k'ome / il / v'entoooo] *yuhuuu!! My skis are as fast as the wind!!*	
belli, sono nuovi? [b'ɛlli // s'ono / nu'ɔviɐ]	*they're beautiful! Are they new?*
sì, nuovissimi. Anche la mia tuta da sci e gli scarponi sono nuovissimi [s'i // nuov'issimi /// 'anke / la m'ia / t'uta / da / ʃi // e / λi / skarp'oni / s'ono / nuov'issimi] *yes, they're brand new. My suit and my ski-boots are brand new too.*	

mi piacerebbe comprarli, dove li hai presi? [mi / piaʧer'ɛbbe / kompr'arli /// d'ove / li / 'ai / pr'esiɐ] *I'd like to buy a new pair of ski-boots: where did you find them?*	
in un negozio nel centro di Prato [in / un / neg'ɔżio / nel / ʧ'ɛntro / di / pr'ato]	*in a shop in the centre of Prato.*
belli, li hai pagati molto? [b'ɛlli // li / 'ai / pag'ati / m'oltoɐ] *they're beautiful. Are they expensive?*	
no, non molto, c'erano i saldi [nɔ // non / m'olto // ʧ'ɛrano / i / s'aldi]	*no, not much. They were on sale.*

facciamo una gara... chi arriva per primo allo skilift [fatʧʧ'amo / 'una / g'ara // ki / arr'iva / per / pr'imo / 'allo / skil'ift] *let's have a race! Let's see who's gonna arrive first at the skilift!*	
va bene. Pronti... via! [va / b'ɛne // pr'onti /// v'ia]	*ok! Ready... Go!*

IMPARARE E PARLARE — *learning and speaking*
[impar'are / e / parl'are]

funivia [funiv'ia]	*cableway*
pattini [p'attini]	*skates*
pista [p'ista]	*race-track*
bastoncini da sci [bastonʧ'ini / da / ʃi]	*ski-sticks*

la partita di calcio [la / part'ita / di / k'alʧo] *a soccer match*

che bella partita! [ke / b'ɛlla / part'ita] *what a great match!*

ti è piaciuta? [ti / 'ɛ / piaʧ'utaɐ] *did you like it?*

sì, ha vinto la mia squadra, la Juventus
[s'i // 'a / v'into / la / m'ia / sku'adra // la / iuv'entus]
yes, my favourite team, Juventus, has won.

ora i giocatori sono andati negli spogliatoi
['ora / i / ʤokat'ori / s'ono / and'ati / n'eʎi / spoʎat'ɔi]
now the players are in the restrooms.

io aspetto fuori. Voglio un autografo sulle mie scarpe da tennis
['io / asp'ɛtto / fu'ɔri /// v'ɔʎo / un / aut'ɔgrafo / s'ulle / m'ie / sk'arpe / da / t'ɛnnis]
I'm gonna wait for them outside: I want an autograph on my tennis-shoes

IMPARARE E PARLARE — *learning and speaking*
[impar'are / e / parl'are]

golf [gɔlf]	*golf*
mazza [m'azza]	*golf club*
accappatoio [akkappat'ɔio]	*bath-robe*
cavallo [kav'allo]	*horse*
sella [s'ɛlla]	*saddle*
redini [r'edini]	*reins*
stivali [stiv'ali]	*boots*
amo ['amo]	*fish-hook*
canna [k'anna]	*fishing-rod*
filo [f'ilo]	*thread*
mulinello [mulin'ɛllo]	*spinning reel*
esca ['eska]	*bait*

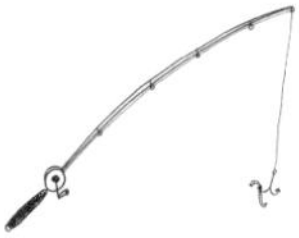

ASSAGGIO GRAMMATICALE [ass'adʒdʒo / grammatik'ale] *grammatical snack*

pronomi	***pronouns***
-lo [lo]	*him, it*
-la [la]	*her, it*
-li [li]	*them*
-le [le]	*them*
hai il libro degli esercizi? puoi dar**lo** a Luca?	*do you have the exercise-book?* *can you give* ***it*** *to Luca?*
hai una casa in montagna? vuoi vender**la**	*do you have a house on the mountains?* *can you sell* ***it****?*
conosci i miei amici? posso presentar**li**?	*do you know my friends?* *can I introduce* ***them****?*
conosci la mia ragazza? posso presentar**la**?	*do you know my girlfriend?* *can I introduce* ***her****?*

il condizionale passato e il condizionale passivo
[il kondizion'ale / pass'ato / e / il / kondizion'ale / pass'ivo]
perfect and passive conditional

avere condizionale presente + participio passato del verbo	***conditional of "avere" (to have) + present past participle***
mangiare [mandʒ'are]	***To eat***
io avrei mangiato ['io / avr'ɛi / mandʒ'ato]	*I would have eaten*
tu avresti mangiato [tu / avr'esti / mandʒ'ato]	*you would have eaten*
lui/lei avrebbe mangiato [l'ui/lɛi / avr'ɛbbe / mandʒ'ato]	*he/she would have eaten*
noi avremmo mangiato [n'oi / avr'emmo / mandʒ'ato]	*we would have eaten*
voi avreste mangiato [v'oi / avr'este / mandʒ'ato]	*you would have eaten*
loro avrebbero mangiato [l'oro / avr'ɛbbero / mandʒ'ato]	*they would have eaten*

bere [b'ere]	***to drink***
io avrei bevuto ['io / avr'ɛi / bev'uto]	*I would have drunk*
tu avresti bevuto [tu / avr'esti / bev'uto]	*you would have drunk*
lui/lei avrebbe bevuto [l'ui/lɛi / avr'ɛbbe / bev'uto]	*he/she/it would have drunk*
noi avremmo bevuto [n'oi / avr'emmo / bev'uto]	*we would have drunk*
voi avreste bevuto [v'oi / avr'este / bev'uto]	*you would have drunk*
loro avrebbero bevuto [l'oro / avr'ɛbbero / bev'uto]	*they would have drunk*
dormire [dorm'ire]	***to sleep***
io avrei dormito ['io / avr'ɛi / dorm'ito]	*I would have slept*
tu avresti dormito [tu / avr'esti / dorm'ito]	*you would have slept*
lui/lei avrebbe dormito [l'ui/lɛi / avr'ɛbbe / dorm'ito]	*he/she/it would have slept*
noi avremmo dormito [n'oi / avr'emmo / dorm'ito]	*we would have slept*
voi avreste dormito [v'oi / avr'este / dorm'ito]	*you would have slept*
loro avrebbero dormito [l'oro / avr'ɛbbero / dorm'ito]	*they would have slept*
dimenticarsi [dimentik'arsi]	***to forget***
io mi sarei dimenticato (-a) ['io / mi / sar'ɛi / dimentik'ato]	*I would have forgotten*
tu ti saresti dimenticato (-a) [tu / ti / sar'esti / dimentik'ato]	*you would have forgotten*
lui/lei si sarebbe dimenticato (-a) [l'ui/lɛi / si / sar'ɛbbe / dimentik'ato]	*he/she/it would have forgotten*
noi ci saremmo dimenticati (-e) [n'oi / ʧi / sar'emmo / dimentik'ati]	*we would have forgotten*
voi vi sareste dimenticati (-e) [v'oi / vi / sar'este / dimentik'ati]	*you would have forgotten*
loro si sarebbero dimenticati (-e) [l'oro / si / sar'ɛbbero / dimentik'ati]	*they would have forgotten*
addormentarsi [addorment'arsi]	***to fall asleep***
io mi sarei addormentato (-a) ['io / mi / sar'ɛi / addorment'ato]	*I would have fallen asleep*
tu ti saresti addormentato (-a) [tu / ti / sar'esti / addorment'ato]	*you would have fallen asleep*
lui/lei si sarebbe addormentato (-a) [l'ui/lɛi / si / sar'ɛbbe / addorment'ato]	*he/she/it would have fallen asleep*
noi ci saremmo addormentati (-e) [n'oi / ʧi / sar'emmo / addorment'ati]	*we would have fallen asleep*
voi vi sareste addormentati (-e) [v'oi / vi / sar'este / addorment'ati]	*you would have fallen asleep*
loro si sarebbero addormentati (-e) [l'oro / si / sar'ɛbbero / addorment'ati]	*they would have fallen asleep*

Passivo

Passive

condizionale passato del verbo essere + participio passato del verbo	*perfect conditional of "essere" (to be) + past participle of the main verb*
essere conosciuto ['ɛssere / konoʃ'uto]	*to be known*
io sarei stato (-a) conosciuto (-a) ['io / sar'ɛi / st'ato / konoʃ'uto]	*I would have been known*
tu saresti stato (-a) conosciuto (-a) [tu / sar'esti / st'ato / konoʃ'uto]	*you would have been known*
lui/lei sarebbe stato (-a) conosciuto (-a) [l'ui/lɛi / sar'ɛbbe / st'ato / konoʃ'uto]	*he/she/it would have been known*
noi saremmo stati (-e) conosciuti (-e) [n'oi / sar'emmo / st'ati / konoʃ'uti]	*we would have been known*
voi sareste stati (-e) conosciuti (-e) [v'oi / sar'este / st'ati / konoʃ'uti]	*you would have been known*
loro sarebbero stati (-e) conosciuti (-e) [l'oro / sar'ɛbbero / st'ati / konoʃ'uti]	*they would have been known*

ESERCIZIO 28.1 *EXERCISE 28.1* [eṡertʃ'izio]

INVENTARE UN DIALOGO [invent'are / un / di'alogo] *invent a dialogue*

usa le parole: tennis, partita, punti, servizio / *invent a dialogue and use these words: tennis, partita, punti, servizio*

....

....

....

....

....

....

....

....

....

ESERCIZIO 28.2 *EXERCISE 28.2* [eṡertʃ'izio]

SCRIVI QUELLO CHE VEDI [skr'ivi / ku'ello / ke / v'edi] *write what you see*

....

....

....

....

....

....

ESERCIZIO 28.3 *EXERCISE 28.3*
[eśertʃ'izio]

inventare una storia [invent'are / 'una / st'ɔria] *invent a story*

usa: sci, funivia, scarponi, discesa, sciare, neve, nevicare / *use: sci, funivia, scarponi, discesa, sciare, neve, nevicare*

....

....

....

....

....

....

ESERCIZIO 28.4 *EXERCISE 28.4*
[eśertʃ'izio]

ordinare [ordin'are] *put in order*

1. andando stai dove?
2. vuoi con chi andare?
3. andando al cinema stiamo con gli amici
4. pensando a te stavo quando ti ho vista
5. pescando quando abbiamo stavamo visto passare l'aereo
6. preparando cosa stai che?

....

....

....

....

....

....

....

....

....

....

ESERCIZIO 28.5 *EXERCISE 28.5*
[eśertʃ'izio]

completare [komplet'are] *complete*

-mi, -ti, -si, -lo, -la, -le, -gli

1. voglio dare (questa) .... a Luca
2. non posso pensare (questo) ....
3. non devo ricordare (lei) ....
4. Matteo vuole conoscere (loro) ....
5. vuoi vendere (a me) .... questa macchina?
6. voglio prestare (a lui) .... la mia giacca
7. non possiamo negare (questo) ....

ESERCIZIO 28.6 *EXERCISE 28.6*
[eśertʃ'izio]

ordinare [ordin'are] *put in order*

1. voglio con Gianni parlare; conoscerlo vuoi?
2. devo meglio osservarlo
3. guardarlo posso?
4. meglio conoscerla vuoi?
5. devo oggi pagarlo, posso più aspettare non
6. non permetterlo potevo
7. presto prepararmi dovevo

....

....

....

....

....

....

....

....

....

....

LEZIONE 29
[lezi'one / ventin'ɔve]
LESSON 29

Io sarò
['io / sar'ɔ]
I will be

Molte città italiane sono nate nell'epoca romana, molte anche nel medioevo. Le città romane hanno resti di teatri, terme, templi e acquedotti.

[M'olte / ʧitt'a / itali'ane / s'ono / n'ate / nell'ɛpoka / rom'ana // m'olte / 'anke / nel / medio'ɛvo /// le / ʧitt'a / rom'ane / 'anno / r'ɛsti / di / te'atri // t'ɛrme // t'ɛmpli / e / akkued'otti]

Many Italian cities were built in the Roman Period and many others during the Middle Ages. The roman cities have remains of theatres, baths, temples, aqueducts.

Le città medievali hanno il castello, il palazzo comunale, il duomo e le mura.
Romanico, gotico, rinascimento... hanno reso splendida l'Italia.
Hai mai visitato Firenze?
No.

[le / ʧitt'a / mediev'ali / 'anno / il / kast'ɛllo // il / pal'azzo / komun'ale // il / du'ɔmo / e / le / m'ura // rom'aniko // g'otiko // rinaʧim'ento /// 'anno / r'eṡo / spl'endida / l'italia /// 'ai / m'ai / viṡit'ato / Fir'enzeɐ]
[nɔ]

The Middle Ages cities have the castle, the town hall, the cathedral and the town walls. Romanesque, Gothic, Renaissance... made Italy magnificent. Have you ever seen Florence? no, I haven't.

Devi visitarla, è bellissima. C'è il duomo che si chiama Santa Maria del Fiore; poi c'è la Galleria degli Uffizi che ospita quadri di Michelangelo, Raffaello, Tiziano e molti altri...

[d'ɛvi / viṡit'arla // 'ɛ / bell'issima /// ʧɛ / il / du'ɔmo // ke / si / ki'ama / s'anta / mar'ia / del / fi'ore /// p'ɔi / ʧɛ /la/ gall'eria / d'eʎi / uff'iżi / ke / ɔ'spita / ku'adri / di / mikel'anʤelo // raffa'ɛllo // tiżi'ano / e / m'olti / 'altri]

Oh, you must see it! It's beautiful! There is Santa Maria del Fiore, the cathedral; and then there's the Galleria degli Uffizi, that exibits the paintings of Michelangelo, Raffaello, Tiziano and many others...

Mi hai convinto, la visiterò prestissimo

[Mi / 'ai / konv'into // la / viṡiter'ɔ / pr'est'issimo]

You have convinced me: I'll visit Florence very soon.

IMPARARE E PARLARE [IMPAR'ARE / E / PARL'ARE] — *learning and speaking*

biblioteca [bibliot'ɛka]	*library*

convento [konv'ɛnto]	*monastery, convent*
chiesa [ki'ɛṡa]	*church*

fontana [font'ana]	*fountain*
università [universit'a]	*university*

epoca ['ɛpoka]	*era*
centro storico [ʧ'entro / st'ɔriko]	*historical centre*
monumento [monum'ento]	*monument*
mostra [m'ostra]	*exibition*

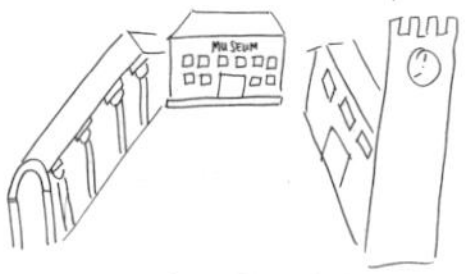

affresco [affr'esko]	*fresco*
scultura [skult'ura]	*sculpture*
pittore [pitt'ore]	*painter*
dipinto [dip'into]	*painting*
artista [art'ista]	*artist*
arte ['arte]	*art*
visite [v'iṡite]	*visits*
palazzo [pal'azzo]	*hall*
torre [t'orre]	*tower*
galleria [gall'eria]	*gallery*
piazza [pi'azza]	*square*
museo [mus'ɛo]	*museum*

ASSAGGIO GRAMMATICALE [ASS'ADʒDʒO / GRAMMATIK'ALE] ***grammatical snack***

il futuro semplice [il / fut'uro / s'emplitʃe] *the future simple*

guidare [guid'are]	***to drive***
io guid-**erò** ['io / guider'ɔ]	*I will drive*
tu guid-**erai** [tu / guider'ai]	*you will drive*
lui/lei guid-**erà** [l'ui / l'ɛi / guider'a]	*he, she, it will drive*
noi guid-**eremo** [n'oi / guider'emo]	*we will drive*
voi guid-**erete** [v'oi / guider'ete]	*you will drive*
loro guid-**eranno** [l'oro / guider'anno]	*they will drive*
leggere [l'ɛdʒdʒere]	***to read***
io legg-**erò** ['io / ledʒdʒer'ɔ]	*I will read*
tu legg-**erai** [tu / ledʒdʒer'ai]	*you will read*
lui/lei legg-**erà** [l'ui / l'ɛi / ledʒdʒer'a]	*he, she, it will read*
noi legger-**emo** [n'oi / ledʒdʒer'emo]	*we will read*
voi legg-**erete** [v'oi / ledʒdʒer'ete]	*you will read*
loro legg-**eranno** [l'oro / ledʒdʒer'anno]	*they will read*

dormire [dorm'ire]	***to sleep***
io dorm-**irò** ['io / dormir'ɔ]	*I will sleep*
tu dorm-**irai** [tu / dormir'ai]	*you will sleep*
lui/lei dorm-**irà** [l'ui / l'ɛi / dormir'a]	*he, she, it will sleep*
noi dorm-**iremo** [n'oi / dormir'emo]	*we will sleep*
voi dorm-**irete** [v'oi / dormir'ete]	*you will sleep*
loro dorm-**iranno** [l'oro / dormir'anno]	*they will sleep*
essere ['ɛssere]	***to be***
io sarò ['io / sar'ɔ]	*I will be*
tu sarai [tu / sar'ai]	*you will be*
lui/lei sarà [l'ui / l'ɛi / sar'a]	*he, she, it will be*
noi saremo [n'oi / sar'emo]	*we will be*
voi sarete [v'oi / sar'ete]	*you will be*
loro saranno [l'oro / sar'anno]	*they will be*
avere [av'ere]	***to have***
io avrò ['io / avr'ɔ]	*I will have*
tu avrai [tu / avr'ai]	*you will have*
lui/lei avrà [l'ui / l'ɛi / avr'a]	*he, she, it will have*
noi avremo [n'oi / avr'emo]	*we will have*
voi avrete [v'oi / avr'ete]	*you will have*
loro avranno [l'oro / avr'anno]	*they will have*

il futuro passivo [il / fut'uro / pass'ivo] *the passive future*

essere guidato ['ɛssere / guid'ato]	***to be driven***
io sarò guidato (maschile) - guidata (femminile) ['io / sar'ɔ / guid'ato / guid'ata]	*I will be driven*
tu sarai guidato - guidata [tu / sar'ai / guid'ato / guid'ata]	*you will be driven*
lui sarà guidato - lei sarà guidata [l'ui / sar'a / guid'ato // l'ɛi / sar'a / guid'ata]	*he, she, it will be driven*
noi saremo guidati - guidate [n'oi / sar'emo / guid'ati / guid'ate]	*we will be driven*
voi sarete guidati - guidate [v'oi / sar'ete / guid'ati / guid'ate]	*you will be driven*
loro saranno guidati - guidate [l'oro / sar'anno / guid'ati / guid'ate]	*they will be driven*

essere letto ['ɛssere / l'ɛtto]	***to be read***
io sarò letto - letta ['io / sar'ɔ / l'ɛtto / l'ɛtta]	*I will be read*
tu sarai letto - letta [tu / sar'ai / l'ɛtto / l'ɛtta]	*you will be read*
lui sarà letto - lei sarà letta [l'ui / sar'a / l'ɛtto // l'ɛi / sar'a / l'ɛtta]	*he, she, it will be read*
noi saremo letti - lette [n'oi / sar'emo / l'ɛtti / l'ɛtte]	*we will be read*
voi sarete letti - lette [v'oi / sar'ete / l'ɛtti / l'ɛtte]	*you will be read*
loro saranno letti - lette [l'oro / sar'anno / l'ɛtti / l'ɛtte]	*they will be read*
essere servito ['essere / serv'ito]	***to be served***
io sarò servito - servita ['io / sar'ɔ / serv'ito / serv'ita]	*I will be served*
tu sarai servito - servita [tu / sar'ai / serv'ito / serv'ita]	*you will be served*
lui sarà servito - lei sarà servita [l'ui / sar'a / serv'ito / l'ɛi / sar'a / serv'ita]	*he, she, it will be served*
noi saremo serviti – servite [n'oi / sar'emo / serv'iti / serv'ite]	*we will be served*
voi sarete serviti – servite [v'oi / sar'ete / serv'iti / serv'ite]	*you will be served*
loro saranno serviti – servite [l'oro / sar'anno / serv'iti / serv'ite]	*they will be served*

ESERCIZIO 29.1 *EXERCISE 29.1*
[eṡertʃ'izio]

COMPLETARE [komplet'are] *complete*

ascoltare

io ascolterò

1. voi ....
2. tu..................
3. noi ....
4. lui/lei ....
5. loro ....

ESERCIZIO 29.2 *EXERCISE 29.2*
[eṡertʃ'izio]

COMPLETARE [komplet'are] *complete*

essere ascoltato

io sarò ascoltato

1. loro.......................
2. lui/lei.......................
3. noi ....
4. tu.......................
5. voi.......................

ESERCIZIO 29.3 *EXERCISE 29.3*
[eṡertʃ'izio]

INVENTARE UNA STORIA [invent'are / 'una / st'ɔria] *invent a story*

usa: il tempo futuro (attivo e passivo), biblioteca, centro storico, fontana, chiesa / *invent a story and use: il tempo futuro (attivo e passivo), biblioteca, centro storico, fontana, chiesa*

....

....

ESERCIZIO 29.4 [eṡertʃ'izio] — *EXERCISE 29.4*

ordinare [ordin'are] *put in order*

1. potrai perdonare mi? ....
2. porterò al ti mare la con macchina ....
3. il mare potrai osservare, gli uccelli e i fiori ....
4. aprire l'ombrello bisognerà ....
5. organizzeranno una loro bella gita a Palma di Maiorca ....
6. non niente così otterrai ....
7. ha più che non ci detto parleremo ....

ESERCIZIO 29.5 [eṡertʃ'izio] — *EXERCISE 29.5*

completare [komplet'are] *complete*

1. **avrò** (avere) l'occasione di vedere i miei amici
2. ....(pescare) tutti i pesci del lago
3. non ....(piangere) per la nostalgia di casa
4. dicono che loro ....(costruire) un bellissima casa
5. la televisione dice che ....(piovere) tutto il giorno
6. voi ....(andare) in piscina domani?
7. non mi..............................(essere permesso) di partire
8. chi ....(portare) fuori il cane?

ESERCIZIO 29.6 [eṡertʃ'izio] — *EXERCISE 29.6*

completare [komplet'are] *complete*

di, a, in, con, per, tra, fra / *di, a, in, con, per, tra, fra*

1. pranzerò..............................la mia ragazza
2. pregheremo insieme ....il futuro
3. dovremmo preoccuparci ....l'inquinamento
4. presterete le vostre penne..............................Luca
5. questa sera mangeremo ....casa
6. prepareranno una torta..............................forno
7. ci ricorderemo ....voi

LEZIONE 30
[lezi'one / tr'enta]
LESSON 30

SE
[SE]
IF

Estate: tempo di vacanze e tempo dell'amore. Se cammini su una spiaggia senti gli innamorati che parlano. Tutti dicono le stesse cose: ti voglio bene, ti desidero, vuoi stare con me? Hai una ragazza? Hai un ragazzo? Sei sposata? Ti amo, non posso stare senza di te, penso sempre a te, ti voglio, sei bellissima, voglio fare l'amore con te. E molti rispondono: sì, anch'io. Molti rispondono: mi piacerebbe, ma non posso. Molti altri dicono: no, che cosa ti sei messo in testa? Sei solo un amico.

[est'ate // t'ɛmpo / di / vak'anze / e / t'ɛmpo / dellam'ore // se / kamm'ini / su / 'una / spi'adʒdʒa // s'ɛnti / ʎi / innamor'ati / ke / p'arlano /// t'utti / d'ikono / le / st'esse / k'ɔṡe // ti / v'ɔʎo / b'ɛne // ti / deṡ'idero // vu'ɔi / st'are / kon / meɐ // 'ai / 'una / rag'azzaɐ // 'ai / un / rag'azzoɐ /// s'ɛi / spoṡ'ataɐ // ti / 'amo // non / p'ɔsso / st'are / s'enza / di / te // p'enso / s'empre / a / te // ti / v'ɔʎo // s'ɛi / bell'issima // v'ɔʎo / f'are / lam'ore / kon / te /// e / m'olti / risp'ondono // si // ank'io /// m'olti / risp'ondono // mi / piatʃer'ɛbbe // ma / non / p'ɔsso /// m'olti / 'altri / d'ikono // nɔ // ke / k'ɔṡa / ti / s'ɛi / m'esso / in / t'ɛstaɐ // s'ɛi / s'olo / un / am'iko]

Summer: the season of vacations and the season of love. If you walk on a beach you can hear the lovers talking. All of them say the same things: "I love you, I want you, do you want to be with me? Do you have a girlfriend? Are you married? I love you, I can't live without you, I always think of you, I want you, you're beautiful, I want to make love to you". And many of them answer: "yes, me too". Many others answer: "I want it too, but I can't". Many others say: "no, what do you think? You're just a friend to me".

IMPARARE E PARLARE
[impar'are / e / parl'are]

learning and speaking

Le gite sono belle, ma bisognerebbe conoscere i nomi delle cose
[le / ʤ'ite / s'ono / b'ɛlle // ma / biṡoɲer'ɛbbe / kon'oʃere / i / n'omi / d'elle / koṡe]
The excursions are beautiful, but you should know the names of the things.

bosco [b'ɔsko]	*wood*
cascata [kask'ata]	*waterfall*
collina [koll'ina]	*hill*
erba ['ɛrba]	*grass*
fiume [fi'ume]	*river*
foglia [f'ɔʎa]	*leaf*
fungo [f'ungo]	*mushroom*
grotta [gr'ɔtta]	*cave*
lago [l'ago]	*lake*

cima [ʧ'ima]	*summit*
natura [nat'ura]	*nature*
nido [n'ido]	*nest*
parco [p'arko]	*park*
pianta [pi'anta]	*tree*
pineta [pin'eta]	*pine-wood*
ponte [p'onte]	*bridge*
prato [pr'ato]	*meadow*
rifugio [rif'uʤo]	*shelter*
riserva [ris'ɛrva]	*reserve*
sdraio [ṡdr'aio]	*easy chair*
sorgente [sorʤ'ɛnte]	*spring*
terra [t'ɛrra]	*land*
valle [v'alle]	*valley*

barca a vela [b'arka / a / v'ela]	*sailing boat*
boa [b'ɔa]	*buoy*
costa [k'ɔsta]	*coast*
maschera [m'askera]	*mask*
ombrellone [ombrell'one]	*beach-umbrella*
onda ['onda]	*wave*

pinne [p'inne]	*flippers*
sabbia [s'abbia]	*sand*
salvagente [salvaʤ'ɛnte]	*life-buoy*
scoglio [sk'ɔλo]	*rock*
vento [v'ɛnto]	*wind*

ASSAGGIO GRAMMATICALE *grammatical snack*
[ass'aʤʤo / grammatik'ale]

il **se** [il / se] — **se** *(If)*

il **se** ha regole difficili, ma la lingua parlata oggi è più semplice della lingua scritta	*the rules to use "se"(if) are difficult, but the spoken language is easier than the written one.*
cosa possibile	***the action is possible***
se tu vai al mare, vengo anch'io	*if you go to the sea, I'll come with you*
se andrai al mare, verrò anch'io	*if you will go to the sea, I'll come with you*
cosa impossibile (perché è passata)	***the action is impossible (because it's past)***
se andavi al mare venivo anch'io (attenzione!! questa frase nell'italiano scritto non è giusta, ma è usata nella lingua parlata)	***if** you had gone to the sea, I would have came with you (**attention!!** This sentence, **in the written italian**, isn't correct, but it's used in the spoken language)*
se tu vuoi stare con me io sono felice	***if** you want to stay with me, I'm happy*

IMPARARE E PARLARE *learning and speaking*
[impar'are / e / parl'are]

	*vietato raccogliere i fiori* [viet'ato / rakk'ɔλere / i / fi'ori] *don't pick the flowers*
	***divieto di transito*** [divi'eto / di / tr'anṡito] *no thoroughfare*
	***attenzione, pericolo*** [attenżi'one // per'ikolo] *attention! Danger!*
	***divieto d'accesso ai non addetti ai lavori*** [divi'ɛto / daʧʧ'ɛsso / ai / non / add'ɛtti / ai / lav'ori] *no admittance except on business*
	***divieto di balneazione*** [divi'ɛto / di / balneażi'one] *no bathing*
	***proprietà privata*** [propriet'a / priv'ata] *private property*

	***vietato fumare*** [viet'ato / fum'are] *no smoking*		***strada privata, divieto di accesso*** [str'ada / priv'ata // divi'ɛto / di / atʃtʃ'ɛsso] *private road, no admittance*
	***vietata la raccolta dei funghi*** [viet'ata / la / rakk'ɔlta / dei / f'ungi] *don't pick the mushrooms*		***divieto di sosta, rimozione forzata*** [divi'ɛto / di / s'ɔsta // rimożi'one / forz'ata] *no parking, tow away*
	***divieto di caccia*** [divi'ɛto / di / k'atʃtʃa] *no hunting*		***attenti al cane*** [att'ɛnti / al / k'ane] *beware of the dog*
	***vietato calpestare l'erba*** [viet'ato / kalpest'are / l'ɛrba] *keep off the grass*		***pericolo di morte*** [per'ikolo / di / m'ɔrte] *danger of death*
	***divieto di campeggio*** [divi'ɛto / di / kamp'edʒdʒo] *no camping*		

ESERCIZIO 30.1 [eṡertʃ'izio] *EXERCISE 30.1*

SCRIVI UNA DICHIARAZIONE D'AMORE [skr'ivi / 'una / dikiarażi'one / dam'ore] *write a confession of love*

....

....

....

ESERCIZIO 30.2 [eṡertʃ'izio] *EXERCISE 30.2*

CHE SIGNIFICA? [ke / siɲ'ifikaɐ] *what does it mean?*

	....		....		....
	....		....		....
	....		....		....

ESERCIZIO 30.3 *EXERCISE 30.3*
[eṡertʃ'izio]

ORDINARE [ordin'are] *put in order*

1. mi lavato sarei non le mani
2. stato informato non sarei dai miei amici
3. non insistito avresti
4. non invidiato avremmo mai Luca
5. invitato Matteo avrei alla mia festa
6. avrei misurare tuo il giardino potuto

....

....

....

....

....

....

ESERCIZIO 30.4 *EXERCISE 30.4*
[eṡertʃ'izio]

COMPLETARE [komplet'are] *complete*

tu **potresti** (potere) andare via

1. io .... (mangiare) un bel panino
2. io .... (avere) la possibilità di essere assunto
3. io .... (dovere) stare più attento
4. loro .... (pretendere) di guadagnare di più
5. io .... (potere) scrivere una bella poesia
6. probabilmente tu .... (avere) ragione

ESERCIZIO 30.5 *EXERCISE 30.5*
[eṡertʃ'izio]

ORDINARE [ordin'are] *put in order*

1. se ingrasso mangio la pizza
2. continui se a parlare, capirai non niente
3. stai attento se, la non perderai strada
4. aumento avrò un continuerò a lavorare se bene
5. sentirai se ti meglio mangerai questa banana

....

....

....

....

....

ESERCIZIO 30.6 *EXERCISE 30.6*
[eṡertʃ'izio]

COMPLETARE [komplet'are] *complete*

tu **saresti potuto** (potere) andare via

1. io .... (promettere) cose che non potevo mantenere
2. io .... (pubblicare) un libro
3. loro .... (raccontare) una bella storia
4. noi .... (realizzare) un bel film
5. voi .... (riposarsi) meglio
6. noi .... (dovere) ringraziarvi per la vostra gentilezza
7. senza ostacoli noi .... (sbrigarsi)

SOLUZIONI DEGLI ESERCIZI
SOLUTIONS OF EXERCISES

LEZIONE 1

1.1 1. nave; 2. donna; 3. uomo; 4. sole; 5. mangiare
1.2 1. [m'are]; 2. [b'ere]; 3. [dorm'ire]; 4. [u'ɔmo]; 5. [n'ave]; 6. [s'ole]; 7. [manʤ'are]
1.3 1. [ʧ'ɛlo]; 2. [k'arta]; 3. [farmaʧ'ia]; 4. [ki'ave] 5. [v'oʧe]
1.4 1. [an'ɛllo]; 2. [komm'esso]; 3. [gramm'atika]; 4. [p'enna]; 5. [uʧʧ'ello]
1.5 1. [sud]; 2. [rip'ɔṡo]; 3. [s'ukko]; 4. [ki'uṡo]; 5. [ma'estro]
1.6 1. [siɲ'ore]; 2. [inseɲ'ante]; 3. [pieg'are]; 4. [inseɲ'are]; 5. [lav'aɲa]
1.7 1. [oʤʤ'etto]; 2. [g'ɔnna]; 3. val'iʤa; 4. g'ola; 5. vi'aʤʤo
1.8 1. [f'ɔʎo]; 2. [ʎi]; 3. [fam'iʎa]; 4. [f'iʎo]; 5. [kons'iʎo]

LEZIONE 2

2.1 nave f.; uomo m.; dormire v.; donna f.; ragazza f.; mare m.; sole m.; mangiare v.; bere v.;
2.2 1. chiave, [ki'ave], chiavi, [ki'avi]; 2, libro [l'ibro], libri, [l'ibri]; 3. giornale, [ʤorn'ale], giornali, [ʤorn'ali]; 4. penna, [p'enna], penne, [p'enne]; 5. foglia, [f'ɔʎa], foglie, [f'ɔʎe].
2.3 quaderni m.pl.; ragazza f.s.; stelle f.pl.; albero m.s.; giornale m.s.; giornali m.pl.; mare m.s.; sole m.s.; bar m.s.; case f.pl.; chiavi f.pl.; foglie f.pl.; letto m.s.; forbici f.pl.; occhiali m.pl.
2.4 1. buonasera buonasera; 2. buonanotte buonanotte
2.5 1. amica; 2. aperta; 3. autrice; 4. contadina; 5. cliente.
2.6 1. gatto; 2. impiegato; 3. giornalista; 4. lavoratore; 5. uomo.
2.7 1. abitanti; 2. corti; 3. creme; 4. fresche; 5. paesi.

LEZIONE 3

3.1 1. ciao / sono / Marika; 2. siamo / voi.
3.2 1. bene; 2. come va male; 3. così, così
3.3 amico m.; amica f.; ragazza f.; uomo m., luna f.; cielo m.; fiore m.

3.4 1. io sono, tu sei, lui / lei è, noi siamo, voi siete, loro sono; 2. io ho, tu hai, lui / lei ha, noi abbiamo, voi avete, loro hanno.

3.5 1. ciao / chi siete / sono / voi / siamo; 2. siamo / tu / sono.

3.6 1. lei 2. tu.

LEZIONE 4

4.1 1. il; 2. la; 3. l'; 4. gli; 5. le; 6. i; 7. la; 8. le; 9. il; 10. gli.

4.2 1. un; 2. un'; 3. un; 4. una; 5. un; 6. un; 7. uno.

4.3 io ho; tu hai; lui / lei ha; noi abbiamo; voi avete; loro hanno.

4.4 1. tu sei basso e grasso; 2. lui è allegro 3. lei è grassa e allegra

4.5 1. sfortunato; 2. magro; 3. brutto; 4. vanitoso, 5. bianco.

LEZIONE 5

5.1 agitare 1°; accendere 2°; ammettere 2°; aprire 3°; avvertire 3°; camminare 1°; cancellare 1°; chiamare 1°; cominciare 1°; costare 1°; domandare 1°; chiedere 2°; entrare 1°; firmare 1°; fumare 1°; guidare 1°; lavorare 1°; prendere 2°; mettere 2°.

5.2 1. io abito, tu abiti, lui/lei abita, noi abitiamo, voi abitate, loro abitano; 2. io apro, tu apri, lui/lei apre, noi apriamo, voi aprite, loro aprono; 3. io cammino, tu cammini, lui/lei cammina, noi camminiamo, voi camminate, loro camminano; 4. io cancello, tu cancelli, lui/lei cancella, noi cancelliamo, voi cancellate, loro cancellano; 5. io costo, tu costi, lui/lei costa, noi costiamo, voi costate, loro costano; 6. io domando, tu domandi, lui/lei domanda, noi domandiamo, voi domandate, loro domandano; 7. io chiedo, tu chiedi, lui/lei chiede, noi chiediamo, voi chiedete, loro chiedono; 8. io lavoro, tu lavori, lui/lei lavora, noi lavoriamo, voi lavorate, loro lavorano; 9. io prendo, tu prendi, lui/lei prende, noi prendiamo, voi prendete, loro prendono; 10. io metto, tu metti, lui/lei mette, noi mettiamo, voi mettete, loro mettono.

5.3 1. aspetto; 2. ascoltate; 3. consiglia; 4. discutono; 5. riempi; 6. serviamo; 7. raggiungono.

5.4 1. andiamo; 2. preferisco; 3. capite; 4. stiamo; 5. esci; 6. sa.

5.5 1. io pago il caffè; 2. noi dimentichiamo il compleanno; 3. tu preferisci la montagna; 4. lei fa i compiti; 5. loro aspettano l'autobus; 6. lui sa la lezione.

5.7 1. gli amici; 2. dei bar; 3. la casa; 4. un amico; 5. le navi; 6. dei fiori

LEZIONE 6

6.1 quindici, dodici, tre, cinque, due, diciotto, otto.

6.2 1. estate; 2. primavera; 3. autunno.

6.3 lunedì, mercoledì, giovedì, sabato, domenica.

6.4 1. quindici gennaio duemilauno; 2. diciotto settembre duemilauno; 3. ventotto febbraio milleottocento; 4. due dicembre millecinquecentodieci; 5. quattordici agosto millesettecentocinquanta.

6.5 sette, dieci, venti, 17, 18, 19, 30, quindici, otto, 31.

6.6 1. ho una matita; 2. abbiamo due matite; 3. quanti anni hai?; 4. quando arriva Pasqua?; 5. quante penne hai?; 6. in estate fa caldo.

LEZIONE 7

7.1 1. tre; 2. quante; 3. quando; 4. quando / dicembre; 5. quanti; 6. dove.
7.2 1. ventotto; 2. cinque; 3. quindici; 4. venticinque euro
7.3 45,50 = quarantacinque e cinquanta; 14 = quattordici; 88 = ottantotto; 11,50 = undici e settanta; 58 = cinquantotto; 5,50 = cinque e cinquanta; 550 = cinquecentocinquanta; 19,90 = diciannove e novanta; 142 = centoquarantadue.
7.4 settantadue e trenta = 72,30; cinquantadue = 52; quarantotto e cinque = 48,5; sessantuno = 61; venticinque = 25; centocinquantasei = 156; duecentosette = 207: novantanove e nove = 99,9; quattro e cinquanta = 4,50.
7.5 1. costano; 2. dodici e cinquanta; 3. è; 4. (4,50); 5. Quanto costa?; 6. (130).

LEZIONE 8

8.1 1. sono le tre e un quarto; 2. sono le undici meno un quarto / sono le dieci e quarantacinque; 3. sono le sette e mezza; 4. è l'una e un quarto; 5. sono le undici e cinquantacinque / dodici meno cinque; 6. sono le tre e trentacinque; 7. sono le dodici e quaranta / è l'una meno venti.
8.2 1. ancora; 2. mai; 3. già; 4. presto; 5. adesso.
8.3 1. prima / dopo; 2. domani; 3. dopodomani; 4. domani; 5. oggi.
8.4 1. subito; 2. sempre; 3. ormai; 4. poi.
8.6 1. che, sono, tardi; 2. presto, ore, tardi, adesso

LEZIONE 9

9.1 1. loro devono partire / loro non devono partire; 2. loro vogliono mangiare una pizza / loro non vogliono mangiare una pizza; 3. lei vuole guardare un film / lei non vuole guardare un film.
9.2 1. voi potete imparare la lezione / voi non potete imparare la lezione; 2. tu puoi lavorare / tu non puoi lavorare; 3. loro possono giocare / loro non possono giocare.
9.3 1. io devo bere del vino / io non devo bere del vino; 2. noi dobbiamo studiare / noi non dobbiamo studiare; 3. loro devono uscire / loro non devono uscire.
9.4 1. preferiamo; 2. preferiscono; 3. preferisce; 4. preferite
9.5 1. io so fare il caffè / io non so fare il caffè; 2. lei sa la lezione / lei non sa la lezione; loro sanno giocare a tennis / loro non sanno giocare a tennis.
9.6 1. loro desiderano mangiare una pizza / loro non desiderano mangiare una pizza; 2. noi desideriamo lavorare / noi non desideriamo lavorare; 3. noi desideriamo un computer / noi non desideriamo un computer

LEZIONE 10

10.1 1. mi pento, non mi pento; 2. ti penti non ti penti; 3. si pente, non si pente; 4. ci pentiamo, non ci pentiamo; 5. vi pentite, non vi pentite; 6. si pentono, non si pentono.

10.2 1. io non mi accorgo; 2. loro non si vergognano; 3. noi non ci addormentiamo; 4. lui non si allontana; 5. tu non ti siedi.

10.3 1C, 2J, 3A, 4E, 5B, 6D, 7H, 8I, 9G, 10F.

10.4 1. loro si interessano alla storia delle città; 2. io mi offendo; 3. lei si permette di offendermi; 4. Dario si preoccupa per sua sorella; 5. buongiorno, mi chiamo Sabrina; 6. vi presento mio padre; 7. mi rifiuto di credere alle tue parole

10.5 1mi rivolgo; 2. ci sediamo; 3. vi separate; 4. si sistemano; 5. si specializza; 6. si stabilisce; 7. ci stanchiamo.

10.6 1. io non mi stanco facilmente; 2. noi ci teniamo forte ai salvagente; 3. Gioacchino e Luca non si vogliono togliere il maglione; 4. la mia casa non si trova in mezzo al lago; 5. gli errori non si vedono bene; 6. i bambini si ammalano spesso; 7. tu non ti tuffi in mare?

LEZIONE 11

11.1 1. nella; 2. nel; 3. nella; 4. nelle; 5. nelle.

11.2 1. sulle montagne; 2. sul letto; 3. sui letti; 4. sull'armadio.

11.3 1. dalla stanza; 2. dalle finestre; 3. dai letti; 4. dalla montagna.

11.4 1. di fianco; 2. nell'; 3. sotto.

11.5 1. va da Milano a Roma; 2. vado dal mare alla montagna; 3. sono nella casa di Marco; 4. guardo Andrea negli occhi.

11.6 1. a; 2. a; 3. a; 4. in; 5. agli; 6. in.

LEZIONE 12

12.1 tuo tua tuoi tue; suo sua suoi sue; nostro nostra nostri nostre; vostro vostra vostri vostre; loro loro loro loro.

12.2 1. come vi chiamate / ci; 2. come si chiamano / si; 3. come si chiama / si.

12.3 1. il nostro amico viene a casa tua; 2. il suo nome è Gianni; 3. la sua casa è quella; 4. le mie amiche sono belle; 5. le loro scarpe sono belle; 6. ho visto le mie amiche

12.4 1. che vestito vuoi? 2. che casa hai? 3. che macchina hai? 4. che cosa fai? 5. qual è il tuo diario? 6. quali sono i vostri amici? 7. quanti sono? 8. quanti chilometri mancano? 9. chi viene con me? 10. chi siete?

12.5 1. che cosa vuoi fare? 2. che macchina vuoi? 3. quanti anni hai? 4. dove vuoi andare? 5. da dove vieni? 6. quando vuoi partire? 7. come stai? 8. chi volete conoscere? 9. con chi usciamo la sera?

12.6 1. conosci i miei amici? 2. quali sono i tuoi biglietti? 3. come ti chiami? 4. quanto stai? 5. quanto costa? 6. sono i tuoi quaderni?

12.7 1. come ti chiami? 2. come stai? 3. dove vai? 4. da dove vieni? 5. che cosa vuoi? 6. quanto costa? 7. dove abiti? 8. quanti anni hai?

12.8 1. mi chiamo Luca; 2. io ho 25. anni, lui ha 30 anni; 3. noi veniamo dall'Irlanda, loro vengono dalla Germania; 4. vogliamo parlare con l'attore; 5. la mia giacca è sul letto.

LEZIONE 13

13.2 1. gli; 2. ti; 3. le; 4. con loro; 5. ci.
13.3 1. regalargli; 2. spostarci; 3. amarla; 4. amarle; 5. odiarvi; 6. regalarle.
13.4 1. posso aiutarti? 2. vogliamo conoscervi; 3. devo chiedervi una cosa; 4. come ti chiami? 5. dobbiamo andare a Roma; 6. voglio conoscervi.
13.5 1. conoscervi; 2. lo; amarla; 4. gli; 5. ti; 6. le.
13.6 mi, mi, sapere, si, è, me, ci.

LEZIONE 14

14.1 loro sarebbero; lui/lei sarebbe; tu saresti; voi sareste.
14.2 io avrei; tu avresti; lui/lei avrebbe; noi avremmo.
14.3 lui/lei amerebbe; noi ameremmo; tu ameresti; voi amereste; io amerei.
14.5 1. con; 2. con; 3. al, con; 4. in; 5. nell'; 6. alla; 7. con; 8. con la.
14.6 1. Luca e Andrea arrivano all'aeroporto alle sette; 2. andrei con il mio amico a pescare 3. vorrei bere un caffè con il latte; 4. mi potrebbe dare un bicchiere d'acqua? 5. vorrei mangiare un panino nel bar; 6. possiamo andare insieme alla stazione di Milano? 7. desidera mangiare?
14.7 1come vi chiamate? 2. cosa desideri? 3. dove vuoi andare? 4. che cosa vorresti fare? 5. come ti chiami?

LEZIONE 15

15.1 1. questa, quella 2. questo, quell'; 3. questo, quel; 4. questo, quel; 5. questa, quella; 6. questa, quella.
15.3 1. al; 2. di; 3. a; 4. di; 5. di; 6. in; 7. di; 8. nella; 9. di; 10. a.
15.4 1. questa; 2. quei; 3. questi; 4. quegli; 5. questo; 6. questo; 7. questo, quel; 8. quelli; 9. quella; 10. questi.
15.5 1. questa camicia è stretta; 2. questo ristorante è famoso; 3. mangiamo quel menu e beviamo questo vino; 4. non possiamo credere a questa storia; 5. non voglio vedere quella persona; 6. conosco quegli insegnanti.
15.6 1vorrei; 2. scriveremmo; 3. vorreste; 4. piacerebbe; 5. piacerebbe; 6. piacerebbe; 7. vorrei.
15.7 1. vorrei mangiare un po' di pane; 2. mangia questa minestra! 3. non dimenticarti quelle persone; 4. penso di andare al mare; 5. non credo di potermi abituare a questo; 6. non voglio accettare questi soldi; 7. non addormentarti quando guidi! 8. vorrei augurarti buon Natale.
15.8 1. di; 2. a; 3. di; 4. con; 5. di; 6. di; 7. di; 8. di.

LEZIONE 16

16.1 1. quale bar; 2. qual è; 3. quali giornalai; 4. quali opinioni; 5. quale progetto.
16.2 1. capisco; 2. capisci; 3. capisce; 4. capiamo; 5. capite; 6. capiscono.
16.4 1. che fortuna; 2. che ore sono; 3. qual è il tuo amico?; 4. dico che farò presto.
16.5 1. di; 2. che; 3. di; 4. che; 5. che; 6. che; 7. di; 8. di.
16.6 1. qual è il mio piatto? 2. non so come comportarmi; 3. quali sono i miei gatti?; 4. noi capiamo queste cose; 5. loro dicono che hanno ragione; 6. che cosa posso

cucinare? 7. questi sono i miei piatti? 8. puoi descrivere quei luoghi?

16.7 1. ricordati di scrivere a Matteo; 2. non credi di esagerare? 3. i politici sanno governare; 4. voi immaginate di essere al mare sulla spiaggia; 5. tu pensi di guadagnare? 6. io dico che noi inquiniamo il mondo; 7. credono che tu puoi mantenere la tua famiglia; 8. sperano di dimostrare che io mi sbaglio.

LEZIONE 17

17.3 1. più, del; 2. di; 3. di; 4. più; 5. più / della; 6. moltissimi; 7. più / del; 8. velocissima.

17.4 1. questo è il giorno più lungo dell'anno; 2. l'esame di oggi è difficilissimo; 3. loro sono più grassi di noi; 4. questa è la malattia più grave; 5. quello appeso al muro è un quadro modernissimo; 6. questo cuscino è meno morbido di quello; 7. la mia camicia è nuovissima; 8. il tuo lavoro è perfetto.

17.5 1. cattivissimo; 2. pesantissimo; 3. preoccupatissimo; 4. religiosissimo; 5. ricchissimo; 6. sbagliatissimo.

17.6 Oggi il giornale scrive una cosa strana: gli italiani non fanno più bambini perché si sposano tardi. Sono più gli italiani senza figli di quelli con i figli. Questo non è un problema, perché sulla terra siamo già moltissimi e tantissimi non hanno da mangiare. Un'Italia con meno abitanti significa un'Italia più attenta alle donne e alle famiglie

LEZIONE 18

18.3 1. che; 2. che; 3. di; 4. che; 5. dei; 6. che.

18.4 1. la, più calda, più fredda; 2. più difficile; 3. il più bravo; 4. il più noioso; 5. le più grandi.

18.5 1. chi siete? 2. potrebbe indicarmi la strada? 3. chi è il più giovane? 4. dove devo girare? 5. come vi chiamate?

LEZIONE 19

19.2 1. puntualissimo; 2. bravissimo; 3. buonissimo; 4. fedelissimo; 5. famosissimo; 6. lunghissimo; 7. pulitissimo; 8. preziosissimo; 9. poverissimo; 10. pianissimo; 11. pericolosissimo; 12. ordinatissimo; 13. onestissimo; 14. larghissimo; 15. gustosissimo; 16. bianchissima.

19.4 1. molti, pochi; 2. molti; 3. pochi; 4. molti, pochi; 5. molti; 6. pochi; 7. molte

19.5 1. alcuni; 2. alcune; 3. alcuni; 4. qualche; 5. qualche; 6. alcuni; 7. alcune; 8. alcune.

19.6 1. molte assicurazioni non sono chiare; 2. ho molta fame; 3. sono molto arrabbiato; 4. ho alcuni appartamenti arredati; 5. qualche deputato non fa il suo lavoro; 6. molti dipendenti non lavorano; 7. ho qualche disturbo in bocca.

LEZIONE 20

20.3 1. ci sono; 2. c'è; 3. ci sono; 4. ci sono; 5. c'è; 6. c'è; 7. c'è; 8. ci sono; 9. ci sono; 10. ci sono; 11. c'è; 12. ci sono.

20.4 1. non posso farti conoscere mia figlia; 2. voglio farti una sorpresa; 3. voglio farti fare un disegno; 4. devo farti scrivere molto; 5. l'impiegato vuole farti aprire un conto; 6. devo farvi vedere una cosa; 7. voglio farle conoscere il mio amore; 8. possiamo farvi mangiare una pizza?

20.5 1. mi dà il suo numero di conto? 2. paga in contanti o con carta di credito? 3. posso pagare con carta di credito? 4. ha un documento? 5. mi scusi, dov'è l'ufficio di cambio? 6. hai bisogno di contanti? 7. è aperta la banca?

20.6 1. non / niente; 2. non / altri; 3. non / altro; 4. non / altri; 5. altre; 6. altre; 7. non / nient'altro; 8. non / niente.

20.7 1. preferirei il riso invece della pasta; 2. vado io al posto vostro; 3. vorrei andare al mare invece di andare in montagna; 4. devi pensare invece di parlare; 5. passami il giallo invece del viola; 6. al posto dei libri ho portato i giornali; 7. usate le matite al posto della penna.

20.8 1E; 2A; 3B; 4C; 5F; 6D.

LEZIONE 21

21.2 1. per; 2. da; 3. con; 4. per / da; 5. per / per; 6. da; 7. per; 8. per.

21.4 1. ho conosciuto tua sorella; 2. sono andato in città; 3. sono andato in città e ho conosciuto tua sorella; 4. oggi sono entrato in un bar e ho ordinato da bere; 5. ho scritto una lettera per Luca; 6. mi sono vestito e sono partito subito; 7. oggi ho messo la gonna e la giacca di pelle rossa.

21.5 1. per; 2. dalla; 3. con; 4. di; 5. per; 6. al; 7. da; 8. a, per.

21.6 1. ho mangiato una pastasciutta; 2. sono partito da Firenze; 3. mi sono fatto male al braccio; 4. sono ungherese / vengo dall'Ungheria.

21.7 1. Andrea è uscito alle 15.00; 2. una macchina ha investito Andrea; 3. hanno portato Andrea all'ospedale; 4. il dottore ha visitato Andrea; 5. Andrea si è rotto un braccio.

21.8 1. da quanto tempo siete in Italia? 2. da quanto tempo cerchi un lavoro? 3. che cosa mi vuoi offrire? 4. in che cosa ti sei laureato? 5. dove vi siete laureati?

LEZIONE 22

22.3 di corsa; di sopra; in fretta; da vicino.

22.4 1. oggi mi sento così così; 2. la farmacia è da queste parti, ma non so dove; 3. andiamo via di corsa; 4. abitiamo nei pressi della banca; 5. conosciamo bene le persone di sotto; 6. potremmo andare di là, nell'altra stanza; 7. facciamo in fretta, voglio vedere la partita in televisione.

22.5 1. qualcuno; 2. qualche; 3. qualcosa; 4. qualcosa; 5. qualcun altro; 6. qualche.

22.6 1. chi parla; 2. c'è; 3. un; 4. quando; 5. alle; 6. a; 7. ciao.

LEZIONE 23

23.3 1. da; 2. in; 3. a; 4. a; 5. da; 6. da; 7. a, da.

23.4 1. noi cuciniamo come dei bravissimi cuochi; 2. come posso controllare tutti questi conti? 3. come vi chiamate? 4. come sono deluso! 5. come lui ha confessato, il colpevole è Gianni 6. come c'è scritto sui documenti, io non mi chiamo Luca, ma Marco.

23.5 1. con; 2. da; 3. da; 4. in; 5. sul; 6. in; 7. da / a.

23.6 1. fino a dove; 2. tra poco; 3. poco fa; 4. d'ora in avanti; 5. per sempre.

LEZIONE 24

24.4 1. si può fare un bel lavoro; 2. chi sa se oggi piove o nevica?; 3. si dice che tu vieni martedì; 4. si deve fare molta attenzione; 5. non preoccuparti, succede anche ai migliori; 6. si può combattere la guerra, ma non si può vincere; 7. si deve guadagnare molto per vivere bene; 8. è necessario investire dei soldi per avere gli interessi.

24.5 1. è necessario; 2. è necessario; 3. mi sembra; 4. è necessario; 5. è capitato; 6. capita; 7. è necessario.

24.6 1. mi; 2. si; 3. ci; 4. si; 5. si; 6. si; 7. ci.

LEZIONE 25

25.2 1. cui; 2. che; 3. che; 4. che; 5. cui; 6. che; 7. cui.

25.3 1. la bibita che hai bevuto è molto buona; 2. l'affitto che pago non è caro;
3. non conosco la persona di cui parli; 4. il dentista da cui vai è bravo?
5. la mano con cui mangi è la destra; 6. sento il tuo cuore che batte.

25.4 1. bere e mangiare sono le cose che preferisco; 2. non posso finire un lavoro che non capisco; 3. voglio mangiare il piatto che mi hai consigliato; 4. la direzione in cui vai è sbagliata; 5. ho un amico che mi aiuta molto; 6. mi devi pagare per il lavoro che ho finito; 7. non ho qualcuno in cui credere.

25.5 1. perché; 2. dove; 3. come; 4. perché; 5. che; 6. cui; 7. perché; 8. dove.

25.6 1. perché eviti di parlare con Dario? 2. ho illustrato un progetto che conosco bene; 3. ho la gamba che mi fa male; 4. è una macchina che va a gasolio; 5. perché metti il ghiaccio nel bicchiere? 6. non so perché il giornale dice queste cose; 7. perché non volete finire questa pizza? 8. perché non ti metti i guanti?

LEZIONE 26

26.1 1. mi piaceva; 2. mangiavo / vedevo; 3. volevi; 4. era; 5. dedicava; 6. era; 7. potevamo; 8. parlavo.

26.2 1. mi ero fermato; 2. era diventato; 3. avevo disturbato; 4. ero riuscito; 5. avevo conosciuto; 6. avevo capito; 7. ero riuscito.

26.3 1. stavo / ho visto; 2. mangiavo / guardavo; 3. eravamo / abbiamo sentito;
4. dormivate / lavoravamo.

26.4 1. il maglione non si è consumato; 2. non ho niente da mangiare; 3. non ho nient'altro da dire; 4. nessuno vuole questo caffè? 5. oggi non mangio niente; 6. non ho deluso mia sorella; 7. Gianni contribuiva ai miei bisogni; 8. non c'è nessuno qui?

26.6 1. nessuno; 2. non /nessun; 3. non / niente; 4. tutti.

LEZIONE 27

27.3 1. son serviti da; 2. è letto da; 3. è scritto dagli; 4. è mangiato da; 5. è incontrato da.

27.5 1. mi devo ricordare di partire presto; 2. bisogna sapere che cosa mangiare;
3. voglio cercare di fare tutto bene; 4. bisogna curare la febbre; 5. devi decidere

che cosa bisogna fare; 6. dobbiamo ricordarci di partire prima della sera; 7. mi ero dimenticato di avvertire Dario; 8. non mi importava di niente.

27.6 1. è stato escluso; 2. è stato fissato; 3. è stata illustrata; 4. è stato scritto; 5. è stata interessata.

27.7 1. Gianni non si ricordava della festa di compleanno; 2. l'intelligenza è giudicata dai risultati; 3. Mattia aveva intenzione di andare al mare, ma non è partito; 4. noi ci eravamo interessati a questi argomenti; 5. continuavano a interromperci quando parlavamo; 6. quando era finito l'intervallo, Silvia entrava in classe; 7. Matteo aveva 30 anni e era ancora mantenuto dalla madre.

Lezione 28

28.4 1. dove stai andando? 2. con chi vuoi andare? 3. stiamo andando al cinema con gli amici; 4. stavo pensando a te quando ti ho vista; 5. stavamo pescando quando abbiamo visto passare l'aereo 6. che cosa stai preparando?

28.5 1. –lo; 2. –lo; 3. –la; 4. –li; 5. –mi; 6. –gli; 7. –lo.

28.6 1. voglio parlare con Gianni; vuoi conoscerlo? 2. devo osservarlo meglio; 3. posso guardarlo? 4. vuoi conoscerla meglio? 5. oggi devo pagarlo, non posso più aspettare; 6. non potevo permetterlo; 7. dovevo prepararmi presto.

Lezione 29

29.1 1. ascolterete; 2. ascolterai; 3. ascolteremo; 4. ascolterà; 5. ascolteranno.

29.2 1. saranno ascoltati / ascoltate; 2. sarà ascoltato / ascoltata; 3. saremo ascoltati / ascoltate; 4. sarai ascoltato / ascoltata; 5. sarete ascoltati / ascoltate.

29.4 1. mi potrai perdonare? 2. ti porterò al mare con la macchina; 3. potrai osservare il mare, gli uccelli e i fiori; 4. bisognerà aprire l'ombrello; 5. loro organizzeranno una bella gita a Palma di Maiorca; 6. così non otterrai niente; 7. ha detto che non ci parleremo più.

29.5 1. avrò; 2. pescherai; 3. piangeremo; 4. costruiranno; 5. pioverà; 6. andrete; 7. sarà permesso; 8. porterà.

29.6 1. con; 2. per; 3. per; 4. a; 5. in/a; 6. nel; 7. di.

Lezione 30

30.2 1. vietato raccogliere i fiori; 2. attenzione pericolo; 3. divieto d'accesso; 4. divieto di balneazione; 5. vietato fumare; 6. vietato calpestare l'erba; 7. vietato il campeggio; 8. attenti al cane; 9. pericolo di morte.

30.3 1. non mi sarei lavato le mani ; 2. non sarei stato informato dai miei amici; 3. non avresti insistito; 4. non avremmo mai invidiato Luca; 5. avrei invitato Matteo alla mia festa; 6. avrei potuto misurare il tuo giardino.

30.4 1. mangerei; 2. avrei; 3. dovrei; 4. pretenderebbero; 5. potrei; 6. avresti.

30.5 1. se mangio la pizza ingrasso; 2. se continui a parlare, non capirai niente; 3. se stai attento, non perderai la strada; 4. avrò un aumento se continuerò a lavorare bene; 5. ti sentirai meglio se mangerai questa banana.

30.6 1. avrei promesso; 2. avrei pubblicato; 3. avrebbero raccontato; 4. avremmo realizzato; 5. vi sareste riposati; 6. avremmo dovuto; 7. ci saremmo sbrigati.

ELEMENTI DI GRAMMATICA

GRAMMATICAL ELEMENTS

ALFABETO E FONETICA
ALPHABET AND PHONETICS

Le lettere	*The letters*
L'alfabeto italiano deriva dall'alfabeto latino. L'alfabeto italiano ha 21 lettere maiuscole e minuscole e 5 lettere straniere (maiuscole o minuscole).	*The Italian alphabet derives from the Latin alphabet.* *The Italian alphabet has 21 capital and small letters and 5 foreign letters (capital and small).*

maiuscola / ***capital***	**minuscola /** ***small***	**pronuncia alfabeto /** ***pronunciation-spelling***	**pronuncia normale /** ***normal pronunciation***	**pronuncia inglese /** ***english pronunciation***
A	a	a	[a]	fl**a**t, c**a**t
B	b	bi	[b]	**b**ad
C	c	ci	*(vedi tab. 1)*	*(see tab. 1)*
D	d	di	[d]	**d**esk
E	e	e	*(vedi tab. 2)*	*(see tab. 2)*
F	f	effe	[f]	**f**ar
G	g	gi	*(vedi tab. 3)*	*(see tab. 3)*
H	h	acca	non si legge	*not pronounced*
I	i	i	[i]	g**i**ft
J	j	i lunga	[ʤ] [i]	**g**in / g**i**ft

maiuscola / ***capital***	**minuscola /** ***small***	**pronuncia alfabeto /** ***pronunciation-spelling***	**pronuncia normale /** ***normal pronunciation***	**pronuncia inglese /** ***english pronunciation***
K	k	cappa	[k]	**c**ar
L	l	elle	[l]	**l**ove
M	m	emme	[m]	**m**ad
N	n	enne	[n]	**n**ail
O	o	o	*(vedi tab. 4)*	*(see tab. 4)*
P	p	pi	[p]	**p**en
Q	q	qu	[k]	**q**uick
R	r	erre	[r]	**r**ace
S	s	esse	*(vedi tab. 5)*	*(see tab. 5)*
T	t	ti	[t]	**t**ea
U	u	u	[u]	b**oo**k
V	v	vi	[v]	e**v**en
W	w	doppia vu	[u]	f**oo**d
X	x	ics	[ks]	a**cc**ent
Y	y	ipsilon / i greca	[i]	g**i**ft
Z	z	zeta	*(vedi tab. 6)*	*(see tab. 6)*

TAB. 1

c; ch+e; ch+i	[k]; [ke/kɛ]; [ki]	**c**ar; **ke**tchup; **ki**ck
c+e, c+i	[ʧe/ʧe]; [ʧi]	**che**rry, **chi**p; ca**tch**
ci+a; ci+o; ci+u	[ʧa]; [ʧo/ʧɔ]; [ʧu]	**cha**rge; **cho**colate; **chew**ingum

TAB. 2

e	[e]	r**ea**dy
	[ɛ]	**e**very

TAB. 3

g; gh+e, gh+i	[g]; [ge/gɛ]; [gi]	**g**lad; **ge**taway; **gi**ve
g+e, g+i	[ʤe]; [ʤi]	**ge**sture; **g**in; bri**dg**e
gi+a; gi+o; gi+u	[ʤa]; [ʤo/ʤɔ]; [ʤu]	**ja**r; **Jo**an; **Ju**ly
gli; gli+a; gli+e; gli+o	[λi]; [λe/λe]; [λa]; [λo/λɔ]	bi**llio**n
gli	[gli]	**gli**mmer
gn;	[ɲ]	me**n**u

TAB. 4

o	[o]	c**a**ll
	[ɔ]	d**o**s

TAB. 5

s	[s]	**s**ale
	[ṡ]	ri**s**e
sc+e; sc+i	[ʃe/ʃe]; [ʃi]	**she**lter; **shi**p
sci+a; sci+o; sci+u	[ʃa]; [ʃo/ʃɔ]; [ʃu]	**sho**ut; **sho**ck; **shoo**t
sc+h	[sk]	**sk**y

TAB. 6

z	[z]	hi**ts**
	[ż]	**dz**iggetai

Consonanti e vocali	*Consonants and vowels*
le lettere si dividono in consonanti e vocali	*letters are divided in consonants and vowels*
consonanti / *consonants* b, c, d, f, g, h, j, k, l, m, n, p, q, r, s, t, v, w, x, z	**consonanti** / *consonants* b, c, d, f, g, h, j, k, l, m, n, p, q, r, s, t, v, w, x, z
vocali / *vowels* *a, e, i, o, u, y*	**vocali** / *vowels* *a, e, i, o, u, y*

I dittonghi e le sillabe	*Diphthongs and syllables*
I dittonghi sono formati da due vocali che sono lette insieme. I dittonghi italiani sono: **ia, ie, io, iu** **ua, ue, ui, uo** **ai, ei, oi, ui** **au, eu**	*Diphthongs are formed by two vowels read together. Italian diphthongs are:* **ia, ie, io, iu** **ua ue, ui, uo** **ai, ei, oi, ui** **au, eu**
le sillabe sono gruppi di vocali e di consonanti. Le sillabe danno il ritmo alla parola. Le sillabe permettono di andare a capo alla fine della riga. parola: luna ⇒ sillabe: lu-na parola: amaro ⇒ sillabe: a-ma-ro	*syllables are formed by groups of vowels and consonants. Syllables give the rhythm to the words. Syllables allow the division of words.* *word: luna ⇒ syllables: lu-na* *word: amaro ⇒ syllables: a-ma-ro*
Le regole per andare a capo **gl, ch, gh, gn, sc, gli, sci** non sono mai divisi: **parola: sogno ⇒ sillabe: so-gno.**	***The rules to divide the words*** **gl, ch, gh, gn, sc, gli, sci** can't be divided: word: sogno ⇒ syllables: so-gno.
i **dittonghi** non sono mai divisi: parola: pausa ⇒ sillabe: pau-sa.	***dipthongs** can never be divided:* *word: pausa ⇒ syllables: pau-sa.*
le **consonanti doppie** sono divise: parola: prezzo⇒ sillabe: prez-zo; parola: pizza ⇒ sillabe: piz-za; parola: pizzeria ⇒ sillabe: piz-ze-ria.	***double consonants** are always divided:* *word: prezzo ⇒ syllables: prez-zo;* *word: pizza ⇒syllables: piz-za;* *word: pizzeria ⇒ syllables: piz-ze-ria.*
la **s** (ma non quando è doppia) va sempre all'**inizio** della sillaba: parola: **pasta** ⇒ sillabe: **pa-sta**; parola: **bastare** ⇒ sillabe: **ba-sta-re**; parola: **riposarsi** ⇒sillabe: **ri-po-sar-si**; parola: **basso** ⇒ sillabe: **bas-so**.	***s** (but not **ss**) is always at the beginning of the syllable:* *word: pasta⇒ syllables: pa-**s**ta;* *word: bastare ⇒syllables: ba-**s**ta-re* *word: riposarsi ⇒ syllables: ri-po-**s**ar-si* *word: basso ⇒syllables: bas-**so**.*
non si dividono i gruppi di consonanti che **possono** trovarsi all'inizio di una parola (gla-**br**o, ma-**gr**o); si dividono i gruppi di consonanti che **non possono** trovarsi all'inizio di una parola (sa**l-d**o, ca**r-t**a).	*you can't divide the groups of consonants, that can be at the beginning of a word (gla-**br**o, ma-**gr**o); you can divided the groups of consonants, that can't be at the beginning of a word (sa**l-d**o, ca**r-t**a).*

L'accento grafico	*The written accent*
Esistono due tipi di accento: grave (**è, à, ò, ì, ù**) quando la vocale è aperta; acuto (**é**) quando la vocale è chiusa.	*There are two kinds of accents:* grave (è, à, ò, ì, ù) when the vowel is open; *acuto (**é**) when the vowel is closed.*
l'accento è scritto nelle parole con **due** (**o più**) sillabe quando l'accento cade sull'ultima sillaba e la sillaba non termina con una consonante: parola: **perché** > sillabe: **per-ché**; parola: **caffè** > sillabe: **caf-fè**.	*the accent is written on words formed by **two**(or **more**)**-syllables**, when it is on the last syllable and the syllable doesn't end with a consonant:* *word: perché > syllable: per-ché;* *word: caffè > syllables: caf-fè.*
l'accento è scritto nelle parole formate da una sillaba conclusa da due vocali: parola: **più** > sillabe: **più**; parola: **può** > sillabe: **può**; parola: **già** > sillabe: **già**; parola: **giù** > sillabe: **giù**. Ma: **qui** e **qua** non hanno l'accento grafico.	*the accent is written on words formed by one syllable ending with two vowels:* *word: più > syllable: più;* *word: può > syllable: può;* *word: già > syllable: già;* *word: giù > syllable: giù.* *But: in **qui** and **qua** the accent isn't written.*
l'accento è sempre scritto nelle seguenti parole formate da **una** sillaba: dà = dare (Giovanni **dà** il libro a Luca); è = essere (la casa **è** grande); là = avverbio di luogo (vive **là**, in quella casa); lì = avverbio di luogo (abita lì, in quel palazzo); né = congiunzione (non ho né amici, né nemici); sì = avverbio (sì, va bene!); tè = nome di cosa (mi piace bere il tè); sé = pronome (parla sempre di sé).	*the accent is always written on the following words formed by **one** syllable:* *dà = gives (Giovanni **gives** Luca the book);* *è = is (the house **is** big);* *là = over there (he lives **over there**, in that house);* *lì = there (he lives **there**, in that building);* *né = neither … nor (I have **neither** friends **nor** enemies);* *sì = yes, adverb (**yes**, it's ok!);* *tè = noun (I like to drink **tea**);* *sé = himself, herself, itself, themselves (he always talk about **himself**)*

L'apostrofo	*The apostrophe*
Quando una vocale alla fine di una parola incontra una vocale all'inizio di una parola, la prima vocale cade (elisione). Quando questo accade, bisogna usare l'apostrofo. **la a**cqua = l'acqua **lo e**lenco = l'elenco. l'elisione è obbligatoria: • con gli articoli determinativi **lo** e **la**, con l'articolo indeterminativo **una** le preposizioni **dello, della, allo, alla, nello, nella, sullo, sulla**: (lo) l'aereo; (la) l'amica; (una) un'amica (dello) dell'appartamento; (della) dell'auto; (allo) all'esercizio; (alla) all'epoca; (nello) nell'esame; (nella) nell'esperienza; (sullo) sull'errore; (sulla) sull'antenna; • con **bello** e **bella**: (bello) bell'animale; (bella) bell'acqua. Attenzione: **bello** davanti a consonante (non davanti a x, z, ps, gn, s+consonante) diventa **bel**, **senza apostrofo**; • con **quello** e **quella, questo** e **questa**: (quello) quell'uomo; (quella) quell'edicola; (questo) quest'uomo; (questa) quell'edicola; • con **ci**, quando è usato come avverbio davanti alle forme del verbo essere che iniziano con **e**: c'è, c'erano, c'eravamo; • con **santo** e **santa**, quando il nome del santo comincia con **vocale**: sant'Agostino, sant'Anna. **l'elisione non è usata:** • con **le, li** pronomi personali; • con il pronome **ci**; • quando la prima parola ha già un apostrofo; • quando la seconda parola comincia con **i** seguita da un'altra **vocale**: **lo ia**to, **lo io**dio, **lo ie**ttatore. Negli altri casi è possibile usare o non usare l'elisione: la scelta è libera.	*When a vowel at the end of a word meets another vowel at the beginning of the following word, the first vowel is canceled (elision). When this happens you have to use a sign called apostrophe.* **la a**cqua = l'acqua (water) **lo e**lenco = l'elenco (list). ***the elision is obligatory:*** • *with the definite articles **lo** and **la**, the indefinite article **una** and with the prepositions **dello, della, allo, alla, nello, nella, sullo, sulla** (of the, of the, to the, to the, in the, in the, on the, on the): (the plane; the girlfriend; a girlfriend; of the apartament; of the car; at the exercise; at the age; in the exam; in the experience; on the error; on the spar);* • *with the adjectives **bello** and **bella**: (beautiful) bell'animale; bell'acqua.* **Attention: bello** *before a consonant (but not before x, z, ps, gn, s+consonant) becomes **bel** without the apostrophe;* • *with **quello**, **quella**, **questo**, **questa** (that and this): (that man; that news-stand; this man; this news-stand);* • *with **ci** used as adverb before the verb* **essere** *(to be), when it begins with **e**: there is; there were; we were there;* • *with **santo** and **santa** (saint), when the name of the Saint begins with **vowel**: sant'Agostino, sant'Anna.* ***the elision is not used:*** • *with **le** and **li** used as personal pronouns;* • *with the pronoun **ci**;* • *when the first word already has an apostrophe;* • *when the second word begins with **i** follewed by another **vowel**: **lo ia**to, **lo io**dio, **lo ie**ttatore.* *In all the other cases you can use or not the elision: the choice is free.*

Il troncamento	*The apocope*
Alcune parole perdono la **vocale** oppure la **sillaba** finale ma non prendono l'apostrofo.	*Some words lose the final **vowel** or the final **syllable**, but don't add the apostrophe.*
bello davanti a parola maschile che inizia con consonante (non davanti a x, z, ps, gn, s+consonante) diventa **bel senza apostrofo:** un **bel** quadro	***bello** (beautiful) before a masculine word that begins with a consonant (but not before x, z, ps, gn, s+consonante) becomes **bel**, but **without the apostrophe**:* *a **beautiful** picture*
quello davanti a parola maschile che inizia con consonante (non davanti a x, z, ps, gn, s+consonante) diventa **quel senza apostrofo**: **quel** peso, **quel** palazzo.	***quello** (that) before a masculine word that begins with a consonant (but not before x, z, ps, gn, s+consonante) becomes "quel", but **without the apostrophe*** ***that** weight; **that** palace.*
professore, signore, dottore, ingegnere davanti a nome proprio: **signor** Rossi, **professor** Bianchi, **dottor** Verdi	***professore, signore, dottore, ingegnere** (professor, teacher, gentleman, doctor, engineer) before a family name:* *(Mister Rossi; professor Bianchi; doctor Verdi)*

La punteggiatura	*The punctuation*
Nella lingua italiana sono usati i segni di punteggiatura. Ci sono alcune regole ma anche molta libertà.	*The following punctuation is used in italian. There are some rules, but also a lot of freedom.*
. *punto*. È la pausa più forte. La parola seguente comincia con la lettera maiuscola.	***.*** *full stop. It's the longest pause. The following word begins with a capital letter.*
, *virgola*. È la pausa più breve ed è usata molto spesso.	***,*** *comma. It's the shortest pause and it's used very often.*
; *punto e virgola.* È una pausa media, più forte della virgola, ma più debole del punto.	***;*** *semicolon. It's an intermediate pause: longer than the comma, but shorter than the full stop.*
: *due punti.* È una pausa media. Le parole che seguono sono una spiegazione di quelle che precedono.	***:*** *colon. It's an intermediate pause. The sentence that follows a colon is the explanation of the previous one.*
? *punto interrogativo.* È usato alla fine delle domande. La parola seguente comincia con la lettera maiuscola.	***?*** *question mark. It's used at the end of a question. The following word begins with a capital letter.*
! *punto esclamativo.* È usato per sottolineare una frase. La parola seguente comincia con la lettera maiuscola.	***!*** *exclamation mark. It's used to stress a sentence. The following word begins with a capital letter*
LE LETTERE MAIUSCOLE La prima lettera di una parola è maiuscola: • all'inizio di una frase; • all'inizio di una frase dopo il punto, dopo il punto di domanda, dopo il punto esclamativo; • all'inizio di una frase o in mezzo a una frase nei nomi propri (per esempio: Alberto, Giovanni, Andrea, Venezia, Italia, Germania).	***CAPITAL LETTERS*** *The first letter of a word is always a capital letter:* *• at the beginning of a sentence;* *• at the beginning of a sentence after a full stop, a question mark or an exclamation mark;* *• at the beginning of a sentence or in the middle of a sentence with a proper noun (eg.: Alberto, Giovanni, Andrea, Venice, Italy, Germany).*

L'ARTICOLO
THE ARTICLE

L'articolo ha due forme:
determinativo, usato quando il nome seguente è già noto a chi parla;
indeterminativo, usato quando il nome seguente è nuovo a chi parla o generico o indefinito.

The article has two forms:
***definite**, used when the following noun is already known by the speaker;*
***indefinite**, used when the following noun is new for the speaker, or generic or indefinite.*

Articolo determinativo		*Definite article*	
Singolare	**Plurale**	***Singular***	***Plural***
maschile		***masculine***	
il fiore	**i** fiori	*the flower*	*the flowers*
l'albero	**gli** alberi	*the tree*	*the trees*
femminile		***feminine***	
la chiave	**le** chiavi	*the key*	*the keys*
l'amica	**le** amiche	*the girlfriend*	*the girlfriends*

singolare: **il, lo, la, l'**
plurale: **i, gli, le**
Attenzione: **l'** è la forma elisa di **lo** e di **la**.

- **il** e **i** + consonante (parola maschile): il letto / i letti; il cielo / i cieli;
- **l'** e **gli** + vocale (parola maschile): l'uomo / gli uomini; l'amico / gli amici;
- **lo** si usa con s+consonante, gn, z, pn, ps, i+ vocale (parola maschile): lo scavo / gli scavi;
- **la** e **le** + consonante (parola femminile): la stella / le stelle; la foglia / le foglie;
- **l'** + vocale (parola femminile singolare): l'amica / le amiche.

*singular: **il, lo,la, l'***
*plural: **i, gli, le***
*Attention!: **l'** is the elided form of **lo** and **la**.*

- ***il** and i are used before masculine nouns beginning with consonant: (the bed/beds; the sky/skies*
- ***l'** and **gli** are used before nouns beginning with a wovel: (the man/men; the friend/friends);*
- ***lo** is also used before masculine nouns beginning with s+consonant, gn, z, pn, ps, i+vowel: (the excavation/excavations);*
- ***la** and le are used before all feminine nouns: (the star/stars; the leaf/leafs);*
- ***l'** before nouns (feminine singular) beginning with vowels: l'amica / le amiche.*
- ***l'** + vowel (singular feminine word): (the girlfriend/girlfriends).*

Articolo indeterminativo

Indefinite article

Singolare	**Plurale / partitivo**	***Singular***	***Plural - partitive***
maschile		***masculine***	
un fiore	**dei** fiori	*a flower*	*some flowers*
un albero	**degli** alberi	*a tree*	*some trees*
femminile		***feminine***	
una chiave	**delle** chiavi	*a key*	*some keys*
un'amica	**delle** amiche	*a girlfriend*	*some girlfriends*

singolare: **un, uno, una, un'**

- **un** + parola maschile: un letto, un amico;
- **uno** si usa con s+consonante, gn, z, pn, ps, i+ vocale (parola maschile): uno scavo; uno psicologo;
- **una** + (consonante / i+vocale) (parola femminile): una penna, una foglia, una iena;
- **un'** + vocale (parola femminile): un'amica

*singular: **un, uno, una, un'***

- ***un** is used before masculine nouns beginning with vowel or consonant: (a bed, a friend)*
- ***uno** is used before masculine words beginning with s+consonant, gn, z, pn, ps, i+vowel (a excavation; a psycologist)*
- ***una** is used before feminine nouns beginning with consonant and i+vowel (a pen; a leaf; a hyena)*
- ***un'** before feminine words beginning with a vowel (a girlfriend)*

Articolo indeterminativo	*Indefinite article*
plurale: **dei, degli, delle** • **dei** + consonante (parola maschile): dei letti, dei cieli; • **degli** si usa con s+consonante, gn, z, pn, ps, i+ vocale (parola maschile): gli pneumatici • **delle** + parola femminile: delle foglie attenzione: dei, degli e delle non sono articoli indefiniti plurali, ma preposizioni articolate. Sono usate come articoli "partitivi", come gli aggettivi e i pronomi indefiniti inglesi some e any.	***dei, degli*** *and* ***delle*** *are plural* • ***dei*** *is used before masculine nouns beginning with a consonant: (some beds; some skies)* • ***degli*** *is used before words beginning with a vowel, s+consonante, gn, z, pn, ps, i+vowel (the tyres)* • ***delle*** *is used before all the feminine words (some leaves)* *pay attention: dei, degli and delle aren't indefinite plural articles, but contracted prepositions. They are used as the english "indefinite adjectives or pronouns" (= some and any).*

I NOMI
NOUNS

Il nome nella lingua italiana può essere **nome proprio** o **nome comune**, **maschile** o **femminile**, **singolare** o **plurale**.

*In Italian nouns can be **proper** or **common**, **masculine** or **feminine**, **singular** or **plural**.*

Le forme del nome	*Noun forms*
NOME PROPRIO E NOME COMUNE	***PROPER NOUN AND COMMON NOUN***
nome proprio: si dice "nome proprio" il nome proprio di persona o di luogo (Alberto, Luca, Matteo, Venezia, Vienna, Parigi, Spagna, Italia, Albania...). il "nome proprio" è scritto sempre con la prima lettera maiuscola.	***proper noun:*** *"Proper nouns" are the names of people and places (Alberto, Luca, Matteo, Venice, Vienna, Paris, Spain, Italy, Albania...).* *The first letter of a proper noun is always capital.*
nome comune: si dice "nome comune", il nome generico di cose, persone, animali (dottore, bambino, macchina, lago, mare, cane, gatto...). il "nome comune" è scritto minuscolo.	***common noun:*** *"Common nouns" are the generic names of things, people, animals (doctor, child, car, lake, sea, dog, cat...).* *common noun is always small.*

Le forme del nome	*Noun forms*
NOMI MASCHILI E NOMI FEMMINILI	***MASCULINE AND FEMININE NOUNS***
spesso i **nomi di persone e di animali** sono maschili quando si riferiscono a persone o animali maschili (uomo, padre, soldato, cane…), sono femminili quando si riferiscono a persone o animali femminili (donna, infermiera, mamma…). non sempre questa regola è rispettata: *guardia* è un nome femminile ma si riferisce, in genere, a una persona maschile.	*the names of people and animals are usually masculine when referred to males (man, father, solider, dog…), but are feminine when referred to females (woman, nurse, mother…).* *however this rule is not very rigid. For example "guardia" (guard), which in Italian is feminine, is normally referred to a man.*
i nomi di cose, invece, variano e possono essere maschili o femminili.	*on the contrary, the nouns indicating things change and can be either feminine or masculine.*
sono nomi maschili: i nomi che finiscono con **-o** (libro, mano, naso, tavolo…); i nomi che finiscono con **consonante** (bar, box, bus…).	***masculine:*** *nouns ending in* ***-o*** *(book, hand, nose, table…);* *nouns ending in* ***consonant*** *(bar, box, bus…).*
sono nomi femminili: i nomi che finiscono con **-a** (casa, penna, sedia…)*; i nomi (non plurali) che finiscono con **-i** (tesi, diagnosi, analisi...); i nomi che finiscono con **-tà** e **-tù** (città, difficoltà...). *alcuni nomi che finiscono con -**a** sono maschili (poeta, artista, papa, papà…).	***feminine:*** *nouns ending in* ***-a*** *(casa, pen, chair…)*;* *singular nouns ending in* ***-i*** *(thesis, diagnosis, analysis…);* *nouns ending in* ***-tà*** *and* ***-tù*** *(city, difficulty…).* ** some nouns ending in* ***-a*** *are masculine (poet, artist, pope, dad…).*
sono maschili o femminili (aiuta il dizionario): i nomi (singolari) che finiscono con -**e.**	***masculine or feminine*** *(the dictionary can help you): singular nouns ending in* ***-e.***
dal maschile al femminile: i nomi maschili che finiscono con **-a** hanno il femminile che finisce con **-essa:** poeta / poetessa.	***from masculine to feminine:*** *masculine nouns ending in* ***-a*** *form the feminine by dropping the* ***-a*** *and adding* ***-essa****: poet / poetess.*

Le forme del nome	*Noun forms*
i nomi maschili che finiscono con **-e** hanno in femminile che finisce con **-a** o con **-essa:** studente / studentessa; presidente / presidentessa; signore / signora; cameriere / cameriera.	*masculine nouns ending in* ***-e*** *form the feminine by dropping the* ***-e*** *and adding* ***-a*** *or* ***-essa:*** *student;* *presidente;* *sir / madam;* *waiter / waitress.*
i nomi maschili che finiscono con **-o** hanno il femminile che finisce con **-a** o con **-essa:** figlio / figlia; gatto / gatta; avvocato / avvocatessa; maestro / maestra.	*masculine nouns ending in* ***-o*** *form the feminine by dropping the* ***-o*** *and adding* ***-a*** *or* ***-essa:*** *son / daughter;* *cat;* *lawyer;* *teacher.*
i nomi maschili che finiscono con **-tore** hanno il femminile che finisce con **-trice, -essa:** attore / attrice; scrittore / scrittrice; pittore / pittrice; dottore / dottoressa.	*masculine nouns ending in* ***-tore*** *form the feminine by dropping the* ***-tore*** *and adding* ***-trice*** *or* ***-essa:*** actor / actress; *writer;* *painter;* *doctor.*
i nomi maschili che finiscono con **-sore** hanno il femminile che finisce con **-itrice, -essa**: difensore / difenditrice; professore / professoressa.	*masculine nouns ending in* ***-sore*** *form the feminine by dropping the* ***-sore*** *and adding i* ***-itrice*** *or* ***-essa****:* *defender;* *teacher.*
alcuni nomi maschili hanno il femminile che finisce diversamente: gallo / gallina; cane / cagna.	*some masculine nouns form the feminine in a different way:* *cock / hen;* *dog.*
alcuni nomi maschili hanno il femminile completamente diverso: fratello /sorella; marito / moglie; maschio / femmina; padre / madre papà / mamma uomo / donna.	some masculine nouns have a totally different feminine form: *brother / sister;* *husband / wife;* *male / female;* *father / mother* *dad / mom* *man / woman.*

Le forme del nome	*Noun forms*
alcuni nomi hanno il maschile uguale al femminile, ma cambiano l'articolo: il cantante / la cantante; il giornalista / la giornalista; il collega / la collega.	some nouns have the same form for masculine and feminine, but they change the article: *singer;* *journalist;* *colleague.*
SINGOLARE E PLURALE	***SINGULAR AND PLURAL***
i nomi maschili che finiscono con **-a** hanno il plurale che finisce con **-i**: poeta / poeti.	*masculine nouns ending in* ***-a*** *form their plural by dropping the* ***-a*** *and adding* ***-i****:* *poet / poets.*
i nomi femminili che finiscono con **-a** hanno il plurale che finisce con **-e**: casa / case; strada / strade.	*feminine nouns ending in* ***-a*** *form their plural by dropping the* ***-a*** *and adding* ***-e****:* *house / houses;* *streeet / streets.*
i nomi femminili che finiscono con **-ca** e **-ga** hanno il plurale che finisce con **-che, -ghe**: barca / barche; la collega / le colleghe.	*feminine nouns ending in* ***-ca*** *and* ***-ga*** *form their plural by dropping the* ***-ca*** *and* ***-ga*** *and adding* ***-che*** *and* ***-ghe****:* *ship / ships;* *colleague / colleagues.*
i nomi femminili che finiscono con **-cia** e **-gia (accentate)** hanno il plurale che finisce con **-cie -gie**: farmacia / farmacie.	*feminine nouns ending in* ***-cia*** *and* ***-gia*** *(stressed) form their plural by dropping the* ***-cia*** *and* ***-gia*** *and adding* ***-cie*** *and* ***-gie****:* *pharmacy / pharmacies.*
i nomi femminili che finiscono con vocale + **cia** e vocale + **gia (non accentate)** hanno il plurale che finisce con **-cie** e **-gie**: camicia / camicie; valigia / valigie.	*feminine nouns ending in vowel +* ***cia*** *and vowel +* ***gia*** *(not stressed) form their plural by dropping the* ***-cia*** *and* ***-gia*** *and adding* ***-cie*** *and* ***-gie****:* *shirt / shirts;* *suitcase / suitcases.*
i nomi femminili che finiscono con consonante + **cia** consonante + **gia (non accentata)** hanno il plurale che finisce con **-ce** e **-ge**: provincia / province.	*feminine nouns ending in consonant +* ***cia*** *and consonant +* ***gia*** *(not stressed) form their plural by dropping the* ***-cia*** *and* ***-gia*** *and adding* ***-ce*** *and* ***-ge****:* *province/ provinces.*

Le forme del nome	*Noun forms*
i nomi che finiscono con **-o** hanno il plurale che finisce con **-i**: bambino / bambini; accento / accenti.	*nouns ending in* ***-o*** *form their plural by dropping the* ***-o*** *and adding* ***-i****:* *child / children;* *accent / accents.*
i nomi che finiscono con **-co** e **-go** hanno il plurale che finisce con **-chi** e **-ghi** oppure con **-ci** e **-gi**: affresco / affreschi; fungo / funghi; amico / amici.	*nouns ending in* ***-co*** *and* ***-go*** *form their plular by dropping the* ***-co*** *and* ***-go*** *and adding* ***-chi*** *and* ***-ghi*** *or* ***-ci*** *and* ***-gi****:* *fresco / frescos;* *mushroom / mushrooms;* *friend / friends.*
i nomi che finiscono con **-io (i accentata)** hanno il plurale che finisce con **-ii**: zio / zii.	*nouns ending in* ***-io*** *(-I stressed) form their plular by adding* ***-i****:* *uncle / uncles.*
i nomi che finiscono con **-io (i non accentata)** hanno il plurale che finisce con **-i**: figlio / figli.	*nouns ending in* ***-io*** *(-i unstressed) form their plular by dropping the* ***-io*** *and adding* ***-i****:* *son / sons.*
i nomi maschili o femminili che finiscono con **-e** hanno il plurale che finisce con **-i**: legge / leggi; padre / padri; madre / madri; canzone / canzoni.	*masculine or feminine nouns ending in* ***-e*** *form their plular by dropping the* ***-e*** *and adding* ***-i****:* *law / laws;* *father / fathers;* *mother / mothers;* *song / songs.*
alcuni nomi hanno il singolare uguale al plurale, ma cambiano l'articolo: il cinema / i cinema; la radio / le radio; la moto / le moto; l'analisi / le analisi; la città / le città; il caffè / i caffè.	some nouns have the same form for both singular and plural, but they change the article: *the cinema / cinemas;* *the radio / radios;* *the bike / bikes;* *the analysis / analysises;* *the city / cities;* *the coffee / coffes.*

Una lingua familiare	A familiar language
è possibile trasformare i nomi per esprimersi in modo familiare.	*it's possible to change the nouns to talk in a familiar way.*
aggiungere **-ino, -etto, -ello** per descrivere un oggetto (o una persona o un animale) piccolo: tavolo / tavol**ino** (un tavolo piccolo); bambino / bambin**ello** (un bambino piccolo); quaderno / quadern**etto** (un quaderno piccolo).	*you can add* ***-ino***, ***-etto***, ***-ello*** *to describe a tiny object (or a person or an animal):* *tavolo / tavol**ino** (a tiny table)* *bambino / bambin**ello** (a lille child)* *quaderno / quadern**etto** (a little exercise-book).*
aggiungere **-uccio, -olo** per descrivere un oggetto (o una persona o un animale) in modo affettuoso: diario / diari**uccio** figlio / figli**olo**.	*you can add* ***-uccio*** *and* ***-olo*** *to describe an object (or a person or an animal) with tenderness:* *diario / diari**uccio** (a beloved diary)* *figlio / figli**olo** (a beloved son).*
aggiungere **-one,** per descrivere un oggetto (o una persona o un animale) grande: tavolo / tavol**one**.	*you can add* ***-one*** *to describe a big object (or a person or an animal):* *tavolo / tavol**one** (a big table).*
aggiungere **-accio,** per descrivere un oggetto (o una persona o un animale) in modo negativo: tavolo / tavol**accio** (un brutto tavolo); libro / libr**accio** (un brutto libro).	*you can add* ***-accio*** *to describe an object (or a person or an animal) in a negative way:* *tavolo / tavol**accio** (a bad table);* *libro / libr**accio** (a bad book).*

Gli aggettivi
The adjectives

Gli aggettivi possono essere:
qualificativi, quando specificano una qualità di un nome;
determinativi o **pronominali**, quando determinano il nome e possono avere anche funzione di pronomi.

The adjectives are:
qualifying adjectives, when they are used to specify the quality of a noun;
definite or pronominal adjectives, when they are used to define a noun and they can also be used as pronouns.

Aggettivi qualificativi	*Qualifying adjectives*
nella lingua italiana gli aggettivi devono essere concordati con la parola a cui si riferiscono (grande castello; grandi occhi; bianca luna; mani sporche).	*in Italian adjectives must agree with the noun they are referred to (big castle; big eyes; white moon; dirty hands).*
per il maschile, per il femminile, per il singolare e per il plurale gli aggettivi si comportano come i nomi (content**o**, content**a**, content**i**, content**e**). • Gli aggettivi con il maschile in **-o** (bello) hanno il femminile in **-a** (bella), il maschile plurale in **-i** (belli), il femminile plurale in **-e** (belle). • Gli aggettivi con il maschila in **-a** (egoista) non cambiano al femminile (egoista), il maschile plurale in **-i** (egoisti) e il femminile plurale in **-e** (egoiste). • Gli aggettivi con il maschile in **-e** (debole) non cambiano al femminile (debole) e hanno il plurale maschile e femminile in **-i** (deboli). • Alcuni aggettivi sono invariabili: pari, dispari, blu, rosa, perbene....	*for masculine, feminine, singular and plural adjectives act like nouns (content**o**, content**a**, content**i**, content**e**).* • *Masculine singular adjectives ending in **-o** (bello) form the feminine by dropping the **-o** and adding **-a** (bella), the masculine plural by adding **-i** (belli) and the feminine plural by adding **-e** (belle).* • *Masculine adjectives ending in **-a** (selfish) don't change in the feminine (egoista) and form the masculine plural by adding **-i** (egoisti) and the feminine plural by adding **-e** (egoiste).* • *Masculine adjectives ending in **-e** (weak) change in the feminine (debole) and form the masculine and feminine plural dropping the **-e** and adding **-i** (deboli).* • *Some adjectives don't change: pari, dispari, blu, rosa, perbene.... (even, odd, blue, pink, nice...)*

Aggettivi qualificativi — *Qualifying adjectives*

singolare maschile / *singular masculine*	singolare femminile / *singular feminine*	plurale maschile / *plural masculine*	plurale femminile / *plural feminine*
-o	**-a**	**-i**	**-e**
-a	**-a**	**-i**	**-e**
-e	**-e**	**-i**	**-i**

USO DEGLI AGGETTIVI	*USE OF THE ADJECTIVES*
l'aggettivo può trovarsi prima o dopo il nome*; solamente la pratica aiuta a capire qual è la posizione migliore. * Il significato cambia leggermente se l'aggettivo è messo prima o dopo al nome. Prima del nome ha una funzione determinativa, dopo il nome ha una funzione generica e descrittiva.	*the adjective can either come before or after the noun*; only practice can help you to understand which is the best position.* ** the meaning slightly changes if the adjective is put before or after the noun. If it is put before, the noun has a definite function, if after, a generic and descriptive function.*
un aggettivo può essere usato come un nome (aggettivo sostantivato) se è preceduto da un articolo e non è seguito da un nome (<u>i ricchi</u> hanno tutte le fortune; <u>i poveri</u> hanno fame; <u>gli Italiani</u> mangiano bene).	*an adjective can be used as a noun if it is preceded by an article and is not followed by a noun (the wealthy have all the resources; the poor are hungry; italians eat well).*
I GRADI DELL'AGGETTIVO	***THE DEGREES OF THE ADJECTIVES***
in italiano il comparativo di maggioranza si forma aggiungendo **più** all'aggettivo; il comparativo di minoranza si forma aggiungendo **meno** all'aggettivo.	*in Italian the comparative can be formed by adding* ***"più"*** *(more) to the positive form of the adjective and by adding* ***"meno"*** *(less) to positive form of the adjective.*
il superlativo si forma aggiungendo **–issimo** all'aggettivo (l'aggettivo perde l'ultima vocale).	*the superlative is formed by adding* ***–issimo*** *at the end of the adjective (the adjective drops the last vowel).*
il comparativo di uguaglianza si forma aggiungendo **come** o **quanto** (è alto come te; è intelligente come me; è ricco quanto Luca).	*with the positive form of the adjective, we use* ***"come"*** *and* ***"quanto"*** *(as ... as): he is as tall as you; he is as intelligent as you; he is as wealthy as Luca.*

aggettivo/ ***adjective***	**comparativo/** ***comparative***	**superlativo/** ***superlative***
nero *(black)*	più/meno nero *(more/less black)*	ner**issimo** *(very black)*
ricco *(wealthy)*	più/meno ricco *(more/less wealthy)*	ricch**issimo** *(very wealthy)*
bello *(beautiful)*	più/meno bello *(more/less beautiful)*	Bell**issimo** *(very beautiful)*
alto *(tall)*	più/meno alto *(taller/less tall)*	alt**issimo** *(very tall)*
veloce *(fast)*	più/meno veloce *(faster/less fast)*	veloc**issimo** *(very fast)*
basso *(short)*	più/meno basso *(shorter/less short)*	bass**issimo** *(very short)*
intelligente *(intelligent)*	più/meno intelligente *(more/less intelligent)*	intelligent**issimo** *(very intelligent)*
colorato *(coloured)*	più/meno colorato *(more/less coloured)*	colorat**issimo** *(very coloured)*
piccolo *(little)*	più/meno piccolo *(less)*	piccol**issimo** *(very small)*

il secondo termine di paragone del comparativo deve essere preceduto da **di**: è **più** ricco **di** Gianni; è **meno** alto **di** Matteo; Roma è **più** vicina **di** Milano.	*with the comparative we use di (than) before the second term of the comparison: he is riche than Gianni; he is less tall than Matteo; Roma is nearer than Milan.*
il **superlativo** può essere **assoluto** (**aggettivo** + **-issimo** oppure **articolo** + **comparativo**): **altissimo**, **bellissimo**, **rapidissimo**, **buonissimo**; **il più** alto, **il meno** veloce, **il più** buono.	*in Italian the superlative can be* ***absolute*** *(****adjective*** *+* ***-issimo*** *or* ***article*** *+* ***comparative****): very tall, very beautiful, very fast, very good; the tallest; the least fast; the best.*
il **superlativo** può essere **relativo** (**articolo** + **comparativo** + **da, di, tra, per, che**): **il più** alto **della** classe; **il più** forte **della** squadra; **il meno** intelligente **tra** quelli che io conosco.	*the superlative can also be* ***relative*** *(****article*** *+* ***comparati*** *+* ***da, di, tra, per, che*** *= in, of, between): he is the tallest in the class; he is the strongest of the team; he is least intelligent between the people I know.*

superlativi e comparativi particolari ***superlatives and comparatives: exceptions***		
buono *(good)*	migliore *(better)* più buono	ottimo *(best)* buonissimo il più buono
cattivo *(bad)*	peggiore *(worse)* più cattivo	pessimo *(worst)* cattivissimo il più cattivo
grande *(big)*	maggiore *(bigger)* più grande	massimo *(biggest)* grandissimo il più grande
piccolo *(little)*	minore *(less)* più piccolo	minimo *(least)* piccolissimo il più piccolo
basso	inferiore più basso	infimo il più basso
alto	superiore più alto	supremo / sommo il più alto
molto	più	

Aggettivi possessivi* | *Possessives adjectives**

singolare maschile	**singolare femminile**	**plurale maschile**	**plurale femminile**	***masculine and feminine singular and plural***
mio	mia	miei	mie	*my*
tuo	tua	tuoi	tue	*your*
suo	sua	suoi	sue	*his/her/its*
nostro	nostra	nostri	nostre	*our*
vostro	vostra	vostri	vostre	*your*
loro	loro	loro	loro	*their*

di solito l'aggettivo possessivo deve essere messo prima del nome a cui si riferisce:

la **mia** casa è bella
la **tua** macchina va veloce
i **tuoi** amici sono simpatici

solo in alcuni casi può andare anche dopo il nome a cui si riferisce (casa mia è dopo quella chiesa)

*si possono usare anche come **pronomi**.

usually the possessive adjective must go before the noun that it's referred to:*

my house is beautiful
your car is fast
your friends are funny

only in some cases the possessive can come after the noun that it's referred to.

they can also be used as* ***pronouns**.*

Aggettivi dimostrativi* | *Demonstrative adjectives**

indicare vicino	***to indicate something near the subject***
questo (maschile singolare)	*this*
questa (femminile singolare)	*this*
questi (maschile plurale)	*these*
queste (femminile plurale)	*these*
indicare lontano	*to indicate something* ***far*** *from the subject*
quel / quello / quell' (maschile singolare)	*that*
quella / quell' (femminile singolare)	*that*
quei / quelli / quegli (maschile plurale)	*those*
quelle (femminile plurale)	*those*
*si possono usare anche come **pronomi**.	**they can also be used as* ***pronouns****.*

• **quel** e **quei** + consonante (parola maschile): quel letto / quei letti; quel cielo / quei cieli; • **quell'** e **quegli** + vocale (parola maschile): quell'uomo / quegli uomini; quell'amico / quegli amici; quell'albero / quegli alberi; • **quello** e **quegli** + s+consonante /gn /z / quello pn (parola maschile) / ps / i+vocale (parola maschile): quello psicologo / quelli psicologi; quello gnomo / quelli gnomi; • **quella** e **quelle** + parola femminile: quella stella / quelle stelle; quella foglia / quelle foglie; • **quell'** + vocale (parola femminile singolare): quell'amica / quelle amiche	• ***quel*** *and* ***quei*** *are used before masculine nouns beginning with a consonant (that bed / those beds; that sky / those skies)* • ***quell'*** *and* ***quegli*** *are used before nouns beginning with a vowel (that man / those men; that friend / those friends; that tree / those trees)* • ***quello*** *and* ***quegli*** *is also used before masculine nouns beginning with s + consonant, gn, z, pn, ps, i + vowel (that psycologist / those psycologists)* • ***quella*** *and* ***quelle*** *are used before all feminine nouns (that star / those stars; that leaf / those leaves)* • ***quell'*** *before nouns (feminine singular) beginning a with vowel (that girlfriend / those girlfriends)*

Aggettivi numerali	Numbers
ci sono due tipi di aggettivi numerali: i numerali cardinali e i numerali ordinali. I numerali ordinali si formano (ma non i primi 10!) dal numerale cardinale. Il numero cardinale perde la vocale finale + **-esimo**: undici = undic-esimo; dodici = dodic-esimo.	*there are two types of numbers: the cardinal numbers and the ordinal numbers. The ordinal numbers are formed (but not the first 10!) from the cardinal numbers. The cardinal number loses the final vowel and adds* ***-esimo****: undici = undic-esimo; dodici = dodic-esimo; (eleven = eleventh; twelve = twelfth).*
due, **tre**, **quattro**, **cinque**... sono **aggettivi numerali** e non cambiano al maschile e al femminile: due donne (femminile) e due uomini (maschile).	***due, tre, quattro, cinque*** *(two, three, four, five...) are* ***cardinal numbers*** *(adjectives) and have the same form for masculine and feminine nouns:* ***due*** *donne (feminine) e* ***due*** *uomini (masculine); (two women; two men)*
uno cambia: • **un** + parola maschile: un letto, un amico; • **uno** + parola maschile che inizia con s+consonante / gn / pn / ps / i+vocale: uno pneumatico; • **una** + parola femminile che inizia con consonante / i+vocale: una penna, una foglia; • **un'** + parola femminile che inizia con vocale.	***uno*** *changes to:* • ***un,*** *which is used before masculine nouns beginning with vowel or consonant: un letto, un amico; (a bed; a friend)* • ***uno,*** *which is used before masculine words beginning with s+consonant, gn, z, pn, ps, i+ vowel: uno pneumatico; (a tyre)* • ***una,*** *which is used before feminine nouns beginning with consonant and i+ vowel: una penna; una foglia; (a pen; a leaf)* • ***un',*** *which is used before feminine words beginning with a vowel: un'amica; (a girlfriend)*

Numero / ***number***	**aggettivo cardinale /** ***cardinal numbers***	**aggettivo ordinale /** ***ordinal numbers***
1	uno *(one)*	primo *(first)*
2	due *(two)*	secondo *(second)*
3	tre *(three)*	terzo *(third)*
4	quattro *(four)*	quarto *(fourth)*
5	cinque *(five)*	quinto *(fifth)*
6	sei *(sex)*	sesto *(sixth)*
7	sette *(seven)*	settimo *(seventh)*
8	otto *(eight)*	ottavo *(eighth)*
9	nove *(nine)*	nono *(ninth)*
10	dieci *(ten)*	decimo *(tenth)*
11	undici *(eleven)*	undicesimo *(eleventh)*
12	dodici *(twelve)*	dodicesimo *(twelfth)*
13	tredici *(thirteen)*	tredicesimo *(thirteenth)*
14	quattordici *(fourteen)*	quattordicesimo *(fourteenth)*
15	quindici *(fifteen)*	quindicesimo *(fifteenth)*
16	sedici *(sixteen)*	sedicesimo *(sixteenth)*
17	diciassette *(seventeen)*	diciassettesimo *(seveteenth)*
18	diciotto *(eighteen)*	diciottesimo *(eighteenth)*
19	diciannove *(nineteen)*	diciannovesimo *(nineteenth)*
20	venti *(twenty)*	ventesimo *(twentieth)*
30	trenta *(thirty)*	trentesimo *(thirtieth)*
40	quaranta *(fourty)*	quarantesimo *(fortieth)*
50	cinquanta *(fifty)*	cinquantesimo *(fiftieth)*
60	sessanta *(sixty)*	sessantesimo *(sixtieth)*
70	settanta *(seventy)*	settantesimo *(seventieth)*
80	ottanta *(eighty)*	ottantesimo *(eightieth)*
90	novanta *(ninety)*	novantesimo *(ninetieth)*
100	cento *(hundred)*	centesimo *(hundreth)*
110	centodieci *(hundred and ten)*	centodecimo *(hundred and tenth)*
200	duecento *(two hundred)*	duecentesimo *(two hundredth)*
1000	mille *(a thousand)*	millesimo *(thousandth)*
10000	diecimila *(ten thousand)*	decimillesimo *(ten thousandth)*
100000	centomila *(a hundred thousand)*	centomillesimo *(hundred thousandth)*
1000000	un milione *(million)*	milionesimo *(millionth)*
1000000000	un miliardo *(billion)*	miliardesimo *(billionth)*

Aggettivi indefiniti*		*Indefinite adjectives**	
singolare maschile e femminile	**plurale maschile e femminile**	***singular masculine and feminine***	***plural masculine and feminine***
alcuno / alcuna	alcuni / alcune	*some, a few*	*some, a few*
certo / certa	certi / certe	*some (people)*	*some (people)*
qualche		*a few*	
molto / molta	molti / molte	*a lot of, much*	*many*
poco / poca	pochi / poche	*a little*	*a few, few, not many*
altro / altra	altri / altre	*another*	*others*
troppo / troppa	troppi / troppe	*too much*	*too many*
tutto / tutta	tutti / tutte	*whole, all*	*all, every + sing. noun*
tanto / tanta	tanti / tante	*so much*	*so many*
*possono essere usati anche come **pronomi**.		**they can also be used as* ***pronouns****.*	

alcuni amici vanno al mare;	*some friends go to the seaside;*
qualche volta voglio andare in quel negozio;	*sometimes I'll want to go to that shop;*
qualche finestra è ancora aperta;	*some windows are still open;*
ho **molte** speranze nel domani;	*I have many hopes for the future;*
conosco **poche** persone che sono capaci di farlo;	*I know few people that can do this;*
ho un **altro** gatto;	*I have another cat;*
ho **troppi** pensieri;	*I have too many worries;*
tutti i miei amici dicono che sono sensibile;	*all my friends say that I'm sensitive;*
abbiamo **tanti** parenti;	*we have so many relatives;*
certe persone non sanno che possono fare del male ad altra gente.	*some people don't know they can hurt other people.*

Aggettivi interrogativi*		*Interrogative adjectives**	
singolare maschile e femminile	**plurale maschile e femminile**	***singular masculine and feminine***	***plural masculine and feminine***
che	che	*what*	*what*
quale / quali	qual	*which / what*	*which / what*
quanto / quanta	quanti / quante	*how much*	*how many*
qual è usato davanti a vocale e in alcuni (pochi) altri casi (qual buon vento; qual è; qual era). Attenzione: non ci vuole l'apostrofo!		***qual** is used before a vowel and in few other cases (qual buon vento; qual è; qual era). **Attention**: don't use the apostrophe!*	
*possono essere usati anche come **pronomi**.		**they can also be used as **pronouns**.*	
che lavoro fai?		*what job do you do?*	
che amici hai?		*what friends do you have?*	
qual è la tua ragazza?		*which is your girlfriend?*	
quali lavori preferisci?		*which jobs do you like best?*	
quanti soldi hai?		*how much money do you have?*	
quanti anni hai?		*how old are you?*	

I PRONOMI
PRONOUNS

Pronomi personali	*Personal pronouns*
Pronome soggetto	***Pronoun as subject***
io	*I*
tu	*you*
lui/lei (esso/essa; egli/ella)*	*he/she/it*
noi	*we*
voi	*you*
loro (essi/esse)*	*they*
*i pronomi di terza persona più usati sono **lui** (maschile) e **lei** (femminile). Nell'italiano scritto si usano anche **egli** (maschile) e **ella** (femminile), ma anche **esso** (maschile) e **essa** (femminile). **lui** e **loro** possono essere usati anche come complemento (non solo come soggetto): sto parlando con **loro**; do una mela a **lui**. **egli** ed **ella** possono essere usati solo come soggetti (ma sono poco usati): **egli** dice; **egli** parla; **ella** dice; **ella** parla.	** the most used pronouns for the third singular person are **lui** (masculine) and **lei** (feminine). In written Italian you can also find **egli** (he) and **ella** (she/her), but also **esso** (it, masculine) and **essa** (it, feminine).* ***lui** (he/him) and **loro** (they/them) can be used as a complement too (not only as a subject):* I'm talking to them; *I give him an apple.* ***egli** and **ella** (he/she/it) can be used only as a subject (but they are not used only sometimes): he says, he talks, she talks.*

esso ed **essa** si usano quando il soggetto è un animale o un oggetto (ma non li usa più nessuno)	***esso*** *(it, masculine) and* ***essa*** *(it, feminine) are used when the subject is an animal or a thing (but nobody uses them anymore).*
essi ed **esse** si usano per persone, animali o cose, ma sono rari	***essi*** *(they, masculine) and* ***esse*** *(they, feminine) are used when the subjects are persons, animals and things. They are rarely used.*
è meglio usare **lui** in caso di pronome personale soggetto.	*it's better to use* ***lui*** *as a personal pronoun subject.*

Pronome complemento: forme toniche	***Pronoun as a complement: stressed forms***
me	*me*
te	*you*
lui/lei (esso/essa)	*him/her/its*
sé/se stesso/stessa (**riflessivo**)	*himself/herself/itself (**reflexive**)*
noi	*us*
voi	*you*
loro (essi/esse)	*them*
sé/se stessi/stesse (**riflessivo**)	*themselves (**reflexive**)*
ME	***me***
volete me?	*do you want me?*
venite con me	*come with me*
l'ha dato a me	*he gave it to me*
TE	***you***
vogliamo te	*we want you*
veniamo con te	*we will come with you*
facciamo un regalo per te	*we will give a present to you*
SÉ/SE STESSO/STESSA/STESSI/STESSE	***himself / herself / itself / themselves***
pensano solo a sé	*they only think of themselves*
pensano solo a se stessi	*they only think of themselves*
NOI, VOI	***us, you***
sono contenti per noi	*They're happy for us*
abitano con voi	*They live with you*
LORO	***them***
vado al cinema con loro	*I go to the cinema with them*

Pronomi personali	*Personal pronouns*
Pronome complemento: forme atone	***Pronoun as a complement: unstressed forms***
mi	*me/myself*
ti	*you/yourself*
lo/la (solo complemento oggetto)	*him/her/it (used only as an object)*
gli/le (solo complemento di termine)	*him/her (used only as a dative case)*
si (solo riflessivo)	*himself/herself/itself (only as a reflexive)*
ci	*us/ourselves*
vi	*you/yourselves*
li/le (solo complemento oggetto)	*them (used only as object)*
loro	*them*
si (riflessivo)	*themselves (reflexive)*
Le forme atone sono usate per il complemento oggetto, per il complemento di termine, e per molti modi dei verbi riflessivi (indicativo, congiuntivo, condizionale).	*The unstressed forms listed in the scheme above are used for the object, for the dative case and for many forms of the reflexive verbs (indicative, subjunctive, conditional).*

MI	***me/myself***
mi vede (complemento oggetto)	*you see me (object)*
mi lavo (riflessivo)	*I wash myself (reflexive)*
mi dà un lavoro (complemento di temine)	*he gives me a job (dative case)*
TI	***you/yourself***
ti lavi (riflessivo)	*you wash yourself (reflexive)*
ti vedo (complemento oggetto)	*I see you (object)*
ti credo (complemento di termine)	*I believe you (dative case)*
SI (solo riflessivo)	***himself/herself/itself (only reflexive)***
si lava	*he washes himself*
LO/LA*, LI/LE* (solo complemento oggetto)	***him/her/it/them (used only as an object)***
lo chiamano Andrea	*they call him Andrea*
io lo lavo	*I wash him*
li vediamo bene	*we can see them well*
le conosco	*I know them*
*attenzione, sono uguali agli articoli!!	** attention:* ***lo/la*** *are like the articles!!*

GLI/LE **(solo complemento di termine)**	***him/her*** ***(used only as a dative case)***
gli do una mela	*I give him an apple*
le do ascolto	*I listen to her*
CI	***us/ourselves***
ci laviamo (riflessivo)	*we wash ourselves (reflexive)*
ci vedono (complemento oggetto)	*they see us (object)*
ci danno aiuto (complemento di termine)	*they give us some help (dative case)*
VI	***you/yourselves***
vi rispondo subito (complemento di termine)	*I will answer you immediately (dative case)*
vi vedo (complemento oggetto)	*I see you (object)*
vi lavate (riflessivo)	*you wash yourselves (reflexive)*
LORO **(solo complemento di termine)**	***them/themselves*** ***(dative case)***
do loro una macchina	*I give them a car*
le forme atone che sono “attaccate al verbo” sono usate solo per il complemento oggetto, per il complemento di termine, e per molti modi dei verbi riflessivi.	*the unstressed forms that are “attached” to the verb are used just for the object, the dative case and for many forms of the reflexive verbs.*

I pronomi ci e lo	***The pronouns ci and lo***
i pronomi **ci** e **lo** sono molto usati: ecco alcuni esempi.	*the pronouns **ci** and **lo** are very often used. Here are some examples:*
c'è (c'è un mio amico in macchina; c'è bisogno di più rispetto; c'è un posto in albergo)	*there is (there is a friend in my car; there is the need to respect people more; there is a room in the hotel)*
ci sono (ci sono dei problemi?; ci sono degli errori…)	*there are (are there any problems; there are some mistakes…)*
ci (a questo) puoi credere che cosa **ci** (per questo) vuoi fare?	*you can believe this* *what do you want to do about that?*
lo può sostituire un pronome che si riferisce a una frase intera: è stato lui, **lo** (questo) sanno tutti!	***lo** can be replaced by a pronoun that is referred to a whole sentence:* *He was: everybody knows it!*
lo può anticipare quello che si dice dopo: **lo** sai che ti voglio bene.	***lo** can also be referred to something that is said immediately after: you know that I love you.*

Pronomi personali	Personal pronouns
Il pronome ne	***The pronoun ne***
Ne può sostituire **di questo, di queste cose, di lui, di lei, di loro, da lui, da lei, da loro**	***Ne*** *can also replace* ***"di questo, di queste cose, di lui, di lei, di loro, da lui, da lei, da loro"*** *(about this, about these things, about him, about her, about them, by him, by her, by them)*
l'ho sentito, ma ora non **ne** (di questo) sento più parlare	*I heard it, but now I'm not sure about it*
non l'ho mai visto, ma **ne** (di lui) ho sentito parlare	*I haven't seen him before, but I've heard about him*
Coppie di pronomi atoni	***Paired unstressed pronouns***

mi	me lo	me la	me li	me le	me ne
ti	te lo	te la	te li	te le	te ne
si	se lo	se la	se li	se le	se ne
ci	ce lo	ce la	ce li	ce le	ce ne
vi	ve lo	ve la	ve li	ve le	ve ne
le/gli	glielo	gliela	glieli	gliele	gliene

il primo pronome è sempre un complemento di termine, il secondo può essere usato per diversi complementi.	*the first pronoun is always used as dative case, the second one can replace different complements according to the situation:*
me (a me) lo (quello) presti?	*can you lend* ***it*** *to* ***me****?*
te (a te) lo (quello) dico	*I will tell* ***you this***
ve (a voi) la (quella) diamo	*we will give* ***it*** *to* ***you***
non me (a me) li (quelli) vogliono dare	*they don't want to give* ***those to me***
me (a me) ne (di questo) danno tanto	*they say a lot about it to me*

Posizione dei pronomi atoni	***Position of the unstressed pronouns***
in alcuni casi, il pronome atono si attacca al verbo o all'avverbio: • con un infinito, che perde la vocale finale (voglio conoscer**lo**; credo di esser**mi** fatto male; devo spostar**mi**?); • con un gerundio (non avendo**le** creduto, decise di controllare personalmente); • con un imperativo (ascolta**mi**, per piacere; guardami negli occhi quando ti parlo!). • alcuni imperativi + pronome debole hanno una forma particolare: dacci tempo; dimmi la verità; faccelo sapere; stammi a sentire; vacci tu; vattene fuori; • con il participio passato (ringraziato**lo**, uscì dal negozio...). Si tratta di un caso poco usato nel parlato, esprime un tono formale; • con l'avverbio **ecco**: eccomi, sono pronto; eccoti lì; eccolo lì; eccoci qui; eccone un altro.	*in some cases, the unstressed pronoun is "attached" to the verb or to the adverb:* • *with an infinitive which loses the final vowel (I want to know him; I think I hurt myself; do I have to move over?)* • *with a gerund (not believing her, he decided to check it personally)* • *with an imperative (listen to me, please; look at me when I'm talking to you!)* • *some imperatives + unstressed pronoun have a special form: give us time; tell me the truth; let us know; listen to me; go by yourself; get out;* • *with the past participle (after thanking him, he went out). This is a very rare case in the spoken language because it is a very formal expression.* • *with the adverb* ***ecco*** *(here is/are; there is/are): here I am, I'm ready; there you are; there he is; here we are; here is another one.*

Pronomi dimostrativi		*Demonstrative pronouns*	
singolare maschile e femminile	**plurale maschile e femminile**	***singular masculine and femimine***	***plural masculine and feminine***
questo/questa*	**questi/queste***	***this***	***these***
quello/ quella*	**quelli/quelle***	***that***	***those***
quel	**quelli/quelle***	***that***	***those***
stesso/stessa/ stessa cosa	**stessi/stesse**	***same***	***same***
medesimo/ medesima	**medesimi/ medesime**	***same***	***same***
*possono essere anche aggettivi quando sono accompagnati da un nome (**questa** mattina siamo andati a Milano).		** they can be also adjectives when they go with a noun (**this** mornings we went to Milan).*	

Pronomi dimostrativi	*Demonstrative pronouns*
• **questo** indica una cosa o una persona vicina • **quello** indica una cosa o una persona lontana **questa** è la mia macchina **quelli** sono i miei figli **questa** è la mia macchina, **quella** è la tua	• ***questo*** *(this) indicates a thing or a person that is near to whom is speaking;* • ***quello*** *(that) indicates a thing or a person that is far from whom is speaking;* ***this is my car*** *those are my kids* *this is my car, that is yours*
• **stesso, stessa cosa** (**medesimo**, ma è poco usato); gli amici sono gli **stessi** (medesimi) dell'anno scorso faccio la **stessa cosa** (ha valore di pronome neutro)	• ***stesso, stessa cosa*** *(same),* ***medesimo*** *(same, but is rare);* *these are the same friends of last year* *I do the same thing (it's like the neuter pronoun)*

Pronomi dimostrativi usati solo come pronomi		***Demonstrative pronouns used only as pronouns***	
singolare maschile e femminile	**plurale maschile e femminile**	***singular masculine and femimine***	***plural masculine and femimine***
questi*		***this***	
quegli*		***that***	
costui/ costei*	**costoro***	***he/him/this man she/her/this woman***	***they/them/these people***
colui/ colei*	**coloro***	***he/him/that man she/her/that woman***	***they/them/those people***
ciò		***this/that/what***	
quanto		***what***	
*sono poco usati.	**they are rarely used*		

ciò è pronome neutro e non cambia (si usa per indicare oggetti inanimati e può essere sostituito da **questo** o da **quello**). **ciò** (quello) che penso è questo non capisco **ciò** (quello) che mi stai dicendo	***ciò*** *(this/that/what) is a neuter pronoun and doesn't change (it is used to indicate things and can be replaced by* ***questo*** *and* ***quello****).* *this is what I think* *I don't understand what you're telling me*

I pronomi indefiniti	*Indefinite pronouns*
I pronomi indefiniti sono molti. Come i pronomi dimostrativi, i pronomi indefiniti possono a volte essere pronomi, a volte essere aggettivi.	*There are many indefinite pronouns. Like the demonstrative ones, the indefinite pronouns sometimes can be pronouns, sometimes can be adjectives.*

I pronomi indefiniti anche aggettivi		***Indefinite pronouns used also as adjectives***	
singolare maschile e femminile	**plurale maschile e femminile**	***singular masculine and femimine***	***plural masculine and femimine***
alcuno/alcuna	alcuni/alcune	*some, a few*	*some/a few*
certo/certa	certi/certe	*some*	*some*
ciascuno/ciascuna		*everyone, everybody*	
nessuno/nessuna		*none, nobody*	
altro/altra	altri/altre	*another, other*	*others*
troppo/troppa	troppi/troppe	*too much*	*too many*
molto/molta	molti/molte	*a lot, much*	*lots, many*
poco/poca	pochi/poche	*some, a little*	*a few, not many*
tutto/tutta	tutti/tutte	*everything, all*	*everyone, all*
tanto/tanta	tanti/tante	*much, a lot*	*many, a lot*
uno/una		*someone, either*	

io ho **alcuni** amici (aggettivo)	*I have some friends (adj.)*
alcune vanno al mare (pronome)	*a few go to the sea (pron.)*
certe persone non dovrebbero parlare (aggettivo)	*some people shouldn't talk (adj.)*
certi vivono qui vicino (pronome)	*some (people) live nearby (pron.)*
ciascuno sa qual è il suo dovere (pronome)	*everybody knows which is their duty (pron.)*
nessuno può gridare con me! (pronome)	*nobody dares to yell at me!! (pron.)*
nessun collega può lamentarsi di me (aggettivo)	*no colleague can complain about me. (adj.)*
alcuni vanno al mare, **altri** vanno in montagna (pronome)	*some go to the sea, others go to the mountains (pron.)*

I pronomi indefiniti	*Indefinite pronouns*
ho **troppo** lavoro (aggettivo)	*I have too much work (adj.)*
troppi sanno chi sei (pronome)	*to many (people) know who you are (pron.)*
siamo **molti/pochi** (aggettivo)	*there are many/a few (adj.) of us*
molti/pochi sanno la verità (pronome)	*many/a few know the truth (pron.)*
ho **tutta** la vita davanti (aggettivo)	*I have whole life in front of me (adj.)*
tutti sanno che la vita è breve (pronome)	*everybody knows that life is short (pron.)*
tanti sperano di fare un bel lavoro (pronome)	*many hope to do a good job (pron.)*
ti conosco da **tanto** tempo (aggettivo)	*I've known you for a long time (adj.)*
uno va al mare, **uno** in montagna, **uno** al lago (pronome)	*someone goes to the sea, someone goes to the mountains, someone goes to the lake (pron.)*
ho solo **uno** scarpone (aggettivo) hai **una** sorpresa per me? (articolo indeterminativo)	*I've got only one boot (adj.)* *do you have a surprise for me?* *(indefinite article)*
uno dei miei amici non vuole più vedermi (pronome + partitivo)	*one of my friends doesn't want to see me any more (pron. + partitive)*
uno va in America, **un altro** in Portogallo, **un altro** in Belgio (pronome)	*someone goes to USA, another one goes to Portugal, another one goes to Belgium (pron.)*
I pronomi indefiniti usati solo come pronomi	***Indefinite pronouns used only as pronouns***
ci sono pronomi indefiniti che sono usati solo come pronomi	*the following list contains indefinite pronouns that can be used only as pronouns*
maschile/femminile	***masculine/feminine***
qualcuno/qualcuna	***somebody***
ognuno/ognuna	***each***
chiunque+congiuntivo	***anyone who + subjunctive***
qualcosa	***something***
non... niente	***nothing***
non... nulla	***nothing***

qualcuno mi dirà ciò che pensa	*somebody will tell me what they think*
c'è **qualcuno** alla porta	*is there anybody at the door?*
ognuno sa quello che deve fare	*each knows what they have to do*
ognuno ha il suo compito	*each has their own job*
chiunque riesca a vincere è forte	*anyone who can win is a strong person*
chiunque lavori sa che è faticoso	*anyone who works knows that it's hard*
c'è **qualcosa** che mi fa male	*there is something that hurts me*
posso fare **qualcosa** per te?	*can I do something for you?*
hai bisogno di **qualcosa**?	*do you need something?*
è successo **qualcosa**?	*has something happened?*
non ho **niente/nulla**	*I have nothing*
non posso fare **niente/nulla** per te	*I can do nothing for you*
non credo più a **niente**	*I trust nothing anymore*
non c'è **niente** da fare (frase molto usata)	*there is nothing to do* *(very common sentence)*
non c'è **niente** (frase molto usata)	*there is nothing (very common sentence)*
non ha **niente** (= non sta male; frase molto usata)	*he has nothing (= he is fine;* *very common sentence)*

Pronomi relativi / *Relative pronouns*

singolare maschile e femminile	**plurale maschile e femminile**	***singular masculine and feminine***	***plural masculine and feminine***
il quale/la quale	i quali/le quali	*who / whoever*	*who / whoever*
che	che	*which, that*	
cui	cui	*whom, which, whose*	
chi	chi	*who / whoever*	

il quale/la quale, i quali/le quali sono forme poco usate	***il quale/la quale, i quali/le quali*** *are seldom used*
che	***which, that***
• si usa come soggetto o complemento oggetto ho una moglie **che** mi ama ho una macchina **che** va veloce ho una casa **che** tutti guardano	• *use it as a subject or as an object* *I have a wife that loves me* *I have a car that goes fast* *I have a house which everybody admires*

cui	***whom, which, whose***
• si usa quando non è né complemento oggetto, né soggetto	• *you use it as a complement (not as a subject or an object)*
ti do qualcosa **in cui** sperare ti farò vedere il film **di cui** ti ho parlato la macchina, **per cui** ho atteso 6 mesi, è bellissima visitiamo la città **in cui** sono nato conosco la persona **a cui** (**cui**) parla	*I give you something to hope for* *I'll show you the movie I told you about* *my car, for which I had to wait six months, is great* *let's visit the city in which I was born* *I know the person to whom he's talking*
chi	***who / whoever***
• si usa solo quando si riferisce a persone e è solo singolare	• *it's only used referred to persons and it's only singular*
chi usa la penna deve restituirla **chi** usa la macchina deve stare attento **chi** guida bene non fa incidenti non conosco **chi** mi può aiutare **chi** vuole può aiutarmi	*whoever's using the pen must return it* *whoever uses the car must pay attention* *whoever drives carefully doesn't make car crashes* *I don't know who can help me* *whoever wants to can help me*

Pronomi interrogativi		*Interrogative Pronouns*	
singolare maschile e femminile	**plurale maschile e femminile**	***singular masculine and femimine***	***plural masculine and femimine***
chi	chi	*who*	*who*
che	che	*what, which*	
che cosa	che cosa	*what*	
quale	quali	*who, which, what*	
qual	quali	*who, which, what*	
quanto/quanta	quanti/quante	*how much*	*how many*

chi sei?	*who are you?*
chi siete?	*who are you guys?*
che (che cosa) succede?	*what's happening?*
di **che** (che cosa) ti preoccupi?	*what are you afraid for?*
a **che** (che cosa) pensi?	*what are you thinking about?*
qual è la tua penna?	*which's your pen?*
quali sono?	*who are them?*
non so **quali** scegliere	*I don't know which one to choose*
quanti sono venuti a Roma?	*how many came to Rome?*
a **quanti** devi ancora i soldi?	*how many do you owe money to?*
pensa a **quanti** ho scritto lettere	*think about how many people I wrote to*
il pronome **quanto, quanti, quante**	*the pronoun **quanto, quanti, quante** (everything/all/ what; as many as/all those/everyone).*
quanto è un pronome dimostrativo oppure un pronome relativo. Può essere anche avverbio (quanto costa?) e aggettivo (quanti amici hai?).	***quanto** (everything/all/what) is either a demonstrative pronoun or a relative pronoun. It can be also an adverb (how much does it cost?) and an adjective (how many friends do you have?)*
per **quanto** mi riguarda, non ci credo **quanto** dici non ha senso **quanti** (tutti quelli che) vogliono imparare l'italiano, devono studiare per **quante** (tutte quelle che) devono fare la visita, domani non ci sarà scuola	*for **what** I think, I don't believe it* ***what** you're saying has no sense* *all **those** who want to learn Italian have to study* *for all **those** who have to undergo the medical examination: tomorrow there won't be classes*

L'AVVERBIO
THE ADVERB

L'avverbio precisa meglio il significato di un verbo (vado **forte**; vado **piano**; guido **male**), di un altro avverbio (sei **troppo** vicino) e di altre parti della frase. L'avverbio, quindi, può essere aggiunto a ogni parola per precisare meglio il significato. Gli avverbi sono molto usati e bisogna conoscere e ricordare i più importanti.	*The adverb specifies the meaning of a verb (I run fast; I go slowly; I drive badly), of another adverb (you are too close) and of other parts of a sentence. Therefore the adverb can be added to every word to precise its meaning. Adverbs are very often used and you need to know and remember the most important ones.*
molti avverbi sono formati aggiungendo **-mente** a un aggettivo: veloce / veloce**mente**; certo / certa**mente**.	*many adverbs are formed by adding* ***-mente*** *to an adjective:* veloce / veloce**mente**; certo / certa**mente**.

Avverbi di luogo	*Adverbs of place*
qui, qua, lì, là (andiamo **lì/là**; abitiamo **qui/qua**; vorrei quella mela **lì/là**)	***qui, qua, lì, là*** *(here, there). (let's go there; we live here; I want the apple that's there)*
dentro, fuori, dietro, davanti, oltre, sopra, sotto, vicino, lontano (andiamo **fuori**?; passiamo **oltre**; noi stiamo **davanti**; non andiamo **lontano**; vai **sotto** o **sopra**?; voi state **dietro**...)*.	***dentro, fuori, dietro, davanti, oltre, sopra, sotto, vicino, lontano*** *(inside, outside, behind, in front, beyond, up, down/below, near, far/a long way)*. (shall we go outside; he lives beyond the river; we are in front; we don't go far; are you going up or down?; you are behind...)*
attenzione: **dentro, fuori, dietro, davanti, oltre, sopra, sotto, vicino, lontano** sono anche preposizioni quando sono usati con questa funzione.	*attention!* ***Dentro, fuori, dietro, davanti, oltre, sopra, sotto, vicino, lontano*** *(inside, outside, behind, beyond, up, down/below, near, far/a long way) are also prepositions when are used with this function.*

andiamo **fuori**? (avverbio)	*shall we go outside? (adverb).*
andiamo **fuori** dal supermercato (preposizione)	*let's go out of the supermarket (preposition).*
passiamo **oltre** (avverbio)	*let's go beyond (adverb).*
passiamo **oltre** quel muro (preposizione)	*let's go beyond that wall (preposition).*

Avverbi di tempo	*Adverbs of time*
adesso, **presto**, **oggi**, **dopodomani**, **domani**, **ieri**, **ora**, **prima**, **spesso**, **dopo**, **ormai, poi, non...mai, non...più** (partiamo **ora**; **ora** arriviamo; arrivano **domani**; **domani** arrivano Nicola e Grazia; **prima** dobbiamo lavorare, **poi** andiamo a fare la partita di tennis; **spesso** andiamo al cinema la domenica; andiamo **spesso** al ristorante).	***adesso, presto, oggi, dopodomani, domani, ieri, ora, prima, spesso, dopo, ormai, poi, non... mai, non... più*** *(now, soon, today, the day after tomorrow, tomorrow, yesterday, now, before/first, often, after/then, now, then, never, no longer). (we are leaving now; they're coming tomorrow; Nicola and Grazia are coming tomorrow; first we have to work and then we will play tennis; we often go to the cinema on Sundays; we often go to the restaurant)*
gli avverbi **adesso, ieri, presto, oggi, dopodomani, domani, ora, prima, dopo, spesso** possono precedere o seguire il verbo.	*the adverbs* ***adesso, presto, oggi, dopodomani, domani, ora, prima, dopo, spesso*** *can come either before or after the verb. (now, soon, today, the day after tomorrow, now, before, first, after then)*
nei tempi composti e con i verbi servili gli avverbi **ieri, adesso, dopodomani, domani, presto**, **dopo** seguono questo ordine: • ausiliare / servile + verbo principale + avverbio (sono partito **ieri**; partirò **domani**; sono arrivato **presto**)	*in the compound tenses and with the auxiliary verbs the adverbs* ***ieri, adesso, dopodomani, domani, presto, dopo*** *(yesterday, now, the day after tomorrow, tomorrow, soon, early, after) follow this order:* • *auxiliary + main verb + adverb. (I left yesterday; i'm leaving tomorrow; I've arrived early)*
gli avverbi **ora, oggi, dopo** possono seguire anche questo ordine: • avverbio + ausiliare / servile + verbo principale (**oggi** devo partire; **ora** posso parlare...)	*the adverbs* ***ora, oggi, dopo*** *(now, today tomorrow) can also follow this order:* • *adverb + auxiliary verb + main verb. (I have to leave today; now I can speak...)*

Avverbi di tempo	*Adverbs of time*
l'avverbio **spesso** può seguire questo ordine: • avverbio + ausiliare / servile + verbo principale (**spesso** ho sentito gli uccelli) *I have often heard the birds* • ausiliare / servile + avverbio + verbo principale (ho **spesso** sentito gli uccelli) *I have often heard the birds* • ausiliare / servile + verbo principale + avverbio (ho sentito **spesso** gli uccelli) *I have often heard the birds*	*the adverb spesso (**often**) can follow this order:* • *adverb + auxiliary verb + main verb;* • *auxiliary verb + adverb + main verb;* • *auxiliary verb + main verb + adverb.*
attenzione: **prima e dopo** possono essere anche preposizioni: parto **prima** (avverbio) parto **prima** di te (preposizione)	*attention! **Prima** e **dopo** (before, earlier, first and after) can also be prepositions:* *I leave earlier* *I leave earlier than you*
gli avverbi **tardi, già, subito, ancora, sempre** devono seguire il verbo (è **tardi**; arriviamo **subito**; sei **ancora** qui? sei **sempre** bravo).	*the adverbs **tardi, già, subito, ancora, sempre** (late, already, straight away, still/again, always) must come after the verb. (it's late; we are coming straight away; are you still here?; you're always good)*
nei tempi composti e con i verbi servili gli avverbi **subito, ancora, sempre, già** possono andare in questo ordine: • ausiliare / servile + avverbio + verbo principale (ho **già** mangiato; ho **già** visto; posso **ancora** vederti); • ausiliare / servile + verbo principale + avverbio (ho mangiato **già**; voglio andare **subito**).	*in the compound tenses and with the auxiliary verbs, the adverbs **subito, ancora, sempre, già** (stright away, still/again, always, already) can follow this order:* • *auxiliary verb + adverb + main verb;* *(I have already eaten; I have already seen it; I can still see you)* • *auxiliay verb + main verb + adverb.* *(I have already eaten; I want to go straight away)*
nei tempi composti e con i verbi servili l'avverbio **tardi** segue questo ordine: • ausiliare / servile + verbo principale + avverbio (sono partito **tardi**; devo arrivare **tardi**).	*in the compound tenses and with the auxiliary verbs, the adverb **tardi** (late) follows this order:* • *auxiliary verb + main verb + adverb* *(I left late; I have to arrive late)*
gli avverbi **ormai, poi** devono precedere il verbo.	*the adverbs **ormai, poi** (now, then) must come before the verb.*

nei tempi composti e con i verbi servili gli avverbi **ormai, poi** possono seguire questo ordine: • avverbio + ausiliare / servile + verbo principale (**ormai** è arrivato il treno; **poi** devo venire); • ausiliare / servile + avverbio + verbo principale (devo **ormai** salutarti; sono **poi** arrivato)	*in the compound tenses and with the auxiliary verbs, the adverb* ***ormai, poi*** *(now, later) can follow this order:* • *adverb + auxiliary verb + main verb; (the train has arrived now; I have to come later)* • *auxiliary verb + adverb + main verb. (I have to say goodbye now; I arrived later)*
nei tempi composti e con i verbi servili l'avverbio **poi** segue questo ordine: • avverbio + ausiliare / servile + verbo principale (**poi** è arrivato il treno).	*in the compound tenses and with the auxiliary verbs, the adverb* ***"poi"*** *(later, then) follows this order:* • *adverb + auxiliary verb + main verb. (then the train arrived)*
gli avverbi **non ... mai, non ... più** seguono questo ordine: • non + *verbo* + mai / più (**non** arrivo **mai**; **non** parto **più**)	*the adverbs* ***"non ... mai; non ... più"*** *(never, no longer) follow this order:* • *non + verb + mai / più. (I'll never arrive; I no longer leave)*
nei tempi composti e con i verbi servili gli avverbi **non ... mai, non ... più** seguono l'ordine: • non + ausiliare / servile + mai / più + verbo principale (**non** posso **più** vedere; **non** voglio **più** andare; **non** ho **più** voglia).	*in the compound tenses and with the auxiliary verbs the adverbs* ***"non ... mai; non ... più"*** *(never, no longer) follow this order:* • *non + auxiliary + mai / più + main verb. (I no longer see; I no longer want to go; I no longer want)*

Avverbi che esprimono un'opinione	*Adverbs that express an opinion*
certo*, certamente, sicuramente, sicuro*, proprio, appunto, non, neanche**/neppure**, forse, quasi, sì, no** sono avverbi usati per esprimere un'opinione. Alcune espressioni hanno funzione di avverbi: **di sicuro** (= **sicuramente:** lo farò di sicuro)**, di certo** (= **certamente**).	***certo*/certamente, sicuramente/sicuro*, proprio, appunto, non**, neanche**, neppure**, forse, quasi, sì, no*** *(of course/certainly, safely, just, precisely, not, not even, maybe/perhaps, almost/ready, yes, no) are averbs used to expess an opinion. Some expressions can be used as adverbs:* ***di sicuro, di certo*** *(safely, certainly). (I will certainly do it).*

Avverbi che esprimono un'opinione	*Adverbs that express an opinion*
***sicuro** e **certo** possono essere aggettivi o avverbi. Quando sono avverbi, non sono concordati, ma restano uguali; quando sono aggettivi, si concordano (come tutti gli aggettivi).	****sicuro** and **certo** can be either adjectives or adverbs. When they're used as adverbs, they don't change, but when they are used as adjectives, they agree with the noun they refer to (like every adjective).*
sicuro, posso darti un appuntamento per domani (avverbio).	*I can certainly give you an appointment for tomorrow (adverb).*
sono **sicura** che mi capisci (aggettivo)	*I'm sure that you understand me (adjective)*
osserva bene la posizione di questi avverbi con verbi servili e con tempi composti: • non + ausiliare /servile + neppure/neanche + verbo principale (non** voglio **neppure/neanche** ascoltarti; **non** sono **neppure/neanche** andato in vacanza).	*** pay attention to the position of these adverbs with the auxiliary verbs: • non + auxiliary verb + neppure/neanche (not even) + main verb. (I don't even want to listen to you; I haven't even gone on vacation)*
forse, quasi*:** sono avverbi molto usati **forse** domani andrò al cinema il mio amico **forse** non verrà ho **quasi** finito i miei compiti	***forse, quasi"***** (maybe/perhaps, almost/nearly) are very usual averbs: maybe tomorrow I'll go to the cinema perhaps my friend won't arrive I've almost finished my homework*
***bisogna stare attenti alla posizione di quasi con i verbi servili e con i tempi composti. L'ordine è: • servile / ausiliare + quasi + verbo principale (posso quasi crederti) anche **sì, no** sono avverbi: lo vuoi? **Sì /no**	**** you have to pay attention to the position of "quasi" (almost/nearly) with the auxiliary verbs and the compound tenses. The correct order is: • auxiliary verb + quasi (almost/nearly) + main verb (I can almost believe you) **yes, no** are adverbs too: do you want this? Yes, I do/No, I don't*

Avverbi di quantità	*Adverbs of degree*
molto*, poco*, tanto*, troppo*, abbastanza, più, meno, quanto*, appena** (sono più bello di lui; ho lavorato troppo; sono abbastanza contento; sono appena arrivato)	***"Molto*, poco*, tanto*, troppo*, abbastanza, più, meno, quanto*, appena**"*** *(much, a little/a bit, so/such, too, enough, quite, more, less, how, as soon as/just)* *(I'm more handsome than you; I've worked too much; I'm quite happy; I'm just arrived)*
*sono anche aggettivi	** in Italian these adverbs are also adjectives*
mi piace molto (avverbio) ho molta fame (aggettivo)	*I like it very much (adverb)* *I'm very hungry (adjective)*
attenzione alla posizione di **appena nei tempi composti: • ausiliare + appena + verbo principale (ho appena mangiato; ho appena finito).	*** pay attention to the position of* ***appena*** *(as soon as/just)* • *auxiliary + appena (as soon as/just) + main verb. (I've just eaten; I've just finished)*

Avverbi interrogativi	*Interrogative adverbs*
Servono per fare domande dirette. Come, dove, quando, quanto, perché sono avverbi interrogativi (**come** stai?; **dove** abiti?; **quando** vieni?; **perché** non vuoi scrivere?).	*Interrogative adverbs are used to ask direct questions.* ***Come, dove, quando, quanto, perché*** *(how, where, when, how much, why) are interrogative adverbs (How are you?; where do you live?; when are you going to come?; why don't you want to write?).*

Avverbi comparativi e superlativi	*Comparative and superlative adverb forms*
come gli aggettivi, anche gli avverbi hanno i comparativi e i superlativi	*like the adjectives, also the adverbs have the comparative and superlative forms.*

avverbio/ ***adverb***	**comparativo/** ***comparative form***	**superlativo/** ***superlative form***
tardi *(late)*	**più** tardi *(later)*	tardi**ssimo** *(very late)*
lontano *(far)*	**più** lontano *(farther)*	lontan**issimo** *(farthest)*

Avverbi comparativi e superlativi	*Comparative and superlative adverb forms*
alcuni avverbi hanno il comparativo e il superlativo particolari.	*some adverbs have a particular form.*

avverbio/ ***adverb***	**comparativo/** ***comparative form***	**superlativo/** ***superlative form***
bene *(well)*	meglio *(better)*	benissimo *(best)*
male *(badly)*	peggio *(worse)*	malissimo *(worst)*
molto *(much)*	più *(more)*	moltissimo *(most)*
poco *(little)*	meno *(less)*	pochissimo *(least)*

LE CONGIUNZIONI
THE CONJUNCTIONS

Le congiunzioni sono parole usate per unire altre parole o frasi.	*Conjunctions are words used to join other words or sentences.*
le congiunzioni nella lingua italiana sono numerose e hanno molte funzioni. Oggi molte congiunzioni usate nella lingua scritta non sono più usate nella lingua parlata (poiché, affinché e altre sono state sostituite da perché).	*there are many conjunctions in Italian and they have many different functions. We will treat only the most common ones. Now a days many conjunctions that are used in the written Italian are no longer used in the spoken Italian. For example poiché, affinché (as, so that) and others have been replaced by perché (because).*
nella lingua italiana **che, come, quando, perché, mentre** possono avere molte funzioni. Lo schema seguente illustra le varie funzioni con alcuni esempi:	*in Italian **che, come, quando, perché, mentre,** (that, like/as...as/how/like, when/as, why/because/so that, while) can have many different functions. The following scheme explains to you these functions with some examples:*

	pronome/ ***pronoun***	**aggettivo/** ***adjective***	**congiunzione/** ***conjunction***	**avverbio/** ***adverb***
che/*that*	il libro che leggi *(the book that you're reading)*	che pizza vuoi? *(Which pizza do you want)*	dico che ti amo *(I'm telling you that I love you)*	
come/*like-as...as-how*			non sei come credevo *(you're not how I thought)*	è bello come Luca *(he is as handsome as Luca)*
quando/ *when*			dimmi quando verrai *(tell me when* when you'll	quando verrai? *(when will you come?)*

	pronome/ ***pronoun***	**aggettivo/** ***adjective***	**congiunzione/** ***conjunction***	**avverbio/** ***adverb***
perché/ *why-because -so that*			dimmi perché lo fai (*tell me why you're doing it*)	perché lo fai? *(why are you doing this?)*
mentre/*while*			mentre stava là, vide due uomini *(while he was there, he saw two men)*	in quel mentre (*in the mean time*)

Perché	*Why/because/so that*
causa ho dormito **perché** ero stanco	***cause*** *I slept because I was tired*
fine ti spiego **perché** tu capisca (*congiuntivo*) (oppure) ti spiego **perché** capisci (*indicativo*, non corretto, ma usato nella lingua parlata)*	***purpose*** *I'm telling you this so that you'll understand. Capisca is subjunctive and is grammatically correct, capisci is indicative: it's not grammatically correct, but is used in the spoken language**
*dovrebbe essere perché + congiuntivo presente o imperfetto (ti spiego **perché** tu capisca, *congiuntivo presente,* ti spiegavo **perché** tu capissi, *congiuntivo imperfetto*).	** it should be: perché (so that) + subjuntive present or imperfect.[I explain it to you so that you'll understand (in Italian present subjunctive); I explained it to you so you'd understand (in Italian imperfect subjunctive)].*
interrogativa indiretta ti chiedo **perché** non vuoi partire con me	***Indirect interrogative*** *I'm asking you why you don't want to leave with me*

Quando	*When /as*
tempo **quando** piove non usciamo	***time*** *when it's raining we don't go out*
interrogativa indiretta non so **quando** Gianni verrà	***indirect interrogative*** *I don't know when Gianni is going to come*

Se	*If*
ipotesi il **se** ha regole difficili, ma la lingua parlata oggi è più semplice della lingua scritta	***hypothesis*** *The rules to use* **se** *(if) are complex, but the spoken language is easier than the written one.*
cosa possibile **se** tu vai al mare, vengo anch'io **se** andrai al mare, verrò anch'io	***the action is possible*** *if you go to the sea, I'll come with you* *if you go to the sea, I'll come with you*
cosa impossibile (perché è passata) **se** andavi al mare venivo anch'io (attenzione!! questa frase non è giusta, ma è usata nella lingua parlata;) **se** tu vuoi stare con me, io sono felice	***the action is impossible (because it's past)*** *if you had gone to the sea, I would have come with you (**attention!!** The sentence **in Italian** isn't correct, but it's used in the spoken language)* *if you want to stay with me, I'm happy*
interrogativa indiretta non so se tu mi vuoi sposare	***indirect interrogative*** *I don't know if you want to marry me*

Mentre	*While*
tempo berrò un caffè **mentre** aspetto	***time*** *I'll drink a coffee while I'm waiting*

Come	*Like/as ... as/how*
confronto non sei **come** pensavo	***comparison*** *you're not like I thought*
interrogativa indiretta non so **come** fare	***indirect interrogative*** *I don't know how to do it*

Che	*That*
dichiarare dico **che** verrai con me	***to explain*** *I'm saying that you are coming with me*
tempo è molto tempo **che** non lo vedo	***time*** *it's a long time since I saw him*
conseguenza sono così stanco **che** non vedo dove vado	***consequence*** *I'm so tired that I can't see where I'm going*

Altre congiunzioni	*Other conjunctions*
Altre congiunzioni molto comuni sono **e, neanche, neppure, infatti, o, oppure, ma, però, anzi, cioè, infatti, dunque, quindi, perciò, allora, sia ... sia, né ... né, o ... o, non solo ... ma anche.**	*Other very common conjunctions are: e, neanche/neppure, quindi, infatti, o/oppure, ma/però, anzi, cioè, infatti, dunque/quindi/perciò, allora, sia ... sia, né ... né, o ... o, non solo ... ma anche (and, not even/neither, in fact, or, but, indeed/on the contrary, that is, therefore/so, then, either ... or, neither ... nor, either ...or, not only ... but also)*

Congiunzioni che uniscono	*Conjunctions used to connect words*
e, e anche, sia... sia, non solo... ma anche	***e, e anche, sia... sia, non solo... ma anche** (and, and also, either ... or, not only ... but also)*
il libro **e** la matita	*the book and the pencil*
ho **sia** una macchina, **sia** una moto	*I have both a car and a bike*
bisogna fare **non solo** questo esercizio, **ma anche** l'altro	*You have to do not only this exercise, but also the other one*
ho una casa al mare **e anche** una casa in montagna	*I have a house at the sea and also a house at the mountains*

Congiunzioni che oppongono	*Conjunctions to oppose words*
o, oppure, ma, però, anzi, o... o	***o, oppure, ma, però, anzi, o... o** (or, but, indeed/on the contrary, either ... or)*
vuoi il libro **o** il quaderno?	*do you want the book or the exercise-book?*
vuoi il libro **oppure** il quaderno?	*do you want the book or the exercise-book?*
scegli: **o** ami me, **o** ami Giulia	*choose: either you love me or you love Giulia!*
non sono contento, **ma** capisco	*I'm not happy, but I understand*
capisco, **però** non sono contento	*I understand, but I'm not happy*
è molto bravo, **anzi** è un genio	*he is very intelligent, indeed he's a genius*

Congiunzioni che spiegano	*Conjunctions that explain*
infatti, dunque, quindi, perciò, allora	***infatti, dunque, quindi, perciò, allora*** *(infact, therefore/so/then)*
sono contento, **infatti** domani partirò.	*I'm happy, in fact tomorrow I'm leaving*
hai un bel sorriso, **allora** (dunque, quindi, perciò) sei felice	*you're smiling therefore (so) you're happy*

Congiunzioni che negano	*Conjunctions to deny*
né... né, neppure, neanche	***né... né, neppure, neanche*** *(neither ... nor, not even/neither)*
non voglio **né** questa casa, **né** quella	*I want neither this house nor that one*
non posso farlo, **neppure** (neanche) se mi preghi	*I can't do it, not even if you ask me*

LE PREPOSIZIONI
THE PREPOSITIONS

Le preposizioni nella lingua italiana sono molte e con molte funzioni. Le preposizioni più usate sono **di, a, da, in, con, su, per, tra, fra*.** Alcune di queste preposizioni si uniscono agli articoli e formano le **preposizioni articolate** che sono illustrate nello schema che segue.	*There are many prepositions in the Italian language and they have many functions. Here we are going to deal only with the most common of them. These prepositions are:* **di, a, da, in, con, su, per, tra, fra****(of, to, by, in, with, on, for, between).* *Some of these prepositions can be combined to the definite articles to form something that we could call* ***combined prepositions.*** *Take a look at the scheme below.*
articolo + preposizioni in, su, a, di, da si uniscono: *combined:*	*the article and the propositions* ***in, su, a, di, da*** *(in, on, to, of, by) are*

	in/*in*	**su**/*on*	**a**/*to*	**di**/*of*	**da**/*by*
il/*the*	nel	sul	al	del	dal
lo/*the*	nello	sullo	allo	dello	dallo
l'/*the*	nell'	sull'	all'	dell'	dall'
la/*the*	nella	sulla	alla	della	dalla
i/*the*	nei	sui	ai	dei	dai
gli/*the*	negli	sugli	agli	degli	dagli
le/*the*	nelle	sulle	alle	delle	dalle

*alcune parole sono chiamate preposizioni e possono avere la funzione di preposizione ma anche la funzione di avverbio. Sono **davanti, dietro, sopra, sotto** (cammino **davanti** a te, *preposizione* Luca è **più avanti** di noi, *avverbio,* **sopra** il tavolo, *preposizione,* loro sono **sopra**, *avverbio*).	**some words are called prepositions and can have their functions, but can also be used like adverbs. These words are:* ***davanti, dietro, sopra, sotto*** *(before, in front of, behind, above, under).* *[I'm walking in front adverb of you (preposition); Luca is ahead of us (adverb); over the table (preposition); they are above (adverb)]*

Le principali funzioni delle preposizioni	*The functions of the prepositions*
A	***A***
luogo, distanza venire a Roma; stare **a** Milano la mia casa è **a** duecento metri da qui **termine** do una penna **a** Silvia **tempo, età** è nata **alle** dieci ci siamo sposati **a** ventiquattro anni **qualità** ho comprato un maglione **a** righe	***place, distance*** *to come to Rome; to live in Milan* *my house is 200 meters from here* ***destination*** *I'm giving a pen to Silvia* ***time, age*** *she was born at ten o'clock* *we got married when we were 24 years old* ***quality*** *I bought a striped sweater*
IN	***IN***
luogo sono **in** città; vado **in** Francia **tempo** sono nato **nel** 1975 finirò il lavoro **in** tre giorni **limitazione** sono bravo **in** matematica **mezzo** vado **in** treno	***place*** *I'm in town; I'm going to France* ***time*** *I was born in 1975* *I'm going to finish this work in (within) three days* ***limitation*** *I'm good at maths* ***means*** *I'm going by train*
CON	***CON***
compagnia andiamo al mare **con** degli amici **mezzo** scavare **con** le mani **modo** guardare **con** odio **qualità** una bambina **con** gli occhi azzurri	***company*** *we are going to the sea with some friends* ***means*** *I'm digging with my hands* ***way*** *to look with hate* ***quality*** *a little blue-eyed girl*
SU	***SU***
luogo la matita è **sul** tavolo **argomento** un libro **sui** Maya **modo** lavorare **su** ordinazione	***place*** *the pencil is on the table* ***subject*** *a book about Mayas* ***way*** *to work on order*

Le principali funzioni delle preposizioni	*The functions of the prepositions*
DI	***DI***
specificazione la macchina **di** Marco **partitivo** un po' **di** pane; uno **di** noi **luogo** passiamo **di** qui; vado **di** qua dormo **di** là **origine** sono **di** Roma **argomento** un libro **di** storia **materia** il tavolo è **di** legno **modo** andare **di** corsa **causa** piangere **di** gioia **tempo** **di** notte; **d'**inverno **età** un bambino **di** dieci anni **una frase all'infinito** dico **di** fare il compito spero **di** vederti presto; credo **di** dover partire	***possession*** *Marco's car* ***partitive*** *a little bit of bread; one of us* ***place*** *let's go over here; I'm going over here* *I'll sleep over there* ***origin*** *I come from Rome* ***subject*** *a history book* ***matter*** *the table is made of wood* ***way*** *running* ***cause*** *crying for joy* ***time*** *at night; in the winter* ***age*** *a ten-year old boy* ***a sentence with the infinitive*** *I'm telling you to do your homework* *I hope to see you soon; I think I have to leave*
PER	***FOR***
luogo passare **per** la stanza **destinazione** prendere l'aereo **per** Hong Kong **tempo** ha piovuto **per** mesi vengo **per** Natale **causa** grida **per** il dolore **vantaggio** faccio questo **per** te **finale** per + infinito: studio **per** imparare	***place*** *to go through the room* ***destination*** *to take the plane to Hong Kong* ***time*** *it has been raining for months* *I'll be there for Christmas* ***cause*** *he's crying because of the pain* ***advantage*** *I'm doing this for you* ***purpose*** *per + infinitive: I'm studying to learn*

Le principali funzioni delle preposizioni	*The functions of the prepositions*
DA	***FROM***
luogo	***place***
sono arrivato **da** Andrea	*I'm at Andrea's*
sono appena arrivato **dall**'Africa	*I've just arrived from Africa*
passare **dalla** porta	*to walk through the door*
uscire **dalla** finestra	*to go out of the window*
causa	***cause***
tremare **dal** freddo	*to shiver with cold*
saltare **dalla** gioia	*to jump with joy*
prezzo	***prize***
un francobollo **da** 800 lire	*a 800 lire stamp*
tempo	***time***
da anni	*for years*
da molto tempo	*for a long time*
dalla settimana scorsa	*since last week*
fine	***purpose***
carta **da** bollo	*stamped paper*
occhiali **da** sole	*sun glasses*
sala **da** ballo	*ball room*
TRA (FRA)	***AMID/BETWEEN/AMONG/IN***
luogo	***place***
una casa **tra** i campi	*a house in the fields*
distanza	***distance***
tra un chilometro vedremo la mia casa	*in a kilometer we will see my house*
tempo	***time***
arriverò **tra** quattro ore	*I'll be there in four hours*
relazione	***relationship***
una lite **tra** amici	*a fight between friends*
partitivo	***partitive***
tu sei il più bravo **tra** di noi	*you are the best among us*

IL VERBO
VERBS

Un verbo può essere **attivo** (Giorgio mangia la mela), **passivo** (la mela è mangiata da Giorgio), **riflessivo*** (Luca si vede allo specchio), **pronominale*** (Gianni si addormenta)	*In Italian a verb can be* ***active*** *(Giorgio eats the apple),* ***passive*** *(the apple is eaten by Giorgio),* ***reflexive*** *(Luca sees himself in the mirror) and* ***pronominal*** *(Gianni falls asleep)**
*il verbo riflessivo e il verbo pronominale non sono molto diversi, per questo motivo saranno trattati insieme	** the passive and the pronominal forms are very similar: for this reason they'll be treated together.*
di un verbo bisogna conoscere il **modo**, il **tempo**, **la persona singolare o la persona plurale, l'ausiliare (essere o avere)** il **modo esprime l'intenzione di chi parla.** In italiano ci sono l'indicativo, il congiuntivo*, il condizionale, l'imperativo, il gerundio, il participio, l'infinito.	*it's important to know the* ***form****, the* ***tense****, the* ***person*** *(singular and plural) and the* ***auxiliary*** *(to be or to have) of a verb.* ***the form express the intention of the person who's speaking. In Italian there are 7 forms: the*** *indicative,* ***the*** *subjuntive*,* ***the*** *conditional,* ***the*** *imperative,* ***the*** *gerund,* ***the*** *participle* ***and the*** *infinitive.*
Il congiuntivo non è molto usato nella lingua parlata. Al suo posto è usato l'indicativo.	*The subjunctive is not very used in the spoken Italian. Instead of it, we use the indicative.*
il tempo indica quando un'azione è compiuta: se è **passata**, **presente** o **futura**. I tempi possono essere **semplici** o **composti**. I tempi composti sono formati dall'ausiliare del verbo e dal participio passato del verbo (per i diversi tempi vedi lo schema sotto).	*the* ***tense*** *indicates when an action takes place, if it is* ***past****,* ***present*** *or* ***future****. Tenses can be* ***simple*** *or* ***compound*** *(auxiliary + past participle). There are different tenses in every form (see the scheme below).*
attenzione: nei tempi composti (ausiliare + participio passato), il participio passato non cambia (singolare, plurale, maschile e femminile) se l'ausiliare è **avere**; il participio passato cambia se l'ausiliare è **essere** e si comporta come un aggettivo (singolare, plurale, maschile e femminile).	***attention****: in the compound tenses (auxiliary + past participle), the past participle doesn't change (singular, plural, masculine and feminine) if the auxiliary is* ***to have****; the past participle changes if the auxiliary is* ***to be*** *as if it were an adjective (singular, plural, masculine and feminine).*

l'**ausiliare** è quel verbo che "aiuta" il verbo principale. In italiano gli ausiliari sono **essere** e **avere**	*the **auxiliary** is the verb that assists the main verb to form a tense or an expression. In Italian the auxiliaries are **to be** and **to have**.*
la **persona** indica chi compie l'azione. Le persone sono 6, tre singolari, tre plurali: io, tu, lui/lei**, noi, voi, loro**	*the **person** is the one doing the action. There are 6 persons: 3 singulars, 3 plurals: io, tu, lui/lei**, noi, voi, loro** (I, you, he/she/it, we, you, they)*
quando la terza persona (singolare o plurale) è soggetto dell'azione, noi dovremmo usare **egli, **ella**, **essa**, **esso** per la terza persona singolare, **essi**, **esse** per la terza persona plurale. Nella lingua parlata, ma anche nella lingua scritta, questi pronomi personali sono però stati sostituiti da **lui** o **lei** e **loro**.	*** when the third person (singular and plural) is the subject of the action, we should say **egli** (he), **ella, essa** (she), **esso** (it), **essi, esse** (they). But both in spoken Italian and in written Italian these personal pronouns have been replaced by **lui** (he), **lei** (she), **loro** (they).*

MODO	TEMPO SEMPLICE	TEMPO COMPOSTO	*MOOD TENSE*	*SIMPLE TENSE*	*COMPOUND*
indicativo	presente		***indicative***	*Simple present*	
	imperfetto			*Imperfect tense*	
		passato prossimo		*Present perfect*	
	passato remoto			*Simple past*	
		trapassato prossimo			*Past perfect*
		trapassato remoto			*Past perfect*
	futuro semplice			*Future simple*	
		futuro anteriore			*Future perfect*
congiuntivo	presente		***subjuntive***	*Present*	
	imperfetto			*Imperfect tense*	
		passato			*Past*
		trapassato			*Past perfect*
condizionale	presente	passato	***conditional***	*Present*	*Past*
imperativo	presente		***imperative***	*Present*	
participio	presente	passato	***participle***	*Present*	*Past*
gerundio	presente	passato	***gerund***	*Present*	*Past*
infinito	presente	passato	***infinitive***	*Present*	*Past*

Gli ausiliari		*The auxiliary*	
ESSERE		***TO BE***	
Indicativo		***Indicative***	
tempi semplici	***tempi composti***	***Simple tenses***	***Compound tences***
presente	**passato prossimo**	***Simple present***	***Present perfect***
io sono	io sono stato (stata)	*I am*	*I have been*
tu sei	tu sei stato	*you are*	*you have been*
lui /lei è	lui /lei è	*he/she/it is*	*he/she/it has been*
noi siamo	noi siamo stati (state)	*we are*	*we have been*
voi siete	voi siete stati	*you are*	*you have been*
loro sono	loro sono stati	*they are*	*they have been*
imperfetto	**trapassato prossimo**	***Imperfect tense***	***Past perfect***
io ero	io ero stato (stata)	*I was*	*I had been*
tu eri	tu eri stato	*you were*	*you had been*
lui/lei era	lui/lei era stato	*he/she/it was*	*he/she/it had been*
noi eravamo	noi eravamo stati (state)	*we were*	*we had been*
voi eravate	voi eravate stati	*you were*	*you had been*
loro erano	loro erano stati	*they were*	*they had been*
passato remoto	**trapassato remoto**	***Simple past***	***Past perfect***
io fui	io fui stato (stata)	*I was*	*I had been*
tu fosti	tu fosti stato	*you were*	*you had been*
lui/lei fu	lui/lei fu stato	*he/she/it was*	*he/she/it had been*
noi fummo	noi fummo stati (state)	*we were*	*we had been*
voi foste	voi foste stati	*you were*	*you had been*
loro furono	loro furono stati	*they were*	*they had been*
futuro	**futuro anteriore**	***Future simple***	***Future perfect***
io sarò	io sarò stato (stata)	*I will be*	*I will have been*
tu sarai	tu sarai stato	*you will be*	*you will have been*
lui/lei sarà	lui/lei sarà stato	*he/she/it will be*	*he/she/it will have*
been			
noi saremo	noi saremo stati (state)	*we will be*	*we will have bee*
voi sarete	voi sarete stati	*you will be*	*you will have been*
loro saranno	loro saranno stati	*they will be*	*they will have been*

Gli ausiliari		*The auxiliary*	
ESSERE		***TO BE***	
Congiuntivo		***Subjunctive***	
presente	**passato**	***Present***	***Past***
che io sia	che io sia stato (stata)	*I am*	*I were (was)*
che tu sia	che tu sia stato	*you are*	*you were*
che lui/lei sia	che lui/lei sia stato	*he/she/it is*	*he/she/it were (was)*
che noi siamo	che noi siamo stati (state)	*we are*	*we were*
che voi siate	che voi siate stati	*you are*	*you were*
che essi siano	che essi siano stati	*they are*	*they were*
imperfetto	**trapassato**	***Imperfect***	***Past perfect***
che io fossi	che io fossi stato (stata)	*if I were (was)*	*if I had been*
che tu fossi	che tu fossi stato	*if you were*	*if you had been*
che lui/lei fosse	che lui/lei fosse stato	*if he/she/it were (was)*	*if he/she/it had been*
che noi fossimo	che noi fossimo stati (state)	*if we were*	*if we had been*
che voi foste	che voi foste stati	*if you were*	*if you had been*
che loro fossero	che loro fossero stati	*if they were*	*if they had been*
Condizionale		***Conditional***	
presente	**passato**	***Present***	***Past***
io sarei	io sarei stato (stata)	***I WOULD BE***	*I would have been*
tu saresti	tu saresti stato	*you would be*	*you would have been*
lui/lei sarebbe	lui/lei sarebbe stato	*he/she/it would be*	*he/she/it would have been*
noi saremmo	noi saremmo stati (state)	*we would be*	*we would have been*
voi sareste	voi sareste stati	*you would be*	*you would have been*
loro sarebbero	loro sarebbero stati	*they would be*	*they would have been*
Imperativo		***Imperative***	
sii (tu)		*be*	
siate (voi)		*be*	
Participio		***Participle***	
passato		***Past***	
stato		*been*	
Gerundio		***Gerund***	
presente	passato	***Present***	***Past***
essendo	essendo stato	*being*	*having been*
Infinito		***Infinitive***	
presente	***passato***	***Present***	***Past***
essere	*essere stato*	*to be*	*to have been*

Gli ausiliari		*The auxiliary*	
AVERE		***TO HAVE***	
Indicativo		***Indicative***	
tempi semplici	**tempi composti**	***Simple tenses***	***Compound tenses***
presente io ho tu hai lui/lei ha noi abbiamo voi avete loro hanno	**passato prossimo** io ho avuto tu hai avuto lui/lei ha avuto noi abbiamo avuto voi avete avuto loro hanno avuto	***Simple present*** *I have* *you have* *he/she/it has* *we have* *you have* *they have*	***Present perfect*** *I have had* *you have had* *he/she/it has had* *we have had* *you have had* *they have had*
imperfetto io avevo tu avevi lui/lei aveva noi avevamo voi avevate loro avevano	**trapassato prossimo** io avevo avuto tu avevi avuto lui/lei aveva avuto noi avevamo avuto voi avevate avuto loro avevano avuto	***Imperfect tense*** *I had* *you had* *he/she/it had* *we had* *you had* *they had*	***Past perfect*** *I had had* *you had had* *he/she/it had had* *we had had* *you had had* *they had had*
passato remoto io ebbi tu avesti lui/lei ebbe noi avemmo voi aveste loro ebbero	**trapassato remoto** io ebbi avuto tu avesti avuto lui/lei ebbe avuto noi avemmo avuto voi aveste avuto loro ebbero avuto	***Simple past*** *I had* *you had* *he/she/it had* *we had* *you had* *they had*	***Past perfect*** *I had had* *you had had* *he/she/it had had* *we had had* *you had had* *they had had*
futuro io avrò tu avrai lui/lei avrà noi avremo voi avrete loro avranno	**futuro anteriore** io avrò avuto tu avrai avuto lui/lei avrà avuto noi avremo avuto voi avrete avuto loro avranno avuto	***Future simple*** *I will have* *you will have* *he/she/it will have* *we will have* *you will have* *they will have*	***Future perfect*** *I will have had* *you will have had* *he/she/it will have had* *we will have had* *you will have had* *they will have had*

Gli ausiliari		The auxiliary	
AVERE		***TO HAVE***	
Congiuntivo		***Subjunctive***	
presente	**passato**	***Present***	***Past***
che io abbia	che io abbia avuto	*I have*	*I had*
che tu abbia	che tu abbia avuto	*you have*	*you had*
che lui/lei abbia	che lui/lei abbia avuto	*he/she/it has*	*he/she/it had*
che noi abbiamo	che noi abbiamo avuto	*we have*	*we had*
che voi abbiate	che voi abbiate avuto	*you have*	*you had*
che essi abbiano	che essi abbiano avuto	*they have*	*they had*
imperfetto	**trapassato**	***Imperfect***	***Past perfect***
che io avessi	che io avessi avuto	*if I had*	*if I had had*
che tu avessi	che tu avessi avuto	*if you had*	*if you had had*
che lui/lei avesse	che lui/lei avesse avuto	*if he/she/it had*	*if he/she/it had had*
che noi avessimo	che noi avessimo avuto	*if we had*	*if we had had*
che voi aveste	che voi aveste avuto	*if you had*	*if you had had*
che loro avessero	che loro avessero avuto	*if they had*	*if they had had*
Condizionale		***Conditional***	
presente	**passato**	***Present***	***Past***
io avrei	io avrei avuto	*I would have*	*I would have had*
tu avresti	tu avresti avuto	*you would have*	*you would have had*
lui/lei avrebbe	lui/lei avrebbe avuto	*he/she/it would have*	*he/she/it would have had*
noi avremmo	noi avremmo avuto	*we would have*	*we would have had*
voi avreste	voi avreste avuto	*you would have*	*you would have had*
loro avrebbero	loro avrebbero avuto	*they would have*	*they would have had*
Imperativo		***Imperative***	
abbi (tu)		*have*	
abbiate (voi)		*have*	
Participio		***Participle***	
presente	**passato**	***Present***	***Past***
avente	avuto	*having*	*had*
Gerundio		***Gerund***	
presente	**passato**	***Present***	***Past***
avendo	avendo avuto	*having*	*having had*
Infinito		***Infinitive***	
presente	**passato**	***Present***	***Past***
avere	avere avuto	*to have*	*to have had*

I verbi regolari — *The regular verbs*

Verbi con l'infinito in -are		*Verbs that have infinitive ending in -are*	
AMARE		***TO LOVE***	
Indicativo		***Indicative***	
tempi semplici	**tempi composti**	***Simple tenses***	***Compound tenses***
presente io am-**o** tu am-**i** lui/lei am-**a** noi am-**iamo** voi am-**ate** loro am-**ano**	**passato prossimo** io ho amato tu hai amato lui/lei ha amato noi abbiamo amato voi avete amato loro hanno amato	***Simple present*** *I love* *you love* *he/she/it loves* *we love* *you love* *they love*	***Present perfect*** *I have loved* *you have loved* *he/she/it has loved* *we have loved* *you have loved* *they have loved*
imperfetto io am-**avo** tu am-**avi** lui/lei am-**ava** noi am-**avamo** voi am-**avate** loro am-**avano**	**trapassato prossimo** io avevo amato tu avevi amato lui/lei aveva amato noi avevamo amato voi avevate amato loro avevano amato	***Imperfect tense*** *I loved - I was loving* *you loved - you were loving* *he/she/it loved - he/she/it was loving* *we loved - we were loving* *you loved - you were loving* *they loved - they were loving*	***Past perfect*** *I had loved* *you had loved* *he/she/it had loved* *we had loved* *you had loved* *they had loved*
passato remoto io am-**ai** tu am-**asti** lui/lei am-**ò** noi am-**ammo** voi am-**aste** loro am-**arono**	**trapassato remoto** io ebbi amato tu avesti amato lui/lei ebbe amato noi avemmo amato voi aveste amato loro ebbero amato	***Simple past*** *I loved* *you loved* *he/she/it loved* *we loved* *you loved* *they loved*	***Past perfect*** *I had loved* *you had loved* *he/she/it had loved* *we had loved* *you had loved* *they had loved*
futuro io am-**erò** tu am-**erai** lui/lei am-**erà** noi am-**eremo** voi am-**erete** loro am-**eranno**	**futuro anteriore** io avrò amato tu avrai amato lui/lei avrà amato noi avremo amato voi avrete amato loro avranno amato	***Future simple*** *I will love* *you will love* *he/she/it will love* *we will love* *you will love* *they will love*	***Future perfect*** *I will have loved* *you will have loved* *he/she/it will have loved* *we will have loved* *you will have loved* *they will have loved*

Verbi con l'infinito in -are		Verbs that have infinitive ending in -are	
AMARE		***TO LOVE***	
Congiuntivo		***Subjunctive***	
presente	**passato**	***PRESENT***	***Past***
che io am-**i**	che io abbia amato	*if I love*	*if I have loved*
che tu am-**i**	che tu abbia amato	*if you love*	*if you have loved*
che lui/lei am- **i**	che lui/lei abbia amato	*if he/she/it love*	*if he/she/it has loved*
che noi am-**iamo**	che noi abbiamo amato	*if we love*	*if we have loved*
che voi am-**iate**	che voi abbiate amato	*if you love*	*if you have loved*
che loro am-**ino**	che loro abbiano amato	*if they love*	*if they have loved*
imperfetto	**trapassato**	***Imperfect***	***Past perfect***
che io am-**assi**	che io avessi amato	*if I loved*	*if I had loved*
che tu am-**assi**	che tu avessi amato	*if you loved*	*if you had loved*
che lui/lei am-**asse**	che lui/lei avesse amato	*if he/she/it loved*	*if he/she/it had loved*
che noi am-**assimo**	che noi avessimo amato	*if we loved*	*if we had loved*
che voi am-**aste**	che voi aveste amato	*if you loved*	*if you had loved*
che loro am-**assero**	che loro avessero amato	*if they loved*	*if they had loved*
Condizionale		***Conditional***	
presente	**passato**	***Present***	***Past***
io am-**erei**	io avrei amato	***I WOULD LOVE***	*I would have loved*
tu am-**eresti**	tu avresti amato	*you would love*	*you would have loved*
lui/lei am-**erebbe**	lui/lei avrebbe amato	*he/she/it would love*	*he/she/it would have loved*
noi am-**eremmo**	noi avremmo amato	*we would love*	*we would have loved*
voi am-**ereste**	voi avreste amato	*you would love*	*you would have loved*
loro am-**erebbero**	loro avrebbero amato	*they would love*	*they would have loved*
Imperativo		***Imperative***	
am-**a** (tu)		*love*	
am-**ate** (voi)		*love*	
Participio		***Participle***	
presente	**passato**	***Present***	***Past***
am-**ante**	am-**ato**	*loving*	*loved*

Verbi con l'infinito in -are		***Verbs that have infinitive ending in -are***	
AMARE		***TO LOVE***	
Gerundio		***Gerund***	
presente am-**ando**	**passato** avendo amato	***Present*** **loving**	***Past*** *having love*
Infinito		***Infinitive***	
presente am-**are**	**passato** avere amato	***present*** *to love*	***past*** *to have loved*

Verbi con l'infinito in - ere		***Verbs that have infinitives ending in -ere***	
TEMERE		***TO FEAR***	
Indicativo		***Indicative***	
tempi semplici	**tempi composti**	***tempi semplici***	***tempi composti***
presente io tem-**o** tu tem-**i** lui/lei tem-**e** noi tem-**iamo** voi tem-**ete** loro tem-**ono**	**passato prossimo** io ho temuto tu hai temuto lui/lei ha temuto noi abbiamo temuto voi avete temuto loro hanno temuto	***Simple present*** *I fear* *you fear* *he/she/it fears* *we fear* *you fear* *they fear*	***Present perfect*** *I have feared* *you have feared* *he/she/it has feared* *we have feared* *you have feared* *they have feared*
imperfetto io tem-**evo** tu tem-**evi** lui/lei tem-**eva** noi tem-**evamo** voi tem-**evate** loro tem-**evano**	**trapassato prossimo** io avevo temuto tu avevi temuto lui/lei aveva temuto noi avevamo temuto voi avevate temuto loro avevano temuto	***Imperfect tense*** *I feared -* *I was fearing* *you feared -* *you were fearing* *he/she/it feared -* *he/she/it was fearing* *we feared -* *we were fearing* *you feared -* *you were fearing* *they feared -* *they were fearing*	***Past perfect*** *I had feared* *you had feared* *he/she/it had feared* *we had feared* *you had feared* *they had feared*

Verbi con l'infinito in -ere		***Verbs that have infinitives ending in -ere***	
TEMERE		***TO FEAR***	
Indicativo		***Indicative***	
tempi semplici	**tempi composti**	***tempi semplici***	***tempi composti***
passato remoto	**trapassato remoto**	***Simple past***	***Past perfect***
io tem-**etti**	io ebbi temuto	*I feared*	*I had feared*
tu tem-**esti**	tu avesti temuto	*you feared*	*you had feared*
lui/lei tem-**ette**	lui/lei ebbe temuto	*he/she/it feared*	*he/she/it had feared*
noi tem-**emmo**	noi avemmo temuto	*we feared*	*we had feared*
voi tem-**este**	voi aveste temuto	*you feared*	*you had feared*
loro tem-**ettero**	loro ebbero temuto	*they feared*	*they had feared*
futuro	**futuro anteriore**	***Future simple***	***Future past***
io tem-**erò**	io avrò temuto	*I will fear*	*I will have feared*
tu tem-**erai**	tu avrai temuto	*you will fear*	*you will have feared*
lui/lei tem-**erà**	lui/lei avrà temuto	*he/she/it will fear*	*he/she/it will have feared*
noi tem-**eremo**	noi avremo temuto	*we will fear*	*we will have feared*
voi tem-**erete**	voi avrete temuto	*you will fear*	*you will have feared*
loro tem-**eranno**	loro avranno temuto	*they will fear*	*they will have feared*
Congiuntivo		***Subjunctive***	
presente	**passato**	***Present***	***Past***
che io tem-**a**	che io abbia temuto	*if I fear*	*if I have feared*
che tu tem-**a**	che tu abbia temuto	*if you fear*	*if you have feared*
che lui/lei tem-**a**	che lui/lei abbia temuto	*if he/she/it fears*	*if he/she/it has feared*
che noi tem-**iamo**	che noi abbiamo temuto	*if we fear*	*if we have feared*
che voi tem-**iate**	che voi abbiate temuto	*if you fear*	*if you have eared*
che loro tem-**ano**	che loro abbiano temuto	*if they fear*	*if they have feared*
imperfetto	**trapassato**	***Imperfect***	***Past perfect***
che io tem-**essi**	che io avessi temuto	*if I feared*	*if I had feared*
che tu tem-**essi**	che tu avessi temuto	*if you feared*	*if you had feared*
che lui/lei tem-**esse**	che lui/lei avesse temuto	*if he/she/it feared*	*if he/she/it had feared*
che noi tem-**essimo**	che noi avessimo temuto	*if we feared*	*if we had feared*
che voi tem-**este**	che voi aveste temuto	*if you feared*	*if you had feared*
che loro tem-**essero**	che loro avessero temuto	*if they feared*	*if they had feared*

Verbi con l'infinito in -ere		*Verbs that have infinitives ending in -ere*	
TEMERE		***TO FEAR***	
Condizionale		***Conditional***	
presente	**passato**	***Present***	***Past***
io tem-**erei**	io avrei temuto	*I would fear*	*I would have feared*
tu tem-**eresti**	tu avresti temuto	*you would fear*	*you would have feared*
lui/lei tem-**erebbe**	lui/lei avrebbe temuto	*he/she/it would fear*	*he/she/it would have feared*
noi tem-**eremmo**	noi avremmo temuto	*we would fear*	*we would have feared*
voi tem-**ereste**	voi avreste temuto	*you would fear*	*you would have feared*
loro tem-**erebbero**	loro avrebbero temuto	*they would fear*	*they would have feared*
Imperativo		***Imperative***	
tem-**i** (tu)		*fear*	
tem-**ete** (voi)		*fear*	
Participio		***Participle***	
presente	**passato**	***Present***	***Past***
tem-**ente**	tem-**uto**	*fearing*	*feared*
Gerundio		***Gerund***	
presente	**passato**	***Present***	***Past***
tem-**endo**	avendo temuto	*fearing*	*having feared*
Infinito		***Infinitive***	
presente	**passato**	***Present***	***Past***
tem-**ere**	avere temuto	*to fear*	*to have feared*

Verbi con l'infinito in -ire		*Verbs that have infinitives ending in -ire*	
SERVIRE		***TO SERVE***	
Indicativo		***Indicative***	
tempi semplici	**tempi composti**	***Simple tenses***	***Compound tenses***
presente io serv-**o** tu serv-**i** lui/lei serv-**e** noi serv-**iamo** voi serv-**ite** loro serv-**ono**	**passato prossimo** io ho servito tu hai servito lui/lei ha servito noi abbiamo servito voi avete servito loro hanno servito	***Simple present*** *I serve* *you serve* *he/she/it serves* *we serve* *you serve* *they serve*	***Present perfect*** *I have served* *you have served* *he/she/it has served* *we have served* *you have served* *they have served*
imperfetto io serv-**ivo** tu serv-**ivi** lui/lei serv-**iva** noi serv-**ivamo** voi serv-**ivate** loro serv-**ivano**	**trapassato prossimo** io avevo servito tu avevi servito lui/lei aveva servito noi avevamo servito voi avevate servito loro avevano servito	***Imperfect tense*** *I served - I was serving* *you served - you were serving* *he/she/it served - he/she/it was serving* *we served - we were serving* *you served - you were serving* *they served - they were serving*	***Past perfect*** *I had served* *you had served* *he/she/it had served* *we had served* *you had served* *they had served*
passato remoto io servi-**i** tu servi-**isti** lui/lei serv-**ì** noi serv-**immo** voi serv-**iste** loro serv-**irono**	**trapassato remoto** io ebbi servito tu avesti servito lui/lei ebbe servito noi avemmo servito voi aveste servito loro ebbero servito	***Simple past*** ***I served*** *you served* *he/she/it served* *we served* *you served* *they served*	***Past perfect*** *I had served* *you had served* *he/she/it had served* *we had served* *you had served* *they had served*
futuro io serv-**irò** tu serv-**irai** lui/lei serv-**irà** noi serv-**iremo** voi serv-**irete** loro serv-**iranno**	**futuro anteriore** io avrò servito tu avrai servito lui/lei avrà servito noi avremo servito voi avrete servito loro avranno servito	***Future simple*** *I will serve* *you will serve* *he/she/it will serve* *we will serve* *you will serve* *they will serve*	***Future perfect*** *I will have served* *you will have served* *he/she/it will have served* *we will have served* *you will have served* *they will have served*

Verbi con l'infinito in -ire		*Verbs that have infinitives ending in -ire*	
SERVIRE		***TO SERVE***	
Congiuntivo		***Subjunctive***	
presente	**passato**	***Present***	***Past***
che io serv-**a**	che io abbia servito	*if I serve*	*if I have served*
che tu serv-**a**	che tu abbia servito	*if you serve*	*if you have served*
che lui/lei serv-**a**	che lui/lei abbia servito	*if he/she/it serves*	*if he/she/it has served*
che noi serv-**iamo**	che noi abbiamo servito	*if we serve*	*if we have served*
che voi serv-**iate**	che voi abbiate servito	*if you serve*	*if you have served*
che loro serv-**ano**	che loro abbiano servito	*if they serve*	*if they have served*
imperfetto	**trapassato**	***Imperfect***	***Past perfect***
che io serv-**issi**	che io avessi servito	*if I served*	*if I had served*
che tu serv-**issi**	che tu avessi servito	*if you served*	*if you had served*
che lui/lei serv-**isse**	che lui/lei avesse servito	*if he/she/it served*	*if he/she/it had served*
che noi serv-**issimo**	che noi avessimo servito	*if we served*	*if we had served*
che voi serv-**iste**	che voi aveste servito	*if you served*	*if you had served*
che loro serv-**issero**	che loro avessero servito	*if they served*	*if they had served*
Condizionale		***Conditional***	
presente	**passato**	***Present***	***Past***
io serv-**irei**	io avrei servito	*I would serve*	*I would have served*
tu serv-**iresti**	tu avresti servito	*you would serve*	*you would have served*
lui/lei serv-**irebbe**	lui/lei avrebbe servito	*he/she/it would serve*	*he/she/it would have served*
noi serv-**iremmo**	noi avremmo servito	*we would serve*	*we would have served*
voi serv-**ireste**	voi avreste servito	*you would serve*	*you would have served*
loro serv-**irebbero**	loro avrebbero servito	*they would serve*	*they would have served*
Imperativo		***Imperative***	
serv-**i** (tu)		*serve*	
serv-**ite** (voi)		*serve*	
Participio		***Participle***	
presente	**passato**	***Present***	***Past***
serv-**ente**	serv-**ito**	*serving*	*served*
Gerundio		***Gerund***	
presente	**passato**	***Present***	***Past***
serv-**endo**	avendo servito	*serving*	*having served*
Infinito		***Infinitive***	
presente	**passato**	***Present***	***Past***
serv-**ire**	avere servito	*to serve*	*to have served*

# I verbi riflessivi e i verbi pronominali	# *Reflexive verbs and pronominal verbs*
Molti verbi aggiungono i pronomi **mi, ti, si, ci, vi, si**. Alcuni di essi sono chiamati **riflessivi** (l'effetto del verbo "si riflette" su chi compie l'azione: io **mi** lavo, io **mi** vesto, io **mi** copro), altri sono chiamati **pronominali**	*Many verbs add the personal pronouns **mi, ti, ci, si, vi, si** (myself, yourself, ourselves, yourselves, him/herself, itself, themselves). Some of these verbs are called **reflexive** (because the effect of the verb itself reflects on the subject: **I** wash **myself**, **I** dress **myself**, **I** cover **myself**), some others are called **pronominal***
Molti verbi possono avere la forma normale, la forma pronominale e la forma riflessiva (accomodare e accomodarsi, addormentare e addormentarsi, mettere e mettersi). La coniugazione dei verbi riflessivi e dei verbi pronominali è uguale alla coniugazione dei verbi regolari. Il pronome nei modi imperativo, infinito, gerundio e participio "si attacca" alla fine del verbo. **I verbi riflessivi e i verbi pronominali hanno l'ausiliare essere. Come tutti i verbi con l'ausiliare essere, nelle forme composte il participio passato è concordato al singolare, al plurale, al maschile o al femminile.**	*Many verbs can have the ordinary form, the pronominal and the reflexive forms. The conjugation of the reflexive and the pronominal verbs is exactly like the conjugation of the ordinary verbs. In imperative, infinitive, gerund and participle the pronoun is "attached" to the end of the verb itself.* ***Reflexive and pronominal verbs use the auxiliary "to be". Like all the verbs that use the auxiliary to be, in the compound forms the past participle changes if the subject is singular, plural, masculine or feminine.***

Indicativo		***Indicative***	
tempi semplici	**tempi composti**	**Simple tenses**	**Compound tenses**
presente	**passato prossimo**	***Simple present***	***Present perfect***
io mi svegli-**o**	io mi sono svegliato (-a)*	*I wake up*	*I have woken up*
tu ti svegl-**i**	tu ti sei svegliato (-a)	*you wake up*	*you have woken up*
lui/lei si svegli-**a**	lui/lei si è svegliato (-a)	*he/she/it wake up*	*he/she/it has woken up*
noi ci svegl-**iamo**	noi ci siamo svegliati (-e)*	*we wake up*	*we have woken up*
voi vi svegli-**ate**	voi vi siete svegliati (-e)	*you wake up*	*you have woken up*
loro si svegli-**ano**	loro si sono svegliati (-e)	*they wake up*	*they have woken up*

*indico con (-a) e con (-e) la necessità di concordare il participio passato nei tempi composti (es. *io mi sono svegliat***o***, io mi sono svegliat***a***, noi ci siamo svegliat***i***, noi ci siamo svegliat***e***).	** we indicate with (-a) and (-e) the necessity of agreeing the past participle with the subject in the compound tenses. (eg. I have woken up; we have woken up).*

Indicativo		*Indicative*	
tempi semplici	**tempi composti**	***Simple tenses***	***Compound tenses***
imperfetto	**trapassato prossimo**	***Imperfect tense***	***Past perfect***
io mi svegli-**avo**	io mi ero svegliato (-a)	*I woke up – I was waking up*	*I had woken up*
tu ti svegli-**avi**	tu ti eri svegliato (-a)	*you woke up – you were waking up*	*you had woken up*
lui/lei si svegli-**ava**	lui/lei si era svegliato (-a)	*he/she/it woke up – he/she/it was waking up*	*he/she/it had woken up*
noi ci svegli-**avamo**	noi ci eravamo svegliati (-e)	*we woke up – we were waking up*	*we had woken up*
voi vi svegli-**avate**	voi vi eravate svegliati (-e)	*you woke up – you were waking up*	*you had woken up*
loro si svegli-**avano**	loro si erano svegliati (-e)	*they woke up – they were waking up*	*they had woken up*
passato remoto	**trapassato remoto**	***Simple past***	***Past perfect***
io mi svegli-**ai**	io mi fui svegliato (-a)	*I woke up*	*I had woken up*
tu ti svegli-**asti**	tu ti fosti svegliato (-a)	*you woke up*	*you had woken up*
lui/lei si svegli-**ò**	lui/lei si fu svegliato (-a)	*he/she/it woke up*	*he/she/it had woken up*
noi ci svegli-**ammo**	noi ci fummo svegliati (-e)	*we woke up*	*we had woken up*
voi vi svegli-**aste**	voi vi foste svegliati (-e)	*you woke up*	*you had woken up*
loro si svegli-**arono**	loro si furono svegliati (-e)	*they woke up*	*they had woken up*
futuro	**futuro anteriore**	***Future simple***	***Future past***
io mi svegli-**erò**	io mi sarò svegliato (-a)	*I will wake up*	*I will have woken up*
tu ti svegli-**erai**	tu ti sarai svegliato (-a)	*You will wake up*	*You will have woken up*
lui/lei si svegli-**erà**	lui/lei si sarà svegliato (-a)	*He/she/it will wake up*	*he/she/it will have woken up*
noi ci svegli-**eremo**	noi ci saremo svegliati (-e)	*we will wake up*	*we will have woken up*
voi vi svegli-**erete**	voi vi sarete svegliati (-e)	*you will wake up*	*you will have woken up*
loro si svegli-**eranno**	loro si saranno svegliati (-e)	*they will wake up*	*they will have woken up*
Congiuntivo		***Subjunctive***	
presente	**passato**	***Present***	***Past***
che io mi svegl-**i**	che io mi sia svegliato (-a)	*if I wake up*	*if I have woken up*
che tu ti svegl-**i**	che tu ti sia svegliato (-a)	*if you wake up*	*if you have woken up*
che lui/lei si svegl-**i**	che lui/lei si sia svegliato (-a)	*if he/she/it wake up*	*if he/she/it has woken up*
che noi ci svegl-**iamo**	che noi ci siamo svegliati (-e)	*if we wake up*	*if we have woken up*
che voi vi svegl-**iate**	che voi vi siate svegliati (-e)	*if you wake up*	*if you have woken up*
che loro si svegl-**ino**	che loro si siano svegliati (-e)	*if they wake up*	*if they have woken up*

imperfetto	**trapassato**	***Imperfect***	***Past perfect***
che io mi svegli-**assi**	che io mi fossi svegliato (-a)	*if I woke up*	*if I had woken up*
che tu ti svegli-**assi**	che tu ti fossi svegliato (-a)	*if you woke up*	*if you had woken up*
che lui/lei si svegli-**asse**	che lui/lei si fosse svegliato (-a)	*if he/she/it woke up*	*if he/she/it had woken up*
che noi ci svegli-**assimo**	che noi ci fossimo svegliati (-e)	*if we woke up*	*if we had woken up*
che voi vi svegli-**aste**	che voi vi foste svegliati (-e)	*if you woke up*	*if you had woken up*
che loro si svegli-**assero**	che loro si fossero svegliati (-e)	*if they woke up*	*if they had woken up*
Condizionale		***Conditional***	
presente	**passato**	***Present***	***Past***
io mi svegli-**erei**	io mi sarei svegliato (-a)	*I would wake up*	*I would have woken up*
tu ti svegli-**eresti**	tu ti saresti svegliato (-a)	*you would wake up*	*you would have woken up*
lui/lei si svegli-**erebbe**	lui/lei si sarebbe svegliato (-a)	*he/she/it would wake up*	*he/she/it would have woken up*
noi ci svegli-**eremmo**	noi ci saremmo svegliati (-e)	*we would wake up*	*we would have woken up*
voi vi svegli-**ereste**	voi vi sareste svegliati (-e)	*you would wake up*	*you would have woken up*
loro si svegli-**erebbero**	loro si sarebbero svegliati (-e)	*they would wake up*	*they would have woken up*
Imperativo		***Imperative***	
svegli-**ati** (tu) svegli-**ate**vi (voi)		*wake up!*	
Participio		***Participle***	
presente	**passato**	***Present***	***Past***
svegli-**ante**si	svegli-**ato**si	*waking*	*waked*
Gerundio		***Gerund***	
presente	**passato**	***Present***	***Past***
svegli-**ando**si	essendosi svegliato (-a)	*waking*	*having woken*
Infinito		***Infinitive***	
presente	**passato**	***Present***	***Past***
svegli-**ar**si	essersi svegliato (-a)	*to wake*	*have woken*

Il passivo	*The passive form*
Ogni verbo transitivo ha una forma passiva. La forma passiva è facile: **verbo essere** + **participio passato** del verbo principale. Il participio è concordato come un aggettivo. è dett**o** (dett**a**); sono fatt**i** (fatt**e**); sono pagat**o** (pagat**a**).	*Each transitive verb has a passive form. The passive form is very simple:* ***to be*** *+* ***past participle*** *of the main verb.* *The participle is used like an adjective.* *it is said;* *they are done;* *I am paid.*

Indicativo		***Indicative***	
tempi semplici	**tempi composti**	***Simple tenses***	***Compound tenses***
presente io sono amato (-a) tu sei amato (-a) lui/lei è amato (-a) noi siamo amati (-e) voi siete amati (-e) loro sono amati (-e)	**passato prossimo** io sono stato (-a) amato (-a) tu sei stato (-a) amato (-a) lui/lei è stato (-a) amato (-a) noi siamo stati (-e) amati (-e) voi siete stati (-e) amati (-e) loro sono stati (-e) amati (-e)	***Simple present*** *I am loved* *you are loved* *he/she/it is loved* *we are loved* *you are loved* *they are loved*	***Present perfect*** *I have been loved* *you have been loved* *he/she/it has been loved* *we have been loved* *you have been loved* *they have been loved*
imperfetto io ero amato (-a) tu eri amato (-a) lui/lei era amato (-a) noi eravamo amati (-e) voi eravate amati (-e) loro erano amati (-e)	**trapassato prossimo** io ero stato (-a) amato (-a) tu eri stato (-a) amato (-a) lui/lei era stato (-a) amato (-a) noi eravamo stati (-e) amati (-e) voi eravate stati (-e) amati (-e) loro erano stati (-e) amati (-e)	***Imperfect tense*** *I was loved* *you were loved* *he/she/it was* *loved* *we were loved* *you were loved* *they were loved*	***Past perfect*** *I had been loved* *you had been loved* *he/she/it had been* *loved* *we had been loved* *you had been loved* *they had been loved*
passato remoto io fui amato (-a) tu fosti amato (-a) lui/lei fu amato (-a) noi fummo amati (-e) voi foste amati (-e) loro furono amati (-e)	**trapassato remoto** io fui stato (-a) amato (-a) tu fosti stato (-a) amato (-a) lui/lei fu stato (-a) amato (-a) noi fummo stati (-e) amati (-e) voi foste stati (-e) amati (-e) loro furono stati (-e) amati (-e)	***Simple past*** *I was loved* *you were loved* *he/she/it was loved* *we were loved* *you were loved* *they were loved*	***Past perfect*** *I had been loved* *you had been loved* *he/she/it had been loved* *we had been loved* *you had been loved* *they had been loved*

Indicativo		Indicative	
tempi semplici	**tempi composti**	***Simple tenses***	***Compound tenses***
futuro io sarò amato (-a) tu sarai amato (-a) lui/lei sarà amato (-a) noi saremo amati (-e) voi sarete amati (-e) loro saranno amati (-e)	**futuro anteriore** io sarò stato (a) amato (-a) tu sarai stato (-a) amato (-a) lui/lei sarà stato (-a) amato (-a) noi saremo stati (-e) amati (-e) voi sarete stati amati (e) loro saranno stati amati (-e)	***Future simple*** *I will be loved* *you will be loved* *he/she/it will* *be loved* *we will be loved* *you will be loved* *they will be loved*	***Future perfect*** *I will have been loved* *you will have been* *loved* *he/she/it will* *have been loved* *we will have been loved* *you will have been* *loved* *they will have been* *loved*
Congiuntivo		***Subjunctive***	
presente che io sia amato (-a) che tu sia amato (-a) che lui/lei sia amato (-a) che noi siamo amati (-e) che voi siate amati (-e) che essi siano amati (-e)	**passato** che io stato (-a) sia amato (-a) che tu sia stato (-a) amato (-a) che lui/lei sia stato (-a) amato (-a) che noi siamo stati (-e) amati (-e) che voi siate stati (-e) amati (-e) che loro siano stati (-e) amati (-e)	***Present*** *if I am loved* *if you are loved* *if he/she/it* *is loved* *if we are loved* *if you are loved* *if they are loved*	***Past*** *if I have been loved* *if you have been loved* *if he/she/it* *has been loved* *if we have been loved* *if you have been loved* *if they have been loved*
imperfetto che io fossi amato (-a) che tu fossi amato (-a) che lui/lei fosse amato (-a) che noi fossimo amati (-e) che voi foste amati (-e) che loro fossero amati (-e)	**trapassato** che io fossi stato (-a) amato (-a) che tu fossi stato (-a) amato (-a) Che lui/lei fosse stato (-a) amato (-a) che noi fossimo stati (-e) amati (-e) che voi foste stati (-e) amati (-e) che loro fossero stati (-e) amati (-e)	***Imperfect*** *if I were loved* *if you were loved* *if he/she/it* *were loved* *if we were loved* *if you were loved* *if they were loved*	***Past perfect*** *if I had been loved* *if you had been loved* *if he/she/it* *had been loved* *if we had been loved* *if you had been loved* *if they had been loved*

Condizionale		*Conditional*	
presente	**passato**	***Present***	***Past***
io sarei amato (-a)	io sarei stato (-a) amato (-a)	*I would be loved*	*I would have been loved*
tu saresti amato (-a)	tu saresti stato (-a) amato (-a)	*you would be loved*	*you would have been loved*
lui/lei sarebbe amato (-a)	lui/lei sarebbe stato (-a) amato (-a)	*he/she/it would be loved*	*he/she/it would have been loved*
noi saremmo amati (-e)	noi saremmo stati (-e) amati (-e)	*we would be loved*	*we would have been loved*
voi sareste amati (-e)	voi sareste stati (-e) amati (-e)	*you would be loved*	*you would have been loved*
loro sarebbero amati (-e)	loro sarebbero stati (-e) amati (-e)	*they would be loved*	*they would have been loved*
Imperativo		***Imperative***	
sii amato (-a) (tu) siate amati (-e) (voi)		*be loved*	
Participio		***Participle***	
		passato stato (-a) amato (-a)	***Past*** *been loved*
Gerundio		***Gerund***	
presente essendo amato (-a)	**passato** essendo stato (-a) amato (-a)	***Present*** *being loved*	***Past*** *having been looved*
Infinito		***Infinitive***	
presente essere amato (-a)	**passato** essere stato (-a) amato (-a)	***Present*** *be loved*	***Past*** *have been loved*

I verbi impersonali	*Impersonal verbs*
Alcuni verbi non hanno un soggetto preciso. Questi verbi sono usati solo alla terza persona* e solo nei modi indicativo, congiuntivo e condizionale. Sono verbi come piovere (piove), nevicare (nevica), fare freddo (fa freddo), fare caldo (fa caldo).	*Some verbs don't have a clear subject. These verbs are used with the third singular person* and the indicative, subjunctive and conditional tenses. These verbs are: to rain (it rains), to snow (it snows), to be cold (it is cold), to be hot (it is hot).*
*in qualche raro caso alcuni di questi verbi possono avere un soggetto espresso (piovono sassi su di me).	** in some very rare case these verbs can have a subject like in this saying: "stones rain on me".*
Alcuni verbi possono **a volte** essere usati come impersonali: accadere (accade), bisognare (bisogna), capitare (capita), essere chiaro (è chiaro), essere necessario (è necessario), importare (importa), occorrere (occorre), sembrare (sembra), succedere (succede).	*Some ordinary verbs can be used like impersonal verbs: to happen (it happens), to need* (it's needed), to occur (it occurs), to be clear (it's clear), to be necessary (it's necessary), to mean (it means), to need (it's needed), to seem (it seems), to happen (it happens).*

I verbi servili	*The auxiliary verbs*
• **dovere, potere, volere** sono verbi servili e vogliono l'infinito	• ***dovere, potere, volere*** *(to have to, can, to want) are auxiliary verbs and must be followed by the infinitive.*
dovere + infinito io devo andare	*dovere (to have to) + infinitive* *I have to go*
potere + infinito tu puoi dire	*potere (to can) + infinitive* *you can say*
volere + infinito noi vogliamo fare	*volere (to want) + infinitive* *we want to do*
• **volere** può essere un verbo transitivo volere + nome	• ***volere*** *(to want) can also be used as a transitive verb (followed by a noun)* *volere (to want) + a noun*
voglio una casa nuova	*I want a new house*
voglio il computer	*I want a computer*
• *Nei tempi composti dovere, potere, volere prendono l'ausiliare del verbo infinito che li segue (sono voluto andare al mare; non ho potuto mangiare; ho dovuto suonare il campanello).	*In the compound tenses "dovere, potere, volere" take the auxiliary of the infinitive verb which follow them (sono voluto andare al mare; non ho potuto mangiare; ho dovuto suonare il campanello). (I wanted to go to the sea; I couldn't eat; I had to ring the bell).*

I verbi servili	*The auxiliary verbs*
• **stare**, **cominciare a**, **stare per**, **smettere di**, **continuare a**, **iniziare a**, **andare avanti a** questi verbi possono essere usati normalmente oppure possono essere usati in alcune espressioni particolari (questi verbi sono chiamati **fraseologici**)	• ***stare**, **cominciare a**, **stare per**, **smettere di**, **continuare a**, **iniziare a**, **andare avanti a** [to be, to begin to; to be about to; to stop; to continue* (to keep on), to start to; to go on]* *these verbs can be used in an ordinary way or can be used in some particular expressions (therefore they are called "phrasal" verbs).*
stare + gerundio (**sto** andando al cinema; **sta** vedendo un film; **stanno** facendo gli esercizi)	***stare** + gerund (I'm going to the cinema; he is watching a movie; they're doing their homework)*
stare per + infinito (stiamo per finire la partita; sto per avere un bambino; stanno per partire)	***stare per** + infinitive (we are about to finish the game; I'm about to have a baby; they are about to live)*
cominciare a + infinito (cominciamo a capire; comincio a parlare bene; comincia a camminare)	***cominciare a** + infinitive (we begin to understand; he begins to walk)*
iniziare a + infinito (iniziamo a capire; inizio a parlare bene; inizia a camminare)	***iniziare a** + infinitive (we begin to understand; he begins to walk)*
continuare a + infinito (continuiamo a guidare; continuo a parlare; continuano a scrivere)	***continuare a** + infinitive (we keep on driving; I keep on talking; we keep on writing)*
smettere di + infinito (smetto di piangere; smetti di ridere; smettiamo di parlare)	***smettere di** + infinitive (I stop crying; stop laughing; we stop talking)*
andare avanti a + infinito (andiamo avanti a mangiare; andiamo avanti a leggere; vado avanti a studiare)	***andare avanti a** + infinitive (we go on eating; we go on reading: I go on studying)*

Verbi: alcune eccezioni	*The verb: some exceptions*
sono elencate le eccezioni più comuni per i modi e i tempi più usati (indicativo: presente, imperfetto, futuro; condizionale: presente; participio: passato; gerundio: presente; imperativo)	*we have listed the most common exceptions for the most frequently used forms and tenses (indicative: present, imperfect, future; participle: past; gerund: present; imperative)*

Verbi irregolari: 1° coniugazione
Irregular verbs: 1st conjugation

I verbi che finiscono in **-care**, **-gare** prendono ***h*** davanti a ***e*** e ***i***

The verbs ending in ***-care***, ***-gare*** *add an* ***h*** *before* ***e*** *and* ***i***

PAGARE (ausiliare avere)
TO PAY (auxiliary verb: to have)

Indicativo	*Indicative*
io pago	*I pay*
tu paghi	*you pay*
lui/lei paga	*he/she/it pays*
noi paghiamo	*we pay*
voi pagate	*you pay*
loro pagano	*they pay*

ANDARE (ausiliare essere)
TO GO (auxiliary verb: to be)

Indicativo	*Indicative*
presente	***Simple present***
io vado	*I go*
tu vai	*you go*
lui/lei va	*he/she/it goes*
noi andiamo	*we go*
voi andate	*you go*
loro vanno	*they go*

DARE (ausiliare avere)
TO GIVE (auxiliary verb: to have)

Indicativo	*Indicative*
presente	***Simple present***
io do	*I give*
tu dai	*you give*
lui/lei dà	*he/she/it gives*
noi diamo	*we give*
voi date	*you give*
loro danno	*they give*

FARE (ausiliare avere)
TO DO (auxiliary verb: to have)

Indicativo	*Indicative*
presente	***Simple present***
io faccio	*I do*
tu fai	*you do*
lui/lei fa	*he/she/it does*
noi facciamo	*we do*
voi fate	*you do*
loro fanno	*they do*
imperfetto	***Imperfect tense***
io facevo	*I did*
	I was doing
tu facevi	*you did*
	you were doing
lui/lei faceva	*he/she/it did*
	he/she/it was doing
noi facevamo	*we did*
	we were doing
voi facevate	*you did*
	you were doing
loro facevano	*they did*
	they were doing
futuro	***Future simple***
io farò	*I will do*
tu farai	*you will do*
lui/lei farà	*he/she/it will do*
noi faremo	*we will do*
voi farete	*you will do*
loro faranno	*they will do*

Imperativo	*Imperative*
fa' (tu)	*do*
fate (voi)	*do*

Participio	*Participle*
passato	***Past***
fatto	*done*

Gerundio	*Gerund*
presente	***Present***
facendo	*doing*

STARE (ausiliare essere) *TO STAY (auxiliary verb: to be)*	
Indicativo	***Indicative***
presente	***Simple present***
io sto	*I stay*
tu stai	*you stay*
lui/lei sta	*he/she/it stays*
noi stiamo	*we stay*
voi state	*you stay*
loro stanno	*they stay*

Imperativo	*Imperative*
sta' (tu)	*stay*
state (voi)	*stay*
Participio	***Participle***
passato	***Past***
stato	*stayed*
Gerundio	***Gerund***
presente	***Present***
stando	*staying*

Verbi irregolari 2° coniugazione *Irregular verbs: 2nd conjugation*

ACCENDERE (ausiliare avere) *TO LIGHT (auxiliary verb: to have)*	
Participio	***Participle***
passato	***Past***
acceso	*lit*

APPENDERE (ausiliare avere) *TO HANG (auxiliary verb: to have)*	
Participio	***Participle***
passato	***Past***
appeso	*hung*

BERE (ausiliare avere) *TO DRINK (auxiliary verb: to have)*	
Indicativo	***Indicative***
presente	***Simple present***
io bevo	*I drink*
tu bevi	*you drink*
lui/lei beve	*he/she/it drinks*
noi beviamo	*we drink*
voi bevete	*you drink*
loro bevono	*they drink*
futuro	***Future simple***
io berrò	*I will drink*
tu berrai	*you will drink*
lui/lei berrà	*he/she/it will drink*
noi berremo	*we will drink*
voi berrete	*you will drink*
loro berranno	*they will drink*
Condizionale	***Conditional***
presente	***Present***
io berrei	*I would drink*
tu berresti	*you would drink*
lui/lei berrebbe	*he/she/it would drink*
noi berremmo	*we would drink*
voi berreste	*you would drink*
loro berrebbero	*they would drink*
Participio	***Participle***
passato	***Past***
bevuto	*drunk*

CADERE (ausiliare essere) ***TO FALL*** *(auxiliary verb: to be)*	
Indicativo	*Indicative*
futuro	***Future simple***
io cadrò	*I will fall*
tu cadrai	*you will fall*
lui/lei cadrà	*he/she/it will fall*
noi cadremo	*we will fall*
voi cadrete	*you will fall*
loro cadranno	*they will fall*
Participio	*Participle*
passato	***Past***
caduto	*fallen*

CHIEDERE (ausiliare avere) ***TO ASK*** *(auxiliary verb: to have)*	
Participio	*Participle*
passato	***Past***
chiesto	*asked*

CHIUDERE (ausiliare avere) ***TO CLOSE*** *(auxiliary verb: to have)*	
Participio	*Participle*
passato	***Past***
chiuso	*closed*

COGLIERE (ausiliare avere) ***TO PICK*** *(auxiliary verb: to have)*	
Indicativo	*Indicative*
presente	***Simple present***
io colgo	*I pick*
tu cogli	*you pick*
lui/lei coglie	*he/she/it picks*
noi cogliamo	*we pick*
voi cogliete	*you pick*
loro colgono	*they pick*
Participio	*Participle*
passato	***Past***
colto	*picked*

CONCEDERE (ausiliare avere) ***TO GRANT*** *(auxiliary verb: to have)*	
Participio	*Participle*
passato	***Past***
concesso	*granted*

CORRERE (ausiliare avere) ***TO RUN*** *(auxiliary verb: to have)*	
Participio	*Participle*
passato	**Past**
corso	*run*

CRESCERE (ausiliare essere) ***TO GROW*** *(auxiliary verb: to be)*	
Participio	*Participle*
passato	***Past***
cresciuto	*grown*

DECIDERE (ausiliare avere) ***TO DECIDE*** *(auxiliary verb: to have)*	
Participio	*Participle*
passato	***Past***
deciso	*decided*

DIRIGERE (ausiliare avere) ***TO DIRECT*** *(auxiliary verb: to have)*	
Participio	*Participle*
passato	***Past***
diretto	*directed*

DIVIDERE (ausiliare avere) ***TO DIVIDE*** *(auxiliary verb: to have)*	
Participio	*Participle*
passato	***Past***
diviso	*divided*

DOVERE (ausiliare avere) *TO HAVE TO (auxiliary verb: to have)*	
Indicativo	*Indicative*
presente	***Simple present***
io devo	*I have to*
tu devi	*you have to*
lui/lei deve	*he/she/it has to*
noi dobbiamo	*we have to*
voi dovete	*you have to*
loro devono	*they have to*
futuro	***Future simple***
io dovrò	*I will have to*
tu dovrai	*you will have to*
lui/lei dovrà	*he/she/it will have to*
noi dovremo	*we will have to*
voi dovrete	*you will have to*
loro dovranno	*they will have to*
Participio	*Participle*
passato	***Past***
dovuto	*had to*

LEGGERE (ausiliare avere) *TO READ (auxiliary verb: to have)*	
Participio	*Participle*
passato	***Past***
letto	*read*

METTERE (ausiliare avere) *TO PUT (auxiliary verb: to have)*	
Participio	*Participle*
passato	***Past***
messo	*put*

MUOVERE (ausiliare avere) *TO MOVE (auxiliary verb: to have)*	
Participio	*Participle*
passato	***Past***
mosso	*moved*

NASCERE (ausiliare essere) *TO BE BORN (auxiliary verb: to be)*	
Participio	*Participle*
passato	***Past***
nato	*born*

NASCONDERE (ausiliare avere) *TO HIDE (auxiliary verb: to have)*	
Participio	*Participle*
passato	***Past***
nascosto	*hidden*

PERDERE (ausiliare avere) *TO LOOSE (auxiliary verb: to have)*	
Participio	*Participle*
passato	***Past***
perso	*lost*

PIOVERE (ausiliare avere) *TO RAIN (auxiliary verb: to have)*	
Participio	*Participle*
passato	***Past***
piovuto	*rained*

PRENDERE (ausiliare avere) *TO TAKE (auxiliary verb: to have)*	
Participio	*Participle*
passato	***Past***
preso	*taken*

POTERE (ausiliare avere) *TO CAN / TO BE ABLE TO (auxiliary verb: to have)*	
Indicativo	*Indicative*
presente	***Simple present***
io posso	*I can*
tu puoi	*you can*
lui/lei può	*he/she/it can*
noi possiamo	*we can*
voi potete	*you can*
loro possono	*they can*

futuro	***Future simple***
io potrò	*I will be able to*
tu potrai	*you will be able to*
lui/lei potrà	*he/she/it will be able to*
noi potremo	*we will be able to*
voi potrete	*you will be able to*
loro potranno	*they will be able to*
Participio	***Participle***
passato	***Past***
potuto	*been able to*

RENDERE (ausiliare avere)
TO RETURN (auxiliary verb: to have)

Participio	***Participle***
passato	***Past***
reso	*returned*

RIDERE (ausiliare avere)
TO LAUGH(auxiliary verb: to have)

Participio	***Participle***
passato	***Past***
riso	*laughed*

RIMANERE (ausiliare sono)
TO REMAIN (auxiliary verb: to be)

Indicativo	***Indicative***
presente	***Simple present***
io rimango	*I remain*
tu rimani	*you remain*
lui/lei rimane	*he/she/it remains*
noi rimaniamo	*we remain*
voi rimanete	*you remain*
loro rimangono	*they remain*
futuro	***Future simple***
io rimarrò	*I will remain*
tu rimarrai	*you will remain*
lui/lei rimarrà	*he/she/it will remain*
noi rimarremo	*we will remain*
voi rimarrete	*you will remain*
loro rimarranno	*they will remain*

Condizionale	***Conditional***
presente	***Present***
io rimarrei	*I would remain*
tu rimarresti	*you would remain*
lui/lei rimarrebbe	*he/she/it would remain*
noi rimarremmo	*we would remain*
voi rimarreste	*you would remain*
loro rimarrebbero	*they would remain*
Participio	***Participle***
passato	***Past***
rimasto	*remained*

ROMPERE (ausiliare avere)
TO BREAK (auxiliary verb: to have)

Participio	***Participle***
passato	***Past***
rotto	*broken*

SAPERE (ausiliare avere)
TO KNOW (auxiliary verb: to have)

Indicativo	***Indicative***
presente	***Simple present***
io so	*I know*
tu sai	*you know*
lui/lei sa	*he/she/it knows*
noi sappiamo	*we know*
voi sapete	*you know*
loro sanno	*they know*
futuro	***Future simple***
io saprò	*I will know*
tu saprai	*you will know*
lui/lei saprà	*he/she/it will know*
noi sapremo	*we will know*
voi saprete	*you will know*
loro sapranno	*they will know*

Condizionale	*Conditional*
presente	***Present***
io saprei	*I would know*
tu sapresti	*you would know*
lui/lei saprebbe	*he/she/it would know*
noi sapremmo	*we would know*
voi sapreste	*you would know*
loro saprebbero	*they would know*

Imperativo	*Imperative*
sappi (tu)	*know*
sappiate (voi)	*know*

Participio	*Participle*
passato	***Past***
saputo	*known*

SCEGLIERE (ausiliare avere)
TO CHOOSE (auxiliary verb: to have)

Indicativo	*Indicative*
presente	***Simple present***
io scelgo	*I choose*
tu scegli	*you choose*
lui/lei sceglie	*he/she/it chooses*
noi scegliamo	*we choose*
voi scegliete	*you choose*
loro scelgono	*they choose*

Participio	*Participle*
passato	***Past***
scelto	*chosen*

SCENDERE (ausiliare essere)
TO DESCEND (auxiliary verb: to be)

Participio	*Participle*
passato	***Past***
sceso	*descended*

SCRIVERE (ausiliare avere)
TO WRITE (auxiliary verb: to have)

Participio	*Participle*
passato	***Past***
scritto	*written*

SEDERE (ausiliare essere)
TO SIT (auxiliary verb: to be)

Indicativo	*Indicative*
presente	***Simple present***
io siedo	*I sit*
tu siedi	*you sit*
lui/lei siede	*he/she/it sits*
noi sediamo	*we sit*
voi sedete	*you sit*
loro siedono	*they sit*
futuro	***Future simple***
io siederò	*I will sit*
tu siederai	*you will sit*
lui/lei siederà	*he/she/it will sit*
noi siederemo	*we will sit*
voi siederete	*you will sit*
loro siederanno	*they will sit*

Condizionale	*Conditional*
presente	***Present***
io siederei	*I would sit*
tu siederesti	*you would sit*
lui/lei siederebbe	*he/she/it would sit*
noi siederemmo	*we would sit*
voi siedereste	*you would sit*
loro siederebbero	*they would sit*

Participio	*Participle*
passato	***Past***
seduto	*sit*

SPINGERE (ausiliare avere)
TO PUSH (auxiliary verb: to have)

Participio	*Participle*
passato	***Past***
spinto	*pushed*

TACERE (ausiliare avere) *TO BE SILENT (auxiliary verb: to have)*	
Indicativo	***Indicative***
presente	***Simple present***
io taccio	*I'm silent*
tu taci	*you are silent*
lui/lei tace	*he/she/it is silent*
noi taciamo	*we are silent*
voi tacete	*you are silent*
loro tacciono	*they are silent*
Participio	***Participle***
passato	***Past***
taciuto	*been silent*

TENERE (ausiliare avere) *TO HOLD (auxiliary verb: to have)*	
Indicativo	***Indicative***
presente	***Simple present***
io tengo	*I hold*
tu tieni	*you hold*
lui/lei tiene	*he/she/it holds*
noi teniamo	*we hold*
voi tenete	*you hold*
loro tengono	*they hold*
futuro	***Future simple***
io terrò	*I will hold*
tu terrai	*you will hold*
lui/lei terrà	*he/she/it will hold*
noi terremo	*we will hold*
voi terrete	*you will hold*
loro terranno	*they will hold*
Condizionale	***Conditional***
presente	***Present***
io terrei	*I would hold*
tu terresti	*you would hold*
lui/lei terrebbe	*he/she/it would hold*
noi terremmo	*we would hold*
voi terreste	*you would hold*
loro terrebbero	*they would hold*
Imperativo	***Imperative***
tieni (tu)	*hold*
tenete (voi)	*hold*
Participio	***Participle***
passato	***Past***
tenuto	*held*

TOGLIERE (ausiliare avere) *TO TAKE (auxiliary verb: to have)*	
Indicativo	***Indicative***
presente	***Simple present***
io tolgo	*I take*
tu togli	*you take*
lui/lei toglie	*he/she/it takes*
noi togliamo	*we take*
voi togliete	*you take*
loro tolgono	*they take*
Participio	***Participle***
passato	***Past***
tolto	*taken*

VALERE (ausiliare essere) *TO COUNT (auxiliary verb: to be)*	
Indicativo	***Indicative***
presente	***Simple present***
io valgo	*I count*
tu vali	*you count*
lui/lei vale	*he/she/it counts*
noi valiamo	*we count*
voi valete	*you count*
loro valgono	*they count*
futuro	***Future simple***
io varrò	*I will count*
tu varrai	*you will count*
lui/lei varrà	*he/she/it will count*
noi varremo	*we will count*
voi varrete	*you will count*
loro varranno	*they will count*

Condizionale	***Conditional***
presente	***Present***
io varrei	*I would count*
tu varresti	*you would count*
lui/lei varrebbe	*he/she/it would count*
noi varremmo	*we would count*
voi varreste	*you would count*
loro varrebbero	*they would count*

Participio	***Participle***
passato	***Past***
valso	*counted*

VEDERE (ausiliare avere)
TO SEE (auxiliary verb: to have)

Indicativo	***Indicative***
futuro	***Future simple***
io vedrò	*I will see*
tu vedrai	*you will see*
lui/lei vedrà	*he/she/it will see*
noi vedremo	*we will see*
voi vedrete	*you will see*
loro vedranno	*they will see*

Condizionale	***Conditional***
presente	**Present**
io vedrei	*I would see*
tu vedresti	*you would see*
lui/lei vedrebbe	*he/she/it would see*
noi vedremmo	*we would see*
voi vedreste	*you would see*
loro vedrebbero	*they would see*

Participio	***Participle***
passato	***Past***
visto	seen

VINCERE (ausiliare avere)
TO WIN (auxiliary verb: to have)

Participio	***Participle***
passato	***Past***
vinto	*won*

VIVERE (ausiliare avere)
TO LIVE (auxiliary verb: to have)

Participio	***Participle***
passato	***Past***
vissuto	*lived*

VOLERE (ausiliare avere)
TO WANT (auxiliary verb: to have)

Indicativo	***Indicative***
presente	***Simple present***
io voglio	*I want*
tu vuoi	*you want*
lui/lei vuole	*he/she/it wants*
noi vogliamo	*we want*
voi volete	*you want*
loro vogliono	*they want*
futuro	***Future simple***
io vorrò	*I will want*
tu vorrai	*you will want*
lui/lei vorrà	*he/she/it will want*
noi vorremo	*we will want*
voi vorrete	*you will want*
loro vorranno	*they will want*

Condizionale	***Conditional***
presente	**Present**
io vorrei	*I would want*
tu vorresti	*you would want*
lui/lei vorrebbe	*he/she/it would want*
noi vorremmo	*we would want*
voi vorreste	*you would want*
loro vorrebbero	*they would want*

Participio	***Participle***
passato	***Past***
voluto	*wanted*

Verbi irregolari 3° coniugazione — *Irregular verbs: 3rd conjugation*

APRIRE (ausiliare avere)	***TO OPEN** (auxiliary verb: to have)*
Participio	***Participle***
passato	***Past***
aperto	*opened*

DIRE (ausiliare avere)	***TO SAY** (auxiliary verb: to have)*
Indicativo	***Indicative***
presente	***Simple present***
io dico	*I say*
tu dici	*you say*
lui/lei dice	*he/she/it says*
noi diciamo	*we say*
voi dite	*you say*
loro dicono	*they say*
imperfetto	***Imperfect tense***
io dicevo	*I said* *I was saying*
tu dicevi	*you said* *you were saying*
lui/lei diceva	*he/she/it said* *he/she/it was saying*
noi dicevamo	*we said* *we were saying*
voi dicevate	*you said* *you were saying*
loro dicevano	*they said* *they were saying*
Condizionale	***Conditional***
presente	***Present***
io direi	*I would say*
tu diresti	*you would say*
lui direbbe	*he/she/it would say*
noi diremmo	*we would say*
voi direste	*you would say*
loro direbbero	*they would say*
Imperativo	***Imperative***
di' (tu)	*say*
dite (voi)	*say*
Participio	***Participle***
passato	***Past***
detto	*said*

MORIRE (ausiliare essere)	***TO DIE** (auxiliary verb: to be)*
Indicativo	***Indicative***
presente	***Simple present***
io muoio	*I die*
tu muori	*you die*
lui/lei muore	*he/she/it dies*
noi muoriamo	*we die*
voi morite	*you die*
loro muoiono	*they die*
Participio	***Participle***
passato	***Past***
morto	*dead*

USCIRE (ausiliare essere)	***TO GO OUT** (auxiliary verb: to be)*
Indicativo	***Indicative***
presente	***Simple present***
io esco	*I go out*
tu esci	*you go out*
lui/lei esce	*he/she/it goes out*
noi usciamo	*we go out*
voi uscite	*you go out*
loro escono	*they go out*
Participio	***Participle***
passato	***Past***
uscito	*gone out*

VENIRE (ausiliare essere) ***TO COME (auxiliary verb: to be)***	
Indicativo	***Indicative***
presente	***Simple present***
io vengo	*I come*
tu vieni	*you come*
lui/lei viene	*he/she/it comes*
noi veniamo	*we come*
voi venite	*you come*
loro vengono	*they come*
futuro	***Future simple***
io verrò	*I will come*
tu verrai	*you will come*
lui/lei verrà	*he/she/it will come*
noi verremo	*we will come*
voi verrete	*you will come*
loro verranno	*they will come*

Condizionale	***Conditional***
presente	***Present***
io verrei	*I would come*
tu verresti	*you would come*
lui/lei verrebbe	*he/she/it would come*
noi verremmo	*we would come*
voi verreste	*you would come*
loro verrebbero	*they would come*
Participio	***Participle***
passato	***Past***
venuto	*came*

DIZIONARIO
DICTIONARY

DIZIONARIO ITALIANO-INGLESE
ITALIAN-ENGLISH DICTIONARY

A

a [a]: *to*
abbandonare [abbandon'are]: *to leave, to forsake*
abbastanza [abbast'anza]: *enough*
abbigliamento [abbiλam'ento]: *clothes, attire*
abbracciare [abbratʃtʃ'are]: *to hold*
abitante [abit'ante]: *resident, living in*
abitare [abit'are]: *to live in*
abitazione [abitażi'one]: *house, residence*
abito ['abito]: *clothes*
abituare [abitu'are]: *to accustom*
abituarsi [abitu'arsi]: *to get used to*
abitudine [abit'udine]: *habit*
accappatoio [akkappat'oio]: *bath-rope*
accendere [atʃtʃɛ'ndere]: *to light*
accendino [atʃtʃend'ino]: *lighter*
accento [atʃtʃɛ'nto]: *accent*
acceso [atʃtʃ'eso]: *lit*
accesso [atʃtʃ'ɛsso]: *admittance*
accettare [atʃtʃett'are]: *to accept*
accogliente [akkoλɛnte]: *comfortable*
accoglienza [akkoλɛnza]: *welcome*
accogliere [akk'ɔλere]: *to welcome*
accomodare [akkomod'are]: *to repair, to settle*
accomodarsi [akkomod'arsi]: *to come in*
accompagnare [akkompa'are]: *to take to*
accordo [akk'ɔrdo]: *agreement*
accorgersi [akk'ɔrdʒersi]: *to realize*
accusa [akk'uṡa]: *charge, accusation*
accusare [akku'ṡare]: *to accuse, to charge*
accusato [akku'ṡato]: *accused, charged*
aceto [atʃ'eto]: *vinegar*
acqua ['akkua]: *water*
acqua frizzante ['akkua / frizz'ante]: *sparkling water*
acqua gassata ['akkua / gass'ata]: *sparkling water*
acqua minerale ['akkua / miner'ale]: *mineral water*
acqua naturale ['akkua / natur'ale]: *natural water*
acquario [akku'ario]: *aquarium*
acquedotto [akkued'otto]: *water main (supply), aqueduct*
adatto [ad'atto]: *suitable, right*
addetto [add'etto]: *employed*
addormentare [addorment'are]: *to put to sleep (to bed)*
addormentarsi [addorment'arsi]: *to fall asleep*
addosso [add'ɔsso]: *on*
adesso [ad'ɛsso]: *now*
adulto [ad'ulto]: *adult*
aereo [a'ɛreo]: *plane*
aeroplano [aeropl'ano]: *airplane*
aeroporto [aerop'rto]: *airport*
affare [aff'are]: *business, matter*

affermare [afferm'are]: *to affirm*
affetto [aff'ɛtto]: *affection, love*
affettuoso [affettu'oṡo]: *affectionate, fond, loving*
affidabile [affid'abile]: *reliable*
affidare [affid'are]: *to entrust*
affittare [affitt'are]: *to rent*
affitto [aff'itto]: *rent*
affresco [affr'esko]: *fresco*
affrettarsi [affrett'arsi]: *to hurry up*
agenzia [aʤenz'ia]: *agency*
aggettivo [aʤʤett'ivo]: *adjective*
aggiungere [aʤʤ'unʤere]: *to add*
agitare [aʤit'are]: *to shake*
agitazione [aʤitazi'one]: *exitement*
agli ['aʎi]: *to the*
aglio ['aʎo]: *garlic*
agosto [ag'osto]: *august*
ai ['ai]: *to the*
al [al]: *to the*
al posto di [al / p'osto / di]: *instead of*
albanese [alban'eṡe]: *albanian*
Albania [alban'ia]: *albania*
albergo [alb'ɛrgo]: *hotel*
albicocca [albik'ɔkka]: *apricot*
alcuno [alk'uno]: *some, a few, any*
alfabeto [alfab'ɛto]: *alphabet*
alimentare [aliment'are]: *to feed*
all' [all]: *to the*
alla ['alla]: *to the*
alla svelta ['alla / ṡv'elta]: *hurry up*
alle ['alle]: *to the*
allegro [all'egro]: *cheerful*
allo ['allo]: *to the*
alloggiare [alloʤʤ'are]: *to put up, to house*
alloggio [all'ʤʤo]: *lodging, flat*
allora [all'ora]: *then*
almeno [alm'eno]: *at least*
alto ['alto]: *tall*
altro ['altro]: *other*
alunno [al'unno]: *pupil*
alzare [alz'are]: *to lift*
amare [am'are]: *to love*
amaro [am'aro]: *bitter*
ambiente [ambi'ɛnte]: *surroundings, environment*
America [am'erika]: *america*
americano [amerik'ano]: *american*
amico [am'iko]: *friend*
ammalarsi [ammal'arsi]: *to fall ill*
ammettere [amm'ettere]: *to admit, to confess*
ammobiliato [ammobili'ato]: *furnished*
amo ['amo]: *fish-hook*
amore [am'ore]: *love*
analisi [an'alisi]: *analysis, blood-test*
anch'io [ank'io]: *me too*
anche ['anke]: *also, too*
ancora [ank'ora]: *yet, still*
andare [and'are]: *to go*
andare bene [and'are / b'ɛne]: *to be good, to be fine*
andare così così [and'are / koṡ'i / koṡ'i]: *to be so and so*
andare in aereo [and'are / in / a'ɛreo]: *to fly*
andare male [and'are / m'ale]: *to go wrong*
andata [and'ata]: *going, journey, single ticket*
anello [an'ɛllo]: *ring*
angolo ['angolo]: *corner*
animale [anim'ale]: *animal*
anno ['anno]: *year*
annuale [annu'ale]: *annual*
annuncio [ann'uno]: *announcement*
antenna [ant'enna]: *aerial*
anticamera [antik'amera]: *hall*
antipasto [antip'asto]: *appetizer*
antipatico [antip'atiko]: *unpleasant*
anzi ['anzi]: *indeed, in fact*
aperto [ap'ɛrto]: *open*
apostrofo [ap'ɔstrofo]: *apostrophe*
appartamento [appartam'ento]: *flat, apartment*
appena [app'ena]: *as soon as, just*
appendere [app'ɛndere]: *to hang*
appetito [appet'ito]: *appetite*
appuntamento [appuntam'ento]: *date, appointment*
aprile [apr'ile]: *april*
aprire [apr'ire]: *to open*

aragosta [arag'osta]: *lobster*
arancia [ar'antʃa]: *orange*
aranciata [arantʃ'ata]: *orange juice*
arancio [ar'antʃo]: *orange-tree*
argomento [argom'ento]: *subject*
aria ['aria]: *air*
arma ['arma]: *weapon*
armadio [arm'adio]: *wardrobe*
arrabbiarsi [arrabbi'arsi]: *to get angry*
arrabbiato [arrabbi'ato]: *angry*
arredare [arred'are]: *to furnish*
arredato [arred'ato]: *furnished*
arrivare [arriv'are]: *to arrive*
arrivederci [arrived'ertʃi]: *goodbye, bye bye*
arrivo [arr'ivo]: *arrival*
arrosto [arr'ɔsto]: *roast*
arte ['arte]: *art*
articolo [art'ikolo]: *article*
artista [art'ista]: *artist*
artistico [art'istiko]: *artistic*
ascensore [aʃens'ore]: *elevator, lift*
asciugamani [aʃugam'ani]: *towel*
ascoltare [askolt'are]: *to listen*
aspettare [aspett'are]: *to wait*
aspetto [asp'ɛtto]: *look*
aspirapolvere [aspirap'olvere]: *vacuum cleaner*
aspirina [aspir'ina]: *aspirin*
assegno [ass'eɲo]: *check*
assemblea [assembl'ea]: *meeting*
assicurare [assikur'are]: *to assure, to guarantee, to insure*
assicurazione [assikurażi'one]: *assurance, insurance*
assumere [ass'umere]: *to take over, to engage*
attendere [att'ɛndere]: *to wait*
attento [att'ɛnto]: *careful, attentive, diligent, aware*
attenzione [attenżi'one]: *attention, care*
attesa [att'eṡa]: *wait*
attimo ['attimo]: *moment*
attore [att'ore]: *actor*
attraversare [attravers'are]: *to cross*
attraverso [attrav'ɛrso]: *through*
attrice [attr'itʃe]: *actress*
augurare [augur'are]: *to wish*
aumentare [aument'are]: *to increase*
aumento [aum'ento]: *increase*
ausiliare [auṡili'are]: *auxiliary*
autobus ['autobus]: *bus*
autografo [aut'grafo]: *autograph*
automobile (auto) [automɔ'bile / 'auto]: *car*
autore [aut'ore]: *author*
autostrada [autostr'ada]: *highway*
autunno [aut'unno]: *autumn*
avanti [av'anti]: *to come in*
avere [av'ere]: *to have*
avverbio [avv'ɛrbio]: *adverb*
avverbio di luogo [avv'ɛrbio / di / lu'go]: *place adverb*
avverbio interrogativo [avv'ɛrbio / interrogat'ivo]: *interrogative adverb*
avvertire [avvert'ire]: *to notice*
avvicinare [avviin'are]: *to come closer*
avvocato [avvok'ato]: *lawyer*
azienda [ażi'ɛnda]: *firm, company*
azione [azi'one]: *action*
azzurro [ażż'urro]: *light blue*

B

bacio [b'atʃo]: *kiss*
bagaglio [bag'aʎo]: *baggage*
bagnare [baɲ'are]: *to make wet*
bagnato [baɲ'ato]: *wet*
bagno [b'aɲo]: *bath, bathroom*
ballare [ball'are]: *to dance*
ballerino [baller'ino]: *dancer*
ballo [b'allo]: *dance*
balneazione [balneażi'one]: *bathing*
bambino [bamb'ino]: *child, kid*
banana [ban'ana]: *banana*
banca [b'anka]: *bank*
bancario [bank'ario]: *bank clerk, banking (adj.)*
banchiere [banki'ɛre]: *banker*
banco [b'anko]: *desk, bar*
bar [bar]: *bar*
barba [b'arba]: *beard, stubble*

barca a vela [barka / a / v'ela]: *sailing-boat*
basilico [baṡ'iliko]: *basil*
basso [b'asso]: *short*
bastare [bast'are]: *to be enough*
bastoncini da sci [bastonʧ'ini / da / ʃi]: *ski-sticks*
battere [b'attere]: *to beat*
bello [b'ɛllo]: *beautiful, handsome*
benché [benk'e]: *though, although*
bene [b'ɛne]: *well*
benissimo [ben'issimo]: *very well*
benzina [benż'ina]: *fuel, gasoline*
benzinaio [benżin'aio]: *petrol-pump attendant*
bere [b'ere]: *to drink*
bevuta [bev'uta]: *drinking*
bianco [bi'anko]: *white*
bibita [b'ibita]: *drink*
biblioteca [bibliot'ɛka]: *library*
bibliotecario [bibliotek'ario]: *librarian*
bicchiere [bikki'ɛre]: *glass*
bidè [bid'ɛ]: *bidet*
biglietteria [biλett'eria]: *booking-office*
biglietto [biλ'etto]: *ticket*
binario [bin'ario]: *railway line, platform*
biondo [bi'ondo]: *blonde*
birra [b'irra]: *beer*
biscotto [bisk'tto]: *cookie*
bisogna [biṡ'oɲa]: *to have to*
bisogno [biṡ'oɲo]: *need*
bistecca [bist'ekka]: *steak*
blu [blu]: *blue*
boa [bɔ'a]: *buoy*
bocca [b'okka]: *mouth*
borsa [b'orsa]: *bag*
bosco [b'ɔsko]: *wood*
bottiglia [bott'iλa]: *bottle*
box macchina [bɔ'ks / m'akkina: *garage*
bracciale [bra'ʧʧale]: *armlet*
braccio [br'aʧʧo]: *arm*
bravo [br'avo]: *good*
breve [br'ɛve]: *short*
brioche [bri'ɔʃ]: *croissant*
bruciare [bruʧ'are]: *to burn*
bruno [br'uno]: *dark-haired*
brutto [br'utto]: *ugly*
buca [b'uka]: *hole*
bucato [buk'ato]: *laundry*
budino [bud'ino]: *pudding*
buio [b'uio]: *dark*
buona fortuna [bu'ɔna / fort'una]: *good luck*
buongiorno [buonʤ'orno]: *good morning*
buono [bu'ɔno]: *good*
busta [b'usta]: *envelope*
buttare [butt'are]: *to throw*
buttare via [butt'are / via]: *to waste*
buttarsi [butt'arsi]: *to throw oneself*

C

c'è [ʧ'e]: *there is*
cabina [kab'ina]: *cabin*
caccia [k'aʧʧa]: *hunting*
cacciare [ka'ʧʧare]: *to hunt*
cacciatore [kaʧʧat'ore]: *hunter*
cadere [kad'ere]: *to fall*
caduta [kad'uta]: *fall*
caffè [kaff'ɛ]: *coffee*
caffettiera [kaffetti'ɛra]: *coffee machine*
calcio [k'alʧo]: *soccer*
caldo [k'aldo]: *heat, hot (adj.)*
calendario [kalend'ario]: *calendar*
calmo [k'almo]: *calm*
calpestare [kalpest'are]: *to trample on*
calza [k'alza]: *sock*
calzatura [kalzat'ura]: *footwear*
cambiale [kambi'ale]: *bill of exchange*
cambiamento [kambiam'ento]: *change*
cambiare [kambi'are]: *to change*
camera [k'amera]: *room*
camera da letto [k'amera / da / l'ɛtto]: *bed room*
camera degli ospiti [k'amera / d'eλi / 'ɔspiti]: *guest room*
camera dei bambini [k'amera / d'ei / bamb'ini]: *children room*
cameriere [kameri'ɛre]: *waiter*
camicia [kam'iʧa]: *shirt*
caminetto [kamin'etto]: *fireplace*
camminare [kammin'are]: *to walk*

camminata [kammin'ata]: *walk*
cammino [kamm'ino]: *way, walk*
campagna [kamp'aɲa]: *country*
campeggio [kamp'eʤʤo]: *camping*
campionato [kampion'ato]: *championship*
campo [k'ampo]: *field, ground*
cancellare [kanʧell'are]: *to cancel, to erase*
cane [k'ane]: *dog*
canna [k'anna]: *fishing-rod*
canottiera [kanotti'ɛra]: *vest*
cantante [kant'ante]*: singer*
cantare [kant'are]: *to sing*
cantina [kant'ina]: *cellar*
canzone [kanz'one]: *song*
capace [kap'aʧe]: *capable*
capelli [kap'elli]: *hair*
capire [kap'ire]: *to understand*
capitale [kapit'ale]: *main, chief, capital*
capitano [kapit'ano]: *captain*
capitare [kapit'are]: *to happen*
capo [k'apo]: *chief*
capolinea [kapol'inea]: *terminus*
capostazione [kapostażi'one]: *stationmaster*
capotreno [kapotr'ɛno]: *guard*
cappuccino [kappuʧʧ'ino]: *cappucino*
cappuccio [kapp'uʧʧo]: *cap*
carattere [kar'attere]: *character*
carie [k'arie]: *hole, caries*
carne [k'arne]: *meat*
caro [k'aro]: *dear*
carota [kar'ta]: *carrot*
carriera [karri'ɛra]: *career*
carta [k'arta]: *paper*
cartello [kart'ɛllo]: *notice, poster*
cartolina [kartol'ina]: *postcard*
casa [k'aṡa]: *house, home*
cascata [kask'ata]: *waterfall*
caso [k'aṡo]: *case, fate*
cassa [k'assa]: *cash-desk*
cassetta di sicurezza [kass'etta / di / sikur'ezza]: *strong-box*
cassetto [kass'etto]: *drawer*
castello [kast'ɛllo]: *castle*
cattivo [katt'ivo]: *bad*
causa [k'auṡa]: *cause*
causare [kaus'are]: *to cause*
cavallo [kav'allo]: *horse*
caviglia [kav'iʎa]: *ankle*
cellulare [ʧellul'are]: *mobile phone*
cena [ʧ'ena]: *dinner*
centinaia [ʧentin'aia]: *hundreds*
cento [ʧ'ɛnto]: *a hundred*
centomila [ʧentom'ila]: *one hundred and thousand*
centrale [ʧentr'ale]: *central*
centralino [ʧentral'ino]: *telephone-exchange*
centro [ʧ'entro]: *centre*
centro storico [ʧ'entro / st'ɔriko]: *historical centre*
cercare [ʧerk'are]: *to try*
cerino [ʧer'ino]: *match*
certamente [ʧertam'ente]: *sure*
certezza [ʧert'ezza]: *certainty*
certo [ʧ'ɛrto]: *sure*
che (pronome) [ke]: *who, which, that*
che cosa [ke / k'oṡa]: *what*
chiamare [kiam'are]: *to call*
chiamarsi [kiam'arsi]: *to be called, to be named*
chiamata [kiam'ata]: *call*
chiarire [kiar'ire]: *to clarify*
chiaro [ki'aro]: *light*
chiave [ki'ave]: *key*
chiedere [ki'ɛdere]: *to ask*
chiesa [ki'ɛsa]: *church*
chilo [k'ilo]: *kilo*
chilometro [kil'ɔmetro]: *kilometre*
chitarra [kit'arra]: *guitar*
chiudere [ki'udere]: *to close*
chiunque [ki'unkue]: *anybody, anyone*
chiuso [ki'uṡo]: *closed*
ci (pronome riflessivo) = noi [ʧi]: *ourselves*
ciao [ʧ'ao]: *hi, hello*
ciascuno [ʧask'uno]: *everyone, everybody*
cielo [ʧ'ɛlo]: *sky*
ciglia [ʧ'iʎa]: *eyelash*

ciliegia [ʧili'ɛʤa]: *cherry*
cima [ʧ'ima]: *summit*
Cina [ʧ'ina]: *china*
cinema [ʧ'inema]: *cinema*
cinese [ʧin'eṡe]: *chinese*
cinquanta [ʧinku'anta]: *fifty*
cinque [ʧ'inkue]: *five*
cinquecento [ʧinkue'ʧɛnto]: *five hundred*
cinquemila [ʧinkuem'ila]: *five thousand*
ciò [ʧ'ɔ]: *that*
cioccolato [ʧokkol'ato]: *chocolate*
cioè [ʧo'ɛ]: *that is*
cipolla [ʧip'olla]: *onion*
circa [ʧ'irka]: *about*
circolare [ʧirkol'are]: *to circulate*
circolazione [ʧirkolażi'one]: *circulation, traffic*
circondato [ʧirkond'ato]: *surrounded*
città [ʧitt'a]: *city, town*
cittadino [ʧittad'ino]: *citizen*
cliente [kli'ɛnte]: *customer, client,*
clima [kl'ima]: *weather*
climatizzatore [klimatizzat'ore]: *air conditioner*
coda [k'oda]: *tail, queue,*
codice di avviamento postale [k'ɔdiʧe / di / avviam'ento / post'ale]: *zip code*
cogliere [k'ɔʎere]: *to pick*
colazione [kolażi'one]: *breakfast*
collega [koll'ɛga]: *colleague, partner*
collina [koll'ina]: *hill*
collo [kɔ'llo]: *neck*
colloquio [koll'kuio]: *job interview*
colore [kol'ore]: *colour*
colpa [k'olpa]: *guilt*
colpire [kolp'ire]: *to hit, to strike*
colpo [k'olpo]: *blow, shot*
coltivare [koltiv'are]: *to till, to cultivate, to grow*
combinazione [kombinażi'one]: *coincidence*
come [k'ome]: *how, like, as … as*
come va? [k'ome / va-]: *how are you?*
cominciare [kominʧ'are]: *to begin*
commerciale [kommerʧ'ale]: *commercial, business*
commercio [komm'ɛrʧo]: *business*
commesso [komm'esso]: *shop assistant*
commettere [komm'ettere]: *to commit, to make*
comodino [komod'ino]: *night table*
comodo [kɔ'modo]: *comfortable*
compagnia [kompaɲ'ia]: *company*
compagno [komp'aɲo]: *partner, companion, mate*
compiti [k'ompiti]: *homework*
compleanno [komple'anno]: *birthday*
complemento [komplem'ento]: *complement*
completamente [kompletam'ente]: *completely*
completare [komplet'are]: *to complete*
complicato [komplik'ato]: *complicated,*
complicazione [komplikażi'one]: *complication*
complimento [komplim'ento]: *compliment*
comportamento [komportam'ento]: *behaviour*
comportarsi [komport'arsi]: *to behave*
composto [komp'osto]: *compound, quiet*
comprare [kompr'are]: *to buy*
computer [kompi'uter]: *computer*
comunale [komun'ale]: *municipal*
comune [kom'une]: *municipality, city, town*
comunicare [komunik'are]: *to communicate*
comunicazione [komunikażi'one]: *communication*
comunque [kom'unque]: *whatever, anyway*
con [kon]: *with*
concedere [konʧ'ɛdere]: *to grant, to give*
concerto [konʧ'ɛrto]: *concert*
concludere [konkl'udere]: *to end*
condizionale [kondiżion'ale]: *conditional*
condizionare [kondiżion'are]: *to condition*
condizionatore [kondiżionat'ore]: *air conditioner*
condizione [kondiżi'one]: *condition*

condominio [kondom'inio]: *flat*
confermare [konferm'are]: *to renew*
confessare [konfess'are]: *to confess*
confine [konf'ine]: *frontier, border*
confrontare [konfront'are]: *to compare*
confronto [konfr'onto]: *comparison*
confusione [konfuṡi'one]: *confusion*
congiunzione [kondʒunżi'one]: *conjunction*
coniuge [k'ɔniudʒe]: *husband, wife*
conoscente [kono'ʃɛnte]: *acquaintance*
conoscenza [kono'ʃɛnza]: *knowledge*
conoscere [kon'oʃere]: *to know*
conquista [konku'ista]: *conquest, achievement*
conseguenza [konsegu'ɛnza]: *consequence*
conservare [konserv'are]: *to preserve*
considerare [konsider'are]: *to consider, to contemplate*
consigliare [konsiʎ'are]: *to advise*
consiglio [kons'iʎo]: *advice*
consonante [konson'ante]: *consonant*
consumare [konsum'are]: *to use, to consume, to wear out*
consumazione [konsumażi'one]: *refreshments*
contadino [kontad'ino]: *country-man*
contare [kont'are]: *to count*
contatto [kont'atto]: *contact*
contenere [konten'ere]: *to contain*
contento [kont'ɛnto]: *happy, satisfied*
contenuto [konten'uto]: *contained (agg.), contents (s.m.)*
contestare [kontest'are]: *to dispute*
continuare [kontinu'are]: *go on, to*
continuo [kont'inuo]: *continual*
conto [k'onto]: *account*
contorno [kont'orno]: *outline*
contrariamente [kontrariam'ente]: *contrary*
contrario [kontr'ario]: *opposed, adverse, antonym*
contratto [kontr'atto]: *contract*
contribuire [kontribu'ire]: *to contribute, to help*
contro [k'ontro]: *against*
controllare [kontroll'are]: *to control*
controllo [kontr'ɔllo]: *control*
controllore [kontroll'ore]: *ticket-collector*
conveniente [konveni'ɛnte]: *seemly, suitable, cheap*
convenire [konven'ire]: *to gather*
convento [konv'ɛnto]: *monastery, convent*
convincere [konv'intʃere]: *to persuade*
convinto [konv'into]: *convinced*
copia [k'ɔpia]: *copy*
coppia [k'ɔppia]: *couple*
coprire [kopr'ire]: *to cover*
coprirsi [kopr'irsi]: *to cover oneself*
coraggio [kor'adʒdʒo]: *courage, nerve*
coraggioso [koradʒdʒ'oṡo]: *brave*
cornetta (del telefono) [korn'etta]: *receiver*
cornice [korn'itʃe]: *frame*
coro [k'ɔro]: *choir, chorus*
corpo [k'ɔrpo]: *body*
correggere [korr'ɛdʒdʒere]: *to correct, to put right*
correre [k'orrere]: *to run*
corretto [korr'ɛtto]: *correct*
corridoio [korrid'oio]: *passage*
corsa [k'orsa]: *run, running, jogging*
corso [k'orso]: *course, rate*
corte [k'orte]: *court*
cortese [kort'eṡe]: *kind, polite*
cortesia [korteṡ'ia]: *politeness, kindness*
cortile [kort'ile]: *yard*
corto [k'orto]: *short*
cosa [k'ɔṡa]: *thing*
così [koṡ'i]: *so*
così così [koṡ'i / koṡ'i]: *so so*
costa [k'ɔsta]: *coast*
costare [kost'are]: *to cost*
costo [k'ɔsto]: *cost*
costoso [kost'oṡo]: *expensive*
costringere [kostr'indʒere]: *to force, to compel*
costruire [kostru'ire]: *to build*
costruzione [kostrużi'one]: *building*
costume [kost'ume]: *swimsuit*
cotto [k'ɔtto]: *cooked*

cozza [k'ɔzza]: *mussel*
cravatta [krav'atta]: *tie*
credere [kr'edere]: *to believe*
credito [kr'edito]: *credit*
crema [kr'ɛma]: *cream*
crepare [krep'are]: *to crack*
crescere [kr'eʃere]: *to grow*
crisi [kr'isi]: *crisis*
cristiano [kristi'ano]: *christian*
criticare [kritik'are]: *to criticize*
croato [kro'ato]: *croat*
cronaca [kr'ɔnaka]: *chronicle, news*
crostata [krost'ata]: *tart*
cuccetta [kuʧʧ'etta]: *berth*
cucchiaio [kukki'aio]: *spoon*
cucina [kuʧ'ina]: *kitchen*
cucinare [kuʧin'are]: *to cook*
cuffia [k'uffia]: *cap*
cugino [kuʤ'ino]: *cousin*
cui [k'ui]: *whom*
culla [k'ulla]: *cradle*
cultura [kult'ura]: *culture*
cuore [ku're]: *heart*
cura [k'ura]: *care, treatment*
curare [kur'are]: *to take care of*
curriculum vitae [kurr'ikulum / v'ite]: *curriculum vitae*

D

d'ora in avanti [d'ora / in / av'anti]: *from now on*
da dove [da / d'ove]: *from where*
da lontano [da / lont'ano]: *from a distance*
da quanto (tempo)? [da / ku'anto (t'ɛmpo)-]: *how long?*
da queste parti [da / ku'este / p'arti]: *around here*
da vicino [da / viʧ'ino]: *close-up*
dai [d'ai]: *come on!*
danno [d'anno]: *damage*
dare [d'are]: *to give*
data [d'ata]: *date*
dato [d'ato]: *given, data*
dato che [d'ato / ke]: *given that*
davanti [dav'anti]: *before, in front of*
davvero [davv'ero]: *really*
debole [d'ebole]: *weak*
decidere [deʧ'idere]: *to decide*
decimo [d'ɛʧimo]: *tenth*
decina [deʧ'ina]: *ten*
decisione [deʧiṡi'one]: *decision*
decisivo [deʧiṡ'ivo]: *decisive, final*
dedicare [dedik'are]: *to dedicate*
dedicarsi [dedik'arsi]: *to devote oneself*
degli [d'eλi]: *of the*
dei [d'ei]: *of the, some*
del [del]: *of the*
della [d'ella]: *of the*
delle [d'elle]: *of the*
delle [d'elle]: *some*
dello [d'ello]: *of the*
deludere [del'udere]: *to disappoint*
delusione [deluṡi'one]: *disappointment*
deluso [del'uṡo]: *disappointed*
democratico [demokr'atiko]: *democratic*
democrazia [demokraz'ia]: *democracy*
denaro [den'aro]: *money*
dente [d'ɛnte]: *tooth*
dentifricio [dentifr'iʧo]: *tooth-paste*
dentista [dent'ista]: *dentist*
dentro [d'entro]: *in, inside*
denuncia [den'unʧa]: *charge*
deputato [deput'ato]: *delegate, deputy*
derivare [deriv'are]: *to derive, to take*
descrivere [deskr'ivere]: *to describe*
desiderare [deṡider'are]: *to wish, to want, to desire*
desiderio [deṡid'erio]: *wish, desire*
destinatario [destinat'ario]: *addressee, consignee*
destino [dest'ino]: *destiny, fate*
destra [d'ɛstra]: *right*
determinare [determin'are]: *to determine*
determinativo [determinat'ivo]: *determinative*
detersivo [deters'ivo]: *detergent*
di [di]: *of*
di corsa [di / k'orsa]: *quickly*
di fuori [di / fu'ɔri]: *outside*
di là [di / l'a]: *over there*

di più [di / pi'u]: *more*
di qui [di / ku'i]: *by here*
di sicuro [di / sik'uro]: *for sure*
di sopra [di / s'opra]: *upstairs*
di sotto [di / s'otto]: *downstairs*
diagnosi [di'aɲosi]: *diagnosis*
dialetto [dial'ɛtto]: *dialect, slang*
dialogo [di'alogo]: *conversation*
diario [di'ario]: *diary*
dicembre [ditʃ'ɛmbre]: *december*
dichiarare [dikiar'are]: *to declare*
dichiarazione d'amore [dikiarażi'one / dam'ore]: *declaration of love*
diciannove [ditʃann'ɔve]: *nineteen*
diciassette [ditʃass'ɛtte]: *seventeen*
diciotto [ditʃ'ɔtto]: *eighteen*
dieci [di'ɛtʃi]: *ten*
diecimila [dietʃim'ila]: *ten thousand*
dietro [di'ɛtro]: *behind*
difensore [difens'ore]: *defender*
difesa [dif'esa]: *defence*
differente [differ'ɛnte]: *different*
differenza [differ'ɛnza]: *difference*
difficile [diff'itʃile]: *difficult, hard*
difficoltà [diffikolt'a]: *difficulty*
diffondere [diff'ondere]: *to spread*
diffuso [diff'uso]: *wide-spread*
dimenticare [dimentik'are]: *to forget*
dimostrare [dimostr'are]: *to prove*
dipendente [dipend'ɛnte]: *employee*
dipendere [dip'ɛndere]: *to depend*
dipinto [dip'into]: *painting*
dire [d'ire]: *to say, to tell*
direttamente [direttam'ente]: *directly*
diretto [dir'ɛtto]: *direct, addressed*
direttore [dirett'ore]: *manager*
direzione [direżi'one]: *direction*
dirigere [dir'idʒere]: *to direct*
diritto [dir'itto]: *straight*
discesa [diʃ'eṡa]: *downhill, descend*
disco [d'isko]: *disk*
discorso [disk'orso]: *dialogue, speech*
discoteca [diskot'ɛka]: *disco*
discutere [disk'utere]: *to discuss*
disegnare [dis'eɲare]: *to draw*
disgrazia [disgr'azia]: *disgrace*
disoccupato [disokkup'ato]: *unemployed*
disoccupazione [disokkupażi'one]: *unemployment*
dispiacere [dispiatʃ'ere]: *trouble, regret*
disporre [disp'orre]: *to arrange, to put*
distributore [distribut'ore]: *distributor, petrol-pump*
disturbare [disturb'are]: *to disturb, to bother*
disturbo [dist'urbo]: *trouble, bother*
dito [d'ito]: *finger*
divano [div'ano]: *sofa, couch*
diventare [divent'are]: *to become*
diverso [div'ɛrso]: *different*
divertente [divert'ɛnte]: *funny*
divertimento [divertim'ento]: *fun*
divertirsi [divert'irsi]: *to have fun, to enjoy oneself*
dividere [div'idere]: *to share, to divide*
divieto [divi'ɛto]: *prohibition*
divorzio [div'ɔrzio]: *divorce*
doccia [d'otʃtʃa]: *shower*
documento [dokum'ento]: *document, file*
dodici [d'oditʃi]: *twelve*
dogana [dog'ana]: *customs*
dolce [d'oltʃe]: *sweet*
dolore [dol'ore]: *pain*
domanda [dom'anda]: *question*
domandare [domand'are]: *to ask*
domani [dom'ani]: *tomorrow*
domenica [dom'enika]: *sunday*
dominare [domin'are]: *to rule over*
donna [d'ɔnna]: *woman*
dopo [d'opo]: *after, then*
dopodomani [dopodom'ani]: *the day after tomorrow*
doppio [d'oppio]: *double*
dormire [dorm'ire]: *to sleep*
dottore [dott'ore]: *doctor*
dov'è [dov'ɛ]: *where is*
dove [d'ove]: *where*
dovere [dov'ere]: *to have to, must*
dovunque [dov'unkue]: *everywhere*
dritto [dri'tto]: *straight*
dubbio [d'ubbio]: *doubt*
dubitare [dubit'are]: *to doubt*

due [d'ue]: *two*
duecento [duetʃ'ɛnto]: *two hundred*
duemila [duem'ila]: *two thousand*
dunque [d'unque]: *therefore, so*
duomo [du'mo]: *cathedral*
durante [dur'ante]: *during*
durare [dur'are]: *to last*
duro [d'uro]: *hard*

E

e [e]: *and*
eccezione [etʃtʃeżi'one]: *exception*
ecco ['ɛkko]: *here is*
economia [ekonom'ia]: *economy*
economico [ekon'ɔmiko]: *economical, cheap*
edicola [ed'ikola]: *news-stand*
edificio [edif'itʃo]: *building*
effetto [eff'ɛtto]: *effect*
egli ['eʎi]: *he*
elegante [eleg'ante]: *fashionable, stylish*
eleggere [el'ɛdʒdʒere]: *to elect, to choose*
elementare [element'are]: *elementary*
elemento [elem'ento]: *element*
elenco [el'enko]: *list*
elenco telefonico [el'enko / telef'ɔniko]: *telephone directory*
elettrico [el'ɛttriko]: *electric*
elettronico [elettr'ɔniko]: *electronic*
elezione [eleżi'one]: *election*
elisione [eliṡi'one]: *elision*
ella ['ella]: *she*
entrare [entr'are]: *to enter, to come in*
entro ['entro]: *inside, within*
epoca ['ɛpoka]: *era*
eppure [epp'ure]: *and still, and yet*
erba ['ɛrba]: *grass*
errore [err'ore]: *mistake*
esagerare [eṡadʒer'are]: *to exaggerate*
esame [eṡ'ame]: *exam*
esaminare [eṡamin'are]: *to examine*
esattamente [eṡattam'ente]: *exactly*
esatto [eṡ'atto]: *exact*
esca ['eska]: *bait*
escludere [eskl'udere]: *to exclude, to live out*
escluso [eskl'uso]: *excluded*
esempio [eṡ'ɛmpio]: *example*
esercitare [eṡertʃit'are]: *to exercise*
esercizio [eṡertʃ'izio]: *exercise*
esistere [eṡ'istere]: *to exist*
esito ['ɛṡito]: *outcome*
esperienza [esperi'ɛnza]: *experience*
esperto [esp'ɛrto]: *skilled*
espressione [espressi'one]: *expression*
espresso [espr'ɛsso]: *express, fast*
esprimere [espr'imere]: *to express oneself*
esprimersi [espr'imersi]: *to express*
essa ['essa]: *she*
esse ['esse]: *they*
esserci ['ɛssertʃi]: *to be*
essere ['ɛssere]: *to be*
essere necessario ['ɛssere / netʃess'ario]: *to be necessary*
essi ['essi]: *they*
esso ['esso]: *he*
estate [est'ate]: *summer*
estero ['ɛstero]: *foreign, abroad*
età [et'a]: *age*
etto ['ɛtto]: *100 grams, a quarter of a pound*
euro ['ɛuro]: *euro*
Europa [eur'ɔpa]: *europe*
europeo [europ'ɛo]: *european*
eventualmente [eventualm'ente]: *possibly, in case*
evitare [evit'are]: *to avoid*

F

fabbrica [f'abbrika]: *factory*
faccia [f'atʃtʃa]: *face*
facile [f'atʃile]: *easy*
facilitazione [fatʃilitażi'one]: *concession, facilities*
facilmente [fatʃilm'ente]: *easily*
facoltà [fakolt'a]: *faculty*
falso [f'also]: *false, fake*
fame [f'ame]: *hunger*
famiglia [fam'iʎa]: *family*
famoso [fam'oṡo]: *famous*

fare [f'are]: *to do*
fare colazione [f'are / kolaži'one]: *to have breakfast*
fare il bagno [f'are / il / b'aɲo]: *to take a bath*
fare l'amore [f'are / lam'ore]: *to make love*
fare paura [f'are / pa'ura]: *to be scary, to scare*
fare una doccia [f'are / 'una / d'oʧʧa]: *to have a shower*
farina [far'ina]: *flour*
farmacia [farmaʧ'ia]: *pharmacy*
farsi [f'arsi]: *to become*
fastidio [fast'idio]: *trouble*
fatica [fat'ika]: *hard work*
faticoso [fatik'oṡo]: *hard, tough*
fatto [f'atto]: *fact*
favore [fav'ore]: *favour*
fax [faks]: *fax*
febbraio [febbr'aio]: *february*
febbre [f'ɛbbre]: *fever*
fedele [fed'ele]: *faithful, loyal*
felice [fel'iʧe]: *happy*
ferie [f'ɛrie]: *holidays*
ferita [fer'ita]: *wound, injury*
fermarsi [ferm'arsi]: *to stop*
fermata [ferm'ata]: *stop*
fermo [f'ermo]: *still*
ferro [f'ɛrro]: *iron*
festa [f'ɛsta]: *party*
fiducia [fid'uʧa]: *trust*
figlia [f'iλa]: *daughter*
figlio [f'iλo]: *son*
figura [fig'ura]: *shape*
fila [f'ila]: *line*
film [film]: *film*
filo [f'ilo]: *thread*
filosofia [filoṡof'ia]: *philosophy*
fin troppo [fin / tr'ɔppo]: *too much*
finale [fin'ale]: *last, final*
finalmente [finalm'ente]: *finally, at last*
finché [fink'e]: *till, until*
fine [f'ine]: *end*
finestra [fin'ɛstra]: *window*
finire [fin'ire]: *to end, to finish, to stop*
fino [f'ino]: *till, until*
fino a dove [f'ino / a / d'ove]: *until where*
finora [fin'ora]: *so far*
fiore [fi'ore]: *flower*
firmare [firm'are]: *to sign*
fisico [f'iṡiko]: *physical*
fissare [fiss'are]: *to fix*
fisso [f'isso]: *fixed*
fiume [fi'ume]: *river*
foglia [f'ɔλa]: *leaf*
foglio [f'ɔλo]: *sheet*
fondo [f'ondo]: *bottom*
fonetica [fon'ɛtika]: *fonetic*
fontana [font'ana]: *fountain*
fonte [f'onte]: *spring, source*
fontina [font'ina]: *fontina (a kind of cheese made in piemonte)*
forbici [f'ɔrbiʧi]: *scissors*
forma [f'orma]: *shape*
formaggio [form'aʤʤo]: *cheese*
formale [form'ale]: *formal*
formare [form'are]: *to make, to shape*
formarsi [form'arsi]: *to form, to develop*
formula [f'ormula]: *form*
fornello [forn'ɛllo]: *gas-ring*
forse [f'orse]: *maybe, perhaps*
forte [f'ɔrte]: *strong*
fortuna [fort'una]: *luck*
fortunato [fortun'ato]: *lucky*
forza [f'ɔrza]: *force, strength*
forzato [forz'ato]: *forced*
foto [f'ɔto]: *picture*
fotografia [fotograf'ia]: *photography*
fra [fra]: *between, among*
fra poco [fra / pɔ'ko]: *in a while*
fragola [fr'agola]: *strawberry*
francese [franʧ'ese]: *french*
Francia [fr'anʧa]: *france*
francobollo [frankob'ollo]: *stamp*
frase [fr'aṡe]: *sentence*
fratello [frat'ɛllo]: *brother*
freccia [fr'eʧʧa]: *arrow*
freddo [fr'eddo]: *cold*
frenare [fren'are]: *to brake, to put the brakes on, to restrain*
frenata [fren'ata]: *braking*

freno [fr'ɛno]: *brake*
fresco [fr'esko]: *fresh*
fretta [fr'etta]: *hurry*
frigorifero [frigor'ifero]: *refrigerator*
fronte [fr'onte]: *forehead*
frullatore [frullat'ore]: *mixer*
frutta [fr'utta]: *fruit*
frutto [fr'utto]: *fruit*
fulmine [f'ulmine]: *lightning*
fumare [fum'are]: *to smoke*
fumo [f'umo]: *smoke*
fungo [f'ungo]: *mushroom*
funivia [funiv'ia]: *cableway*
funzionare [funżion'are]: *to work*
funzione [funżi'one]: *function*
fuori [fu'ɔri]: *outside*
furbo [f'urbo]: *cunning*
furto [f'urto]: *stealing*
futuro [fut'uro]: *future*
futuro semplice [fut'uro / s'emplitʃe]: *future simple*

G

galleria [galler'ia]: *gallery*
gamba [g'amba]: *leg*
garage [gar'aʤ]: *garage*
gas [gas]: *gas*
gasolio [ga'lio]: *diesel oil*
gatto [g'atto]: *cat*
gelato [ʤel'ato]: *ice cream*
generale [ʤener'ale]: *general*
generazione [ʤenerażi'one]: *generation*
genere [ʤ'ɛnere]: *kind, sort, gender*
genitore [ʤenit'ore]: *parent*
gennaio [ʤenn'aio]: *january*
gente [ʤ'ɛnte]: *people*
gentile [ʤent'ile]: *gentle, kind*
Germania [ʤerm'ania]: *germany*
gerundio [ʤer'undio]: *gerund*
gesto [ʤ'ɛsto]: *gesture*
ghiaccio [gi'atʃtʃo]: *ice*
già [ʤ'a]: *already*
giacca [ʤ'akka]: *jacket*
giallo [ʤ'allo]: *yellow*
Giappone [ʤapp'one]: *japan*
giapponese [ʤappon'ese]: *japanese*
giardino [ʤard'ino]: *garden, yard*
ginnastica [ʤnn'astika]: *gimnastics*
ginocchio [ʤin'ɔkkio]: *knee*
giocare [ʤok'are]: *to play*
giocatore [ʤokat'ore]: *player*
gioco [ʤ'ɔko]: *game*
gioia [ʤ'ɔia]: *joy*
giornalaio [ʤornal'aio]: *news-agent*
giornale [ʤorn'ale]: *news-paper*
giornaliero [ʤornali'ɛro]: *daily, daily ticket*
giornalista [ʤornal'ista]: *journalist*
giornata [ʤorn'ata]: *day*
giorno [ʤ'orno]: *day*
giovane [ʤ'ovane]: *young*
giovedì [ʤoved'i]: *thursday*
girare [ʤir'are]: *to turn, to stroll*
giro [ʤ'iro]: *turn, round*
gita [ʤ'ita]: *excursion*
giù [ʤ'u]: *down*
giugno [ʤ'uɲo]: *june*
giungere [ʤ'unʤere]: *to arrive*
giusto [ʤ'usto]: *right*
gli [λi]: *the*
godere [god'ere]: *to enjoy*
gola [g'ola]: *throat*
golf [g'ɔlf]: *golf*
gomito [g'omito]: *elbow*
gonna [g'ɔnna]: *skirt*
gorgonzola [gorgonż'ɔla]: *blue cheese*
gotico [g'ɔtiko]: *gothic*
governare [govern'are]: *to rule*
governo [gov'ɛrno]: *government*
grado [gr'ado]: *degree, rank*
grammatica [gramm'atika]: *grammar*
grammaticale [grammatik'ale]: *grammatical*
grammo [gr'ammo]: *gram*
grana [gr'ana]: *parmesan*
grande [gr'ande]: *big*
grandezza [grand'ezza]: *size*
grasso [gr'asso]: *fat*
gratis [gr'atis]: *free*
gratuito [grat'uito]: *free*
grave [gr'ave]: *heavy*

grazie [gr'azie]: *thank you, thanks*
Grecia [gr'ɛʧa]: *greece*
greco [gr'ɛko]: *greek*
gridare [grid'are]: *to shout, to cry*
grigio [gr'iʤo]: *grey*
grissino [griss'ino]: *bread- stick*
grosso [gr'ɔsso]: *big*
grotta [gr'ɔtta]: *cave*
gruppo [gr'uppo]: *group*
guadagnare [guadaɲ'are]: *to earn, to gain*
guadagno [guad'aɲo]: *earnings, gain*
guance [gu'anʧe]: *cheek*
guanto [gu'anto]: *glove*
guardare [guard'are]: *to look*
guardia [gu'ardia]: *guard*
guarire [guar'ire]: *to heal, to cure*
guasto [gu'asto]: *damage*
guerra [gu'ɛrra]: *war*
guida [gu'ida]: *guide book*
guidare [guid'are]: *to drive*
gusto [g'usto]: *taste*
gustoso [gust'oso]: *tasty*

H

hotel [ot'ɛl]: *hotel*

I

i [i]: *the*
idea [id'ɛa]: *idea*
ideale [ide'ale]: *ideal*
ieri [i'ɛri]: *yesterday*
il [il]: *the*
illustrare [illustr'are]: *to illustrate*
illustrato [illustr'ato]: *illustrated*
imbucare [imbuk'are]: *to post*
immaginare [immaʤin'are]: *to imagine*
immodesto [immod'ɛsto]: *immodest*
imparare [impar'are]: *to learn*
impegno [imp'eɲo]: *commitment*
imperatore [imperat'ore]: *emperor*
imperfetto [imperf'ɛtto]: *imperfect*
impiegato [impieg'ato]: *employee*
impiego [impi'ɛgo]: *use, employment*
importante [import'ante]: *important*
importare [import'are]: *to matter, to mean, to care*
impossibile [imposs'ibile]: *impossible*
impossibilità [impossibilit'a]: *impossibility*
impressione [impressi'one]: *impression, sensation*
improvvisamente [improvviṡam'ente]: *suddenly*
improvviso [improvv'iṡo]: *sudden*
in [in]: *in*
in fretta [in / fr'etta]: *in a hurry*
in giù [in / ʤ'u]: *down*
in su [in / su]: *up*
incertezza [inʧert'ezza]: *uncertainty, doubt*
incidente [inʧid'ɛnte]: *accident, crash*
incontrare [inkontr'are]: *to meet*
incontro [ink'ontro]: *meeting*
incrociare [inkroʧ'are]: *to cross*
incrocio [inkr'oʧo]: *crossing*
indeterminativo [indeterminat'ivo]: *indefinite*
indeterminato [indetermin'ato]: *indeterminate, indefinite*
indicare [indik'are]: *to indicate*
indicativo [indikat'ivo]: *indicative*
indicato [indik'ato]: *suitable*
indicazione [indikażi'one]: *indication, direction*
indietro [indi'ɛtro]: *back, backwards*
indipendente [indipend'ɛnte]: *indipendent*
indirizzo [indir'izzo]: *address*
industria [ind'ustria]: *industry*
industriale [industri'ale]: *industrial*
infanzia [inf'anzia]: *childhood*
infatti [inf'atti]: *in fact*
infelice [infel'iʧe]: *unhappy*
infermeria [infermer'ia]: *sick-room*
infermiera [infermi'ɛra]: *nurse*
infine [inf'ine]: *at last*
infinito [infin'ito]: *infinitive, infinite*
influenza [influ'ɛnza]: *influence, flue*
influenzare [influenz'are]: *to influence*

influenzato [influenz'ato]: *influenced*
informare [inform'are]: *to inform*
informarsi [inform'arsi]: *to enquire*
informazione [informażi'one]: *information*
ingegnere [indʒeɲ'ɛre]: *engineer*
ingegneria [indʒeɲer'ia]: *engineering*
Inghilterra [ingilt'ɛrra]: *england*
ingiustizia [indʒust'izia]: *injustice*
inglese [ingl'eṡe]: *english*
ingorgo [ing'orgo]: *jam*
ingrandire [ingrand'ire]: *to enlarge*
ingrandirsi [ingrand'irsi]: *to become larger*
ingrassare [ingrass'are]: *to fatten*
ingresso [ingr'ɛsso]: *entrance*
iniezione [inieżi'one]: *injection*
iniziale [inizi'ale]: *initial, first*
iniziare [inizi'are]: *to begin*
inizio [in'izio]: *beginning*
innamorato [innamor'ato]: *lover*
innocente [innotʃ'ɛnte]: *innocent*
inoltre [in'oltre]: *besides*
inquinamento [inkuinam'ento]: *pollution*
inquinare [inkuin'are]: *to pollute*
insalata [insal'ata]: *salad*
insegnante [inseɲ'ante]: *teacher*
insegnare [inseɲ'are]: *to teach*
inserire [inser'ire]: *to put*
insieme [insi'ɛme]: *together*
insistere [ins'istere]: *to insist*
insomma [ins'omma]: *in conclusion*
intanto [int'anto]: *but, while*
integrale [integr'ale]: *integral, wholemeal*
intelligente [intellidʒ'ɛnte]: *intelligent, smart*
intelligenza [intellidʒ'ɛnza]: *intelligence*
intendere [int'ɛndere]: *to turn, to hear, to listen to*
intenso [int'ɛnso]: *intense*
intenzione [intenżi'one]: *intention, wish*
interessante [interess'ante]: *interesting*
interessare [interess'are]: *to concern*
interessarsi [interess'arsi]: *to be interested*
interessato [interess'ato]: *interested*
interesse [inter'ɛsse]: *interest*
intero [int'ero]: *whole*
interprete [int'ɛrprete]: *interpreter*
interrompere [interr'ompere]: *to interrupt*
interruttore della luce [interrutt'ore / d'ella / l'utʃe]: *switch*
intervallo [interv'allo]: *space, break*
intervista [interv'ista]: *interview*
intimità [intimit'a]: *intimacy*
intimo ['intimo]: *intimate, deep*
intorno [int'orno]: *round, around*
inutile [in'utile]: *useless*
invariabile [invari'abile]: *indeclinable*
invece [inv'etʃe]: *but, instead*
invece di [inv'etʃe / di]: *instead of*
inverno [inv'ɛrno]: *winter*
investire [invest'ire]: *to invest, to collide with*
inviare [invi'are]: *to send, to forward*
invidiare [invidi'are]: *to envy*
invitare [invit'are]: *to invite, to ask*
invito [inv'ito]: *invitation*
io ['io]: *i*
ipotesi [ip'ɔteṡi]: *hypothesis, supposition*
irregolare [irregol'are]: *irregular*
iscritto [iskr'itto]: *registered*
iscriversi [iskr'iversi]: *to put one's name down, to register*
isola ['iṡola]: *island*
istruzione [istrużi'one]: *teaching, instruction*
italiano [itali'ano]: *italian*

L

la [la]: *the*
là [l'a]: *over there*
labbro [l'abbro]: *lip*
ladro [l'adro]: *thief*
lago [l'ago]: *lake*
lampada [l'ampada]: *lamp*
lampadario [lamp'adario]: *chandelier*
lampone [lamp'one]: *raspberry*
lana [l'ana]: *wool*

lardo [l'ardo]: *fat*
largo [l'argo]: *large, wide*
lasciare [laʃ'are]: *to leave*
lassù [lass'u]: *over there*
latino [lat'ino]: *latin*
latte [l'atte]: *milk*
lattina [latt'ina]: *can*
laurea [l'aurea]: *degree*
laureare [laure'are]: *to confer a degree*
laurearsi in [laure'arsi / in]: *take a degree in*
laureato [laure'ato]: *graduate*
lavagna [lav'aɲa]: *blackboard*
lavare [lav'are]: *to wash*
lavarsi [lav'arsi]: *to have a wash*
lavatrice [lavatr'itʃe]: *washing-machine*
lavello [lav'ɛllo]: *sink*
lavorare [lavor'are]: *to work*
lavoratore [lavorat'ore]: *worker*
lavoro [lav'oro]: *work, job*
le [le]: *the*
legale [leg'ale]: *legal*
legare [leg'are]: *to tie (up)*
legato [leg'ato]: *tied (up)*
legge [l'edʒdʒe]: *law*
leggere [l'ɛdʒdʒere]: *to read*
leggero [ledʒdʒ'ɛro]: *light*
legno [l'eɲo]: *wood*
lei [l'ɛi]: *she, her*
lentamente [lentam'ente]: *slowly*
lento [l'ɛnto]: *slow*
leone [le'one]: *lion*
lettera [l'ɛttera]: *letter*
letto [l'ɛtto]: *bed*
lettura [lett'ura]: *reading*
lezione [lezi'one]: *lesson*
libro [l'ibro]: *book*
limonata [limon'ata]: *lemonade*
limone [lim'one]: *lemon*
linea [l'inea]: *line*
lingua [l'ingua]: *tongue, language*
lingua straniera [l'ingua / strani'ɛra]: *foreign language*
liquido [l'ikuido]: *liquid*
liquore [liku'ore]: *liqueur, spirits*
lira [l'ira]: *lira*
lista [l'ista]: *list*
lo [lo]: *it, him*
locale [lok'ale]: *local*
località [lokalit'a]: *locality, position*
lontano [lont'ano]: *far*
loro [l'oro]: *they, them*
luce [l'utʃe]: *light*
lucido [l'utʃido]: *shiny, bright*
luglio [l'uʎo]: *july*
lui [l'ui]: *he, him*
luna [l'una]: *moon*
lunedì [luned'i]: *monday*
lungo [l'ungo]: *long*
luogo [lu'ɔgo]: *place*
lupo [l'upo]: *wolf*

M

ma [ma]: *but*
maccheroni [makker'oni]: *macaroni*
macchia [m'akkia]: *spot*
macchiare [makki'are]: *to stain*
macchiato [makki'ato]: *spotted, stained*
macchina [m'akkina]: *machine, car*
macedonia [matʃed'ɔnia]: *fruit-salad*
macellaio [matʃell'aio]: *butcher*
madre [m'adre]: *mother*
maestro [ma'estro]: *teacher*
magari [mag'ari]: *if possible*
maggio [m'adʒdʒo]: *may*
maggioranza [madʒdʒor'anza]: *majority*
maggiore [madʒdʒ'ore]: *greater, bigger*
maggiormente [madʒdʒorm'ente]: *more, even more*
maglione [maʎ'one]: *sweater*
magnifico [maɲ'ifiko]: *magnificent, splendid*
magro [m'agro]: *thin*
mai [m'ai]: *never*
maiale [mai'ale]: *pig*
maionese [maion'eṡe]: *mayonnaise*
malato [mal'ato]: *sick, ill*
malattia [malatt'ia]: *illness, disease*
male [m'ale]: *evil, bad*
mamma [m'amma]: *mother, mom, mummy*

mancante [mank'ante]: *missing*
mancanza [mank'anza]: *lack*
mancare [mank'are]: *to miss, to lack*
mancato [mank'ato]: *unsuccessful*
mancia [m'antʃa]: *tip*
mandare [mand'are]: *to send*
mangiare [mandʒ'are]: *to eat*
manica [m'anika]: *sleeve*
maniera [mani'ɛra]: *way, manner*
mano [m'ano]: *hand*
manodopera [manod'ɔpera]: *labour*
mantenere [manten'ere]: *to keep, to mantain, to support*
mantenersi [manten'ersi]: *to keep*
mappa [m'appa]: *map*
mare [m'are]: *sea*
marito [mar'ito]: *husband*
marmellata [marmell'ata]: *jam, marmalade*
marrone [marr'one]: *brown*
martedì [marted'i]: *tuesday*
marzo [m'arzo]: *march*
maschera [m'askera]: *mask*
massa [m'assa]: *lump*
massimo [m'assimo]: *maximum*
matematica [matem'atika]: *maths*
matita [mat'ita]: *pencil*
matrimoniale [matrimoni'ale]: *conjugal*
matrimonio [matrim'ɔnio]: *marriage*
mattina [matt'ina]: *morning*
matto [m'atto]: *mad, crazy*
mazza da golf [m'azza / da / g'ɔlf]: *golf-club*
me [me]: *me*
meccanico [mekk'aniko]: *mechanic*
media [m'ɛdia]: *media*
medicina [meditʃ'ina]: *medicine*
medicinale [meditʃina'le]: *medicine*
medico [m'ɛdiko]: *doctor*
medievale [mediev'ale]: *medieval*
medio [m'ɛdio]: *middle*
medioevo [medio'ɛvo]: *middle ages*
mela [m'ela]: *apple*
melone [mel'one]: *melon*
membro [m'embro]: *member*
memoria [mem'ɔria]: *memory,*
meno [m'eno]: *less*
mensa [m'ɛnsa]: *table*
mensile [mens'ile]: *monthly*
mente [m'ente]: *mind*
mentre [m'entre]: *while, whereas*
menu [men'u]: *menu*
mercato [merk'ato]: *market*
mercoledì [merkoled'i]: *wednesday*
merito [m'ɛrito]: *merit*
mese [m'eṡe]: *month*
mestiere [mesti'ɛre]: *job, trade*
metà [met'a]: *half*
metro [m'ɛtro]: *meter*
metro quadrato [m'ɛtro / kuadrato]: *square meter*
metropolitana [metropolit'ana]: *underground, subway*
mettere [m'ettere]: *to put*
mettere in testa [m'ettere / in / t'ɛsta]: *to think*
mettersi [m'ettersi]: *to go and stand*
mezzanotte [meżżan'ɔtte]: *midnight*
mezzo [m'ɛżżo]: *means*
mezzogiorno [meżżodʒ'orno]: *noon*
mi (pronome riflessivo) = io [mi]: *me*
mi dispiace [mi / dispi'atʃe]: *i'm sorry*
mia [m'ia]: *my, mine*
mie [m'ie]: *my, mine*
miei [mi'ɛi]: *my, mine*
miele [mi'ɛle]: *honey*
migliore [miλ'ore]: *better*
miliardo [mili'ardo]: *billion*
milione [mili'one]: *million*
mille [m'ille]: *a thousand*
minestrone [minestr'one]: *soup*
minimo [m'inimo]: *slightest, least*
ministro [min'istro]: *minister*
minore [min'ore]: *smaller, younger*
minuto [min'uto]: *minute*
mio [m'io]: *my, mine*
mirtillo [mirt'illo]: *blueberry*
mistero [mist'ɛro]: *mystery*
misto [m'isto]: *mixed*
misurare [misur'are]: *to measure*
mito [m'ito]: *myth*
mittente [mitt'ɛnte]: *sender*

mobile [m'ɔbile]: *furniture*
moda [m'ɔda]: *trend, fashion*
modello [mod'ɛllo]: *model, pattern*
moderno [mod'ɛrno]: *modern*
modesto [mod'ɛsto]: *modest*
modo [mɔ'do]: *way, manner*
moglie [m'oʎe]: *wife*
molti [m'olti]: *many, several*
molto [m'olto]: *much*
momento [mom'ento]: *moment*
mondiale [mondi'ale]: *world*
mondo [m'ondo]: *world*
montagna [mont'aɲa]: *mountain*
monumento [monum'ento]: *monument*
morbido [m'ɔrbido]: *soft*
morire [mor'ire]: *to die*
morte [m'ɔrte]: *death*
morto [m'ɔrto]: *dead*
mostra [m'ostra]: *show, exhibition*
mostrare [mostr'are]: *to show*
mostrarsi [mostr'arsi]: *to show oneself*
motivo [mot'ivo]: *reason*
moto [m'ɔto]: *bike*
motore [mot'ore]: *engine*
mulinello [mulin'ɛllo]: *whirlpool*
multa [m'ulta]: *fine, ticket*
multare [mult'are]: *to fine*
municipio [munitʃ'ipio]: *town council*
muovere [mu'ɔvere]: *to move*
muoversi [mu'ɔversi]: *to move oneself*
mura [m'ura]: *town walls*
muro [m'uro]: *wall*
museo [mus̊'ɛo]: *museum*
musica [m'usika]: *music*

N

nascere [n'aʃere]: *to born*
nascondere [nask'ondere]: *to hide*
naso [n'as̊o]: *nose*
Natale [nat'ale]: *christmas*
natura [nat'ura]: *nature*
naturale [natur'ale]: *natural*
naturalmente [naturalm'ente]: *naturally, by nature*
nave [n'ave]: *ship*
nazionale [nazion'ale]: *national*
nazione [nazi'one]: *nation*
ne [ne]: *it*
né [né]: *neither … nor*
neanche [ne'anke]: *not even*
nebbia [n'ebbia]: *fog*
necessario [netʃess'ario]: *necessary*
necessità [netʃessit'a]: *necessity*
negare [neg'are]: *to deny*
negativo [negat'ivo]: *negative*
negli [n'eʎi]: *in the*
negozio [neg'ɔzio]: *shop*
nei [n'ei]: *in the*
nei pressi di [n'ei / pr'ɛssi / di]: *near*
nel [nel]: *in*
nella [n'ella]: *in the*
nelle [n'elle]: *in the*
nello [n'ello]: *in the*
nemmeno [nemm'eno]: *not even, neither*
neppure [nepp'ure]: *not even*
nero [n'ero]: *black*
nervo [n'ɛrvo]: *nerve*
nervoso [nerv'os̊o]: *nervous*
nessuno [ness'uno]: *no, nobody, no one, any, anybody, any one*
neve [n'eve]: *snow*
nevicare [nevik'are]: *to snow*
nido [n'ido]: *nest*
niente [ni'ɛnte]: *nothing, anything*
nipote [nip'ote]: *grandson, grand-daughter, nephew, niece*
no [nɔ]: *no*
nocciola [notʃtʃ'ɔla]: *hazel-nut*
noce [n'otʃe]: *walnut (tree)*
noi [n'oi]: *we, us*
noioso [noi'os̊o]: *boring*
nome [n'ome]: *name*
non [non]: *no*
nonno [n'ɔnno]: *grandfather*
nono [n'ɔno]: *ninth*
nonostante [nonost'ante]: *in spite of*
nord [n'ɔrd]: *north*
normale [norm'ale]: *normal*
normalmente [normalm'ente]: *normally*
nostalgia [nostalʤ'ia]: *homesickness*
nostro [n'ɔstro]: *our*

nota [n'ɔta]: *note*
notare [not'are]: *to indicate*
notizia [not'izia]: *news*
notte [n'ɔtte]: *night*
novanta [nov'anta]: *ninety*
nove [n'ɔve]: *nine*
novecento [novetʃ'ɛnto]: *nine hundred*
novembre [nov'ɛmbre]: *november*
nozze [n'ɔzze]: *wedding*
nulla [n'ulla]: *nothing, anything*
numerale [numer'ale]: *numeral*
numero [n'umero]: *number*
numeroso [numer'oso]: *large*
nuotare [nuot'are]: *to swim*
nuotata [nuot'ata]: *swimming*
nuoto [nu'ɔto]: *swim*
nuovo [nu'ɔvo]: *new*
nuvola [n'uvola]: *cloud*

O

obbligatorio [obbligat'rio]: *compulsory*
obbligo ['ɔbbligo]: *obligation, duty*
occasione [okkaṡi'one]: *occasion, chance, opportunity*
occhiali [okki'ali]: *glasses*
occhiata [okki'ata]: *glance, look*
occhio ['ɔkkio]: *eye*
occorrere [okk'orrere]: *to happen*
occupare [okkup'are]: *to occupy, to live in, to take*
occuparsi [okkup'arsi]: *to be devoted to, to take care of*
occupato [okkup'ato]: *engaged, taken, occupied*
odiare [odi'are]: *to hate*
odore [od'ore]: *smell*
offendere [off'ɛndere]: *to offend, to hurt*
offendersi [off'ɛndersi]: *to be offended, to be hurt*
offeso [off'eṡo]: *offended, hurt*
offrire [offr'ire]: *to offer*
oggetto [odʒdʒ'ɛtto]: *object*
oggi ['ɔdʒdʒi]: *today*
ogni ['oɲi]: *each*
ognuno [oɲ'uno]: *each (one)*
olandese [oland'eṡe]: *dutch*
olio ['ɔlio]: *oil*
oltre ['oltre]: *beyond*
ombrello [ombr'ɛllo]: *umbrella*
ombrellone [ombrell'one]: *beach-umbrella*
omicidio [omitʃ'idio]: *homicide, murder*
onda ['onda]: *wave*
onesto [on'ɛsto]: *honest, upright*
opera ['ɔpera]: *work*
operaio [oper'aio]: *workman*
operato [oper'ato]: *operated*
opinione [opini'one]: *opinion*
opportunità [opportunit'a]: *opportunity, chance*
opportuno [opport'uno]: *timely, suitable*
oppure [opp'ure]: *or*
ora ['ora]: *hour*
orario [or'ario]: *time table*
ordinare [ordin'are]: *to order, to tidy up*
ordinato [ordin'ato]: *tidy*
ordine ['ordine]: *order, tidiness*
orecchino [orekk'ino]: *ear-ring*
orecchio [or'ekkio]: *ear*
organizzare [organizz'are]: *to organize*
origine [or'idʒine]: *origin, source*
ormai [orm'ai]: *now*
oro ['ɔro]: *gold*
orologio [orol'ɔdʒo]: *watch*
ospedale [osped'ale]: *hospital*
ospitare [ospit'are]: *to offer hospitality, to host*
ospite ['ɔspite]: *host, guest*
osservare [osserv'are]: *to watch, to observe*
osservazione [osservaż i'one]: *observation*
ottanta [ott'anta]: *eighty*
ottavo [ott'avo]: *eighth*
ottenere [otten'ere]: *to obtain, to get*
ottimo ['ɔttimo]: *very good*
otto ['ɔtto]: *eight*
ottobre [ott'obre]: *october*
ottocento [ottotʃ'ɛnto]: *eight hundred*

P

pacco [p'akko]: *parcel, package*
pace [p'atʃe]: *peace*
padre [p'adre]: *father*
padrone [padr'one]: *owner*
paesaggio [paes'adʒdʒo]: *landscape*
paese [pa'ese]: *country*
pagamento [pagam'ento]: *payment*
pagare [pag'are]: *to pay*
pagato [pag'ato]: *paid*
pagina [p'adʒina]: *page*
palazzo [pal'azzo]: *palace*
pallone [pall'one]: *ball*
palmo [p'almo]: *palm*
pane [p'ane]: *bread*
panino [pan'ino]: *sandwich*
pantaloni [pantal'oni]: *trousers*
papa [p'apa]: *pope*
papà [pap'a]: *dad*
paradiso [parad'iso]: *paradise, heaven*
parcheggiare [parkedʒdʒ'are]: *to park*
parcheggio [park'edʒdʒo]: *parking*
parco [p'arko]: *park*
parecchio [par'ekkio]: *quite a lot of*
parente [par'ɛnte]: *relative*
parete [par'ete]: *wall*
parlamento [parlam'ento]: *parliament*
parlare [parl'are]: *to talk, to speak*
parlarsi [parl'arsi]: *to speak to each other*
parmigiano reggiano [parmidʒ'ano / redʒdʒ'ano]: *parmesan*
parola [par'la]: *word*
parte [p'arte]: *part*
partecipare [partetʃip'are]: *to take part, to participate*
partenza [part'ɛnza]: *departure*
participio passato [partitʃ'ipio / pass'a-to]: *past participle*
particolare [partik'olare]: *special*
partire [part'ire]: *to leave*
partita [part'ita]: *match*
partitivo [partit'ivo]: *partitive*
partito [part'ito]: *party*
Pasqua [p'askua]: *easter*
passaggio [pass'adʒdʒo]: *passing, passage*
passante [pass'ante]: *passer-by*
passaporto [passap'ɔrto]: *passport*
passare [pass'are]: *to pass*
passato [pass'ato]: *past*
passeggiare [passedʒdʒ'are]: *to go for a walk, to walk*
passeggiata [passedʒdʒ'ata]: *walk*
passione [passi'one]: *passion*
passivo [pass'ivo]: *passive*
passo [p'asso]: *step*
pasta [p'asta]: *pasta*
pastasciutta in bianco [pastaʃ'utta / in / bi'anko]: *pasta with butter*
pastiglia [past'iʎa]: *tablet*
pasto [p'asto]: *meal*
patata [pat'ata]: *potato*
patente [pat'ɛnte]: *driving licence*
pattino [p'attini]: *skate*
patto [p'atto]: *pact, agreement*
paura [pa'ura]: *fear*
pausa [p'ausa]: *pause, break*
pavimento [pavim'ento]: *floor*
pazienza [pazi'ɛnza]: *patience*
pazzo [p'azzo]: *crazy, mad*
pazzo di te [p'azzo / di / te]: *mad about you*
peccato [pekk'ato]: *sin, pity, shame*
pediatra [pedi'atra]: *paediatrician, specialist in children's diseases*
peggio [p'ɛdʒdʒo]: *worse*
peggiorare [pedʒdʒor'are]: *to get worse*
peggiore [pedʒdʒ'ore]: *worse*
pelle [p'ɛlle]: *skin*
pelo [p'elo]: *hair*
pena [p'ena]: *punishment*
penna [p'enna]: *pen*
pensare [pens'are]: *to think*
pensiero [pensi'ɛro]: *thought*
pensione [pensi'one]: *pension*
pentola [p'entole]: *saucepan, casserole*
peperoncino [peperontʃ'ino]: *chili pepper*
peperone [peper'one]: *pepper*
per [per]: *for*
per di qua [per / di / ku'a]: *over here*
per favore [per / fav'ore]: *please*

per sempre [per / s'ɛmpre]: *for ever*
pera [p'era]: *pear*
perché [perk'e]: *why, because*
perciò [perʧ'ɔ]: *so, therefore*
percorrere [perk'orrere]: *to run across, to cover*
perdere [p'ɛrdere]: *to loose*
perdonare [perdon'are]: *to forgive*
perfetto [perf'ɛtto]: *perfect*
perfino [perf'ino]: *even*
pericolo [per'ikolo]: *danger*
pericoloso [perikol'oṡo]: *dangerous*
periferia [perifer'ia]: *suburbs*
periodo [per'iodo]: *period*
permesso [perm'esso]: *permitted, permission*
permettere [perm'ettere]: *to let, to allow*
permettersi [perm'ettersi]: *to allow oneself*
però [per'ɔ]: *but*
persiana [persi'ana]: *shutter*
persona [pers'ona]: *person*
personale [person'ale]: *personal*
pertanto [pert'anto]: *so, consequentially*
pesante [peṡ'ante]: *heavy*
pesare [peṡ'are]: *to weight*
pesca [p'ɛska]: *peach*
pesca [p'eska]: *fishing*
pescare [pesk'are]: *to fish*
pescatore [peskat'ore]: *fisherman*
pesce [p'eʃe]: *fish*
pessimo [p'ɛssimo]: *very bad*
petto [p'ɛtto]: *chest, breast*
pezzo [p'ɛzzo]: *piece*
piacere [piaʧ'ere]: *pleasure, to like*
piacevole [piaʧ'evole]: *pleasant*
piangere [pi'anʤere]: *to cry*
piano [pi'ano]: *slow, level*
piano terra [pi'ano / t'ɛrra]: *ground floor*
pianoforte [pianof'ɔrte]: *piano*
pianta [pi'anta]: *plant*
pianura [pian'ura]: *plain*
piatto [pi'atto]: *dish, plate*
piazza [pi'azza]: *square*
piccolo [p'ikkolo]: *small, tiny*
piede [pi'ɛde]: *foot*
piega [pi'ɛga]: *fold*
piegare [pieg'are]: *to fold*
pieno [pi'ɛno]: *full*
pigro [p'igro]: *lazy*
pillola [p'illola]: *pill*
pineta [pin'eta]: *pine-wood*
pinna [p'inna]: *flipper, fin*
pioggia [pi'ɔʤʤa]: *rain*
piovere [pi'ɔvere]: *to rain*
piscina [piʃ'ina]: *pool*
pisello [piṡ'ɛllo]: *pea*
pista [p'ista]: *track*
pistola [pist'ɔla]: *gun*
pittore [pitt'ore]: *painter*
più [pi'u]: *more*
piuttosto [piutt'ɔsto]: *rather, pretty*
pizza [p'izza]: *pizza*
po' [pɔ]: *a little*
poco [p'ɔko]: *a little*
poco fa [p'ɔko / fa]: *not long ago*
poesia [poe'ṡia]: *poetry*
poeta [po'ɛta]: *poet*
poi [p'ɔi]: *after*
poiché [poik'e]: *as, since, for*
polipo [p'ɔlipo]: *octopus*
politica [pol'itika]: *politics*
politico [pol'itiko]: *political*
polizia [poliz'ia]: *police*
pollo [p'ollo]: *chicken*
poltrona [poltr'ona]: *arm-chair*
pomeriggio [pomer'iʤʤo]: *afternoon*
pomodoro [pomod'ɔro]: *tomato*
pompelmo [pomp'ɛlmo]: *grapefruit*
ponte [p'onte]: *bridge*
popolazione [popolażi'one]: *population*
popolo [p'ɔpolo]: *people*
porre [p'orre]: *to put, to place*
porta [p'ɔrta]: *door*
portacenere [portaʧ'enere]: *ash-tray*
portafogli [portaf'ɔʎi]: *wallet*
portare [port'are]: *to bring, to carry*
portata [port'ata]: *course, tonnage*
posata [poṡ'ata]: *knife, fork, spoon, service*
positivo [poṡit'ivo]: *positive*
posizione [poṡizi'one]: *position*

possessivo [possess'ivo]: *possessive*
possibile [poss'ibile]: *possible*
possibilità [possibilit'a]: *possibility, chance*
posta [pɔ'sta]: *mail*
postale [post'ale]: *post*
postino [post'ino]: *postman*
posto [p'osto]: *room, seat, place*
potente [pot'ɛnte]: *powerful*
potere [pot'ere]: *power, to can, to manage*
potestà [potest'a]: *power, authority*
povero [pɔ'vero]: *poor*
pranzare [pranż'are]: *to have lunch*
pranzo [pr'anżo]: *lunch*
pratica [pr'atika]: *practice*
praticare [pratik'are]: *to practice*
pratico [pr'atiko]: *practical*
prato [pr'ato]: *meadow*
precedente [pretʃed'ɛnte]: *previous*
precedere [pretʃ'ɛdere]: *to precede, to go ahead, to go first*
precisare [pretʃi'ṡare]: *to specify, to say exactly*
preciso [pretʃ'iṡo]: *exact, careful*
preferire [prefer'ire]: *to prefer, to like better*
prefisso [pref'isso]: *area code*
pregare [preg'are]: *to pray*
prego [pr'ɛgo]: *you are welcome*
premettere [prem'ettere]: *to premise*
prendere [pr'ɛndere]: *to take, to bring*
prenotare [prenot'are]: *to book*
preoccupare [preokkup'are]: *to worry*
preoccuparsi [preokkup'arsi]: *to be worried*
preoccupato [preokkup'ato]: *worried*
preoccupazione [preokkupażi'one]: *worry, anxiety*
preparare [prepar'are]: *to prepare, to get ready*
prepararsi [prepar'arsi]: *to get ready*
preparazione [preparażi'one]: *preparation*
preposizione articolata [preposiżi'one / artikol'ata]: *preposition with the definite article*
presentare [preṡent'are]: *to show, to introduce*
presentarsi [preṡent'arsi]: *to introduce oneself*
presente [preṡ'ɛnte]: *present*
presenza [preṡ'ɛnza]: *presence*
presidente [preṡid'ɛnte]: *president*
prestare [prest'are]: *to lend*
prestito [pr'ɛstito]: *loan*
presto [pr'ɛsto]: *soon*
pretendere [pret'ɛndere]: *to expect, to claim*
prezioso [prezi'oṡo]: *precious*
prezzo [pr'ɛzzo]: *price*
prima [pr'ima]: *before*
prima classe [pr'ima / kl'asse]: *first class*
primavera [primav'ɛra]: *spring*
primo [pr'imo]: *first*
primo piano [pr'imo / pi'ano]: *first floor*
primo piatto [pr'imo / pi'atto]: *first dish*
principale [printʃip'ale]: *main*
privato [priv'ato]: *private*
probabile [prob'abile]: *likely*
probabilità [probabilit'a]: *chance, likelihood, probability*
probabilmente [probabilm'ente]: *probably*
problema [probl'ɛma]: *problem, trouble*
procurare [prokur'are]: *to get, to cause*
produrre [prod'urre]: *to produce, to make*
professione [professi'one]: *profession*
professore [profess'ore]: *professor*
profondo [prof'ondo]: *deep*
profumo [prof'umo]: *scent, smell, fragrance*
progetto [prodʒ'ɛtto]: *project*
programma [progr'amma]: *programme*
progresso [progr'ɛsso]: *progress*
proibire [proib'ire]: *to forbid*
promessa [prom'essa]: *promise*
promettere [prom'ettere]: *to promise*
pronome [pron'ome]: *pronoun*
pronome relativo [pron'ome / relat'ivo]: *relative pronoun*

pronto [pr'onto]: *ready*
pronuncia [pron'untʃa]: *pronunciation*
proporre [prop'orre]: *to propose*
proposito [prop'ɔśito]: *intention, purpose*
proprietà [propriet'a]: *property*
proprietario [propriet'ario]: *owner*
proprio [pr'ɔprio]: *proper, own, just*
prosciutto [proʃ'utto]: *ham*
prosciutto cotto [proʃ'utto / k'tto]: *boiled ham*
prosciutto crudo [proʃ'utto / kr'udo]: *raw ham*
prospettiva [prospett'iva]: *perspective*
prossimo [pr'ɔssimo]: *next*
protesta [prot'ɛsta]: *protest*
protestare [protest'are]: *to protest*
provare [prov'are]: *to prove, to try*
proverbio [prov'ɛrbio]: *proverb*
provincia [prov'intʃa]: *province*
pubblicare [pubblik'are]: *to publish*
pubblicità [pubblitʃit'a]: *publicity, commercial, advertising*
pubblico [p'ubbliko]: *public, audience*
pulire [pul'ire]: *to clean*
pulito [pul'ito]: *clean, neat*
pulizia [puliz'ia]: *cleanliness, cleaning*
punteggio [punt'edʒdʒo]: *score*
punto [p'unto]: *point, stitch, dot*
puntuale [puntu'ale]: *punctual, on time*
purché [purk'e]: *as long as*
pure [p'ure]: *also*
puro [p'uro]: *pure*
purtroppo [purtr'ɔppo]: *unfortunately*
puzza [p'uzza]: *stink*

Q

qua [ku'a]: *here*
quaderno [kuad'ɛrno]: *exercise-book*
quadrato [kuadr'ato]: *square*
quadro [ku'adro]: *picture, painting*
qual [ku'al]: *what*
qualche [ku'alke]: *some, any*
qualcosa [kualk'ɔsa]: *something, anything*
qualcun altro [kualkun'altro]: *somebody else, anybody else*
qualcun'altra [kualkun'altra]: *somebody else, anybody else*
qualcuno [kualk'uno]: *somebody, someone, anybody, anyone*
quale [ku'ale]: *what*
qualità [kualit'a]: *quality*
qualsiasi [kuals'iasi]: *any, every*
qualunque [kual'unkue]: *every, whatever, whichever*
quando [ku'ando]: *when*
quanta [ku'anta]: *how much*
quante [ku'ante]: *how many*
quanti [ku'anti]: *how many*
quantità [kuantit'a]: *quantity*
quanto [ku'anto]: *how much*
quaranta [kuar'anta: *forty*
quartiere [kuarti'ɛre]: *district, neighbourhood*
quarto [ku'arto]: *fourth, quarter*
quasi [ku'aśi]: *almost*
quattordici [kuatt'orditʃi]: *fourteen*
quattro [ku'attro]: *four*
quattrocento [kuattrotʃ'ɛnto]: *four hundred*
quei [ku'ei]: *those*
quella [ku'ella]: *that*
quelle [ku'elle]: *those*
quelli [ku'elli]: *those*
quello [ku'ello]: *that*
questa [ku'esta]: *this*
queste [ku'este]: *these*
questi [ku'esti]: *these*
questione [kuesti'one]: *question, matter*
questo [ku'esto]: *this*
qui [ku'i]: *here*
quindi [ku'indi]: *therefore*
quindici [kuind'itʃi]: *fifteen*
quinto [ku'into]: *fifth*
quotidiano [kuotidi'ano]: *newspaper, daily paper*

R

racchetta [rakk'etta]: *racket*
raccogliere [rakk'ɔʎere]: *to pick up, to get together*

raccolta [rakk'ɔlta]: *picking, collection*
raccomandare [rakkomand'are]: *to recommend, to exhort*
raccomandarsi [rakkomand'arsi]: *to implore, to commend oneself*
raccomandata [rakkomand'ata]: *registered letter*
raccontare [rakkont'are]: *to tell, to narrate*
racconto [rakk'onto]: *story, tale*
radio [r'adio]: *radio*
radiografia [radiograf'ia]: *x-ray*
ragazza [rag'azza]: *girl*
ragazzo [rag'azzo]: *boy*
raggiungere [radʒdʒ'unere]: *to reach, to get to*
ragionare [radʒon'are]: *to reason*
ragione [radʒ'one]: *reason*
ragù [rag'u]: *ragout*
rapido [r'apido]: *fast, quick*
rapimento [rapim'ento]: *kidnapping, abduction*
rapina [rap'ina]: *robbery*
rapire [rap'ire]: *to kidnap, to abduct*
rapporto [rapp'ɔrto]: *report, connection*
rappresentante [rappreṡent'ante]: *agent, representative*
rappresentare [rappreṡent'are]: *to represent*
raramente [raram'ente]: *rarely, seldom*
raro [r'aro]: *rare*
rasare [raṡ'are]: *to shave*
rasarsi [raṡ'arsi]: *to shave oneself*
rasoio [raṡ'oio]: *razor*
re [re]: *king*
realizzare [realizz'are]: *to carry out, to realize*
realizzazione [realizzażi'one]: *achievement*
realtà [realt'a]: *reality*
recente [retʃ'ente]: *recent*
recentemente [retʃentem'ente]: *recently*
redini [r'ɛdini]: *reins*
regalare [regal'are]: *to make a present*
regalo [reg'alo]: *present*
regionale [redʒon'ale]: *regional*
regione [redʒ'one]: *region*
regola [r'egola]: *rule, order*
regolare [regol'are]: *to regulate, to control*
religione [relidʒ'one]: *religion*
religioso [relidʒ'oṡo]: *religious*
rendere [r'ɛndere]: *to return*
rendersi [r'ɛndersi]: *to become, to make oneself*
rendersi conto di [r'ɛndersi / k'onto / di: *to realize*
repubblica [rep'ubblika]: *republic*
resistere [reṡ'istere]: *to resist, to stand, to endure*
restare [rest'are]: *to stay*
resto [r'ɛsto]: *remainder, rest*
riassunto [riass'unto]: *summary*
ricavare [rikav'are]: *to draw, to get, to gain*
ricchezza [rikk'ezza]: *wealth*
ricco [r'ikko]: *rich, wealthy*
ricerca [ritʃ'erka]: *search, quest*
ricetta [ritʃ'etta]: *prescription, recipe*
ricevere [ritʃ'evere]: *to receive*
ricevitore [ritʃevit'ore]: *receiver*
ricevuta [ritʃev'uta]: *receipt*
richiedere [riki'ɛdere]: *to ask for*
riconoscere [rikon'oʃere]: *to recognize*
riconosciuto [rikonoʃ'uto]: *recognised*
ricordare [rikord'are]: *to remember, to recall, to recollect*
ricordarsi [rikord'arsi]: *to remember*
ricordo [rik'ɔrdo]: *memory, recollection*
ricoverare [rikover'are]: *to admit, to give shelter*
ricovero [rik'ɔvero]: *shelter, refuge, admission*
ridere [r'idere]: *to laugh*
ridurre [rid'urre]: *to reduce*
riempire [riemp'ire]: *to fill*
riferire [rifer'ire]: *to report, to tell*
riferirsi [rifer'irsi]: *to refer, to apply*
rifiutare [rifiut'are]: *to refuse, to reject*
rifiutarsi [rifiut'arsi]: *to refuse*
riflessivo [rifless'ivo]: *reflexive*
rifugio [rif'udʒo]: *shelter*

riguardare [riguard'are]: *to look at again, to concern*
rimandare [rimand'are]: *to postpone, to put off, to send again, to send back*
rimanere [riman'ere]: *to stay*
rimozione [rimoži'one]: *removal*
rinascimento [rinaʃim'ento]: *renaissance*
ringraziare [ringrazi'are]: *to thank*
rinunciare [rinunʧ'are]: *to renounce, to give up*
riparare [ripar'are]: *to repair, to make up for, to protect*
ripetere [rip'ɛtere]: *to repeat*
ripiano [ripi'ano]: *level ground, shelf*
riposare [ripoš'are]: *to rest*
riposarsi [ripoš'arsi]: *to rest, to have a rest*
riposato [ripo'šato]: *rested*
riposo [rip'ɔšo]: *rest*
riscaldamento [riskaldam'ento]: *heating*
riscaldare [riskald'are]: *to heat, to warm*
rischiare [riski'are]: *to risk*
rischio [r'iskio]: *risk*
riserva [ris'erva]: *reserve*
risolvere [ris'lvere]: *to solve*
risotto [riš'ɔtto]: *a dish of rise*
risparmiare [risparmi'are]: *to save*
risparmio [risp'armio]: *saving*
rispettare [rispett'are]: *to respect*
rispetto [risp'etto]: *respect*
rispondere [risp'ondere]: *to answer*
risposta [risp'osta]: *answer*
ristorante [ritor'ante]: *restaurant*
risultare [riult'are]: *to lead to, to result*
risultato [riult'ato]: *outcome, result*
ritardo [rit'ardo]: *delay*
ritirare [ritir'are]: *to draw back, to withdraw*
ritiro [rit'iro]: *withdrawal, retreat*
rito [r'ito]: *rite*
ritornare [ritorn'are]: *to go back, to come back*
ritorno [rit'orno]: *return*
riunione [riuni'one]: *reunion, meeting*
riuscire [riu'ire]: *to succeed*
rivedere [rived'ere]: *to see again, to visit again*
rivista [riv'ista]: *magazine*
rivolgere [riv'lere]: *to turn, to address*
rivolgersi [riv'lersi]: *to turn, to address*
rivolto [riv'lto]: *turned*
roba [r'ba]: *stuff*
romanico [roma'niko]: *romanesque*
romano [rom'ano]: *roman*
romanzo [rom'ano]: *novel, fiction, romance*
rompere [r'ompere]: *to break*
rompersi [r'ompersi]: *to break*
rosa [r'oa]: *rose*
rosso [r'osso]: *red*
rubare [rub'are]: *to steal*
rumore [rum'ore]: *noise*
rumoroso [rumor'oo]: *noisy*
Russia [r'ussia]: *russia*
russo [r'usso]: *russian*

S

sabato [s'abato]: *saturday*
sabbia [s'abbia]: *sand*
sacco [s'akko]: *sack*
sala [s'ala]: *room*
salame [sal'ame]: *salame*
salario [sal'ario]: *salary*
saldi [s'aldi]: *sales*
saldo [s'aldo]: *solid, firm, (credit/debit) balance*
sale [s'ale]: *salt*
salire [sal'ire]: *to rise, to climb, to go upstairs*
salita [sal'ita]: *ascent, slop*
salmone [salm'one]: *salmon*
saltare [salt'are]: *to jump*
salutare [salut'are]: *to say hallo to, to greet*
salutarsi [salut'arsi]: *to greet one another*
salute [sal'ute]: *health*
saluto [sal'uto]: *greeting, goodbye*
salvagente [salvaʤ'ɛnte]: *life-buoy*
salvare [salv'are]: *to save*
salve [s'alve]: *hail, hello*
sangue [s'angue]: *blood*

sanità [sanit'a]: *health*
sano [s'ano]: *healthy*
santo [s'anto]: *saint, holy*
sapere [sap'ere]: *to know*
sapone [sap'one]: *soap*
sapore [sap'ore]: *taste*
sarto [s'arto]: *tailor*
sbagliare [šbaʎ'are]: *to make a mistake*
sbagliarsi [šbaʎ'arsi]: *to make a mistake*
sbagliato [šbaʎ'ato]: *wrong*
sbarcare [šbark'are]: *to disembark, to put ashore, to drop off, to land*
sbrigare [šbrig'are]: *to expedite, to deal with*
sbrigarsi [šbrig'arsi]: *to hurry up*
scala [sk'ala]: *stair*
scandàlo [sk'andalo]: *scandal*
scapolo [sk'apolo]: *bachelor*
scappare [skapp'are]: *to run away*
scarpa [sk'arpa]: *shoe*
scarpe da tennis [sk'arpe / da / t'ɛnnis]: *tennis shoes*
scarponi da sci [skarp'oni / da / ʃi]: *ski-boots*
scatola [sk'atola]: *box*
scavare [skav'are]: *to dig*
scegliere [ʃ'eʎere]: *to choose*
scelta [ʃ'elta]: *choice*
scendere [ʃ'endere]: *to get off, to come down*
scheda [sk'eda]: *card*
scheda telefonica [sk'eda / telef'ɔnika]: *telephone card*
schema [sk'ɛma]: *plan*
scherzare [skerz'are]: *to joke, to make fun of*
scherzo [sk'erzo]: *joke, jest*
sci [ʃi]: *ski*
sciare [ʃi'are]: *to ski*
scioperare [ʃoper'are]: *to strike*
sciopero [ʃo'pero]: *strike*
sciroppo [ʃir'ɔppo]: *syrup*
scoglio [sk'ɔʎo]: *rock*
scommessa [skomm'essa]: *bet*
scommettere [skomm'ettere]: *to bet*
scomodo [sk'ɔmodo]: *uncomfortable, awkward*
sconfitta [skonf'itta]: *defeat*
sconosciuto [skono'ʃuto]: *unknown*
sconto [sk'onto]: *discount*
scontrino [skontr'ino]: *check*
scopare [skop'are]: *to sweep*
scopo [sk'ɔpo]: *purpose*
scoppiare [skopp'iare]: *to burst, to explode*
scoprire [skopr'ire]: *to find out, to discover*
scorso [sk'orso]: *last*
scrittore [skritt'ore]: *writer*
scrivania [skrivan'ia]: *desk*
scrivere [skr'ivere]: *to write*:
scultura [skult'ura]: *sculpture*
scuola [sku'ɔla]: *school*
scuro [sk'uro]: *brown*
scusa [sk'uša]: *apology*
scusare [sk'ušare]: *to excuse, to justify*
scusarsi [sku'šarsi]: *to apologize*
sdraio [sdr'aio]: *easy-chair*
se [se]: *if*
sé [s'e]: *oneself, himself, herself, itself*
sebbene [sebb'ɛne]: *though, although*
secco [s'ekko]: *dry*
secolo [s'ɛkolo]: *century*
secondo [sek'ondo]: *second*
sede [s'ɛde]: *seat, residence*
sedere [sed'ere]: *to sit, to be sitting*
sedersi [sed'ersi]: *to sit down*
sedia [s'ɛdia]: *chair*
segnare [seɲ'are]: *to mark*
segno [s'eɲo]: *sign, mark*
segretaria [segret'aria]: *secretary*
segreteria telefonica [segreter'ia / telef'ɔnika]: *answering machine*
segreto [segr'eto]: *secret*
seguire [segu'ire]: *to come after, to follow*
seguito [s'eguito]: *sequel*
sei [s'ɛi]: *six*
seicento [sei'ʧɛnto]: *six hundred*
sella [s'ɛlla]: *saddle*
semaforo [sem'aforo]: *traffic light*
sembrare [sembr'are]: *to seem, to look like*
semplice [s'empliʧe]: *simple, easy*
semplicemente [sempliʧem'ente]: *simply*
sempre [s'ɛmpre]: *always*

senato [sen'ato]: *senate*
senatore [senat'ore]: *senator*
seno [s'eno]: *breast*
sensazione [sensażi'one]: *sensation, feeling*
senso [s'ɛnso]: *sense*
sentire [sent'ire]: *to feel, to hear*
sentirsi [sent'irsi]: *to feel*
senz'altro [senz'altro]: *of course*
senza [s'ɛnza]: *without*
separare [separ'are]: *to separate, to part*
separarsi [separ'arsi]: *to separate, to divorce*
separato [separ'ato]: *separate*
separatore [separat'ore]: *separator*
separazione [separażi'one]: *separation*
sequestro [seku'ɛstro]: *kidnapping, confiscation*
sera [s'era]: *evening*
serata [ser'ata]: *evening*
Serbia [s'ɛrbia]: *serbia*
serbo [s'ɛrbo]: *serbian*
sereno [ser'eno]: *fine, clear, limpid*
serio [s'ɛrio]: *serious*
serratura [serrat'ura]: *keyhole*
servile [serv'ile]: *auxiliary*
servire [serv'ire]: *to serve*
servirsi [serv'irsi: *to use*
servizio [serv'izio]: *serve*
sessanta [sess'anta]: *sixty*
sesso [s'ɛsso]: *sex*
sesto [s'ɛsto]: *sixth*
seta [s'eta]: *silk*
sete [s'ete]: *thirst*
settanta [sett'anta]: *seventy*
sette [s'ɛtte]: *seven*
settecento [settetʃ'ɛnto]: *seven hundred*
settembre [sett'ɛmbre]: *september*
settimana [settim'ana]: *week*
settimanale [settiman'ale]: *weekly*
settimo [s'ɛttimo]: *seventh*
settore [sett'ore]: *field*
sfondare [sfond'are]: *to knock down, to knock the bottom out of, to achieve success*
sfondato [sfond'ato]: *without a bottom, knocked down, worn-out*
sfortuna [sfort'una]: *bad luck*
sfortunato [sfortun'ato]: *unlucky*
sguardo [sgu'ardo]: *glance, look, gaze*
si [si]: *himself, herself, itself*
sì [s'i]: *yes*
sia [s'ia]: *either ... or*
siccome [sikk'ome]: *as, since*
sicuramente [sikuram'ente]: *safety, certainly*
sicuro [sik'uro]: *safe, sure, reliable*
sicuro, essere sicuro di [sik'uro / 'ɛssere / sik'uro / di]: *to be sure of*
sigaretta [sigar'etta]: *cigarette*
significare [siɲifik'are]: *to mean*
significato [siɲifik'ato]: *meaning*
signor [siɲ'or]: *mister, sir, mr*
signora [siɲ'ora]: *lady, madam, mrs*
signore [siɲ'ore]: *mister, sir, mr*
signorina [siɲor'ina]: *miss*
silenzio [sil'ɛnzio]: *silence*
silenzioso [silenzi'ośo]: *quiet, silent*
simile [s'imile]: *similar, like*
simpatico [simp'atiko]: *pleasant, funny*
sincero [sintʃ'ɛro]: *honest, sincere*
sindacato [sindak'ato]: *trade union*
sindaco [s'indako]: *mayor*
singolare [singol'are]: *singular, remarkable*
singolo [s'ingolo]: *single*
sinistra [sini'stra]: *left*
sinistro [sin'istro]: *left, left-hand, sinister*
sinonimo [sin'ɔnimo]: *synonym*
sintomo [s'intomo]: *symptom*
sistemare [sistem'are]: *arrange to*
sistemarsi [sistem'arsi]: *to settle down*
situazione [situażi'one]: *situation*
skilift [skil'ift]: *skilift*
smarrito [smarr'ito]: *lost*
smettere [sm'ettere]: *to stop, to give up*
sociale [sotʃ'ale]: *social*
società [sotʃet'a]: *society*
soddisfatto [soddisf'atto]: *satisfied*
soddisfazione [soddisfażi'one]: *satisfaction, gratification*
soffitto [soff'itto]: *ceiling*
soffrire [soffr'ire]: *to suffer*

soggetto [so'ʤʤɛtto]: *subject*
soggiorno [soʤʤ'orno]: *stay, living-room*
sogno [s'oʤo]: *dream*
solaio [sol'aio]: *floor, loft*
soldato [sold'ato]: *soldier*
soldo [s'ɔldo]: *penny*
sole [s'ole]: *sun*
solito [s'ɔlito]: *usual, same*
solo [s'olo]: *just, only, alone, lonely*
soltanto [solt'anto]: *only*
somigliare [somiʎ'are]: *to look like*
somma [s'omma]: *addition, sum*
soneria [soner'ia]: *alarm, bell, ringer*
sonno [s'onno]: *sleep*
sopportare [sopport'are]: *to endure, to stand*
sopra [s'opra]: *on, over*
sopracciglio [sopratʃtʃ'iʎo]: *eyebrow*
soprattutto [sopratt'utto]: *most of all, above all*
sorella [sor'ɛlla]: *sister*
sorgente [sorʤ'ɛnte]: *source, spring*
sorgere [s'ɔrʤere]: *to rise*
sorprendere [sorpr'ɛndere]: *to surprise*
sorpreso [sorpr'eso]: *surprise*
sosta [s'ɔsta]: *stop*
sostituire [sostitu'ire]: *to substitute, to replace*
sottile [sott'ile]: *thin, slender, subtle*
sotto [s'otto]: *under*
sottolineare [sottoline'are]: *to underline, to stress, to emphasize*
sottopassaggio [sottopass'aʤʤo]: *subway*
sottrarre [sottr'arre]: *to rescue, to steal*
sovrano [sovr'ano]: *king, sovereign, supreme*
spaghetti [spag'etti]: *spaghetti*
Spagna [sp'aɲa]: *spain*
spagnolo [spaɲ'ɔlo]: *spanish*
spalla [sp'alla]: *shoulder*
sparire [spar'ire]: *to disappear, to vanish*
spaventarsi [spavent'arsi]: *to get frightened*
spazio [sp'azio]: *space*
spazzola [sp'azzola]: *brush*
spazzolare [spazzol'are]: *to brush*
speciale [spetʃ'ale]: *special*
specialità [spetʃalit'a]: *speciality*
specializzarsi [spetʃalizz'arsi]: *to specialize*
spedire [sped'ire]: *to send*
spegnere [sp'ɛɲere]: *to turn off*
spendere [sp'ɛndere]: *to spend*
speranza [sper'anza]: *hope*
sperare [sper'are]: *to hope*
spesa [sp'eṡa]: *shopping*
spesso [sp'esso]: *often*
spettacolo [spett'akolo]: *show*
spiaggia [spi'aʤʤa]: *beach*
spiegare [spieg'are]: *to explain*
spingere [sp'inʤere]: *to push*
spogliatoio [spoʎat'oio]: *restroom*
sporcare [spork'are]: *to dirty*
sporco [sp'ɔrko]: *dirty*
sport [sp'ɔrt]: *sport*
sportello [sport'ɛllo]: *door, booking-office*
sportivo [sport'ivo]: *sporting*
sposare [spoṡ'are]: *to marry*
sposarsi [spoṡ'arsi]: *to get married*
sposato [spoṡ'ato]: *married*
sposo [spɔ'ṡo]: *groom, husband*
spostare [spost'are]: *to move*
spremere [spr'ɛmere]: *to squeeze*
spremuta [sprem'uta]: *squash*
spuntino [spunt'ino]: *snack*
squadra [sku'adra]: *team*
squillare [skuill'are]: *to ring*
squillo [sku'illo]: *ring*
stabilirsi [stabil'irsi]: *to settle*
stadio [st'adio]: *stadium*
stagione [staʤ'one]: *season*
stamattina [stamatt'ina]: *this morning*
stancarsi [stank'arsi]: *to get tired*
stanco [st'anko]: *tired*
stanotte [stan'ɔtte]: *this night*
stanza [st'anza]: *room*
stare [st'are]: *to stay*
stare bene [st'are / b'ɛne]: *to feel good*
stasera [stas'era]: *this evening*
stato [st'ato]: *state, condition*

stazione [stażi'one]: *station*
stesse [st'esse]: *same*
stesso [st'esso]: *same*
stile [st'ile]: *style*
stilista [stil'ista]: *stylist*
stipendio [stip'ɛndio]: *salary*
stivale [stiv'ale]: *boot*
stoffa [st'ɔffa]: *cloth*
stomaco [st'ɔmako: *stomach*
storia [st'ɔria]: *history*
strada [str'ada]: *road, street*
straniero [strani'ɛro]: *foreign*
strano [str'ano]: *strange*
strappare [strapp'are]: *to tear, to rip*
stretto [str'etto]: *tight*
stringere [str'indʒere]: *to hold, to press, to put together*
striscia [str'iʃa]: *strip*
studente [stud'ɛnte]: *student*
studentessa [student'essa]: *student*
studiare [studi'are]: *to study*
studio [st'udio]: *study*
studioso [studi'oṡo]: *studious, scholar*
stufarsi [stuf'arsi]: *to be bored, to get tired of*
stufo [st'ufo]: *fed up, bored*
stupido [st'upido]: *stupid, dumb*
stupire [stup'ire]: *to amaze, to astonish*
su [su]: *on, over*
sua [s'ua]: *her*
subire [sub'ire]: *to undergo, to suffer*
subito [s'ubito]: *right away, immediately*
succedere [sutʃtʃ'edere]: *to happen*
successivo [sutʃtʃess'ivo]: *next, following*
succo [s'ukko]: *juice*
sud [sud]: *south*
sue [s'ue]: *their*
sufficiente [suffitʃ'ɛnte]: *enough*
suggerire [sudʒdʒer'ire]: *to suggest*
sugli [s'uλi]: *on the*
sugo [s'ugo]: *juice*
sui [sui]: *on the*
sulla [s'ulla]: *on the*
sulle [s'ulle]: *on the*
sullo [s'ullo]: *on the*
suo [s'uo]: *his*
suoi [suɔ'i]: *his, her*
suonare [suon'are]: *to play, to ring (the bell)*
suono [su'ɔno]: *sound*
superare [super'are]: *to exceed, to overtake*
superiore [superi'ore]: *superior*
superlativo assoluto [superlat'ivo / assol'uto]: *absolute superlative*
supermercato [supermerk'ato]: *supermarket*
svantaggio [ṡvant'adʒdʒo]: *disadvantage*
svedese [ṡved'ese]: *swedish*
sveglia! [ṡv'eλa]: *wake up*
svegliare [ṡve'λare]: *to wake up*
svegliarsi [ṡve'λarsi]: *to wake up*
Svezia [ṡv'ɛzia]: *sweden*
sviluppo [ṡvil'uppo]: *development*
svolgere [ṡv'ɔldʒere]: *to develop, to unroll*
svolta [sv'ɔlta]: *turning*

T

tabaccaio [tabakk'aio]: *tobacconist*
tabella [tab'ɛlla]: *board*
tacco [t'akko]: *heel*
tacere [tatʃ'ere]: *to be silent*
taglia [t'aλa]: *size*
tagliare [taλ'are]: *to cut*
tailandese [tailand'eṡe]: *thai*
tale [t'ale]: *such*
talvolta [talv'ɔlta]: *sometimes*
tanto [t'anto]: *so much*
tapparella [tappar'ɛlla]: *blinds, shutter*
tardi [t'ardi]: *late*
tasca [t'aska]: *pocket*
tassa [t'assa]: *tax*
tavolo [t'avolo]: *table*
taxi [t'aksi]: *taxi, cab*
tazza [t'azza]: *cup*
te [te]: *you*
tè [t'ɛ]: *tea*
teatro [te'atro]: *theatre*
tecnologia [teknolodʒ'ia]: *technology*
tedesco [ted'esko]: *german*

telefonare [telefon'are]: *to phone*
telefonata [telefon'ata]: *call*
telefonino [telefon'ino]: *mobile phone*
telefono [tel'efono]: *phone*
telegramma [telegr'amma]: *telegram*
teleselezione [teleseleżi'one]: *direct dialling*
televisione [televisi'one]: *television*
temere [tem'ere]: *to fear*
temperatura [temperat'ura]: *temperature*
tempio [t'ɛmpio]: *temple*
tempo [t'ɛmpo]: *time, weather*
temporale [tempor'ale]: *storm*
tenda [t'ɛnda]: *curtain*
tendere [t'ɛndere]: *to stretch, to hold out*
tenere [ten'ere]: *to hold*
tenero [t'ɛnero]: *tender*
tenersi [ten'ersi]: *to hold (on to)*
tennis [t'ɛnnis]: *tennis*
tentare [tent'are]: *to try, to tempt*
tentativo [tentat'ivo]: *attempt*
teoria [teor'ia]: *theory*
terme [t'ɛrme]: *baths*
termine [t'ɛrmine]: *term, mark*
terra [t'ɛrra]: *land, earth*
terrazza [terr'azza]: *terrace*
terribile [terr'ibile]: *terrible, dreadful*
terrorismo [terror'imo]: *terrorism*
terzo [t'ɛrzo]: *third*
tesi [t'ɛṡi]: *thesis*
tesoro [teṡ'ɔro]: *treasure*
tessera [t'ɛssera]: *card*
test [t'ɛst]: *test*
testa [t'ɛsta]: *head*
testo [t'ɛsto]: *text*
tetto [t'etto]: *roof*
ti [ti]: *yourself*
tifoso [tif'oṡo]: *fan, supporter*
timbrare [timbr'are]: *to stamp*
tinello [tin'ɛllo]: *living-room*
tipo [t'ipo]: *type, kind*
tirare [ti'rare]: *to pull*
tirare giù [tir'are / ʤ'u]: *to pull down*
tirare su [tir'are / su]: *to pull up*
titolo [t'itolo]: *title*
toccare [tokk'are]: *to touch*
togliere [t'ɔʎere]: *to take, to remove*
togliersi [t'ɔʎersi]: *to take off*
tomba [t'omba]: *grave*
tornare [torn'are]: *to come back*
torre [t'orre]: *tower*
torta [t'orta]: *cake*
torto [t'ɔrto]: *wrong*
tosse [t'osse]: *cough*
totalità [totalit'a]: *whole*
totocalcio [totok'alʧo]: *football pool*
tra [tra]: *between, among*
tradurre [trad'urre]: *to translate*
traduzione [tradużi'one]: *translation*
traffico [tr'affiko]: *traffic*
traghetto [trag'etto]: *ferry-boat*
tram [tram]: *tram*
tranquillo [tranku'illo]: *quiet*
transito [tr'ansito]: *thoroughfare*
trascurare [traskur'are]: *to neglect*
trasformare [trasform'are]: *to change*
trasformarsi [trasform'arsi]: *to change, to turn*
trattare [tratt'are]: *to treat*
trattoria [trattor'ia]: *restaurant, inn*
tre [tre]: *three*
trecento [treʧ'ɛnto]: *three hundred*
tredicesimo [trediʧ'eṡimo]: *thirteenth*
tredici [tr'ediʧI]: *thirteen*
treno [tr'ɛno]: *train*
trenta [tr'enta]: *thirty*
trentuno [trent'uno]: *thirty-one*
triste [tr'iste]: *sad*
troppo [tr'ɔppo]: *too much*
trota [tr'ɔta]: *trout*
trovare [trov'are]: *to find*
trovarsi [trov'arsi]: *to be*
tu [tu]: *you*
tua [t'ua]: *your, yours*
tue [t'ue]: *your, yours*
tuffo [t'uffo]: *dive*
tuo [t'uo]: *your, yours*
tuoi [tu'ɔi]: *your, yours*
Turchia [turk'ia]: *turkey*
turco [t'urko]: *turkish*
turista [tur'ista]: *tourist*
turno [t'urno]: *turn, shift*
tuta [t'uta]: *track suit*

tuttavia [tuttav'ia]: *however, nevertheless*
tutto [t'utto]: *all, everything*

U

ubriaco [ubri'ako]: *drunk*
uccello [udʒdʒ'ɛllo]: *bird*
uccidere [udʒdʒ'idere]: *to kill, to murder*
ufficio [uff'itʃo]: *office*
ufo ['ufo]: *ufo*
uguale [ugu'ale]: *equal, same, alike*
ugualmente [ugualm'ente]: *equally, all the same*
ultimo ['ultimo]: *last*
umano [um'ano]: *human*
umido ['umido]: *damp, moist, wet*
umore [um'ore]: *humour*
un [un]: *a, an*
una [una]: *a, an*
undici ['unditʃi]: *eleven*
ungherese [unger'eṡe]: *hungarian*
Ungheria [unger'ia]: *hungary*
unico ['uniko]: *unique, only*
unire [un'ire]: *to unite, to join*
unirsi [un'irsi]: *to unite, to join*
universale [univers'ale]: *universal*
università [universit'a]: *university*
universo [univ'ɛrso]: *universe*
uno [uno]: *a, an*
uomo [u'ɔmo]: *man*
uovo [u'ɔvo]: *egg*
urgente [urdʒ'ɛnte]: *urgent*
usare [uṡ'are]: *to use*
uscire [uʃ'ire]: *to go out*
uscita [uʃ'ita]: *exit*
uso ['uṡo]: *use, usage*
utile ['utile]: *useful*
uva ['uva]: *grape*

V

va bene [va / b'ɛne]: *it is fine*
vacanza [vak'anza]: *holiday*
vagone [vag'one]: *coach*
vagone letto [vag'one / l'ɛtto]: *sleeping-car*
valere [val'ere]: *to count*
valido [v'alido]: *strong, valid, good*
valigia [val'idʒa]: *suitcase*
valle [v'alle]: *valley*
valore [val'ore]: *value, merit, worth*
vantaggio [vant'adʒdʒo]: *advantage*
vario [v'ario]: *various, varied*
vasca [v'aska]: *tub*
vecchio [v'ɛkkio]: *old*
vedere [ved'ere]:: *to see*
vedersi [ved'ersi]: *to see oneself, to meet*
velo [v'elo]: *veil*
veloce [vel'otʃe]: *fast*
velocità [velotʃit'a]: *speed*
vendere [v'endere]: *to sell*
vendita [v'endita]: *sale*
venerdì [venerd'i]: *friday*
venire [ven'ire]: *to come*
venti [v'enti]: *twenty*
venticinque [ventitʃ'inkue]: *twenty-five*
ventidue [ventid'ue]: *twenty-two*
ventilatore [ventilat'ore]: *fan, ventilator*
ventinove [ventin'ɔve]: *twenty-nine*
ventiquattro [ventiku'attro]: *twenty-four*
ventisei [ventis'ɛi]: *twenty-six*
ventisette [ventis'ɛtte]: *twenty-seven*
ventitré [ventitr'e]: *twenty-three*
vento [v'ɛnto]: *wind*
ventotto [vent'ɔtto]: *twenty-eight*
ventuno [vent'uno]: *twenty-one*
veramente [veram'ente]: *really*
verbo [v'ɛrbo]: *verb*
verde [v'erde]: *green*
verdura [verd'ure]: *vegetable*
verificare [verifik'are]: *to check, to verify*
verificarsi [verifik'arsi]: *to happen, to occur*
verità [verit'a]: *truth*
vero [v'ero]: *true*
versare [vers'are]: *to pour (out), to shed, to deposit*
verso [v'ɛrso]: *toward*
vestire [vest'ire]: *to dress*
vestito [vest'ito]: *dress, dressed*
vetrina [vetr'ina]: *shop-window*
vetro [v'etro]: *glass*

vi [vi]: *yourselves*
via [v'ia]: *way*
viaggiare [viaʤʤ'are]: *to travel*
viaggio [vi'aʤʤo]: *journey, travel*
vicenda [viʧ'ɛnda]: *vicissitude, up and down*
vicino [viʧ'ino]: *near*
vicino a [viʧ'ino / a]: *near to, close to*
vietare [viet'are]: *to forbid*
vietato [viet'ato]: *forbidden*
villa [v'illa]: *country-house*
vincere [v'inʧere]: *to win*
vino [v'ino]: *wine*
vino rosso [v'ino / r'osso]: *red wine*
viola [vi'ɔla]: *violet*
violento [viol'ɛnto]: *violent*
visita [v'iṡita]: *visit*
visitare [viṡit'are]: *to visit*
visitato [viṡit'ato]: *visited*
viso [v'iṡo]: *face*
vista [v'ista]: *sight, eyesight*
vita [v'ita]: *life*
vittoria [vitt'ɔria]: *victory*
vivamente [vivam'ente]: *heartily, warmly, deeply*
vivere [v'ivere]: *to live*
vivo [v'ivo]: *alive*
vocale [vok'ale]: *vowel*
voce [v'oʧe]: *voice*
voglia [v'ɔλa]: *desire, will*
voi [v'oi]: *you*
volentieri [volenti'ɛri]: *with pleasure*
volere [vol'ere]: *to want, to desire*
volo [v'olo]: *flight*
volontà [volont'a]: *will-power*
volta [v'ɔlta]: *time, turn*
volume [vol'ume]: *volume*
vongola [v'ɔngola]: *clam*
vostra [v'ɔstra]: *your, yours*
vostre [v'ɔstre]: *your, yours*
vostro [v'ɔstro]: *your, yours*
voto [v'oto]: *vote*
vuoto [vu'ɔto]: *empty, blank*

W

wc [vʧ]: *wc*

Y

yogurt [i'ɔgurt]: *yoghurt*

Z

zeppo [z'eppo]: *crammed, packed*
zero [ż'ero]: *zero*
zia [z'ia]: *aunt*
zio [z'io]: *uncle*
zitto [z'itto]: *quiet, silent*
zona [ż'ɔna]: *zone*
zucchero [z'ukkero]: *sugar*
zuppa [z'uppa]: *soup*

DIZIONARIO INGLESE-ITALIANO
ENGLISH-ITALIAN DICTIONARY

A

a: *un, un', una, uno* [un / un / una / uno]
a lot of: *parecchio* [par'ekkio]
an: *un, un', una, uno* [un / un / una / uno]
abduction: *rapimento* [rapim'ento]
about: *circa* [ʧ'irka]
abroad: *estero* ['ɛstero]
absolute superlative: *superlativo assoluto* [superlat'ivo / assol'uto]
accent: *accento* [aʧʧ'ɛnto]
accept, to: *accettare* [aʧʧett'are]
accident: *incidente* [inʧid'ɛntc]
account: *conto* [k'onto]
accusation: *accusa* [akk'uṡa]
accuse, to: *accusare* [akku'ṡare]
accused: *accusato* [akku'ṡato]
accustom, to: *abituare* [abitu'are]
achievement: *conquista, realizzazione* [konku'ista / realizzażi'one]
acquaintance: *conoscente* [konoʃ'ɛnte]
action: *azione* [ażi'one]
actor: *attore* [att'ore]
actress: *attrice* [attrʧ'ie]
add, to: *aggiungere* [aʤʤ'unʤere]
addition: *somma* [s'omma]
address: *indirizzo* [indir'izzo]
address, to: *rivolgere, rivolgersi* [riv'ɔlʤere / riv'ɔlʤersi]
addressed: *diretto* [dir'ɛtto]
addressee: *destinatario* [destinat'ario]
adjective: *aggettivo* [aʤʤ'ettivo]
admission: *ricovero* [rik'ɔvero]
admit, to: *ammettere, ricoverare* [amm'ettere / rikover'are]
admittance: *accesso* [aʧʧ'ɛsso]
adult: *adulto* [ad'ulto]
advantage: *vantaggio* [vant'aʤʤo]
adverb: *avverbio* [avv'ɛrbio]
adverse: *contrario* [kontr'ario]
advice: *consiglio* [kons'iλo]
advise, to: *consigliare* [konsiλ'are]
aerial: *antenna* [ant'enna]
affectio: *affetto* [aff'ɛtto]
affirm, to: *affermare* [afferm'are]
after: *dopo, poi* [d'opo / p'ɔi]
afternoon: *pomeriggio* [pomer'iʤʤo]
against: *contro* [k'ontro]
age: *età* [et'a]
agency: *agenzia* [aʤenz'ia]
agreement: *Patto, accordo* [p'atto / akk'ɔrdo]
air: *aria* ['aria]
air conditioner: *condizionatore, climatizzatore* [kondizionat'ore / klimatizzat'ore]
airplane: *aeroplano* [aeropl'ano]
airport: *aeroporto* [aerop'ɔrto]
alarm: *soneria* [soner'ia]
albania: *Albania* [alban'ia]
albanian: *albanese* [alban'eṡe]
alike: *uguale* [ugu'ale]

alive: *vivo* [v'ivo]
all: *tutto* [t'utto]
all the same: *ugualmente* [ugualm'ente]
allow oneself, to: *permettersi* [perm'ettersi]
allow, to: *permettere* [perm'ettere]
almost: *quasi* [ku'aṡi]
alone: *solo* [s'olo]
alphabet: *alfabeto* [alfab'ɛto]
already: *già* [ʤ'a]
also: *pure, anche* [p'ure / 'anke]
although: *benché, sebbene* [benk'e / sebb'ɛne]
always: *sempre* [s'empre]
amaze, to: *stupire* [stup'ire]
america: *America* [am'ɛrika]
american: *americano* [amerik'ano]
among: *fra, tra* [fra / tra]
and: *e* [e]
angry: *arrabbiato* [arrabbi'ato]
animal: *animale* [anim'ale]
ankle: *caviglia* [kav'ia]
announcement: *annuncio* [an'nunʧo]
annual: *annuale* [annu'ale]
answer: *risposta* [risp'osta]
answer, to: *rispondere* [risp'ondere]
answering machine: *segreteria telefonica* [segreter'ia / telef'ɔnika]
antonym: *contrario* [kontr'ario]
anxiety: *preoccupazione, ansia* [preokkupażi'one / 'ansia]
any: *qualche, qualsiasi* [ku'alke / kuals'iasi]
anybody: *qualcuno, chiunque* [kualk'uno / ki'unkue]
anybody else: *qualcun altro/altra* [kualkun'altro]
anyone: *qualcuno, chiunque* [kualk'uno / ki'unkue]
anything: *qualcosa* [kualk'ɔsa]
anyway: *comunque, tuttavia* [kom'unque / tuttav'ia]
apartment: *appartamento* [appartam'ento]
apologize, to: *scusarsi* [skuṡ'arsi]
apology: *scusa* [sk'uṡa]
apostrophe: *apostrofo* [ap'ɔstrofo]
appetite: *appetito* [appet'ito]
appetizer: *antipasto* [antip'asto]
apple: *mela* [m'ela]
apply, to: *riferirsi* [rifer'irsi]
appointment: *appuntamento* [appuntam'ento]
apricot: *albicocca* [albik'ɔkka]
april: *aprile* [apr'ile]
aquarium: *acquario* [akku'ario]
aqueduct: *acquedotto* [akkued'otto]
area code: *prefisso* [pref'isso]
arm: *braccio* [br'aʧʧo]
arm-chair: *poltrona* [poltr'ona]
armlet: *bracciale* [bra'ʧʧale]
around: *intorno* [int'orno]
around here: *da queste parti* [da / ku'este / p'arti]
arrange, to: *disporre* [disp'orre]
arrival: *arrivo* [arr'ivo]
arrive, to: *arrivare, giungere* [arriv'are / ʤ'unʤere]
arrow: *freccia* [fre'ʧʧa]
art: *arte* ['arte]
article: *articolo* [art'ikolo]
artist: *artista* [art'ista]
artistic: *artistico* [art'istiko]
as long as: *purché* [purk'e]
as soon as: *appena* [app'ena]
ascent: *salita* [sal'ita]
ash-tray: *portacenere* [portaʧ'enere]
ask for, to: *richiedere* [riki'ɛdere]
ask, to: *chiedere, domandare, invitare* [ki'ɛdere / dom'andare / invit'are]
aspirin: *aspirina* [aspir'ina]
assurance: *assicurazione* [assikurażi'one]
assure, to: *assicurare* [assikur'are]
at last: *finalmente, infine, almeno* [finalm'ente / inf'ine / alm'eno]
attempt: *tentativo* [tentat'ivo]
attention: *attenzione* [attenżi'one]
attentive: *attento* [att'ɛnto]
attire: *abbigliamento* [abbiʎam'ento]
audience: *pubblico* [p'ubbliko]
august: *agosto* [ag'osto]
aunt: *zia* [z'ia]
author: *autore* [aut'ore]
authority: *potestà* [potest'a]

autograph: *autografo* [aut'grafo]
autumn: *autunno, fall* [aut'unno]
auxiliary: *ausiliare, servile* [auṡili'are / serv'ile]
avoid, to: *evitare* [evit'are]

B

bachelor: *scapolo* [sk'apolo]
back: *indietro* [indi'ɛtro]
backwards: *indietro* [indi'ɛtro]
bad: *cattivo* [katt'ivo]
bad luck: *sfortuna* [sfort'una]
bag: *borsa* [b'orsa]
baggage: *bagaglio* [bag'aλo]
bait: *esca* ['eska]
ball: *palla, pallone* [p'alla / pall'one]
banana: *banana* [ban'ana]
bank: *banca* [b'anka]
bank clerk: *bancario* [bank'ario]
banker: *banchiere* [banki'ɛre]
banking: *bancario* [bank'ario]
bar: *bar* [bar]
basil: *basilico* [baṡ'iliko]
bath: *bagno* [b'aɲo]
bathing: *balneazione* [balneażi'one]
bath-rope: *accappatoio* [akkappat'oio]
baths: *terme* [t'ɛrme]
be bored, to: *stufarsi* [stuf'arsi]
be called, to: *chiamarsi* [kiam'arsi]
be devoted to, to: *occuparsi* [okkup'arsi]
be enough, to: *bastare* [bast'are]
be fine, to: *andare bene* [and'are / b'ɛne]
be hurt, to: *offendersi* [off'ɛndersi]
be interested, to: *interessarsi* [interes-s'arsi]
be necessary, to: *essere necessario* ['ɛs-sere / neʧess'ario]
be offended, to: *offendersi* [off'ɛndersi]
be on speaking terms, to: *parlarsi* [parl'arsi]
be silent, to: *tacere* [taʧ'ere]
be so and so, to: *andare così così* [and'a-re / koṡ'i / koṡ'i]
be sure of, to: *sicuro, essere sicuro di* [sik'uro / 'ɛssere / sik'uro / di]
be worried, to: *preoccuparsi* [preokkup'arsi]
be, to: *essere, esserci, trovarsi* ['ɛssere / 'ɛsserʧi / trov'arsi]
beach: *spiaggia* [spi'aʤʤa]
beach-umbrella: *ombrellone* [ombrell'o-ne]
beard: *barba* [b'arba]
beat, to: *battere* [b'attere]
beautiful: *bello* [b'ɛllo]
because: *perché* [perk'e]
become larger, to: *ingrandirsi* [in-grand'irsi]
become, to: *diventare, farsi, rendersi* [di-vent'are / f'arsi / r'ɛndersi]
bed: *letto* [l'ɛtto]
bed room: *camera da letto* [k'amera / da / l'ɛtto]
beer: *birra* [b'irra]
before: *davanti, prima* [dav'anti / pr'ima]
begin, to: *cominciare, iniziare* [ko-minʧ'are / inizi'are]
beginning: *inizio* [in'izio]
behave, to: *comportarsi* [komport'arsi]
behaviour: *comportamento* [kompor-tam'ento]
behind: *dietro* [di'ɛtro]
believe, to: *credere* [kr'edere]
bell: *soneria, campanello* [soner'ia / kam-pan'ɛllo]
berth: *cuccetta* [kuʧ'etta]
besides: *inoltre* [in'oltre]
bet: *scommessa* [skomm'essa]
bet, to: *scommettere* [skomm'ettere]
better: *migliore* [miλ'ore]
between: *tra, fra* [tra / fra]
beyond: *oltre* ['oltre]
bidet: *bidè* [bid'ɛ]
big: *grosso, grande* [gr'ɔsso / gr'ande]
bigger: *maggiore* [maʤʤ'ore]
bike: *moto* [m'ɔto]
bill of exchange: *cambiale* [kambi'ale]
billion: *miliardo* [mili'ardo]
bird: *uccello* [uʧʧ'ɛllo]
birthday: *compleanno* [komple'anno]
bitter: *amaro* [am'aro]

black: *nero* [n'ero]
blackboard: *lavagna* [lav'aɲa]
blinds: *tapparella* [tappar'ɛlla]
blonde: *biondo* [bi'ondo]
blood: *sangue* [s'angue]
blow: *colpo* [k'olpo]
blue: *blu* [blu]
blue cheese: *gorgonzola* [gorgonż'ɔla]
blueberry: *mirtillo* [mirt'illo]
board: *tabella* [tab'ɛlla]
body: *corpo* [k'ɔrpo]
boiled ham: *prosciutto cotto* [proʃ'utto k'ɔtto]
book: *libro* [l'ibro]
book, to: *prenotare* [prenot'are]
booking-office: *biglietteria, sportello* [biλetter'ia / sport'ɛllo]
boot: *stivale* [stiv'ale]
border: *confine* [konf'ine]
bored: *stufo* [st'ufo]
boring: *noioso* [noi'oṡo]
born, to: *nascere* [n'aʃere]
bother, to: *disturbare* [disturb'are]
bottle: *bottiglia* [bott'iλa]
bottom: *fondo* [f'ondo]
box: *scatola* [sk'atola]
boy: *ragazzo* [rag'azzo]
brake: *freno* [fr'ɛno]
brake, to: *frenare* [fren'are]
brave: *coraggioso* [koraʤʤ'oṡo]
bread: *pane* [p'ane]
bread-stick: *grissino* [griss'ino]
break: *pausa, intervallo* [p'ausa / interv'allo]
break, to: *rompere, rompersi* [r'ompere / r'ompersi]
breakfast: *colazione* [kolażi'one]
breast: *seno, petto* [s'eno / p'ɛtto]
bridge: *ponte* [p'onte]
bring, to: *prendere* [pr'ɛndere]
brother: *fratello* [frat'ɛllo]
brown: *marrone, scuro* [marr'one / sk'uro]
brush: *spazzola* [sp'azzola]
brush, to: *spazzolare* [spazzol'are]
build, to: *costruire* [kostru'ire]
building: *edificio, costruzione* [edif'iʧo / kostrużi'one]
buoy: *boa* [b'ɔa]
burn, to: *bruciare* [bruʧ'are]
burst, to: *scoppiare* [skopp'iare]
bus: *autobus* ['autobus]
business: *commercio, affare* [komm'ɛrʧo / aff'are]
but: *invece, ma, però* [inv'eʧe /ma / per'ɔ]
butcher: *macellaio* [maʧell'aio]
buy, to: *comprare* [kompr'are]
by here: *di qui* [di / ku'i]
bye bye: *arrivederci* [arrived'erʧi]

C

cabin: *cabina* [kab'ina]
cableway: *funivia* [funiv'ia]
cake: *torta* [t'orta]
calendar: *calendario* [kalend'ario]
call: *chiamata, telefonata* [kiam'ata / telefon'ata]
call, to: *chiamare* [kiam'are]
calm: *calmo* [k'almo]
camping: *campeggio* [kamp'eʤʤo]
can: *lattina* [latt'ina]
can, to: *potere* [pot'ere]
cancel, to: *cancellare* [kanʧell'are]
cap: *cuffia, cappuccio* [k'uffia / kapp'uo]
capable: *capace* [kap'aʧe]
capital: *principale, capitale* [prinʧip'ale / kapit'ale]
cappuccino: *cappuccino* [kapputʃʧ'ino]
captain: *capitano* [kapit'ano]
car: *automobile* [autom'ɔbile]
card: *scheda, tessera* [sk'eda / t'ɛssera]
care: *cura, attenzione* [k'ura / attenżi'one]
care, to: *importare* [import'are]
career: *carriera* [karri'ɛra]
careful: *attento* [att'ɛnto]
caries: *carie* [k'arie]
carrot: *carota* [kar'ɔta]
carry out, to: *realizzare* [realizz'are]
carry, to: *portare* [port'are]
case: *caso* [k'aṡo]

cash-desk: *cassa* [k'assa]
castle: *castello* [kast'ɛllo]
cat: *gatto* [g'atto]
cathedral: *duomo* [du'ɔmo]
cause: *causa* [k'auṡa]
cause, to: *procurare, causare* [prokur'are / kau'ṡare]
cave: *grotta* [gr'ɔtta]
ceiling: *soffitto* [soff'itto]
cellar: *cantina* [kant'ina]
central: *centrale* [ʧentr'ale]
centre: *centro* [ʧ'entro]
century: *secolo* [s'ɛkolo]
certainty: *certezza* [ʧert'ezza]
chair: *sedia* [s'ɛdia]
championship: *campionato* [kampion'ato]
chance: *possibilità* [possibilit'a]
chandelier: *lampadario* [lamp'adario]
change: *cambiamento* [kambiam'ento]
change, to: *cambiare, trasformare, trasformarsi* [kambi'are / trasform'are / trasform'arsi]
character: *carattere* [kar'attere]
charge: *accusa, denuncia* [akku'ṡa / den'unʧa]
charge, to: *accusare* [akku'ṡare]
charged: *accusato* [akkuṡ'ato]
cheap: *conveniente, economico* [konveni'ɛnte / ekon'miko]
check: *assegno, scontrino* [ass'eɲo / skontr'ino]
check, to: *verificare* [verifik'are]
cheek: *guance* [gu'anʧe]
cheerful: *allegro* [all'egro]
cheese: *formaggio* [form'aʤʤo]
cherry: *ciliegia* [ʧili'eʤa]
chest: *petto* [p'ɛtto]
chickenv *pollo* [p'ollo]
chief: *principale, capo* [prinʧip'ale / k'apo]
child: *bambino* [bamb'ino]
childhood: *infanzia* [inf'anzia]
children-room: *camera dei bambini* [k'amera / d'ei / bamb'ini]
chili pepper: *peperoncino* [peperonʧ'ino]
china: *Cina* [ʧ'ina]
chinese: *cinese* [ʧin'eṡe]
chocolate: *cioccolato* [ʧokkol'ato]
choice: *scelta* [ʃ'elta]
choir: *coro* [k'ɔro]
choose, to: *eleggere, scegliere* [el'ɛʤʤere / ʃ'eʎere]
christian: *cristiano* [kristi'ano]
christmas: *Natale* [nat'ale]
chronicle: *cronaca* [kr'ɔnaka]
church: *chiesa* [ki'eṡa]
cigarette: *sigaretta* [sigar'etta]
cinema: *cinema* [ʧ'inema]
circulate, to: *circolare* [ʧirkol'are]
circulation: *circolazione* [ʧirkolażi'one]
citizen: *cittadino* [ʧittad'ino]
city: *città, comunale* [ʧitt'a / komun'ale]
claim, to: *pretendere* [pret'ɛndere]
clam: *vongola* [v'ɔngole]
clarify, to: *chiarire* [kiar'ire]
clean: *pulito* [pul'ito]
clean, to: *pulire* [pul'ire]
cleaning: *pulizia* [puliz'ia]
clear: *sereno* [ser'eno]
client: *cliente* [kli'ɛnte]
climb, to: *salire* [sal'ire]
close to: *vicino a* [viʧ'ino / a]
close, to: *chiudere* [ki'udere]
closed: *chiuso* [ki'uṡo]
close-up: *da vicino* [da / viʧ'ino]
cloth: *stoffa* [st'ɔffa]
clothes: *abito* ['abito]
cloud: *nuvola* [n'uvola]
coast: *costa* [k'osta]
coffee: *caffè* [kaff'ɛ]
coffee machine: *caffettiera* [kaffetti' ɛra]
coincidence: *combinazione* [kombinażi'one]
cold: *freddo* [fr'eddo]
colour: *colore* [kol'ore]
come after, to: *seguire* [segu'ire]
come back, to: *tornare* [torn'are]
come closer, to: *avvicinare* [avviʧin'are]
come down, to: *scendere* [ʃ'endere]
come from, to: *derivare* [deriv'are]
come in: *avanti!* [av'anti]
come in, to: *entrare, accomodarsi* [entr'are / akkomod'arsi]

come on!: *dai!* [d'ai]
come, to: *venire* [ven'ire]
comfortable: *comodo, accogliente* [k'ɔmodo / akkoλ'ɛnte]
commend oneself, to: *raccomandarsi* [rakkomand'arsi]
commercial: *commerciale* [kommerʧ'ale]
commit, to: *commettere* [komm'ettere]
commitment: *impegno* [imp'eɲo]
communicate, to: *comunicare* [komunik'are]
communication: *comunicazione* [komunikażi'one]
company: *azienda, compagnia* [ażi'ɛnda / kompa'ia]
compare, to: *confrontare* [konfront'are]
comparison: *confronto* [konfr'onto]
compel, to: *costringere* [kostr'inʤere]
complement: *complemento* [komplem'ento]
complete: *completo, pieno* [kompl'ɛto / pi'ɛno]
complete, to: *completare* [komplet'are]
completely: *completamente* [kompletam'ente]
complicated: *complicato* [komplik'ato]
complication: *complicazione* [komplikażi'one]
compliment: *complimento* [komplim'ento]
compound: *composto* [komp'osto]
compulsory: *obbligatorio* [obbligat'ɔrio]
computer: *computer* [kompi'uter]
concern, to: *interessare, riguardare* [interess'are / riguard'are]
concert: *concerto* [konʧ'ɛrto]
concession: *facilitazione* [faʧilitażi'one]
condition: *stato, condizione* [st'ato / kondiżi'one]
condition, to: *condizionare* [kondizion'are]
conditional: *condizionale* [kondizion'ale]
confer a degree, to: *laureare* [laure'are]
confess, to: *confessare, ammettere* [konfess'are / amm'ettere]
confiscation: *sequestro* [seku'ɛstro]
confusion: *confusione* [konfuṡi'one]
conjugal: *matrimoniale* [matrimoni'ale]
conjugation: *coniugazione* [koniugażi'one]
conjunction: *congiunzione* [konʤunżi'one]
conquest: *conquista* [konku'ista]
consequence: *conseguenza* [konsegu'ɛnza]
consequentially, so: *pertanto* [pert'anto]
consider, to: *considerare* [konsider'are]
consonant: *consonante* [konson'ante]
consume, to: *consumare* [konsum'are]
contact: *contatto* [kont'atto]
contain, to: *contenere* [konten'ere]
container: *contenuto* [konten'uto]
contemplate, to: *considerare* [konsider'are]
contents: *contenuto* [konten'uto]
continual: *continuo* [kont'inuo]
contract: *contratto* [kontr'atto]
contrary: *contrariamente* [kontrariam'ente]
contribute, to: *contribuire* [kontribu'ire]
control: *controllo* [kontr'ɔllo]
control, to: *controllare, regolare* [kontroll'are / regol'are]
convent: *monastero, convento* [monast'ɛro / konv'ɛnto]
conversation: *dialogo* [di'alogo]
convinced: *convinto* [konv'into]
cook, to: *cucinare* [kuʧin'are]
cooked: *cotto* [k'ɔtto]
cookie: *biscotto* [bisk'ɔtto]
copy: *copia* [k'ɔpia]
corner: *angolo* ['angolo]
correct: *corretto* [korr'ɛtto]
correct, to: *correggere* [korr'ɛʤʤere]
cost: *costo* [k'ɔsto]
cost, to: *costare* [kost'are]
couch: *divano, vagone* [div'ano / vag'one]
cough: *tosse* [t'osse]
count, to: *contare, valere* [kont'are / val'ere]
country: *paese, campagna* [pa'ėse / kamp'aɲa]

country-house: *villa* [v'illa]
country-man: *contadino* [kontad'ino]
couple: *coppia* [k'ɔppia]
courage: *coraggio* [kor'adʒdʒo]
course: *corso, portata* [k'orso / port'ata]
court: *corte* [k'orte]
cousin: *cugino* [kudʒ'ino]
cover oneself, to: *coprirsi* [kopr'irsi]
cover, to: *coprire* [kopr'ire]
crack, to: *crepare* [krep'are]
cradle: *culla* [k'ulla]
crammed: *zeppo* [z'eppo]
crash: *incidente* [intʃid'ɛnte]
crazy: *pazzo, matto* [p'azzo / m'atto]
cream: *crema* [kr'ɛma]
credit: *credito* [kr'edito]
crisis: *crisi* [kr'isi]
criticize, to: *criticare* [kritik'are]
croat: *croato* [kro'ato]
croatia: *croazia* [kro'azia]
croissant: *brioche* [bri'ɔʃ]
cross, to: *attraversare, incrociare* [attra-vers'are / inkrotʃ'are]
crossing: *incrocio* [inkr'otʃo]
cry, to: *piangere* [pi'andʒere]
cultivate, to: *coltivare* [koltiv'are]
culture: *cultura* [kult'ura]
cunning: *furbo* [f'urbo]
cup: *tazza* [t'azza]
curtain: *tenda* [t'ɛnda]
customer: *cliente* [kli'ɛnte]
customs: *dogana* [dog'ana]
cut, to: *tagliare* [taλ'are]

D

dad: *papà* [pap'a]
daddy: *papà* [pap'a]
daily ticket: *giornaliero* [dʒornali'ɛro]
damage: *danno, guasto* [d'anno / gu'a-sto]
damp: *umido* ['umido]
dance: *ballo* [b'allo]
dance, to: *ballare* [ball'are]
dancer: *ballerino* [baller'ino]
dangerous: *pericoloso* [perikol'os̊o]
dark: *buio, scuro* [b'uio / sk'uro]
dark-haired: *bruno* [br'uno]
data: *dato* [d'ato]
date: *data, appuntamento* [d'ata / appun-tam'ento]
date, to: *datare* [dat'are]
daughter: *figlia* [f'iλa]
day: *giorno, giornata* [dʒ'orno / dʒorn'a-ta]
dead: *morto* [m'ɔrto]
deal, to: *trattare* [tratt'are]
dear: *caro* [k'aro]
death: *morte* [m'ɔrte]
deceive, to: *ricevere* [ritʃ'evere]
december: *dicembre* [ditʃ'ɛmbre]
decide, to: *decidere* [detʃ'idere]
decision: *decisione* [detʃisi'one]
decisive: *decisivo* [detʃis'ivo]
declaration: *dichiarazione* [dikiaraż i'o-ne]
declaration of love: *dichiarazione d'a-more* [dikiaraż i'one / dam'ore]
declare, to: *dichiarare* [dikiar'are]
dedicate, to: *dedicare* [dedik'are]
deep: *profondo* [prof'ondo]
defeat: *sconfitta* [skonf'itta]
defence: *difesa* [dif'esa]
degree: *laurea, grado* [l'aurea / gr'ado]
delay: *ritardo* [rit'ardo]
delegate: *deputato* [deput'ato]
democracy: *democrazia* [demokraz'ia]
democratic: *democratico* [demokr'atiko]
dentist: *dentista* [dent'ista]
deny, to: *negare* [neg'are]
departure: *partenza* [part'ɛnza]
depend, to: *dipendere* [dip'ɛndere]
deposit, to: *versare* [vers'are]
deputy: *deputato* [deput'ato]
derive, to: *derivare* [deriv'are]
descend: *discesa* [diʃ'es̊a]
describe, to: *descrivere* [deskr'ivere]
desire: *desiderio* [des̊id'ɛrio]
desire, to: *desiderare* [des̊ider'are]
desk: *scrivania, banco* [skrivan'ia / b'anko]
destiny: *destino* [dest'ino]

detergent: *detersivo* [deters'ivo]
determinative: *determinativo* [determinat'ivo]
determine, to: *determinare* [determin'are]
develop, to: *formarsi, svolgere* [form'arsi / ṡv'ɔlʤere]
development: *sviluppo* [ṡvil'uppo]
devote oneself, to: *dedicarsi* [dedik'arsi]
dialect (slang): *dialetto* [dial'ɛtto]
dialogue (speech): *discorso* [disk'orso]
diary: *diario* [di'ario]
die, to: *morire* [mor'ire]
diesel oil: *gasolio* [gaṡ'ɔlio]
difference: *differenza* [differ'ɛnza]
different: *differente, diverso* [differ'ɛnte / div'ɛrso]
difficult: *difficile* [diff'iʧile]
difficulty: *difficoltà* [diffikolt'a]
dig, to: *scavare* [skav'are]
diligent: *attento* [att'ɛnto]
dinner: *cena* [ʧ'ena]
direct: *diretto* [dir'ɛtto]
direct dialling: *teleselezione* [teleseleżi'one]
direct, to: *dirigere* [dir'iʤere]
direction: *direzione, indicazione* [direżi'one / indikażi'one]
directly: *direttamente* [direttam'ente]
dirty: *sporco* [sp'ɔrko]
dirty, to: *sporcare* [spork'are]
disadvantage: *svantaggio* [vant'aʤʤo]
disappear, to (to vanish): *sparire* [spar'ire]
disappoint, to: *deludere* [del'udere]
disappointed: *deluso* [del'uṡo]
disappointment: *delusione* [deluṡi'one]
disco: *discoteca* [diskot'ɛka]
discount: *sconto* [sk'onto]
discover, to: *scoprire* [skopr'ire]
discuss, to: *discutere* [disk'utere]
disembark, to: *sbarcare* [ṡbark'are]
disgrace: *disgrazia* [disgr'azia]
dish: *piatto* [pi'atto]
disk: *disco* [d'isko]
dispute, to: *contestare* [kontest'are]
distributor: *distributore* [distribut'ore]
disturb, to: *disturbare* [disturb'are]
dive: *tuffo* [t'uffo]
divide, to: *dividere* [div'idere]
divorce: *divorzio* [div'ɔrzio]
divorce, to: *divorziare, separarsi* [divorzi'are / separ'arsi]
do, to: *fare* [f'are]
doctor: *medico, dottore* [m'ɛdiko / dott'ore]
document: *documento* [dokum'ento]
dog: *cane* [k'ane]
door: *porta* [p'ɔrta]
double: *doppio* [d'oppio]
doubt: *incertezza,dubbio* [inʧert'ezza / d'ubbio]
doubt, to: *dubitare* [dubit'are]
down: *giù, in giù* [ʤ'u / in / ʤ'u]
downhill: *discesa* [diʃ'eṡa]
downstairs: *di sotto* [di / s'otto]
draw back, to: *ritirare* [ritir'are]
draw, to: *ricavare, disegnare* [rikav'are / dis'eɲare]
drawer: *cassetto* [kass'etto]
dreadful: *terribile* [terr'ibile]
dream: *sogno* [s'oɲo]
dress: *vestito* [vest'ito]
dress, to: *vestire* [vest'ire]
drink: *bibita* [b'ibita]
drink, to: *bere* [b'ere]
drinking: *bevuta* [bev'uta]
drive, to: *guidare* [guid'are]
driving licence: *patente* [pat'ɛnte]
drop off, to: *sbarcare* [bark'are]
drunk: *ubriaco* [ubri'ako]
dry: *secco* [s'ekko]
during: *durante* [dur'ante]
dutch: *olandese* [oland'eṡe]
duty: *obbligo* ['ɔbbligo]

E

each: *ogni, ognuno* ['oɲi / oɲ'uno]
ear: *orecchio* [or'ekkio]
earn, to: *guadagnare, ricavare* [guadaɲ'are / rikav'are]

earnings: *guadagno* [guad'aɲo]
ear-ring: *orecchino* [orekk'ino]
earth: *terra* [t'ɛrra]
easily: *facilmente* [fatʃilm'ente]
easter: *Pasqua* [p'askua]
easy: *semplice, facile* [s'emplitʃe / f'atʃile]
easy-chair: *sdraio* [sdr'aio]
eat, to: *mangiare* [mandʒ'are]
economical: *economico* [ekon'ɔmiko]
economy: *economia* [ekonom'ia]
effect: *effetto* [eff'ɛtto]
egg: *uovo* [u'ɔvo]
eight: *otto* ['ɔtto]
eight hundred: *ottocento* [ottotʃ'ɛnto]
eighteen: *diciotto* [ditʃ'ɔtto]
eighth: *ottavo* [ott'avo]
eighty: *ottanta* [ott'anta]
either ... or: *sia* [s'ia]
elbow: *gomito* [g'omito]
elect, to: *eleggere* [el'ɛdʒdʒere]
election: *elezione* [eleżi'one]
electric: *elettrico* [el'ɛttriko]
electronic: *elettronico* [elettr'ɔniko]
element: *elemento* [elem'ento]
elementary: *elementare* [element'are]
elevator: *ascensore* [aʃens'ore]
eleven: *undici* ['unditʃi]
elision: *elisione* [eliṡi'one]
emperor: *imperatore* [imperat'ore]
emphasize, to: *sottolineare* [sottoline'are]
employed: *addetto* [add'etto]
employee: *dipendente, impiegato* [dipend'ɛnte / impieg'ato]
employment: *impiego* [impi'ɛgo]
empty: *vuoto* [vu'ɔto]
end: *fine* [f'ine]
end, to: *finire, concludere* [fin'ire / konkl'udere]
endure, to: *sopportare, resistere* [sopport'are / reṡ'istere]
engage, to: *assumere* [ass'umere]
engine: *motore* [mot'ore]
engineer: *ingegnere* [ingeɲ'ɛre]
engineering: *ingegneria* [ingeɲer'ia]
England: *Inghilterra* [ingilt'ɛrra]
english: *inglese* [ingl'eṡe]
enjoy oneself, to: *divertirsi* [divert'irsi]
enjoy, to: *godere* [god'ere]
enlarge, to: *ingrandire* [ingrand'ire]
enough: *abbastanza, suffitʃente* [abbast'anza / suffitʃ'ɛnte]
enquire , to: *informarsi* [inform'arsi]
enter, to: *entrare* [entr'are]
entrance: *ingresso* [ingr'ɛsso]
entrust, to: *affidare* [affid'are]
envelope: *busta* [b'usta]
environment: *ambiente* [ambi'ɛnte]
envy, to: *invidiare* [invidi'are]
equal: *uguale* [ugu'ale]
equally: *ugualmente* [ugualm'ente]
era: *epoca* ['ɛpoka]
erase, to: *cancellare* [kantʃell'are]
euro: *euro* ['ɛuro]
europe: *Europa* [eur'ɔpa]
european: *europeo* [europ'ɛo]
even: *perfino* [perf'ino]
evening: *sera, serata* [s'era / ser'ata]
event: *vicenda* [vitʃ'ɛnda]
ever: *qualunque* [kual'unkue]
everybody: *ciascuno* [tʃask'uno]
everyone: *ciascuno* [tʃask'uno]
everything: *tutto* [t'utto]
everywhere: *dovunque* [dov'unkue]
evil: *male* [m'ale]
exact: *esatto, preciso* [eṡ'atto / pretʃ'iṡo]
exactly: *esattamente* [eṡattam'ente]
exaggerate, to: *esagerare* [eṡadʒer'are]
exam: *esame* [eṡ'ame]
examine, to: *esaminare* [eṡamin'are]
example: *esempio* [eṡ'ɛmpio]
exceed, to: *superare* [super'are]
exception: *eccezione* [etʃtʃezi'one]
excitement: *agitazione* [adʒitażi'one]
exclude, to: *escludere* [eskl'udere]
excluded: *escluso* [eskl'uso]
excursion: *gita* [dʒ'ita]
excuse, to: *scusare* [skuṡ'are]
exercise: *esercizio* [eṡertʃ'izio]
exercise, to: *esercitare* [eṡertʃit'are]
exercise-book: *quaderno* [kuad'ɛrno]

exhibition: *mostra* [m'ostra]
exhort, to: *raccomandare* [rakkomand'are]
exist, to: *esistere* [eṡ'istere]
exit: *uscita* [uʃ'ita]
expect, to: *pretendere* [pret'ɛndere]
expedite, to: *sbrigare* [ṡbrig'are]
expensive: *costoso* [kost'oṡo]
experience: *esperienza* [esperi'ɛnza]
explain, to: *spiegare* [spieg'are]
explode, to: *scoppiare* [skopp'iare]
express oneself, to: *esprimersi* [espr'imersi]
express: *espresso* [espr'ɛsso]
express, to: *esprimere* [espr'imere]
expression: *espressione* [espressi'one]
eye: *occhio* ['ɔkkio]
eyebrow: *sopracciglia* [sopratʃtʃ'iλa]
eyelash: *ciglia* [tʃ'iλa]

F

face: *faccia, viso* [f'atʃtʃa, v'iso]
facilities: *facilitazione* [fatʃilitażi'one]
fact: *fatto* [f'atto]
factory: *fabbrica* [f'abbrika]
faculty: *facoltà* [fakolt'a]
faithful: *fedele* [fed'ele]
fake: *falso* [f'also]
fall: *caduta* [kad'uta]
fall asleep, to: *addormentarsi* [addorment'arsi]
fall ill, to: *ammalarsi* [ammal'arsi]
fall, to: *cadere* [kad'ere]
false: *falso* [f'also]
family: *famiglia* [fam'iλa]
famous: *famoso* [fam'oṡo]
fan: *tifoso* [tif'oṡo]
far: *lontano* [lont'ano]
farewell: *saluto* [sal'uto]
fashion: *moda* [m'ɔda]
fashionable: *elegante* [eleg'ante]
fast: *rapido, veloce, espresso* [r'apido / vel'oe / espr'ɛsso]
fat: *grasso, lardo* [gr'asso / l'ardo]
fate: *caso* [k'aṡo]
father: *padre* [p'adre]
fatten, to: *ingrassare* [ingrass'are]
favour: *favore* [fav'ore]
fax: *fax* [faks]
fear: *paura* [pa'ura]
fear, to: *temere* [tem'ere]
february: *febbraio* [febbr'aio]
fed up: *stufo* [st'ufo]
feed, to: *alimentare* [aliment'are]
feel good, to: *stare bene* [st'are / b'ɛne]
feel, to: *sentire, sentirsi* [sent'ire / sent'irsi]
feeling: *sensazione* [sensazi'one]
ferry-boat: *traghetto* [trag'etto]
fever: *febbre* [f'ɛbbre]
few, a: *pochi* [p'ɔki]
fiction: *romanzo* [rom'anżo]
field: *settore, campo* [sett'ore / k'ampo]
fifteen: *quindici* [kuind'itʃ i]
fifth: *quinto* [ku'into]
fifty: *cinquanta* [tʃinku'anta]
file: *documento* [dokum'ento]
fill, to: *riempire* [riemp'ire]
film: *film* [film]
fin: *pinna* [p'inna]
final: *finale, decisivo* [fin'ale / detʃis'ivo]
finally: *finalmente* [finalm'ente]
find out, to: *scoprire* [skopr'ire]
find, to: *trovare* [trov'are]
fine: *multa, sereno* [m'ulta / ser'eno]
fine, to: *multare* [mult'are]
finger: *dito* [d'ito]
finish, to: *finire* [fin'ire]
fireplace: *caminetto* [kamin'etto]
firm: *azienda, stabile, saldo* [ażi'ɛnda / st'abile / s'aldo]
first: *primo* [pr'imo]
first class: *prima classe* [pr'ima / kl'asse]
first dish: *primo piatto* [pr'imo / pi'atto]
first floor: *primo piano* [pr'imo / pi'ano]
fish: *pesce* [p'eʃe]
fish, to: *pescare* [pesk'are]
fisherman: *pescatore* [peskat'ore]
fish-hook: *amo* ['amo]
fishing: *pesca* [p'eska]
fishing-rod: *canna* [k'anna]

five: *cinque* [ʧ'inkue]
five hundred: *cinquecento* [ʧinkueʧ'ɛnto]
five thousand: *cinquemila* [ʧinkuem'ila]
fix, to: *fissare* [fiss'are]
fixed: *fisso* [f'isso]
flat: *alloggio, condominio, appartamento* [all'ɔʤʤo / kondom'inio / appartam'ento]
flight: *volo* [v'olo]
flipper: *pinna* [p'inna]
floor: *pavimento, solaio* [pavim'ento / sol'aio]
flour: *farina* [far'ina]
flower: *fiore* [fi'ore]
flue: *influenza* [influ'ɛnza]
fly, to: *andare in aereo* [and'are / in / a'e-reo]
fog: *nebbia* [n'ebbia]
fold: *piega* [pi'ɛga]
fold, to: *piegare* [pieg'are]
follow, to: *seguire* [segu'ire]
followed: *segu'ito* [segu'ito]
following: *successivo* [suʧʧess'ivo]
fonetic: *fonetica* [fon'ɛtika]
foot: *piede* [pi'ɛde]
football-pool: *totocalcio* [totok'alʧo]
footwear: *calzatura* [kalzat'ura]
for: *per* [per]
forever: *per sempre* [per / s'ɛmpre]
for sure: *di sicuro* [di / sik'uro]
forbid, to: *vietare, proibire* [viet'are, proib'ire]
forbidden: *vietato* [viet'ato]
force: *forza* [f'ɔrza]
force, to: *costringere* [kostr'inʤere]
forced: *forzato* [forz'ato]
forehead: *fronte* [fr'onte]
foreign: *straniero* [strani'ɛro]
foreign language: *lingua straniera* [l'in-gua / strani'ɛra]
forget, to: *dimenticare* [dimentik'are]
forgive, to: *perdonare* [perdon'are]
form: *formula* [f'ɔrmula]
form, to: *formarsi* [form'arsi]
formal: *formale* [form'ale]
forsake, to: *abbandonare* [abbandon'are]
forty: *quaranta* [kuar'anta]
fountain: *fontana* [font'ana]
four: *quattro* [ku'attro]
four hundred: *quattrocento* [kuat-troʧ'ɛnto]
fourteen: *quattordici* [kuatt'ordiʧi]
fragrance: *profumo* [prof'umo]
frame: *cornice* [korn'iʧe]
france: *francia* [fr'anʧa]
free: *gratis, gratuito* [gr'atis / grat'uito]
french: *francese* [franʧ'ese]
fresco: *affresco* [affr'esko]
fresh: *fresco* [fr'esko]
friday: *venerdì* [venerd'i]
friend: *amico* [am'iko]
from a distance: *da lontano* [da / lont'a-no]
from now on: *d'ora in avanti* [d'ora / in / av'anti]
from where: *da dove* [da / d'ove]
frontier: *confine* [konf'ine]
fruit: *frutta, frutto* [fr'utta / fr'utto]
fruit-salad: *macedonia* [maʧed'ɔnia]
fuel: *benzina* [benż'ina]
full: *completo, pieno* [kompl'eto / pi'ɛno]
fun: *divertimento* [divertim'ento]
function: *funzione* [funzi'one]
funny: *simpatico, divertente* [simp'atiko / divert'ɛnte]
furnish, to: *arredare* [arred'are]
furnished: *ammobiliato, arredato* [am-mobili'ato / arred'ato]
furniture: *mobile* [m'ɔbile]
future: *futuro* [fut'uro]
future simple: *futuro semplice* [fut'uro / s'empliʧe]

G

gain: *guadagno* [guad'aɲo]
gain, to: *guadagnare* [guadaɲ'are]
gallery: *galleria* [galler'ia]
game: *gioco* [ʤ'ɔko]
garage: *box macchina, garage* [bɔks / m'akkina / gar'aʤ]
garden: *giardino* [ʤard'ino]
garlic: *aglio* ['aλo]

gas: *gas* [gas]
gasoline: *benzina* [ben'żina]
gas-ring: *fornello* [forn'ɛllo]
gather, to: *convenire* [konven'ire]
gaze: *sguardo* [sgu'ardo]
gender: *genere* [ʤ'enere]
general: *generale* [ʤener'ale]
generation: *generazione* [ʤenerazi'one]
gentle: *gentile* [ʤent'ile]
german: *tedesco* [ted'esko]
Germany: *Germania* [ʤerm'ania]
gerund: *gerundio* [ʤer'undio]
gesture: *gesto* [ʤ'ɛsto]
get angry, to: *arrabbiarsi* [arrabbi'arsi]
get frightened, to: *spaventarsi* [spavent'arsi]
get married, to: *sposarsi* [spoṡ'arsi]
get off, to: *scendere* [ʃ'endere]
get ready, to: *prepararsi* [prepar'arsi]
get tired, to: *stancarsi* [stank'arsi]
get used to, to: *abituarsi* [abitu'arsi]
get worse, to: *peggiorare* [peʤʤor'are]
get, to: *ottenere* [otten'ere]
gift: *regalo* [reg'alo]
gimnastics: *ginnastica* [ʤinn'astika]
girl: *ragazza* [rag'azza]
give up, to: *rinunciare* [rinunʧ'are]
give, to: *dare* [d'are]
given: *dato* [d'ato]
glance: *occhiata* [okki'ata]
glass: *bicchiere, vetro* [bikki'ɛre / v'etro]
glasses: *occhiali* [okki'ali]
glove: *guanto* [gu'anto]
go ahead, to: *precedere* [preʧ'ɛdere]
go and stand, to: *mettersi* [m'ettersi]
go back, to: *ritornare* [ritorn'are]
go for a walk, to: *passeggiare* [passeʤʤ'are]
go on, to: *continuare* [kontinu'are]
go out, to: *uscire* [uʃ'ire]
go upstairs, to: *salire* [sal'ire]
go wrong, to: *andare male* [and'are / m'ale]
go, to: *andare* [and'are]
gold: *oro* ['ɔro]
golf: *golf* [g'ɔlf]
golf-club: *mazza da golf* [m'azza / da / g'ɔlf]
good: *bravo, buono* [br'avo / bu'ɔno]
good luck: *buona fortuna* [bu'ɔna / fort'una]
good morning: *buongiorno* [buonʤ'orno]
goodbye: *arrivederci* [arrived'erʧi]
gothic: *gotico* [g'ɔtiko]
government: *governo* [gov'ɛrno]
graduate: *laureato* [laure'ato]
gram: *grammo* [gr'ammo]
grammar: *grammatica* [gramm'atika]
grammatical: *grammaticale* [grammatik'ale]
grand-daughter: *nipote* [nip'ote]
grandfather: *nonno* [n'ɔnno]
grandson: *nipote* [nip'ote]
grant, to: *concedere* [konʧ'ɛdere]
grape: *uva* ['uva]
grapefruit: *pompelmo* [pomp'ɛlmo]
grass: *erba* ['ɛrba]
grave: *tomba* [t'omba]
greater: *maggiore* [maʤʤ'ore]
Greece: *Grecia* [gr'ɛʧa]
greek: *greco* [gr'ɛko]
green: *verde* [v'erde]
greet one another, to: *salutarsi* [salut'arsi]
greet, to: *salutare* [salut'are]
greeting: *saluto* [sal'uto]
grey: *grigio* [gr'iʤo]
groom: *sposo* [sp'ɔṡo]
ground-floor: *piano terra* [pi'ano / t'ɛrra]
group: *gruppo* [gr'uppo]
grow, to: *crescere* [kr'eʃere]
guarantee, to: *assicurare* [assikur'are]
guard: *capotreno, guardia* [kapotr'ɛno / gu'ardia]
guest: *ospite* ['ɔspite]
guest room: *camera degli ospiti* [k'amera / d'eλi / 'ɔspiti]
guide book: *guida* [gu'ida]
guilt: *colpa* [k'olpa]
guitar: *chitarra* [kit'arra]
gun: *pistola* [pist'ɔla]

H

habit: *abitudine* [abit'udine]
hair: *capello, pelo* [kap'ello / p'elo]
hair-dryer: *föhn* [fon]
half: *metà* [met'a]
hall: *anticamera* [antik'amera]
ham: *prosciutto* [pro'ʃutto]
hand: *mano* [m'ano]
handsome: *bello* [b'ɛllo]
hang, to: *appendere* [app'ɛndere]
happen, to: *occorrere, succedere, capitare, verificarsi* [okk'orrere / suʧʧ'ɛdere / kapit'are / verifik'arsi]
happy: *felice, contento* [fel'iʧe / kont'ɛnto]
hard: *difficile, duro, faticoso* [diff'iʧile / d'uro / fatik'oo]
hard work: *fatica* [fat'ika]
hate, to: *odiare* [odi'are]
have a rest, to: *riposarsi* [ripo'ṡarsi]
have a shower, to: *fare una doccia* [f'are / 'una / d'oʧʧa]
have a wash, to: *lavarsi* [lav'arsi]
have breakfast, to: *fare colazione* [f'are / kolażi'one]
have fun, to: *divertirsi* [divert'irsi]
have lunch, to: *pranzare* [pranż'are]
have to, to: *dovere, bisognare* [dov'ere / biṡoɲ'are]
have, to: *avere* [av'ere]
hazel-nut: *nocciola* [noʧʧ'ɔla]
head: *testa* [t'ɛsta]
heal, to: *guarire* [guar'ire]
health: *sanità, salute* [sanit'a / sal'ute]
healthy: *sano* [s'ano]
hear, to: *intendere* [int'ɛndere]
heart: *cuore* [ku're]
hearty: *vivamente* [vivam'ente]
heat: *caldo* [k'aldo]
heat, to: *riscaldare* [riskald'are]
heating: *riscaldamento* [riskaldam'ento]
heaven: *paradiso* [parad'iṡo]
heavy: *grave, pesante* [gr'ave / peṡ'ante]
heel: *tacco* [t'akko]
hello: *ciao, salve* [ʧ'ao / s'alve]
help, to: *aiutare, contribuire* [aiut'are / kontribu'ire]
her: *ella, essa, lei, sua* ['ella / 'essa / l'ɛi / s'ua]
here: *qua, qui* [ku'a / k'ui]
here is/are: *ecco* ['ɛkko]
hers: *sua* [s'ua]
herself: *sé, si* [s'e / si]
hi: *ciao* [ʧ'ao]
hide, to: *nascondere* [nask'ondere]
highway: *autostrada* [autostr'ada]
hill: *collina* [koll'ina]
him: *egli, lui* ['eʎi / lui]
himself: *sé, si* [s'e / si]
his: *suo* [su'o]
historical centre: *centro storico* [ʧ'entro / st'ɔriko]
history: *storia* [st'ɔria]
hit, to: *colpire* [kolp'ire]
hold on to, to: *tenersi* [ten'ersi]
hold, to: *tenere, stringere, abbracciare* [ten'ere / str'inʤere / abbraʧʧ'are]
hole: *buca* [b'uka]
holiday: *ferie, vacanza* [f'ɛrie / vak'anza]
home: *casa, abitazione* [k'aṡa / abitażi'one]
homesickness: *nostalgia* [nostalʤ'ia]
homework: *compiti* [k'ompiti]
homicide: *omicidio* [omiʧ'idio]
honest: *sincero, onesto* [sinʧ'ɛro / on'ɛsto]
honey: *miele* [mi'ɛle]
hope: *speranza* [sper'anza]
hope, to: *sperare* [sper'are]
horse: *cavallo* [kav'allo]
hospital: *ospedale* [osped'ale]
host, to: *ospitare* [ospit'are]
hot: *caldo* [k'aldo]
hotel: *albergo, hotel* [alb'ergo / ot'ɛl]
hour: *ora* ['ora]
house: *casa, abitazione* [k'aṡa / abitażi'one]
how: *come* [k'ome]
how are you?: *come va?* [k'ome / va-]
how long?: *da quanto (tempo)?* [da / qu'anto (t'ɛmpo) ɐ]
how many: *quanti, quante* [ku'anti / ku'ante]

how much: *quanto, quanta* [ku'anto / ku'anta]
however: *tuttavia* [tuttav'ia]
human: *umano* [um'ano]
humour: *umore* [um'ore]
hundred, a: *cento* [ʧ'ɛnto]
hundreds: *centinaia* [ʧentin'aia]
hungarian: *ungherese* [unger'eṡe]
hungary: *Ungheria* [unger'ia]
hunger: *fame* [f'ame]
hunt, to: *cacciare* [kaʧʧ'are]
hunter: *cacciatore* [kaʧʧat'ore]
hunting: *caccia* [k'aʧʧa]
hurry: *fretta* [fr'etta]
hurry up: *alla svelta!* ['alla / ṡv'elta]
hurry up, to: *affrettarsi* [affrett'arsi]
hurry, to: *sbrigarsi* [ṡbrig'arsi]
hurt: *offeso* [off'eṡo]
hurt, to: *offendere* [off'ɛndere]
husband: *coniuge, marito* [k'ɔniuʤe, mar'ito]
hypothesis: *ipotesi* [ip'ɔteṡi]

I

i: *io* ['io]
ice: *ghiaccio* [gi'aʧʧo]
ice-cream: *gelato* [ʤel'ato]
idea: *idea* [id'ɛa]
ideal: *ideale* [ide'ale]
if: *se* [se]
if possible: *magari* [mag'ari]
ill: *malato* [mal'ato]
illness: *malattia* [malatt'ia]
illustrate, to: *illustrare* [illustr'are]
illustrated: *illustrato* [illustr'ato]
imagine, to: *immaginare* [immaʤin'are]
immediately: *subito* [s'ubito]
immodest: *immodesto* [immod'ɛsto]
imperfect: *imperfetto* [imperf'ɛtto]
implore, to: *raccomandarsi* [rakkomand'arsi]
important: *importante* [import'ante]
impossibility: *impossibilità* [impossibilit'a]
impossible: *impossibile* [imposs'ibile]
impression: *impressione* [impressi'one]
in: *in, nel, dentro* [in / nel / d'entro]
in a hurry: *in fretta* [in / fr'etta]
in a while: *fra poco* [fra / p'ɔko]
in conclusion: *insomma* [ins'omma]
in fact: *infatti* [inf'atti]
in front of: *davanti* [dav'anti]
in spite of: *nonostante* [nonost'ante]
in the: *negli, nei, nell', nella, nelle, nello* [n'eλi / n'ei / nell / n'ella / n'elle / n'ello]
increase: *aumento* [aum'ento]
increase, to: *aumentare* [aument'are]
indeclinable: *invariabile* [invari'abile]
indeed: *anzi* ['anzi]
indefinite: *indeterminato, indeterminativo* [indetermin'ato / indeterminat'ivo]
indeterminate: *indeterminato* [indetermin'ato]
indicate, to: *indicare, notare* [indik'are / not'are]
indication: *indicazione* [indikażi'one]
indicative: *indicativo* [indikat'ivo]
indipendent: *indipendente* [indipend'ɛnte]
industrial: *industriale* [industri'ale]
industry: *industria* [ind'ustria]
infinite: *infinito* [infin'ito]
influence: *influenza* [influ'ɛnza]
influence, to: *influenzare* [influenz'are]
influenced: *influenzato* [influenz'ato]
inform, to: *informare* [inform'are]
information: *informazione* [informażi'one]
initial: *iniziale* [inizi'ale]
injection: *iniezione* [inieżi'one]
injury: *ferita* [fer'ita]
injustice: *ingiustizia* [inʤust'izia]
inn: *trattoria* [trattor'ia]
inner: *intimo* ['intimo]
innocent: *innocente* [innoʧ'ɛnte]
inside: *dentro* [d'entro]
insist, to: *insistere* [ins'istere]
instead: *invece* [inv'eʧe]
instead of: *al posto di, invece di* [al / p'osto / di / inv'eʧe / di]
instruction: *istruzione* [istrużi'one]

insurance: *assicurazione* [assikurażi'o-ne]
insure, to: *assicurare* [assikur'are]
intelligence: *intelligenza* [intellidʒ'ɛnza]
intelligent: *intelligente* [intelli'dʒɛnte]
intense: *intenso* [int'ɛnso]
intention: *intenzione* [intenżi'one]
interest: *interesse* [inter'ɛsse]
interested: *interessato* [interess'ato]
interesting: *interessante* [interess'ante]
interprete: *interprete* [int'ɛrprete]
interrogative adverb: *avverbio interrogativo* [avv'ɛrbio / interrogat'ivo]
interrupt, to: *interrompere* [interr'ompe-re]
interview: *intervista* [interv'ista]
intimacy: *intimità* [intimit'a]
introduce oneself, to: *presentarsi* [prešent'arsi]
introduce, to: *presentare* [prešent'are]
invest, to: *investire* [invest'ire]
invitation: *invito* [inv'ito]
invite, to: *invitare* [invit'are]
iron: *ferro* [f'ɛrro]
irregular: *irregolare* [irregol'are]
island: *isola* ['išola]
it: *lo* [lo]
it is fine: *va bene* [va / b'ɛne]
italian: *italiano* [itali'ano]
Italy: *Italia* [it'alia]
itself: *sé, si* [s'e / si]

J

jacket: *giacca* [dʒ'akka]
jam: *ingorgo, marmellata* [ing'orgo / marmell'ata]
january: *gennaio* [dʒenn'aio]
Japan: *Giappone* [dʒapp'one]
japanese: *giapponese* [dʒappon'ese]
jest: *intrattenimento, scherzo* [intratten'i-mento / sk'erzo]
job: *lavoro, mestiere* [lav'oro / mesti'ɛre]
job interview: *colloquio* [koll'ɔkuio]
jogging: *corsa* [k'orsa]
join, to: *unire, unirsi* [un'ire / un'irsi]
joke: *scherzo* [sk'erzo]
joke, to: *scherzare* [skerz'are]
journey: *viaggio, andata* [vi'adʒdʒo / and'ata]
joy: *gioia* [dʒ'ɔia]
juice: *succo* [s'ukko]
july: *luglio* [l'uʎo]
jump, to: *saltare* [salt'are]
june: *giugno* [dʒ'uɲo]
just: *appena, proprio, giusto* [app'ena / pr'ɔprio / dʒ'usto]
justify, to: *scusare* [skuš'are]

K

keep oneself, to: *mantenersi* [manten'er-si]
keep, to: *mantenere* [manten'ere]
key: *chiave* [ki'ave]
keyhole: *serratura* [serrat'ura]
kid: *bambino* [bamb'ino]
kidnap, to: *rapire* [rap'ire]
kidnapping: *rapimento* [rapim'ento]
kill, to: *uccidere* [utʃtʃ'idere]
kilo: *chilo* [k'ilo]
kilometre: *chilometro* [kil'ɔmetro]
kind: *genere, gentile* [dʒ'enere / dʒent'ile]
king: *re, sovrano* [re / sovr'ano]
kiss: *bacio* [b'atʃo]
kitchen: *cucina* [kutʃ'ina]
knee: *ginocchio* [dʒin'ɔkkio]
knock down, to: *sfondare* [sfond'are]
knocked down: *sfondato* [sfond'ato]
know, to: *sapere, conoscere* [sap'ere / kon'oʃere]
knowledge: *conoscenza* [konoʃ'ɛnza]

L

labour: *manodopera* [manod'ɔpera]
lack: *mancanza* [mank'anza]
lack, to: *mancare* [mank'are]
lady: *signora* [si'ɲora]
lake: *lago* [l'ago]
lamp: *lampada* [l'ampada]
land: *terra* [t'ɛrra]

landscape: *paesaggio* [paes'aʤʤo]
language: *lingua* [l'ingua]
large: *largo, numeroso* [l'argo / numer'o-so]
last: *scorso, ultimo* [sk'orso /'ultimo]
last, to: *durare* [dur'are]
late: *tardi* [t'ardi]
latin: *latino* [lat'ino]
laugh, to: *ridere* [r'idere]
laundry: *bucato* [buk'ato]
law: *legge* [l'eʤʤe]
lawyer: *avvocato* [avvok'ato]
lazy: *pigro* [p'igro]
lead, to: *risultare* [riṡult'are]
leaf: *foglia* [f'ɔʎa]
learn, to: *imparare* [impar'are]
leave, to: *partire, lasciare* [part'ire / la-ʃ'are]
left: *sinistra* [sin'istra]
leg: *gamba* [g'amba]
legal: *legale* [leg'ale]
lemon: *limone* [lim'one]
lemonade: *limonata* [limon'ata]
lend, to: *prestare* [prest'are]
less: *meno* [m'eno]
lesson: *lezione* [lezi'one]
let, to: *premettere* [prem'ettere]
letter: *lettera* [l'ɛttera]
level-space: *ripiano* [ripi'ano]
librarian: *bibliotecario* [bibliotek'ario]
library: *biblioteca* [bibliot'ɛka]
life: *vita* [v'ita]
life-buoy: *salvagente* [salvaʤ'ɛnte]
lift: *ascensore* [aʃens'ore]
lift, to: *alzare* [alz'are]
light: *luce, chiaro, leggero* [l'uʧe / ki'aro / leʤʤ'ɛro]
light blue: *azzurro* [a'żżurro]
light, to: *accendere* [aʧʧ'ɛndere]
lighter: *accendino* [aʧʧend'ino]
lightning: *fulmine* [f'ulmine]
like, to: *piacere* [piaʧ'ere]
likely: *probabile* [prob'abile]
limpid: *sereno* [ser'eno]
line: *fila, linea* [f'ila / l'inea]
lion: *leone* [le'one]
lip: *labbro* [l'abbro]
liquid: *liquido* [l'ikuido]
liquor: *liquore* [liku'ore]
lira: *lira* [l'ira]
list: *elenco, lista* [el'ɛnko / l'ista]
listen to, to: *intendere* [int'ɛndere]
listen, to: *ascoltare* [askolt'are]
lit: *acceso* [aʧʧ'eṡo]
little, a: *poco, po'* [p'ɔko / pɔ]
live in, to: *abitare, occupare* [abit'are / okkup'are]
live, to: *vivere* [v'ivere]
living-room: *soggiorno* [soʤʤ'orno]
loan: *prestito* [pr'ɛstito]
lobster: *aragosta* [arag'osta]
local: *locale* [lok'ale]
lodging: *alloggio* [all'ɔʤʤo]
lonely: *solo* [s'olo]
long: *lungo* [l'ungo]
look: *aspetto, occhiata* [asp'ɛtto / okki'a-ta]
look at again, to: *riguardare* [riguard'a-re]
look like, to: *somigliare* [somiʎ'are]
look, to: *guardare* [guard'are]
loose, to: *perdere* [p'ɛrdere]
lost: *smarrito* [smarr'ito]
love: *amore* [am'ore]
love, to: *amare* [am'are]
lover: *innamorato* [innamor'ato]
loyal: *leale, fedele* [le'ale / fed'ele]
luck: *fortuna* [fort'una]
lucky: *fortunato* [fortun'ato]
lump: *massa* [m'assa]
lunch: *pranzo* [pr'anżo]

M

macaroni: *maccheroni* [makker'oni]
machine: *macchina* [m'akkina]
mad: *pazzo* [p'azzo]
mad about you: *pazzo di te* [p'azzo / di / te]
madam: *signora* [si'ɲora]
magazine: *rivista* [riv'ista]
magnificent: *magnifico* [maɲ'ifiko]
mail: *posta* [p'ɔsta]

majority: *maggioranza* [madʒdʒor'anza]
make a mistake, to: *sbagliare, sbagliarsi* [ṡbaʎ'are / ṡbaʎ'arsi]
make a present, to: *regalare* [regal'are]
make love, to: *fare l'amore* [f'are / lam'ore]
make wet, to: *bagnare* [baɲ'are]
make, to: *fare, formare, produrre* [f'are / form'are / prod'urre]
man: *uomo* [u'ɔmo]
manage: *potere* [pot'ere]
manager: *direttore* [dirett'ore]
manner: *modo* [m'ɔdo]
mantain, to: *mantenere* [manten'ere]
many: *molti* [m'olti]
map: *mappa* [m'appa]
march: *marzo* [m'arzo]
mark, to: *segnare* [seɲ'are]
market: *mercato* [merk'ato]
marmalade: *marmellata* [marmell'ata]
marriage: *matrimonio* [matrim'ɔnio]
married: *sposato* [spoṡ'ato]
marry, to: *sposare* [spoṡ'are]
mask: *maschera* [m'askera]
match: *cerino, partita* [ʧer'ino / part'ita]
maths: *matematica* [matem'atika]
matter: *questione* [kuesti'one]
matter, to: *importare* [import'are]
maximum: *massimo* [m'assimo]
may: *maggio* [m'adʒdʒo]
maybe: *forse* [f'orse]
mayonnaise: *maionese* [maion'eṡe]
mayor: *sindaco* [s'indako]
me: *me, mi = io* [me / mi]
me too: *anch'io* [ank'io]
meadow: *prato* [pr'ato]
meal: *pasto* [p'asto]
mean, to: *significare, importare* [siɲifik'are / import'are]
meaning: *significato* [siɲifik'ato]
means: *mezzo* [m'ɛżżo]
measure, to: *misurare* [misur'are]
meat: *carne* [k'arne]
mechanic: *meccanico* [mekk'aniko]
media: *media* [m'ɛdia]
medicine: *medicina, medicinale* [mediʧ'ina / mediʧin'ale]
medieval: *medievale* [mediev'ale]
meet, to: *incontrare, vedersi* [inkontr'are / ved'ersi]
meeting: *assemblea, incontro, riunione* [assembl'ɛa / ink'ontro / riuni'one]
melon: *melone* [mel'one]
member: *membro* [m'embro]
memory: *memoria, ricordo* [mem'ɔria / rik'ɔrdo]
menu: *menu* [men'u]
merit: *valore, merito* [val'ore / m'e rito]
meter: *metro* [m'ɛtro]
midday: *mezzogiorno* [meżżodʒ'orno]
middle: *medio* [m'ɛdio]
middle ages: *medioevo* [medio'ɛvo]
midnight: *mezzanotte* [meżżan'ɔtte]
milk: *latte* [l'atte]
million: *milione* [mili'one]
mind: *mente* [m'ente]
mine: *mio, mia, mie, miei* [m'io / m'ia / m'ie / mi'ɛi]
mineral water: *acqua minerale* ['akkua / miner'ale]
minister: *ministro* [min'istro]
minute: *minuto* [min'uto]
miss: *perdita, signorina* [p'ɛrdita / siɲor'ina]
miss, to: *mancare* [mank'are]
missingv *mancante* [mank'ante]
mistake: *errore* [err'ore]
mister: *signor, signore* [siɲ'or / siɲ'ore]
mixed: *misto* [m'isto]
mixer: *frullatore* [frullat'ore]
mobile phone: *cellulare, telefonino* [ʧellul'are / telefon'ino]
model: *modello* [mod'ɛllo]
modern: *moderno* [mod'ɛrno]
modest: *modesto* [mod'ɛsto]
mom: *mamma* [m'amma]
moment: *attimo, momento* ['attimo / mom'ento]
monastery: *monastero, convento* [monast'ɛro / konv'ɛnto]
monday: *lunedì* [luned'i]

money: *denaro* [den'aro]
month: *mese* [m'eṡe]
monthly: *mensile* [mens'ile]
monument: *monumento* [monum'ento]
moon: *luna* [l'una]
more: *più, di più, maggiormente* [pi'u / di / pi'u / madʤʤorm'ente]
morning: *mattina* [matt'ina]
most of all: *soprattutto* [sopratt'utto]
mother: *madre* [m'adre]
mountain: *montagna* [mont'aɲa]
mouth: *bocca* [b'okka]
move oneself, to: *muoversi* [mu'ɔversi]
move, to: *muovere, spostare* [mu'ɔvere / spost'are]
mr: *signor, signore* [siɲ'or / siɲ'ore]
mrs: *signora* [siɲ'ora]
much: *molto* [m'olto]
mummy: *mamma* [m'amma]
municipality: *comune* [kom'une]
murder: *omicidio* [omiʧ'idio]
murder, to: *uccidere* [uʧʧ'idere]
museum: *museo* [mu'ṡeo]
mushroom: *fungo* [f'ungo]
music: *musica* [m'usika]
mussel: *cozza* [k'ɔzza]
my: *mio, mia, mie, miei* [m'io / m'ia / m'ie / mi'ɛi]
mystery: *mistero* [mist'ɛro]
myth: *mito* [m'ito]

N

name: *nome* [n'ome]
narrate, to: *raccontare* [rakkont'are]
nation: *nazione* [nazi'one]
national: *nazionale* [nazion'ale]
natural: *naturale* [natur'ale]
natural water: *acqua naturale* ['akkua / natur'ale]
naturally: *naturalmente* [naturalm'ente]
nature: *natura* [nat'ura]
near: *vicino, nei pressi di* [viʧ'ino / n'ei / pr'ɛssi / di]
near to: *vicino a* [viʧ'ino / a]
necessary: *necessario* [neʧess'ario]
necessity: *necessità* [neʧessit'a]
neck: *collo* [k'ɔllo]
need: *bisogno* [biṡ'oɲo]
negative: *negativo* [negat'ivo]
neglect, to: *trascurare* [traskur'are]
neighbourhood: *vicinato, quartiere* [viʧin'ato / kuarti'ɛre]
neither ... nor: *né* [ne]
nephew: *nipote* [nip'ote]
nerve: *nervo* [n'ɛrvo]
nervous: *nervoso* [nerv'oṡo]
nest: *nido* [n'ido]
never: *mai* [m'ai]
nevertheless: *tuttavia* [tuttav'ia]
new: *nuovo* [nu'ɔvo]
news: *notizia, cronaca* [not'izia / kr'ɔnaka]
news-agent: *giornalaio* [ʤornal'aio]
newspaper: *giornale, quotidiano* [ʤorn'ale / kuotidi'ano]
news-stand: *edicola* [ed'ikola]
next: *prossimo, successivo* [pr'ɔssimo / suʧʧess'ivo]
niece: *nipote* [nip'ote]
night: *notte* [n'ɔtte]
night table: *comodino* [komod'ino]
nine: *nove* [n'ɔve]
nine hundred: *novecento* [noveʧ'ɛnto]
nineteen: *diciannove* [diʧann'ɔve]
ninety: *novanta* [nov'anta]
ninth: *nono* [n'ɔno]
no: *no, non* [nɔ / non]
nobody: *nessuno* [ness'uno]
noise: *rumore* [rum'ore]
noisy: *rumoroso* [rumor'oṡo]
none: *nessuno* [ness'uno]
normal: *normale* [norm'ale]
normally: *normalmente* [normalm'ente]
north: *nord* [n'ɔrd]
nose: *naso* [n'aṡo]
not even: *neanche, neppure, nemmeno* [ne'anke / nepp'ure / nemm'eno]
not long ago: *poco fa* [p'ɔko / fa]
note: *nota* [n'ɔta]
nothing: *niente* [ni'ɛnte]
notice: *cartello* [kart'ɛllo]

notice, to: *avvertire* [avvert'ire]
novel: *romanzo* [rom'ano]
november: *novembre* [nov'ɛmbre]
now: *adesso, ormai* [ad'ɛsso / orm'ai]
number: *numero* [n'umero]
numeral: *numerale* [numer'ale]

O

object: *oggetto* [odʒdʒ'ɛtto]
obligation: *obbligo* ['ɔbbligo]
observation: *osservazione* [osservażi'o-ne]
observe, to: *osservare* [osserv'are]
obtain, to: *ottenere* [otten'ere]
occasion: *occasione* [okkaṡi'one]
occupied: *occupato* [okkup'ato]
occupy, to: *occupare* [okkup'are]
october: *ottobre* [ott'obre]
octopus: *polipo* [p'ɔlipo]
of: *di* [di]
of course: *senz'altro* [senz'altro]
of the: *del, dello, della, degli, delle, dei* [del, d'ello, d'ella, d'eλi, d'elle, d'ei]
offend, to: *offendere* [off'ɛndere]
offended: *offeso* [off'eṡo]
offer hospitality, to: *ospitare* [ospit'are]
offer, to: *offrire* [offr'ire]
office: *ufficio* [uff'itʃo]
often: *spesso* [sp'esso]
oil: *olio* ['ɔlio]
old: *vecchio* [v'ɛkkio]
on: *sopra, su, addosso* [s'opra / su / add'ɔsso]
on the: *sugli, sui, sulla, sulle, sullo* [s'uλi / s'ui / s'ulla / s'ulle / s'ullo]
one hundred and thousand: *centomila* [tʃentom'ila]
oneself: *sé* [s'e]
onion: *cipolla* [tʃip'olla]
only: *solo* [s'olo]
only: *unico, soltanto* ['uniko / solt'anto]
open: *aperto* [ap'ɛrto]
open, to: *aprire* [apr'ire]
operated: *operato* [oper'ato]
opinion: *opinione* [opini'one]
opportunity: *opportunità, occasione* [op-portunit'a / okkaṡi'one]
opposed: *contrario* [kontr'ario]
or: *oppure* [opp'ure]
orange: *arancia* [ar'antʃa]
orange-juice: *aranciata* [arantʃ'ata]
orange-tree: *arancio* [ar'antʃo]
order: *regola, ordine* [r'ɛgola / 'ordine]
order, to: *ordinare* [ordin'are]
organize, to: *organizzare* [organizz'are]
origin: *origine* [or'idʒine]
other: *altro* ['altro]
our: *nostro* [n'ɔstro]
ourselves: *ci = noi* [tʃi]
outcome: *esito* ['eṡito]
outline: *contorno* [kont'orno]
outside: *fuori, di fuori* [fu'ɔri // di / fu'ɔri]
over: *sopra, su* [s'opra / su]
over here: *per di qua* [per / di / ku'a]
over there: *là, di là, lassù* [l'a / di / l'a / lass'u]
overtake, to: *superare* [super'are]
own: *proprio* [pr'ɔprio]
owner: *padrone, proprietario* [padr'one / propriet'ario]

P

pact: *patto* [p'atto]
page: *pagina* [p'adʒina]
paid: *pagato* [pag'ato]
pain: *dolore* [dol'ore]
painter: *pittore* [pitt'ore]
painting: *dipinto, quadro* [dip'into]
palace: *palazzo* [pal'azzo]
palm: *palmo* [p'almo]
paper: *carta* [k'arta]
paradise: *paradiso* [parad'iṡo]
parcel: *pacco* [p'akko]
parent: *genitore* [dʒenit'ore]
park: *parco* [p'arko]
park, to: *parcheggiare* [parkedʒdʒ'are]
parking: *parcheggio* [park'edʒdʒo]
parliament: *parlamento* [parlam'ento]
parmesan: *grana, parmigiano reggiano* [gr'ana / parmidʒ'ano / redʒdʒ'ano]

part: *parte* [p'arte]
partitive: *partitivo* [partit'ivo]
partner: *compagno* [komp'aɲo]
party: *partito, festa* [part'ito / f'ɛsta]
pass, to: *passare* [pass'are]
passage: *passaggio, corridoio* [pass'aʤ-ʤo / korrid'oio]
passer-by: *passante* [pass'ante]
passing: *passaggio* [pass'aʤʤo]
passion: *passione* [passi'one]
passive: *passivo* [pass'ivo]
passport: *passaporto* [passap'ɔrto]
past: *passato* [pass'ato]
past participle: *participio passato* [partiʧ'ipio / pass'ato]
pasta: *pasta* [p'asta]
patience: *pazienza* [pazi'ɛnza]
pause: *pausa* [p'ausa]
pay, to: *pagare* [pag'are]
payment: *pagamento* [pagam'ento]
pea: *pisello* [piṡ'ello]
peace: *pace* [p'aʧe]
peach: *pesca* [p'ɛska]
pear: *pera* [p'era]
pen: *penna* [p'enna]
pencil: *matita* [mat'ita]
penny: *soldo* [s'ɔldo]
pension: *pensione* [pensi'one]
people: *gente, popolo* [ʤ'ɛnte / p'ɔpolo]
pepper: *peperone* [peper'one]
perhaps: *forse* [f'orse]
period: *periodo* [per'iodo]
permission: *permesso* [perm'esso]
person: *persona* [pers'ona]
personal: *personale* [person'ale]
perspective: *prospettiva* [prospett'iva]
persuade, to: *convincere* [konv'inʧere]
petrol-pump: *distributore di benzina* [di-stribut'ore / di / benz'ina]
petrol-pump attendant: *benzinaio* [be-nin'aio]
pharmacy: *farmacia* [farmaʧ'ia]
philosophy: *filosofia* [filoṡof'ia]
phone: *telefono* [tel'ɛfono]
phone, to: *telefonare* [telefon'are]
photograph, to: *fotografare* [fotograf'are]
photography: *fotografia* [fotograf'ia]
physical: *fisico* [f'iṡiko]
piano: *pianoforte* [pianof'ɔrte]
pick up, to: *raccogliere* [rakk'ɔʎere]
pick, to: *cogliere* [k'ɔʎere]
picking: *raccolta* [rakk'ɔlta]
picture: *foto* [f'ɔto]
piece: *pezzo* [p'ɛzzo]
pig: *maiale* [mai'ale]
pill: *pillola* [p'illola]
pine-wood: *pineta* [pin'eta]
pity: *peccato* [pekk'ato]
pizza: *pizza* [p'izza]
place: *posto, luogo* [p'osto / lu'ɔgo]
place, to: *porre* [p'orre]
place-adverb: *avverbio di luogo* [avv'ɛr-bio / di / lu'go]
plain: *pianura* [pian'ura]
plan: *schema* [sk'ɛma]
plane: *aereo* [a'ɛreo]
plant: *pianta* [pi'anta]
play (an instrument), to: *suonare* [suon'are]
play, to: *giocare* [ʤok'are]
player: *giocatore* [ʤokat'ore]
pleasant: *simpatico, piacevole* [simp'a-tiko / piaʧ'evole]
please: *per favore* [per / fav'ore]
pleasure: *piacere* [piaʧ'ere]
pleasure, with: *volentieri* [volenti'ɛri]
pocket: *tasca* [t'aska]
poet: *poeta* [po'ɛta]
poetry: *poesia* [poes'ia]
point: *punto* [p'unto]
police: *polizia* [poliz'ia]
polite: *cortese* [kort'eṡe]
politeness: *cortesia* [korteṡ'ia]
political: *politico* [pol'itiko]
politics: *politica* [pol'itika]
pollute, to: *inquinare* [inkuin'are]
pollution: *inquinamento* [inkuinam'ento]
pool: *piscina* [piʃ'ina]
poor: *povero* [p'ɔvero]
population: *popolazione* [popolaży'one]
position: *posizione, località* [posiżi'one / lokalit'a]

positive: *positivo* [poṡit'ivo]
possessive: *possessivo* [possess'ivo]
possibility: *possibilità* [possibilit'a]
possible: *possibile* [poss'ibile]
possibly: *eventualmente* [eventualm'ente]
post: *postale* [post'ale]
post, to: *imbucare* [imbuk'are]
postcard: *cartolina* [kartol'ina]
poster: *cartello* [kart'εllo]
postman: *postino* [post'ino]
potato: *patata* [pat'ata]
pour (out), to: *versare* [vers'are]
power: *potere* [pot'ere]
powerful: *potente* [pot'εnte]
practical: *pratico* [pr'atiko]
practice: *pratica* [pr'atika]
practice, to: *praticare* [pratik'are]
pray, to: *pregare* [preg'are]
prayer: *preghiera* [pregi'εra]
precede, to: *precedere* [pretʃ'εdere]
precious: *prezioso* [prezi'oṡo]
prefect: *perfetto* [perf'εtto]
prefer, to: *preferire* [prefer'ire]
preparation: *preparazione* [preparażi'one]
prepare, to: *preparare* [prepar'are]
preposition: *preposizione* [preposiżi'one]
prescription: *ricetta* [ritʃ'εtta]
presence: *presenza* [pres'εnza]
present: *regalo, presente* [reg'alo / pres'εnte]
preserve, to: *conservare* [konserv'are]
president: *presidente* [presid'εnte]
previous: *precedente* [pretʃed'εnte]
price: *prezzo* [pr'εżżo]
private: *privato* [priv'ato]
probability: *probabilità* [probabilit'a]
probably: *probabilmente* [probabilm'ente]
problem: *problema* [probl'εma]
produce, to: *produrre* [prod'urre]
profession: *professione* [professi'one]
professor: *professore* [profess'ore]
programme: *programma* [progr'amma]
progress: *progresso* [progr'εsso]
prohibition: *divieto* [divi'εto]
project: *progetto* [proʤ'εtto]
promise: *promessa* [prom'essa]
promise, to: *promettere* [prom'ettere]
pronoun: *pronome* [pron'ome]
pronunciation: *pronuncia* [pron'untʃa]
proper: *proprio* [pr'ɔprio]
property: *proprietà* [propriet'a]
propose, to: *proporre* [prop'orre]
protect, to: *riparare* [ripar'are]
protest: *protesta* [prot'εsta]
protest, to: *protestare* [protest'are]
prove, to: *dimostrare* [dimostr'are]
proverb: *proverbio* [prov'εrbio]
province: *provincia* [prov'intʃa]
public: *pubblico* [p'ubbliko]
publicity: *pubblicità* [pubblitʃit'a]
publish, to: *pubblicare* [pubblik'are]
pudding: *budino* [bud'ino]
pull down, to: *tirare su* [tir'are / su]
pull up, to: *tirare giù* [tir'are / ʤ'u]
pull, to: *tirare* [ti'rare]
punctual: *puntuale* [puntu'ale]
punishment: *pena* [p'ena]
pupil: *alunno* [al'unno]
pure: *puro* [p'uro]
purpose: *scopo, proposito* [sk'ɔpo / prop'ɔṡito]
push, to: *spingere* [sp'inʤere]
put ashore, to: *sbarcare* [bark'are]
put off, to: *rimandare* [rimand'are]
put to sleep, to: *addormentare* [addor-ment'are]
put up, to: *alloggiare* [alloʤʤ'are]
put, to: *mettere, porre, disporre, inserire* [m'ettere / p'orre / disp'orre / inser'ire]

Q

quality: *qualità* [kualit'a]
quantity: *quantità* [kuantit'a]
quarter: *quarto* [ku'arto]
question: *domanda* [dom'anda]
queue: *coda* [k'oda]
quick: *rapido* [r'apido]
quickly: *di corsa* [di / k'orsa]
quiet: *tranquillo, silenzioso, zitto, composto* [tranku'illo / silenzi'oṡo / z'itto / komp'osto]
quit, to: *smettere* [sm'ettere]

R

racket: *racchetta* [rakk'etta]
radio: *radio* [r'adio]
ragout: *ragù* [rag'u]
railway line: *binario* [bin'ario]
rain: *pioggia* [pi'ɔʤʤa]
rain, to: *piovere* [pi'ɔvere]
ranger: *pericolo* [per'ikolo]
rank: *grado* [gr'ado]
rare: *raro* [r'aro]
rarely: *raramente* [raram'ente]
raspberry: *lampone* [lamp'one]
rate: *corso, portata* [k'orso / port'ata]
rather: *piuttosto* [piutt'ɔsto]
raw ham: *prosciutto crudo* [proʃ'utto kr'udo]
razor: *rasoio* [ra'ṡoio]
reach, to: *raggiungere* [raʤʤ'unʤere]
read, to: *leggere* [l'ɛʤʤere]
reading: *lettura* [lett'ura]
ready: *pronto* [pr'onto]
real: *vero* [v'ero]
reality: *realtà* [realt'a]
realize, to: *rendersi conto di, accorgersi* [r'endersi / k'onto / di / akk'ɔrʤersi]
really: *davvero, veramente* [davv'ero / veram'ente]
reason: *motivo, ragione* [mot'ivo / raʤ'one]
reason, to: *ragionare* [raʤon'are]
recall, to: *ricordare* [rikord'are]
receipt: *ricevuta* [riʧev'uta]
receiver: *cornetta (del telefono), ricevitore* [korn'etta / riʧevit'ore]
recent: *recente* [reʧ'ɛnte]
recently: *recentemente* [reʧentem'ente]
recognised: *riconosciuto* [rikonoʃ'uto]
recognize, to: *riconoscere* [rikon'oʃere]
recollection: *ricordo* [rik'ɔrdo]
recommend, to: *raccomandare* [rakkomand'are]
recorrect, to: *ricordare* [rikord'are]
red: *rosso* [r'osso]
red wine: *vino rosso* [v'ino / r'osso]
reduce, to: *ridurre* [rid'urre]
refer, to: *riferirsi, applicare* [rifer'irsi / appl'ikare]
reflexive: *riflessivo* [rifless'ivo]
refreshments: *consumazione* [konsumaż i'one]
refrigerator: *frigorifero* [frigor'ifero]
refuse, to: *rifiutare, rifiutarsi* [rifiut'are / rifiut'arsi]
region: *regione* [reʤ'one]
regional: *regionale* [reʤon'ale]
register, to: *iscriversi* [iskr'iversi]
registered: *iscritto* [iskr'itto]
registered letter: *raccomandata* [rakkomand'ata / l'ɛttera]
registry: *segretaria* [segret'aria]
regret: *dispiacere* [dispiaʧ'ere]
regulate, to: *regolare* [regol'are]
reins: *redini* [r'ɛdini]
reject, to: *rifiutare, rifiutarsi* [rifiut'are / rifiut'arsi]
relative: *parente* [par'ɛnte]
relative pronoun: *pronome relativo* [pron'ome / relat'ivo]
reliable: *affidabile* [affid'abile]
religion: *religione* [reliʤ'one]
religious: *religioso* [reliʤ'oo]
remains: *resto* [r'ɛsto]
remarkable: *singolare* [singol'are]
remember, to: *ricordarsi, ricordare* [rikord'arsi / rikord'are]
removal: *rimozione* [rimoż i'one]
remove, to: *togliere* [t'ɔʎere]
renaissance: *rinascimento* [rinaʃim'ento]
renew, to: *confermare* [konferm'are]
renounce, to: *rinunciare* [rinunʧ'are]
rent: *affitto* [aff'itto]
rent, to: *affittare, prenotare* [affitt'are / prenot'are]
repair, to: *riparare* [ripar'are]
repeat, to: *ripetere* [rip'ɛtere]
replace, to: *sostituire* [sostitu'ire]
report: *rapporto* [rapp'ɔrto]
report, to: *riferire* [rifer'ire]
represent, to: *rappresentare* [rappreṡent'are]

republic: *repubblica* [rep'ubblika]
rescue, to: *sottrarre* [sottr'arre]
reserve: *riserva* [ris'ɛrva]
residence: *casa, abitazione* [k'aṡa / abitażi'one]
resident: *abitante* [abit'ante]
resist, to: *resistere* [reṡ'istere]
respect: *rispetto* [risp'ɛtto]
respect, to: *rispettare* [rispett'are]
rest: *riposo* [rip'ɔso]
rest, to: *riposare* [ripoṡ'are]
restaurant: *ristorante, trattoria* [ristor'ante / trattor'ia]
rested: *riposato* [ripoṡ'ato]
restrain, to: *frenare* [fren'are]
restroom: *spogliatoio* [spoλat'oio]
result: *risultato* [riṡult'ato]
result, to: *risultare* [riṡult'are]
retreat: *ritiro* [rit'iro]
return: *ritorno* [rit'orno]
return, to: *rendere* [r'ɛndere]
reunion: *riunione* [riuni'one]
rich: *ricco* [r'ikko]
right: *destra, giusto* [d'ɛstra / ʤ'usto]
right away: *subito* [s'ubito]
ring: *anello* [an'ɛllo]
ring, to: *squillare* [skuill'are]
ringing: *squillo* [sku'illo]
rise, to: *sorgere* [s'ɔrʤere]
risk: *rischio* [r'iskio]
risk, to: *rischiare* [riski'are]
rite: *rito* [r'ito]
river: *fiume* [fi'ume]
road: *strada* [str'ada]
roast: *arrosto* [arr'ɔsto]
robbery: *rapina* [rap'ina]
rock: *scoglio* [sk'ɔλo]
roman: *romano* [rom'ano]
romance: *romanzo* [rom'ano]
romanesque: *romanico* [roma'niko]
roof: *tetto* [t'etto]
room: *camera, sala, stanza* [k'amera / s'ala / st'anza]
rose: *rosa* [r'ɔṡa]
round: *giro* [ʤ'iro]
representative: *rappresentante* [rappreṡent'ante]
rule: *regola* [r'ɛgola]
rule over, to: *dominare* [domin'are]
rule, to: *governare* [govern'are]
run: *corsa* [k'orsa]
run across, to: *percorrere* [perk'orrere]
run away, to: *scappare* [skapp'are]
run, to: *correre* [k'orrere]
russia: *Russia* [r'ussia]
russian: *russo* [r'usso]

S

sack: *sacco* [s'akko]
sad: *triste* [tr'iste]
saddle: *sella* [s'ɛlla]
safe: *sicuro* [sik'uro]
safely: *sicuramente* [sikuram'ente]
sailing-boat: *barca a vela* [barka / a / v'ela]
saint: *santo* [s'anto]
salad: *insalata* [insal'ata]
salami: *salame* [sal'ame]
salary: *salario, stipendio* [sal'ario / stip'ɛndio]
sale: *vendita* [v'endita]
sales: *saldi* [s'aldi]
salmon: *salmone* [salm'one]
salt: *sale* [s'ale]
same: *solito, stesso, uguale* [s'ɔlito / st'esso / ugu'ale]
sand: *sabbia* [s'abbia]
sandwich: *panino* [pan'ino]
satisfaction: *soddisfazione* [soddisfażi'one]
satisfied: *soddisfatto* [soddisf'atto]
sattle, to: *stabilirsi* [stabil'irsi]
saturday: *sabato* [s'abato]
sauce: *sugo* [s'ugo]
saucepan: *pentola* [p'entole]
save, to: *salvare, risparmiare* [salv'are / risparmi'are]
saving: *risparmio* [risp'armio]
say exactly, to: *precisare* [preʧiṡ'are]
say, to: *dire* [d'ire]
scandal: *scandalo* [sk'andalo]
scare, to: *fare paura* [f'are / pa'ura]

scent: *profumo* [prof'umo]
school: *scuola* [skuɔ'la]
scissors: *forbici* [f'ɔrbiʧi]
score: *punteggio* [punt'eʤʤo]
sculpture: *scultura* [skult'ura]
sea: *mare* [m'are]
search: *ricerca* [riʧ'erka]
season: *stagione* [staʤ'one]
seat: *sede, posto a sedere* [s'ɛde / p'osto / a / sed'ere]
second: *secondo* [sek'ondo]
secret: *segreto* [segr'eto]
see again, to: *rivedere* [rived'ere]
see oneself, to: *vedersi* [ved'ersi]
see, to: *vedere* [ved'ere]
seem, to: *sembrare* [sembr'are]
seldom: *raramente* [raram'ente]
sell, to: *vendere* [v'endere]
senate: *senato* [sen'ato]
senator: *senatore* [senat'ore]
send back, to: *rimandare* [rimand'are]
send, to: *inviare, mandare, spedire* [invi'are / mand'are / sped'ire]
sender: *mittente* [mitt'ɛnte]
sensation: *sensazione, impressione* [sensażi'one / impressi'one]
sense: *senso* [s'ɛnso]
sentence: *frase* [fr'aśe]
separate: *separato* [separ'ato]
separate, to: *separare, separarsi* [separ'are / separ'arsi]
separation: *separazione* [separażi'one]
separator: *separatore* [separat'ore]
september: *settembre* [sett'ɛmbre]
sequel: *seguito* [s'eguito]
Serbia: *Serbia* [s'ɛrbia]
serbian: *serbo* [s'ɛrbo]
serious: *serio* [s'ɛrio]
serve: *servizio* [serv'izio]
serve, to: *servire* [serv'ire]
settle down, to: *sistemarsi* [sistem'arsi]
settle, to: *accomodare* [akkomod'are]
seven: *sette* [s'ɛtte]
seven hundred: *settecento* [setteʧ'ɛnto]
seventeen: *diciassette* [diʧass'ɛtte]
seventh: *settimo* [s'ɛttimo]
seventy: *settanta* [sett'anta]
several: *molti* [m'olti]
sex: *sesso* [s'ɛsso]
shake, to: *agitare* [aʤit'are]
shame: *peccato* [pekk'ato]
shape: *figura, forma* [fig'ura / f'orma]
share, to: *dividere* [div'idere]
shave oneself, to: *rasarsi* [raś'arsi]
shave, to: *rasare* [raś'are]
she: *ella, essa, lei* ['ella / 'essa / l'ei]
sheet: *foglio* [fɔʎ'o]
shelter: *rifugio, ricovero* [rif'uʤo / rik'ɔvero]
shift: *turno* [t'urno]
shiny: *lucido* [l'uʧido]
ship: *nave* [n'ave]
shirt: *camicia* [kam'iʧa]
shoe: *scarpa* [sk'arpa]
shop: *negozio* [neg'ɔzio]
shop-assistant: *commesso* [komm'esso]
shopping: *spesa* [sp'eśa]
shop-window: *vetrina* [vetr'ina]
short: *basso, breve, corto* [b'asso / br'ɛve / k'orto]
shot: *colpo* [k'olpo]
shoulder: *spalla* [sp'alla]
shout, to: *gridare* [grid'are]
show: *spettacolo, mostra* [spett'akolo / m'ostra]
show oneself, to: *mostrarsi* [mostr'arsi]
show, to: *mostrare, presentare* [mostr'are / preśent'are]
shower: *doccia* [d'oʧʧa]
shutter: *persiana* [persi'ana]
sick: *malato* [mal'ato]
sight: *vista* [v'ista]
sign, mark: *segno* [s'eɲo]
sign, to: *firmare* [firm'are]
silence: *silenzio* [sil'ɛnzio]
silk: *seta* [s'eta]
similar: *simile* [s'imile]
simple: *semplice* [s'empliʧe]
simply: *semplicemente* [sempliʧem'ente]
since: *poiché, siccome* [poik'e / sikk'ome]
sincere: *sincero, onesto* [sinʧ'ɛro / on'ɛsto]

sing, to: *cantare* [kant'are]
singer: *cantante* [kant'ante/
single: *singolo* [s'ingolo]
single ticket: *andata* [and'ata]
singular: *singolare* [singol'are]
sinister: *sinistro* [sin'istro]
sink: *lavello* [lav'ɛllo]
sir: *signor, signore* [siɲ'or / siɲ'ore]
sister: *sorella* [sor'ɛlla]
sit down, to: *sedersi* [sed'ersi]
sit, to: *sedere* [sed'ere]
situation: *situazione* [situażi'one]
six: *sei* [s'ɛi]
six hundred: *seicento* [seiʧ'ɛnto]
sixth: *sesto* [s'ɛsto]
sixty: *sessanta* [sess'anta]
size: *taglia, grandezza* [t'aλa / grand'ezza]
skate: *pattino* [p'attini]
ski: *sci* [ʃi]
ski, to: *sciare* [ʃ'iare]
ski-boots: *scarponi* [skarp'oni]
skilift: *skilift* [skil'ift]
skilled:: *esperto* [esp'ɛrto]
skin: *pelle* [p'ɛlle]
skirt:: *gonna* [g'ɔnna]
ski-sticks: *bastoncini da sci* [bastonʧ'ini / da / ʃi]
sky: *cielo* [ʧ'ɛlo]
sleep: *sonno* [s'onno]
sleep, to: *dormire* [dorm'ire/
sleeping-car: *vagone letto* [vag'one / l'ɛtto]
sleeve: *manica* [m'anika]
slightest: *minimo* [m'inimo]
slow: *piano, lento* [pi'ano / l'ɛnto]
slowly: *lentamente* [lentam'ente]
small: *piccolo* [p'ikkolo]
smaller: *minore* [min'ore]
smart: *intelligente* [intelliʤ'ɛnte]
smell: *odore* [od'ore]
smoke: *fumo* [f'umo]
smoke, to: *fumare* [fum'are]
snack: *spuntino* [spunt'ino]
snow: *neve* [n'eve]
snow, to: *nevicare* [nevik'are]
so: *così* [koṡ'i]
so far: *finora* [fin'ora]
so much: *tanto* [t'anto]
so so: *così così* [koṡ'i / koṡ'i]
soap: *sapone* [sap'one]
soccer: *calcio* [k'alʧo]
social: *sociale* [soʧ'ale]
society: *società* [soʧet'a]
sock: *calza* [k'alza]
soft: *morbido* [m'ɔrbido]
soldier: *soldato* [sold'ato]
solid: *saldo* [s'aldo]
solve, to: *risolvere* [ris'ɔlvere]
some: *degli, dei, delle, alcuno, qualche* [d'ei / d'ei / d'elle / alk'uno / ku'alke]
somebody: *qualcuno* [kualk'uno]
somebody else: *qualcun altro/altra* [kualkun'altro / 'altra]
someone: *qualcuno* [kualk'uno]
something: *qualcosa* [kualk'ɔsa]
sometimes: *talvolta* [talv'ɔlta]
son: *figlio* [f'iλo]
song: *canzone* [kanz'one]
soon: *presto* [pr'ɛsto]
sorry, i'm: *mi dispiace* [mi / dispi'aʧe]
sound: *suono* [su'ɔno]
soup: *zuppa, minestrone* [z'uppa / minestr'one]
source: *origine, fonte* [or'iʤine / f'onte]
south: *sud* [sud]
sovereign: *sovrano* [sovr'ano]
space: *spazio, intervallo* [sp'azio / interv'allo]
spaghetti: *spaghetti* [spag'etti]
Spain: *Spagna* [sp'aɲa]
spanish: *spagnolo* [spaɲ'ɔlo]
sparkling water: *acqua frizzante, acqua gassata* ['akkua / frizz'ante / 'akkua / gass'ata]
speak, to: *parlare* [parl'are]
special: *particolare, speciale* [partik'olare / speʧ'ale]
speciality: *specialità* [speʧalit'a]
specialize, to: *specializzarsi* [speʧalizz'arsi]
speed: *velocità* [veloʧit'a]

spend, to: *spendere* [sp'ɛndere]
splendid: *magnifico* [maɲ'ifiko]
spoon: *cucchiaio* [kukki'aio]
sport: *sport* [sp'ɔrt]
sports: *sportivo* [sport'ivo]
spot: *macchia* [m'akkia]
spotted: *macchiato* [makki'ato]
spread, to: *diffondere* [diff'ondere]
spring: *primavera, sorgente* [primav'ɛra / sorʤ'ɛnte]
square: *piazza, quadrato* [pi'azza / kua-dr'ato]
square metre: *metro quadrato* [m'ɛtro / kuad'rato]
squeeze, squash: *spremuta* [sprem'uta]
stadium: *stadio* [st'adio]
stain, to: *macchiare* [makki'are]
stair: *scala* [sk'ala]
stamp: *francobollo* [frankob'ollo]
stamp, to: *timbrare* [timbr'are]
stand, to: *resistere* [reš'istere]
state: *stato* [st'ato]
station: *stazione* [stażi'one]
station-master: *capostazione* [kapostażi'one]
stay, to: *restare, rimanere, stare* [rest'are / riman'ere / st'are]
steak: *bistecca* [bist'ekka]
steal, to: *rubare* [rub'are]
stealing: *furto* [f'urto]
step: *passo* [p'asso]
still: *fermo, ancora* [f'ermo / ank'ora]
stink: *puzza* [p'uzza]
stitch: *punto* [p'unto]
stomach: *stomaco* [st'ɔmako]
stop: *fermata, sosta* [ferm'ata / s'ɔsta]
stop, to: *fermare, finire, fermarsi, smettere* [ferm'are / fin'ire / ferm'arsi / sm'ettere]
storm: *temporale* [tempor'ale]
story: *racconto* [rakk'onto]
straight: *diritto, dritto* [dir'itto / dri'tto]
strange: *strano* [str'ano]
strawberry: *fragola* [fr'agola]
strength: *forza* [f'ɔrza]
stress, to: *sottolineare* [sottoline'are]
stretch to, to (hold out): *tendere* [t'ɛndere]
strike: *sciopero* [ʃ'ɔpero]
strike, to: *scioperare, colpire* [ʃoper'are / kolp'ire]
stripe: *striscia* [str'iʃa]
strong: *forte* [f'ɔrte]
strong-box: *cassetta di sicurezza* [kas-s'etta / di / sikur'ezza]
student: *studente, studentessa* [stud'ɛnte / student'essa]
studious: *studioso* [studi'ošo]
study: *studio* [st'udio]
study, to: *studiare* [studi'are]
stuff: *roba* [r'ɔba]
stupid: *stupido* [st'upido]
style: *stile* [st'ile]
stylist: *stilista* [stil'ista]
subject: *argomento, soggetto* [argom'ento / soʤʤ'ɛtto]
substitute, to: *sostituire* [sostitu'ire]
subtle: *misterioso, astuto, sottile* [misteri'oso / ast'uto / sott'ile]
suburbs: *periferia* [perifer'ia]
subway: *metropolitana, sottopassaggio* [metropolit'ana / sottopass'aʤʤo]
succeed, to: *riuscire* [riuʃ'ire]
such: *tale* [t'ale]
sudden: *improvviso* [improvv'išo]
suddenly: *improvvisamente* [improvvišam'ente]
suffer, to: *subire, soffrire* [sub'ire / soffr'ire]
sugar: *zucchero* [z'ukkero]
suggest, to: *suggerire* [suʤʤer'ire]
suitable: *conveniente* [konveni'ɛnte]
suitable: *indicato, adatto, opportuno* [indik'ato / ad'atto / opport'uno]
suitcase: *valigia* [val'iʤa]
sum: *somma* [s'omma]
summary: *riassunto* [riass'unto]
summer: *estate* [est'ate]
summit: *cima* [ʧ'ima]
sun: *sole* [s'ole]
sunday: *domenica* [dom'enika]
superior: *superiore* [superi'ore]

supermarket: *supermercato* [super-merk'ato]
support, to: *mantenere* [manten'ere]
supposition: *ipotesi* [ip'ɔteṡi]
sure: *sicuro, certo, certamente* [sik'uro / ʧ'ɛrto / ʧertam'ente]
surprise: *sorpreso* [sorpr'eso]
surprise, to: *sorprendere* [sorpr'ɛndere]
surrounded: *circondato* [ʧirkond'ato]
surroundings: *ambiente* [ambi'ɛnte]
sweater: *maglione* [maλ'one]
Sweden: *Svezia* [ṡv'ezia]
swedish: *svedese* [ṡved'ɛse]
sweep: *scopare* [skop'are]
sweet: *dolce* [d'olʧe]
swim: *nuoto* [nu'ɔto]
swim, to: *nuotare* [nuot'are]
swimming: *nuotata* [nuot'ata]
swimsuit: *costume* [kost'ume]
switch: *interruttore della luce* [inter-rutt'ore / d'ella / l'uʧe]
symptom: *sintomo* [s'intomo]
synonym: *sinonimo* [sin'ɔnimo]
syrup: *sciroppo* [ʃir'ɔppo]

T

table: *tavolo, mensa* [t'avolo / m'ɛnsa]
tablet: *pastiglia* [past'iλa]
tail: *coda* [k'oda]
tailor: *sarto* [s'arto]
take a bath, to: *fare il bagno* [f'are / il / b'aɲo]
take a degree in, to: *laurearsi in* [lau-re'arsi / in]
take care of, to: *occuparsi* [okkup'arsi]
take care of, to: *curare* [kur'are]
take off, to: *togliersi* [t'ɔλersi]
take over, to: *assumere* [ass'umere]
take part, to: *partecipare* [parteʧip'are]
take to, to: *accompagnare* [akkompa'ɲa-re]
take, to: *prendere, togliere* [pr'ɛndere / t'ɔλere]
tale: *racconto* [rakk'onto]
talk, to: *parlare* [parl'are]
tall: *alto* ['alto]
tart: *crostata* [krost'ata]
taste: *gusto, sapore* [g'usto / sap'ore]
tasty: *gustoso* [gust'oso]
tax: *tassa* [t'assa]
taxi: *taxi* [t'aksi]
tea: *tè* [tɛ]
teach, to: *insegnare* [inseɲ'are]
teacher: *insegnante, maestro* [inseɲ'ante / ma'estro]
teaching: *istruzione* [istrużi'one]
team: *squadra* [sku'adra]
tear, to: *strappare* [strapp'are]
technology: *tecnologia* [teknoloʤ'ia]
telegram: *telegramma* [telegr'amma]
telephone-card: *scheda telefonica* [sk'eda / telef'ɔnika]
telephone-directory: *elenco telefonico* [el'ɛnko / telef'ɔniko]
telephone-exchange: *centralino* [ʧen-tral'ino]
television: *televisione* [televisi'one]
tell, to: *dire, raccontare* [d'ire / rakkont'are]
temperature: *temperatura* [temperat'ura]
temple: *tempio* [t'ɛmpio]
tempt, to: *tentare* [tent'are]
ten: *dieci* [di'ɛʧi]
ten thousand: *diecimila* [dieʧim'ila]
tender: *tenero* [t'ɛnero]
tennis: *tennis* [t'ɛnnis]
tennis shoes: *scarpe da tennis* [sk'arpe / da / t'ɛnnis]
tenth: *decimo* [d'ɛʧimo]
term: *termine* [t'ermine]
terminus: *capolinea* [kapol'inea]
terrace: *terrazza* [terr'azza]
terrible: *terribile* [terr'ibile]
terrorism: *terrorismo* [terror'imo]
test: *test* [t'ɛst]
text: *testo* [t'ɛsto]
thai: *tailandese* [tailand'eṡe]
thank you, thanks: *grazie* [gr'azie]
thank, to: *ringraziare* [ringrazi'are]
that: *che, ciò, quello, quella* [ke / ʧ'ɔ / ku'ello / ku'ella]

that is: *cioè* [ʧo'ɛ]
the: *il, gli, l', la, i, le* [il, i, l, la, i, le]
the day after tomorrow: *dopodomani* [dopodom'ani]
theatre: *teatro* [te'atro]
their: *sue* [s'ue]
them: *loro* [loro]
then: *allora, dopo* [all'ora / d'opo]
theory: *teoria* [teor'ia]
there is: *c'è* [ʧ'ɛ]
therefore, so: *perciò, quindi, dunque* [perʧ'ɔ / ku'indi / d'unque]
these: *questi, queste* [ku'esti / ku'este]
thesis: *tesi* [t'ɛsi]
they: *essi, esse* ['essi / 'esse]
thief: *ladro* [l'adro]
thin: *magro* [m'agro]
thing: *cosa* [k'ɔsa]
think, to: *pensare, mettere in testa* [pens'are / m'ettere / in / t'ɛsta]
third: *terzo* [t'ɛrzo]
thirst: *sete* [s'ete]
thirteen: *tredici* [tr'ediʧi]
thirteenth: *tredicesimo* [trediʧ'ɛimo]
thirty: *trenta* [tr'enta]
thirty-one: *trentuno* [trent'uno]
this: *questo, quest', questa* [ku'esto / ku'est' / ku'esta]
this evening: *stasera* [stas'era]
this morning: *stamattina* [stamatt'ina]
this night: *stanotte* [stan'ɔtte]
thoroughfare: *transito* [tr'ansito]
those: *quei, quelli, quelle* [ku'ei / ku'elli / ku'elle]
though: *benché, sebbene* [benk'e / sebb'ɛne]
thought: *pensiero* [pensi'ɛro]
thousand, a: *mille* [m'ille]
thread: *filo* [f'ilo]
three: *tre* [tre]
three hundred: *trecento* [treʧ'ɛnto]
throat: *gola* [g'ola]
through: *attraverso* [attrav'ɛrso]
throw oneself, to: *buttarsi* [butt'arsi]
throw, to: *buttare* [butt'are]
thursday: *giovedì* [ʤoved'i]
ticket: *biglietto* [biλ'etto]
ticket-collector: *controllore* [kontroll'ore]
tidiness: *ordine* ['ordine]
tidy: *ordinato* [ordin'ato]
tidy up, to: *ordinare* [ordin'are]
tie: *cravatta* [krav'atta]
tie (up), to: *legare* [leg'are]
tied (up): *legato* [leg'ato]
tight: *stretto* [str'etto]
till: *finché, fino* [fink'e / f'ino]
time: *tempo, volta* [t'ɛmpo / v'ɔlta]
time-table: *orario* [or'ario]
timely: *opportuno* [opport'uno]
tiny: *piccolo* [p'ikkolo]
tip: *mancia* [m'anʧa]
tired: *stanco* [st'anko]
title: *titolo* [t'itolo]
to: *a* [a]
to the: *al, allo, all', alla, agli, ai* [al / 'allo / all / 'alla / 'aλi / ai]
tobacco: *tabacco* [tabakk'o]
tobacconist: *tabaccaio* [tabakk'aio]
today: *oggi* [ɔ'ʤʤi]
together: *insieme* [insi'ɛme]
tomato: *pomodoro* [pomod'ɔro]
tomorrow: *domani* [dom'ani]
tongue: *lingua* [l'ingua]
too: *pure, anche, troppo* [p'ure / 'anke / tr'ɔppo]
too much: *troppo, fin troppo* [tr'ɔppo / fin / tr'ɔppo]
tooth: *dente* [d'ɛnte]
tooth-paste: *dentifricio* [dentifr'iʧo]
totality: *totalità* [totalit'a]
touch, to: *toccare* [tokk'are]
tourist: *turista* [tur'ista]
toward: *verso* [v'ɛrso]
towel: *asciugamani* [aʃugam'ani]
tower: *torre* [t'orre]
town: *città, comunale* [ʧitt'a / komun'ale]
town council: *municipio* [muniʧ'ipio]
town walls: *mura* [m'ura]
track: *pista* [p'ista]
trade: *mestiere* [mesti'ɛre]

trade union: *sindacato* [sindak'ato]
traffic: *traffico, circolazione* [tr'affiko / ʧirkolażi'one]
traffic light: *semaforo* [sem'aforo]
train: *treno* [tr'ɛno]
tram: *tram* [tram]
trample on, to: *calpestare* [kalpest'are]
translate, to: *tradurre* [trad'urre]
translation: *traduzione* [tradużi'one]
travel, to: *viaggiare* [viaʤʤ'are]
treasure: *tesoro* [teṡ'ɔro]
treat, to: *trattare* [tratt'are]
treatment: *cura* [k'ura]
trend: *moda* [m'ɔda]
trendy: *di moda* [di / m'ɔda]
trouble: *problema, fastidio, disturbo, difficoltà* [probl'ɛma / fast'idio / dist'urbo / diffikolt'a]
trousers: *pantaloni* [pantal'oni]
trout: *trota* [tr'ɔta]
true: *vero* [v'ero]
trust: *fiducia* [fid'uʧa]
truth: *verità* [verit'a]
try, to: *cercare, provare* [ʧerk'are / prov'are]
tub: *vasca* [v'aska]
tuesday: *martedì* [marted'i]
turkey: *Turchia* [turk'ia]
turkish: *turco* [t'urko]
turn: *giro, volta, turno* [ʤ'iro / v'lta / t'urno]
turn off, to: *spegnere* [sp'ɛɲere]
turn, to: *girare, rivolgere, rivolgersi* [ʤir'are / riv'ɔlʤere / riv'ɔlʤersi]
turning: *rivolto, svolta* [riv'ɔlto / ṡv'ɔlta]
twelve: *dodici* [d'odiʧi]
twenty: *venti* [v'enti]
twenty-eight: *ventotto* [vent'ɔtto]
twenty-five: *venticinque* [ventiʧ'inkue]
twenty-four: *ventiquattro* [ventiku'attro]
twenty-nine: *ventinove* [ventin'ɔve]
twenty-one: *ventuno* [vent'uno]
twenty-seven: *ventisette* [ventis'ɛtte]
twenty-six: *ventisei* [ventis'ɛi]
twenty-three: *ventitré* [ventitr'e]
twenty-two: *ventidue* [ventid'ue]
two: *due* [d'ue]
two hundred: *duecento* [dueʧ'ɛnto]
two thousand: *duemila* [duem'ila]
type: *tipo* [t'ipo]

U

ufo: *ufo* ['ufo]
ugly: *brutto* [br'utto]
umbrella: *ombrello* [ombr'ɛllo]
uncertainty: *incertezza* [inʧert'ezza]
uncle: *zio* [z'io]
uncomfortable: *scomodo* [sk'ɔmodo]
under: *sotto* [s'otto]
undergo, to: *subire* [sub'ire]
underground: *metropolitana* [metropolit'ana]
underline, to: *sottolineare* [sottoline'are]
understand, to: *capire* [kap'ire]
unemployed: *disoccupato* [disokkup'ato]
unemployment: *disoccupazione* [disokkupażi'one]
unfortunately: *purtroppo* [purtr'ɔppo]
unhappy: *infelice* [infel'iʧe]
unique: *unico* ['uniko]
unite, to: *unire, unirsi* [un'ire / un'irsi]
universal: *universale* [univers'ale]
universe: *universo* [univ'ɛrso]
university: *università* [universit'a]
unknown: *sconosciuto* [skono'ʃuto]
unlucky: *sfortunato* [sfortun'ato]
unpleasant: *antipatico* [antip'atiko]
unroll, to: *svolgere* [ṡv'ɔlʤere]
unsuccessful: *mancato* [mank'ato]
until: *finché, fino* [fink'e / f'ino]
until where: *fino a dove* [f'ino / a / d'ove]
up: *in su* [in / su]
upstairs: *di sopra* [di / s'opra]
urgent: *urgente* [urʤ'ɛnte]
us: *ci, noi* [ʧi / n'oi]
usage: *uso* ['uṡo]
use: *uso, impiego* ['uṡo / impi'ɛgo]
use, to: *usare, servirsi* [uṡ'are / serv'irsi]
useful: *utile* ['utile]
useless: *inutile* [in'utile]
usual: *solito* [s'ɔlito]

V

vacuum cleaner: *aspirapolvere* [aspi-rap'olvere]
valid: *valido* [v'alido]
valley: *valle* [v'alle]
value: *valore* [val'ore]
varied: *vario* [v'ario]
various: *vario* [v'ario]
vegetable: *verdura* [verd'ure]
veil: *velo* [v'elo]
ventilator: *ventilatore* [ventilat'ore]
verb: *verbo* [v'ɛrbo]
verify, to: *verificare* [verifik'are]
very: *molto* [m'olto]
very bad: *pessimo* [p'ɛssimo]
very good: *ottimo* ['ɔttimo]
very well: *benissimo* [ben'issimo]
vest: *canottiera* [kanotti'ɛra]
vinegar: *aceto* [a'tʃeto]
violent: *violento* [viol'ɛnto]
violet: *viola* [vi'ɔla]
visit: *visita* [v'iṡita]
visit, to: *visitare* [viṡit'are]
visited: *visitato* [viṡit'ato]
voice: *voce* [v'otʃe]
volume: *volume* [vol'ume]
vote: *voto* [v'oto]
vowel: *vocale* [vok'ale]

W

wait: *attesa* [att'eṡa]
wait, to: *aspettare, attendere* [aspett'are / att'ɛndere]
waiter: *cameriere* [kameri'ɛre]
wake up!: *sveglia!* [ṡv'eʎa]
wake up, to: *svegliare, svegliarsi* [ṡve'ʎa-re / ṡve'ʎarsi]
walk: *passeggiata, cammino* [pas-sedʒdʒ'ata / kammin'o]
walk, to: *camminare* [kammin'are]
wall: *muro, parete* [m'uro / par'ete]
wallet: *portafogli* [portaf'ɔʎi]
walnut (tree): *noce* [n'otʃe]
want, to: *volere* [vol'ere]
want, to: *desiderare* [deṡider'are]
war: *guerra* [gu'ɛrra]
wardrobe: *armadio* [arm'adio]
warm, to: *riscaldare* [riskald'are]
warmly: *vivamente* [vivam'ente]
wash, to: *lavare* [lav'are]
washing-machine: *lavatrice* [lavatr'itʃe]
waste, to: *buttare via* [butt'are / via]
watch: *orologio* [orol'ɔdʒo]
watch, to: *osservare* [osserv'are]
water: *acqua* ['akkua]
waterfall: *cascata* [kask'ata]
wave: *onda* ['onda]
wave, to: *agitare* [adʒ'itare]
way: *via, maniera* [v'ia / mani'ɛra]
wc: *wc* [vtʃ]
we: *noi* [n'oi]
weak: *debole* [d'ebole]
wealth: *ricchezza* [rikk'ezza]
weapon: *arma* ['arma]
weather: *clima, tempo* [kl'ima / t'ɛmpo]
wedding: *nozze* [n'ɔzze]
wednesday: *mercoledì* [merkoled'i]
week: *settimana* [settim'ana]
weekly: *settimanale* [settiman'ale]
weight, to: *pesare* [peṡ'are]
welcome: *benvenuto, accoglienza* [benv'enuto / akkoʎ'ɛnza]
welcome, to: *accogliere* [akk'ɔʎere]
well: *bene* [b'ɛne]
wet: *bagnato, umido* [ba'ɲato / 'umido]
what: *che cosa, qual, quale* [ke / koa / ku'al / ku'ale]
whatever: *comunque* [kom'unque]
when: *quando* [ku'ando]
where: *dove* [d'ove]
where is: *dov'è* [dov'ɛ]
which: *che* [ke]
while: *mentre* [m'entre]
whirlpool: *mulinello* [mulin'ɛllo]
white: *bianco* [bi'anko]
who: *che* [ke]
whole: *intero* [int'ero]
whole-meal: *farina integrale* [far'ina / in-tegr'ale]
whom: *cui* [k'ui]
why: *perché* [perk'e]

wide: *largo* [l'argo]
wide-spread: *diffuso* [diff'uso]
wife: *moglie, coniuge* [m'oλe / k'ɔniuʤe]
will: *voglia* [v'a]
will-power: *volontà* [volont'a]
win, to: *vincere* [v'inʧere]
wind: *vento* [v'ɛnto]
window: *finestra* [fin'ɛstra]
wine: *vino* [v'ino]
winter: *inverno* [inv'ɛrno]
wish: *desiderio, voglia, intenzione* [dėsid'ɛrio / v'a / intenzi'one]
wish, to: *desiderare, augurare* [dėsider'are / augur'are]
with: *con* [kon]
withdraw, to: *ritirare* [ritir'are]
withdrawal: *ritiro* [rit'iro]
within: *dentro* [d'entro]
without: *senza* [s'ɛnza]
wolf: *lupo* [l'upo]
woman: *donna* [d'ɔnna]
wood: *legno, bosco* [l'eɲo / b'ɔsko]
wool: *lana* [l'ana]
word: *parola* [par'la]
work: *lavoro, opera* [lav'oro / 'ɔpera]
work, to: *lavorare, funzionare* [lavor'are / funzion'are]
worker: *lavoratore* [lavorat'ore]
workman: *operaio* [oper'aio]
world: *mondiale, mondo* [mondi'ale / m'ondo]
worried: *preoccupato* [preokkup'ato]
worry: *preoccupazione* [preokkupażi'o-ne]
worry, to: *preoccupare* [preokkup'are]
worse: *peggio, peggiore* [p'eʤʤo / peʤʤ'ore]
wound: *ferita* [fer'ita]
write, to: *scrivere* [skr'ivere]
writer: *scrittore* [skritt'ore]
wrong: *torto, sbagliato* [t'ɔrto / ṡbaλ'ato]

X

x-ray: *radiografia* [radiograf'ia]

Y

yard: *cortile* [kort'ile]
year: *anno* ['anno]
yellow: *giallo* [ʤ'allo]
yes: *sì* [si]
yesterday: *ieri* [i'ɛri]
yet: *ancora* [ank'ɔra]
yoghurt: *yogurt* [i'ɔgurt]
you: *te, tu, voi* [te / tu / v'oi]
young: *giovane* [ʤ'ovane]
your: *tuo, tua, tuoi , tue, vostro, vostra, vostre* [t'uo / t'ua / tu'ɔi / t'ue / v'ɔstro / v'ɔstra / v'ɔstre]
yours: *tuo, tua, tuoi , tue, vostro, vostra, vostre* [t'uo / t'ua / tu'oi / t'ue / v'ɔstro / v'ɔstra / v'ɔstre]
yourself: *ti, vi* [ti, vi]
yourselves: *ti, vi* [ti, vi]

Z

zero: *zero* [ż'ɛro]
zip code: *codice di avviamento postale* [k'ɔdiʧe / di / avviam'ento / post'ale]
zone: *zona* [ż'ɔna]

INDICE
INDEX

Finito di stampare
nel mese di luglio 2008
presso le Grafiche Print
Bergamo